Jesus não é Javé

A identidade do anjo da morte revelada

Jomar Fernandes

Jesus não é Javé
A identidade do anjo da morte revelada

Editora Isis
São Paulo, SP
2013

© Publicado em 2013 pela Editora Isis Ltda.

Supervisor geral: Gustavo L. Caballero
Consultoria em textos de língua inglesa: Thiara Pereira
Revisão de textos: Terezinha Fernandes
Capa e diagramação: Décio Lopes

DADOS INTERNACIONAIS DE CATALOGAÇÃO NA PUBLICAÇÃO (CIP)
(CÂMARA BRASILEIRA DO LIVRO, SP, BRASIL)

Fernandes, Jomar
Jesus não é Javé: a identidade do anjo da morte revelada/Jomar Fernandes | 1ª edição | São Paulo, SP | Editora Isis, 2013. 424p.

ISBN: 978-85-8189-034-0

1. Religião. 2. Bíblia – História. 3. Cristianismo. I. Título. II. Autor.

13-08016   CDD-211

ÍNDICES PARA CATÁLOGO SISTEMÁTICO
1. Deus: Conceitos: Religião   211

Proibida a reprodução total ou parcial desta obra, de qualquer forma ou por qualquer meio seja eletrônico ou mecânico, inclusive por meio de processos xerográficos, incluindo ainda o uso da internet sem a permissão expressa da Editora Isis, na pessoa de seu editor (Lei nº 9.610, de 19.02.1998).

Direitos exclusivos reservados para Editora Isis

EDITORA ISIS LTDA
www.editoraisis.com.br
contato@editoraisis.com.br

Para Terezinha Fernandes

Eu não acredito no deus que os homens criaram;
eu acredito no Deus que criou os homens!

Voltaire (1694 - 1778)

OFERECIMENTOS

Ofereço este Trabalho aos seguintes seres humanos, que ajudaram nossa evolução sobre a face da Terra, nos mais diversos aspectos de nossa existência, alargando nossos horizontes, mas também nossa responsabilidade como *espécie* que cresce com a mistura poderosa de *amor* e *sabedoria* (espiritualidade e ciência), na direção da comunhão com o Todo.

Siddhartha Gautama (563 – 483 a.C.)

Sócrates (469-399 a.C.)

Paulo de Tarso (5/9 – 64/68)

Hipácia de Alexandria (355 – 415)

Francisco de Assis (1182 – 1226)

Dante Alighieri (1265 – 1321)

Johannes Gutenberg (1398 – 1468)

Joana d'Arc (1412 – 1431)

Leonardo da Vinci (1452 – 1519)

Erasmo de Roterdã (1466 – 1536)

Nicolau Copérnico (1473 – 1543)

Martinho Lutero (1483 – 1546)

Galileu Galilei (1564 – 1642)

Baruch Spinoza (1632 – 1677)

Isac Newton (1643 – 1727)

Voltaire (1694 – 1778)

Adam Smith (1723 – 1790)

Immanuel Kant (1724 – 1804)

James Watt (1736 – 1819)

Wolfgang Amadeus Mozart (1756-1791)

Saint-Simon (1760-1825)

Friedrich Hegel (1770 – 1831)

Alan Kardec (1804 – 1869)

Karl Marx (1818 – 1883)

Maria Curie (1867 – 1934)

Mahatma Gandhi (1869 - 1948)

Albert Einstein (1879 – 1955)

Pietro Ubaldi (1886 – 1972)

Huberto Rohden (1893 – 1981)

Wener Heisenberg (1901 – 1976)

Chico Xavier (1910 – 2002)

Tereza de Calcutá (1910 – 1997)

Fritjof Capra (1939 -)

Deepak Chopra (1946 -)

Às seis mentes brilhantes da antiguidade grega que nos legaram os princípios fundamentais da matemática, geometria, geografia, física e astronomia: – Pitágoras, Euclides, Aristarco, Arquimedes, Erastótenes e Hiparco.

*****

À Maria Madalena e a todos os arquétipos atemporais do sagrado feminino.

À minha mãe Tereza Garnier e a todas as mães do mundo, especialmente à Maria, mãe de Jesus.

Aos filhos Jomar Neto, Thiara e Eraldo, meus ídolos.

Aos irmãos Eraldo; Oton; Álvaro; Sandra e Cesinha.

À família Garnier e a todos os guardiões do Graal no Brasil e na França.

À Dra. Adilene Ramos, pelos conselhos pacificadores.

Aos meus companheiros e companheiras de sonhos e lutas por uma nova sociedade.

Aos simples de coração.

*****

Ao Mestre Joseph Murphy (1898 – 1981), o que melhor nos explicou o Segredo!

À Rosalind Franklin (1920-1958), biofísica britânica que nos abriu as portas da compreensão do DNA!

*****

E em especial, aos três livros que considero os grandes luminares da humanidade terrestre:

os **Evangelhos** de Jesus, o Divino Mestre;

o **Tao Te Ching** de Lao-Tsé

e o **Bhagavad Gita** do Senhor Krishna.

Que o espírito do Cristo habite em nossos corações

Enquanto a raiz da árvore está oculta, deita brotos e se desenvolve, mas, quando sua raiz se deixa ver, a árvore seca.

Enquanto a raiz do mal está oculta, este se manifesta forte; assim que se revela se desintegra; logo que se manifestou desvanece.

Evangelho [apócrifo] segundo Felipe, 123.

Já está posto o machado à raiz das árvores; toda árvore, pois, que não produz bom fruto é cortada e lançada ao fogo.

João Batista in: Mt 3:10.

Sumário

Preliminar sobre o dogmatismo...13

Advertência...17

Introdução..19

Capítulo 1 - A origem de Javé 56

Capítulo 2 - O Deus do livro de Gênesis: 75

Capítulo 3 - Êxodo e Josué: fuga do Egito e invasão da Palestina...........122

Capítulo 4 - A reforma de Josias: imposição do monoteísmo 179

Capítulo 5 - O diabo na tradição judaico-cristã 223

Capítulo 6 - A progênie dos vigilantes e os psicopatas.............251

Capítulo 7 - Paulo rompe com a Torah!...........................277

Capítulo 8 - A revelação...326

Conclusão...359

Apêndice 1 - Enoque não é canônico, mas Judas, 2Pedro e 1, 2João são!.....*396*

Apêndice 2 - O hino para Aton e a universalidade de Deus....................*402*

Apêndice 3 - O grande inquisidor *405*

Bibliografia..408

E daquele sangue porá sobre as pontas do altar, que está perante a face do Senhor, na tenda da congregação; e todo o resto do sangue derramará à base do altar do holocausto, que está diante da porta da tenda da congregação. E tirará do novilho toda sua gordura e a queimará sobre o altar.

(Instruções de Javé para a expiação de pecados, Lv 4:18-19)

Porque é impossível que o sangue de touros e de bodes remova pecados.

(Paulo contra os ritos da Torah, Hb 10:4)

Preliminar sobre o dogmatismo

O dogmatismo parte do princípio de que verdades absolutas existem. Um dogma é uma crença, doutrina ou afirmação que não pode ser questionada. No âmbito religioso o dogma é aceito pela fé, sob a autoridade impositiva da Igreja. Há dogmas no cristianismo, no judaísmo, no islamismo e em praticamente todas as religiões, assim como na filosofia e até na ciência. E há dogmas que são comuns ao conhecimento laico e ao religioso como, por exemplo, o foi durante séculos, o geocentrismo de Ptolomeu, aceito como verdade absoluta tanto pelas academias como pela igreja católica até a chegada do heliocentrismo de Nicolau Copérnico.

O dogma é a negação da liberdade que, no âmbito religioso foi dada ao homem por Deus, através do livre arbítrio. E a primeira coisa que fica bem evidente em qualquer discussão sobre dogma é que ele sempre parte de uma AUTORIDADE. Sua origem é o poder secular de algum grupo, instituição ou classe social. Seu objetivo é manter o PODER desse grupo, instituição ou classe, embora seus arautos sempre digam que ele vem de Deus ou da ciência, pois, para impor um dogma é preciso uma grande autoridade – moral ou científica. A autoridade moral é geralmente buscada nas escrituras e tradições das diversas organizações religiosas, ou melhor, é buscada na interpretação dada pelos seus dirigentes aos diversos aspectos dessas escrituras e tradições. Tanto a igreja católica quanto as denominações evangélicas possuem seus dogmas. Muitos lhes são comuns (como a doutrina da Trindade), outros específicos de cada instituição.

Exemplo de dogma comum em diversas religiões é a afirmação de que suas escrituras foram ditadas ou, pelo menos, inspiradas por Deus. Para as instituições cristãs, que adotaram a Bíblia Hebraica como seu Antigo Testamento, tanto este como o Novo Testamento foram escritos por mãos humanas, mas sob inspiração divina. Para esse dogma o que foi escrito por diversos autores em diversas épocas e que foi depois juntado em um único volume em concílios humanos, como o de Niceia no século IV, é a Palavra de Deus.

Esse dogma tem provocado reações violentas das pessoas que a ele se subordinam, contra as que ousam questioná-lo. Dele decorre o fundamentalismo e a intolerância religiosa. Mesmo esses escritos apresentando gritantes incoerências, que muitos questionam se seriam da autoria de Deus, o dogma é para ser aceito, ponto. E quem tentar mostrar que nessas escrituras existe muito de obra meramente humana, é rotulado de herege, quando não de agente do maligno. Isso mata a discussão e a busca da verdade que liberta. Esquecem que Deus é maior que qualquer coisa que haja no universo, inclusive, qualquer escrito. No Sermão do Monte (Mt 5:1 – 7:29) Jesus mostra que grande parte do Antigo Testamento não é obra de Deus, mas coletânea de preceitos humanos, pois o "dente por dente, olho por olho" no qual se baseia a lei mosaica veio de uma lei imposta por um ditador mesopotâmico do século XVIII a.C., chamado Hamurabi. Segundo Jesus, "a Lei" não passava de um conjunto de fardos pesados que os fariseus impunham ao povo, enquanto eles mesmos não os carregavam.

Por tudo isso, rogamos ao leitor que se dispa das concepções *a priori* – das ideias preconcebidas – e faça a leitura deste livro com o coração aberto, tendo ao lado o Antigo Testamento como ponto de partida e o Evangelho do Mestre Nazareno como contraponto, na busca da compreensão de nossa relação com o Divino. Esse é o caminho proposto para trabalharmos com esta obra.

Mas um alerta se faz imprescindível. Um dos signficativos avanços de grande parte da humanidade foi a conquista da liberdade religiosa, que baniu as ações da intolerância e tornou o Estado – organização política da sociedade – um ente laico. A história nos ensina que todas as teocracias que já existiram promoveram genocídios em nome de Deus. Baseado nessa triste história me assusta o discurso de vários líderes religiosos do presente, que passam a seus fiéis a concepção de que quem não é daquela denominação, é do diabo. Essa verdadeira guerra fria existe não só entre evangélicos e católicos, mas entre as próprias denominações evangélicas, que se enfrentam abertamente nos meios de comunicação. Se alguns desses líderes chegassem ao poder político e militar, não seria de estranhar a volta da inquisição para "queimar os hereges" que discordassem de seus dogmas, como já aconteceu no passado. E isso seria feito, como no passado, em nome de Deus. Afinal, Josué, quando invadiu a palestina para tomar a terra dos nativos cananeus, queimou povos inteiros por ordem do seu deus sob o argumento de que aqueles povos adoravam outros deuses. Esses atos foram repetidos por juízes, profetas e reis do chamado "povo escolhido" por Javé. Por tudo isso, com todo respeito à crença de todas as nações, este livro é um libelo contra os dogmas e todos os tipos de dogmatismo.

A Religião é aquela esfera de pensamento e sentimento na qual o ser humano mostra tanto o seu melhor lado heroico quanto o seu pior lado trágico.

O homem sente certa segurança ao permanecer de acordo com o senso comum. Ele, assim, determina a si mesmo e aos seus filhos uma subserviência mental ou psicológica ao consenso estabelecido em sua vida religiosa. Isso é somado a um abandono virtual daquilo que torna o homem único – a faculdade da razão e o desejo da alma por conhecimento.

(Alvin Boyd Kuhn, 2006, capítulos 1 e 5)

Advertência

Tratar de temas ligados à fé das pessoas, mesmo que a abordagem seja acadêmica, é lidar com o imponderável. A fé não está sujeita a nenhum argumento e não se submete ao resultado de qualquer pesquisa, estudo ou trabalho de natureza científica. O termo fé sempre esteve relacionado a uma determinada concepção de ser superior, de divindade e, dependendo do íntimo de cada pessoa, essa fé pode levar a atitudes de amor e solidariedade ou de ódio e egoísmo. Neste último caso, tem-se a fé transformada em fundamentalismo, o que necessariamente gera violência contra aqueles que não compartilham da mesma crença.

Só há um Deus em todo o universo, mas o homem ao longo da história criou diversas concepções de Deus, de acordo com suas crenças. O que este livro vai questionar são essas concepções e a base desse questionamento terá como fontes principais a Bíblia Hebraica e o Novo Testamento cristão. Vejam no exemplo a seguir como as concepções de deus nas diversas religiões, nem sempre se aproximam e, muitas das vezes, chegam a ser opostas. Quando Jesus encarnou, a religião dominante na Palestina era o judaísmo farisaico. A concepção dos fariseus era de um deus da ira, da guerra e da morte. Assim era o deus descrito na Torah. Jesus, em direto confronto com essa concepção, pregou o Deus do Amor, que não apedrejava pecadores e mandava oferecer a outra face ao agressor. Por lógica formal, quem aceita Jesus como filho de Deus, deve aceitar que a concepção correta de Deus é a de Jesus e não a dos fariseus. Este exemplo parece mostrar que existem dois deuses: o dos fariseus e o de Jesus, mas Deus é um só. As concepções humanas de Deus é que são diferentes.

A tese levantada neste livro é que a entidade Javé que se apresentou aos antigos israelitas como seu *deus* não é Deus, mas apenas a ideia que os antigos israelitas tinham de Deus, que era muito semelhante à concepção dos povos vizinhos. Em função disso quando aparecer a palavra 'deus' com inicial **minúscula** e grafia em itálico (*deus*), o texto estará se referindo a Javé ou outro *deus* pagão ou mitológico. Quando aparecer a palavra Deus com 'D' **maiúsculo,** aí sim teremos uma alusão ao Deus único criador do universo.

A referência a Javé ou a qualquer outra divindade só aparecerá com 'D' maiúsculo, por imposição gramatical determinada por início de parágrafo. Nesses casos, a palavra Deus aparecerá entre aspas ("Deus"). Nas citações, será mantida a grafia original.

Esta advertência é importante para que o leitor não julgue que as observações feitas a deus (com 'd' minúsculo) sejam críticas ao Deus verdadeiro (sempre grafado com 'D' maiúsculo). O que este livro questiona, portanto, é a antiga concepção humana de um deus da ira, da guerra e da morte, que não se coaduna com a ideia de Deus trazida por Jesus, que se resume em uma palavra: amor.

INTRODUÇÃO

> *Mas, se vós soubésseis o que significa: "Misericórdia quero e não holocaustos", não teríeis condenado inocentes. (Jesus, admoestando os fariseus, seguidores de Javé, Mt 12:7).*

A *Tanakh*[1], a Bíblia Hebraica[2], é considerada por muitos estudiosos, um escrito contraditório, repetitivo e anacrônico. Mas isso tem uma razão prática de ser: a *Tanakh*, que é o Antigo Testamento dos cristãos, não é um livro, mas uma biblioteca cujos livros integrantes foram escritos em um período de pelo menos 600 anos[3], que se estende do princípio da realeza hebraica até a época de Neemias-Esdras, depois do fim do exílio babilônico. Esses livros são, portanto, obra de diversos autores que viveram em diferentes épocas e, por conseguinte, em diferentes ambientes políticos, econômicos e culturais. Só muito tempo depois dos autógrafos originais houve o ajuntamento em uma única coleção, justamente no tempo de Esdras (início da construção do segundo templo, século V a.C.) e, de forma mais sistematizada, no século II d.C., quando esse "*...texto protomassorético (...) passa a ocupar papel central e normativo (...) para o conjuno do judaísmo.*" (MANINVILLE, 1999, p.18).

Ao longo de séculos a Tanakh passou por várias recensões[4] comandadas por rabinos de importantes famílias judaicas, que juntaram textos e pedaços de textos de diferentes tradições e épocas, consolidando repetições recorrentes, contradições doutrinárias e a desarticulação cronológica. Desse modo foi organizado e oficializado o cânon judaico, cujo manuscrito completo mais antigo hoje reconhecido é o *códex* de Leningrado, do início do século XI de nossa Era. Em suma, a Bíblia Hebraica trata da concepção do sagrado entre os antigos israelitas e do papel da conturbada aliança entre Javé e os descendentes de Abraão.[5]

Hipóteses para o período de escrituração da Tanakh

Se considerarmos Moisés o autor do Pentateuco (o que hoje não é aceito pelo mundo científico e pela maior parte dos teólogos), teremos outras hipóteses para o período da escrituração do conjunto da Bíblia Hebraica. Destacamos três:

a. Aceitando-se que Moisés viveu na época de Ramsés II, por volta do ano de 1250 a.C., como está nas introduções das bíblias católicas (bíblias de Jerusalém e TEB, por exemplo). E que Esdras viveu no período pós-exílico em torno de 400 a.C., teremos um espaço de 850 anos de elaboração desses livros.

b. Se considerarmos a data tradicional dos judeus para o êxodo, que é o ano judaico de 2668 (correspondente ao ano de 1474 a.C.), teremos então outra hipótese com mais dois séculos para somarmos ao período de elaboração, que passaria a ser de aproximadamente 1050 anos.

c. Uma terceira hipótese surge quando tratamos do Antigo Testamento Católico, que inclui sete livros escritos em grego no período intertestamentário[6], chamados de deuterocanônicos[7]. Nesse caso, teremos um período de aproximadamente 1550 anos para a elaboração desse conjunto de livros – somando-se os 1050 anos explicados no item "b" com os cerca de 500 anos do período entre o Testamento Hebreu e o Cristão.

Desconsiderando-se a autoria de Moisés – que não se sustenta ante a moderna Crítica Bíblica – e fixando-se apenas na arqueologia, paleografia, filologia e história comparada, chega-se a um período de 600 anos para a preparação escrita desse conjunto de livros: do século X ao século V a.C., com ênfase no século VII a.C. Mesmo assim trata-se de mais de meio milênio, um dilatado espaço de tempo em que atuaram vários autores, com o agravante de os cinco primeiros livros terem sido escritos (considerando-se a hipótese do século X a.c.) cerca de 900 anos depois de Abraão (principal protagonista) e mais de 500 anos depois de Moisés (o suposto autor), já que segundo a tradição judaica, foi em 1900 a.c. (ano judeu de 2242) que se deu o encontro entre Abraão e Melquisedeque. E Moisés, segundo essa mesma tradição, morreu em 1434 a.c. (ano judeu de 2708). Tudo isso – longo espaço de tempo de elaboração; diversidade autoral; distância histórica dos fatos em relação ao período da escrituração e aglomeração de narrativas diversas, oriundas de tradições diferentes – justifica, de certo modo, as citadas contradições, repetições e anacronismos.

A CONCEPÇÃO DE DEUS EM UMA TRIBO NÔMADE CERCADA POR POLITEÍSMOS

Os autores desses livros viveram entre duas grandes potências da antiguidade: as civilizações mesopotâmicas e a civilização egípcia. É evidente que sofreram influência dos *cultos pagãos*[8] que os rodeavam. Em praticamente todos os momentos de sua história, os próprios hebreus praticaram os cultos de seus vizinhos. O Pentateuco está cheio desses exemplos (bem como Juízes, Samuel, Reis, Crônicas e os Profetas). Assim, os livros mais antigos da Bíblia Hebraica, retratam um *deus* bastante parecido com os demais deuses da antiguidade: um *deus* com características bem humanas, como *ira, rancor, ciúmes, sentimento de vingança, dúvidas* e, pasmem, até *arrependimento*. Alguma mudança começa a ser notada a partir do livro do profeta Isaías (a segunda parte, 40 – 55, escrita durante o exílio e, principalmente, a terceira parte, 56 – 66, produzida no pós-exílio). Certas passagens incluídas nesses capítulos representam uma evolução teológica ao descrever um *deus* mais transcendente, mais amoroso, mas ainda não universal. A universalidade divina só foi alcançada com os ensinamentos de Jesus.

A concepção teológica dos antigos hebreus teve como ponto de partida a devoção a *deuses familiares*, típicos da cultura dos povos do sul da Mesopotâmia. Com a organização política das tribos (já no tempo de Moisés) os líderes escolheram um *deus* específico, que se tornou, depois, o *deus* nacional. A função precípua desse *deus* era dar liberdade, uma terra maravilhosa e muita glória aos descendentes de Abraão, Isaque e Jacó. Em troca esse *deus* exigia adoração exclusiva. Qualquer desvio no culto era passível de severa punição. Sua semelhança com os deuses dos povos vizinhos era patente: sacrifícios de animais e até de pessoas, educação pela morte, sentimento de vingança, etc.

Neste livro serão analisados, com certo grau de detalhamento, os ensinamentos, conselhos, ordens, características e atividades do *deus* dos antigos hebreus. Um *deus* que passeava pela Terra e um dia chegou com dois amigos na casa de Abraão onde comeu faustamente (Gn 18:5-8); um *deus* que lutou uma noite toda com Jacó e não conseguiu vencê-lo, tendo que deslocar sua coxa com um toque (segundo algumas traduções, *com um raio*) como está em Gn 32:24-30, confirmado por Oséias 12:4-5. Ou ainda um *deus* que chegou a andar por estalagens a procura de Moisés para matá-lo, numa das mais obscuras passagens do Antigo Testamento, que até hoje confunde comentadores, tanto judeus como católicos e protestantes (Ex 4:24).

A LEI DE MOISÉS

A Torah (o Pentateuco para os cristãos) é conhecida como a lei de Moisés. Formada por Gênesis, Êxodo, Levítico, Números e Deuteronômio é o conjunto de livros mais enigmático de toda a Bíblia Hebraica, mas também é o mais revelador. Aparentemente óbvio, é repleto de paradoxos como, aliás, dita a tradição da cultura oriental. Num primeiro olhar, pode ser considerado apenas uma coletânea de mitos pagãos, entrecortada por fratricídios, homicídios, incestos, traições, mentiras e muita ira, principalmente de *deus*. Se acrescentarmos ao nosso campo de análise o livro de Josué, teremos também massacres populacionais. Se formos aos livros de Juízes, Samuel e Reis ficaremos diante de chacinas, algumas bizarras, promovidas pelos líderes do povo, sob os auspícios de grandes juízes e profetas da época como Débora, Samuel, Elias, Eliseu e Gade, sempre em concordância com as ordens de Javé.

É necessário, entretanto, entender que o Pentateuco trata de outro universo moral, estranho para os ocidentais de hoje. Seu texto se assenta em costumes de uma época longínqua onde, por exemplo, a pena de morte era a regra e, no aspecto relacional, era permitido ao homem ter várias mulheres (além das escravas de suas mulheres) e até casar com a própria irmã (como era comum na família real egípcia). Exemplos desses casos entre os hebreus: Sara era **esposa** e **irmã** de Abraão (Gn 20:12) e Jacó se casou com Lia e Raquel, que eram irmãs, e teve filhos com as escravas delas, Zilpa e Bila (Gn 29:1-29).

Apesar de todo esse conteúdo, no mínimo extravagante, o Pentateuco tem a virtude de não esconder as terríveis fraquezas dos seus personagens e do seu próprio *deus*. E mais, segundo estudos recentes, esses cinco livros podem conter, de maneira codificada, informações sobre todos os membros da espécie humana, do passado, presente e futuro[9]. Mas aqui não tratarei das informações possivelmente codificadas no Pentateuco. Meu objeto de estudo é a mensagem de seu texto aberto, usando como ferramentas de apoio os instrumentos da Crítica Textual e da Crítica das Fontes com sua Hipótese Documentária, sempre com o suporte da análise histórica e das recentes descobertas arqueológicas.

VIÉS POLITEÍSTA DA TORAH

A realidade histórica da adoração a vários deuses predominante em toda a antiguidade impôs à redação do livro de Gênesis um viés nitidamente politeísta. No verso 1 e em várias outras passagens, o personagem que fala como Deus, refere-se a si mesmo como "nós" e não é uma figura semântica. É como se um conselho de deuses estivesse falando com os seres humanos (algo semelhante às reuniões ocorridas no Monte Olimpo, na Grécia, lideradas por Zeus). Há até quem defenda que a Bíblia Hebraica é uma obra helenística[10], mas até agora ninguém apresentou elementos suficientes para essa caracterização.

O *deus* da Bíblia Hebraica é chamado por dois nomes principais: Elohim e Javé. Elohim é literalmente um plural que significa "deuses". Javé é um nome próprio com o qual o *deus* dos hebreus se apresentou a Moisés em Ex 6:3[11]. Nas traduções para o português não é feita a diferenciação quando aparece Elohim ou Javé no texto original. Ambos são traduzidos como "Deus" ou "Senhor". Por isso não se pode fazer um estudo mais aprofundado do Antigo Testamento sem recorrer ao original hebraico tendo como apoio a primeira tradução para o grego, a Septuaginta[12], que foi a Escritura usada pelos autores do Novo Testamento.

Vejam o primeiro versículo da Bíblia em hebraico (com os sinais massoréticos) e sua transliteração para o português. Para melhor identificação, *Elohim* em hebraico aparece em negrito sublinhado:

Gn 1:1 traduzido para o português:
No princípio, criou Deus os céus e a terra.

Gn 1:1 em hebraico (ordem hebraica – direita p/esquerda):

בְּרֵאשִׁית בָּרָא **אֱלֹהִים** אֵת הַשָּׁמַיִם וְאֵת הָאָרֶץ׃

Gn 1:1 em hebraico (ordem ocidental – esquerda p/direita, para facilitar a visualização):

הָאָרֶץ׃ וְאֵת הַשָּׁמַיִם אֵת **אֱלֹהִים** בָּרָא בְּרֵאשִׁית

Gn 1:1 Transliteração do hebraico para o português.
berê'shiyth bârâ' 'elohiym 'êth hashâmayim ve'êth hâ'ârets

Agora observe *um sobre o outro* para a vocalização palavra por palavra:

No princípio	criou	Deus	os	céus	e a	terra
בְּרֵאשִׁית	בָּרָא	**אֱלֹהִים**	אֵת	הַשָּׁמַיִם	וְאֵת	הָאָרֶץ׃
berê'shiyth	*bârâ'*	*'elohiym*	*'êth*	*hashâmayim*	*ve'êth*	*hâ'ârets*

A tradução corrente para o português, como já vimos, é:

Gn 1:1 *No princípio criou Deus os céus e a terra.*
Mas a tradução correta é:

Gn 1:1 *No princípio Elohim criou os céus e a terra.*
Traduzindo o termo Elohim, chega-se ao significado original:

Gn 1:1 *No princípio os deuses criaram os céus e a terra.*

Em Gênesis 1:26, há uma confirmação dessa pluralidade divina. Mesmo a tradução para o português não conseguiu esconder o plural: *"Deus disse: façamos o homem à nossa imagem, conforme a nossa semelhança..."*. Na sequência, em Gn 3:22, novamente é o plural de *deus* que se apresenta. A redação parece indicar que o *deus* que fala é apenas mais um dentro de um conselho de deuses, senão vejamos: *"deus disse: Eis que o homem se tornou como um de nós, conhecedor do bem e do mal"*. Em Gn 11:7, na passagem que trata da Torre de Babel, *deus* diz claramente: *"Eia, desçamos e confundamos ali a sua língua, para que não entenda um a língua do outro."*

Se quisermos um exemplo elucidativo, vamos ao Salmo 82. Os salmos são escritos poéticos integrantes da Bíblia Hebraica que, segundo a paleografia moderna, estão entre seus textos mais antigos. Eles possuem uma antiguidade hoje aceita como procedente do período da Monarquia Unida e, em alguns casos, remanescentes da tradição oral da época do êxodo, portanto anteriores ao período de escrituração da Bíblia. Pela sua linguagem e pela descrição dos atributos de *deus* neles contidos, os estudiosos os reputam como relíquias literárias das tradições de todo o Oriente Médio no II milênio a.C. Alguns dos salmos são como retratos da cultura cananeia desse período. Vejamos o que diz o Salmo 82:

> *Deus se levanta no conselho divino,*
> *Em meio aos deuses ele julga:*
> *Até quando vocês julgarão injustamente,*
> *sustentando a causa dos injustos?*
> *Protejam o fraco e o órfão,*
> *Façam justiça ao pobre e ao necessitado,*
> *Libertem o fraco e o indigente,*
> *E os livrem das mãos dos injustos!*
> *[...]*
>
> *Eu declaro: embora vocês sejam deuses,*
> *E todos filhos do Altíssimo, todavia, como homens morrereis,*
> *E caireis como qualquer dos príncipes.*

No original hebraico temos que:

Elohim (אֱלֹהִים) se levanta no conselho divino.
No meio dos elohim (אֱלֹהִים) estabelece seu julgamento.

Como o deus dos antigos israelitas era chamado de Elohim ou Javé, os exegetas consideram que esse Salmo se referia a Javé. Temos então que Javé era apenas mais um *deus* em um grande conselho que, para os cananeus, era presidido por El, nome que significava *deus* em toda Canaã e além. Essa era a concepção dos israelitas quando começaram a se organizar como nação. Segundo vários comentadores o Salmo 82 marca um momento decisivo na história da religiosidade dos israelitas. Seu *deus* tribal/nacional se levanta no conselho divino e começa a admoestar e mesmo, a julgar, os outros deuses. Na realidade histórica, porém, Javé só se consolidou com a reforma deuteronomista do rei Josias (649 – 609 a.C.), que proibiu o culto a outros deuses, diferenciando definitivamente Javé dos deuses vizinhos – El, Asherah e Baal – de quem mandou destruir altares, imagens, outeiros e templos.

Integrantes da hierarquia cristã afirmam que, mesmo estando grafado *"conselho divino"*, Javé está falando a um conselho de juízes humanos. Ora, não é isso que está escrito no original e a exegese e a crítica histórica mostram que o contexto da época era todo politeísta, desde as tradições de Ur na Mesopotâmia, berço de Abraão. Os antigos hebreus se referiam a seu panteão divino como "deuses" (Elohim, plural de El). No Salmo 82 o *deus* que fala diz claramente para os membros daquele conselho: **"embora vocês sejam deuses"** (em outras traduções: *"vós sois deuses"*) **"e todos filhos do Altíssimo, todavia, como homens morrereis e caireis como qualquer dos príncipes."** É o *deus* dos israelitas quem fala e afirma que seus interlocutores são deuses e mais: diz que são todos *"filhos do Altíssimo"*, dando a entender que havia um *deus* maior.

É importante destacar os pertinentes comentários de pé de página referentes a este Salmo na Bíblia de Estudos Almeida: *"Este salmo [82] apresenta Deus como um juiz que leva a juízo os deuses das nações pagãs e os reduz a impotência total."* Mais adiante, o exegeta oferece outro comentário nessa mesma linha, agora sobre a expressão de abertura do Salmo: *"Congregação divina ou assembleia dos deuses: Esta expressão reflete uma crença comum entre os cananeus, os quais representavam os seus deuses reunidos em concílio ou assembleia, sob a presidência de um deus supremo. Aqui, a supremacia pertence ao Deus de Israel, que julga e estabelece as sentenças."* A interpretação do estudioso é que Javé está falando a outros deuses, que seriam os deuses das "nações pagãs". O comentário denota conhecimento sobre o caráter politeísta da religiosidade cananeia da época. Só discordo quando ele interpreta que o *deus* de Israel seria o *deus* citado como *"Altíssimo"* no Salmo. Não é isso que está escrito. Javé diz: *"vós sois deuses e todos filhos do Altíssimo"*, e não: *"vós sois deuses e todos são meus filhos"*. O Salmo mostra a superioridade do *deus* que falou ao conselho em relação aos outros deuses ali presentes, mas esse *deus* não se apresentou como o *Altíssimo*. A interpretação deste Salmo se torna mais complicada, pela utilização do termo Elohim (plural de *deus*), que é traduzido pelas nossas bíblias como "Deus" (no singular). O nome Javé (יהוה), que é singularizado, não aparece no original hebraico do Salmo 82. Ele é deduzido pelos exegetas das traduções oficiais pelo fato já citado de ser um dos dois nomes principais usados no Antigo Testamento para designar o *deus* dos israelitas, mas não há como negar que a abordagem do original é toda politeísta.

Em Gênesis é onde se vê mais fortemente a influência das religiões politeístas e dos mitos pagãos comuns a toda a vizinhança. A história dos semideuses tão conhecida nas civilizações da antiguidade, onde deuses possuíam mulheres humanas que geravam filhos com poderes especiais, como Hércules, Perseu, Aquiles e outros, está presente, de forma explícita no livro de abertura da Torah. Em Gn 6:2 tem-se: *"Vendo os filhos de Deus que as filhas dos homens eram formosas, tomaram para si mulheres, as que, entre todas, mais lhes agradaram."* No original hebraico de Gn 6.2, onde traduziram "Deus", está grafado Elohim (אֱלֹהִים), que significa "deuses". A tradução correta é: *"Vendo os filhos **dos deuses** que as filhas dos homens eram formosas..."* E em Gn 6:4, tem-se a repetição literal das estórias que povoam a mitologia de todos os povos: *"Ora, naquele tempo havia gigantes na Terra; e também depois, quando os filhos de Deus possuíram as filhas dos homens, as quais lhes deram filhos; estes foram valentes, varões de renome, na antiguidade."*

E novamente aqui, no original hebraico está escrito *"...quando os filhos **dos** deuses** [Elohim/ אֱלֹהִים] *possuíram as filhas dos homens..."* Fica evidente que a cultura politeísta da região influenciou toda a abordagem do Gênesis.

JAVÉ/JEOVÁ/EL/ELOHIM/EU SOU: QUAL O NOME DO *DEUS* DOS HEBREUS?

O deus de Abraão, Isaque e Jacó falou pela primeira vez do seu nome em Êxodo 3:14, quando se apresentou a Moisés de modo genérico como: "EU SOU AQUELE QUE SOU". Somente em Ex 6:3 ele se apresentou pelo nome de YHWH (Javé). YHWH é a transliteração do Tetragrama Sagrado e impronunciável (יהוה)[13], ao qual, nas traduções latinas, foram introduzidas as vogais de Adonai (Senhor) e Elohim (deuses) para se chegar ao nome pronunciável YaHWeH, aportuguesado Javé ou, como também é conhecido, YeHoWaH, vertido para o português como Jeová.

Os teólogos, tanto judeus quanto católicos e protestantes, tentam justificar Gn 1:1 explicando que o termo Elohim é uma espécie de "plural majestático" que foi usado para enfatizar ainda mais o poder de Deus. Ora, o que está escrito no original hebraico de Gênesis 1:1 é *"No princípio os deuses criaram os céus e a terra"*. É assim que está grafado nos manuscritos mais antigos que chegaram até nós. A exegese cuidadosa nos mostra que era assim o pensamento dominante na região à época. É assim que deveria ser traduzido! A evolução do conceito de Deus entre os hebreus veio bem depois. Mesmo no tempo de Moisés, o *deus* deles ainda era apenas mais um entre vários, embora eles acreditassem que fosse o mais poderoso. Tentar mudar essa realidade com *parcialidade na tradução* é fazer com exegese duvidosa o mesmo que faziam muitos escribas com tinta e papiro: "corrigir" o texto original de acordo com suas crenças.

Elohim (אֱלֹהִים) é o plural de EL (אֵל), o *deus* solar adorado pelos cananeus e fenícios e conhecido em todo o Crescente Fértil[14]. Era cultuado pelos habitantes de Canaã quando da chegada de Josué e seu exército. E continuou a ser cultuado pelos israelitas – que passaram a conviver com as tribos cananeias – durante um longo período que passa por Juízes, Monarquia

Unida, período de decadência do Reino do Norte (*ver Oséias 2:8,13,16; 9:10; 11:2,...*) e vai até Elias que também admoesta o Reino do Norte (Israel) por seu culto a Baal, filho de El (I Reis 17ss). Na verdade o culto aos "Baalins" só se extinguiu com a força repressiva da citada reforma religiosa do rei Josias, no século VII a.C. A trindade fenícia atacada por Josias era formada por El, o *deus* maior representado pelo Sol; sua consorte Asherah representada por Vênus e o filho, Baal, às vezes representado por um touro (força, fertilidade).

Em várias passagens do Pentateuco o *deus* dos hebreus é chamado diretamente de El, com o complemento SHADDAI, que foi traduzido como "poderoso", "suficiente", mas que na época de Moisés tinha o sentido de "Montanha Sagrada". Assim, El-Shaddai era entendido como "Senhor da Montanha", até por sua relação com o Monte Horebe, onde ele desceu mais de uma vez. Para quem não domina o hebraico, a pronúncia da palavra El-Shaddai (pronuncia-se assim mesmo) pode ser constatada nas boas transliterações para o português ou em uma Bíblia falada em hebraico, hoje disponível na internet.

Um bom exemplo sobre a confusão acerca do nome divino nos primeiros livros da Bíblia está em Ex 6:2-3, onde em apenas dois versículos, *deus* é chamado por três nomes distintos: **Elohim, Yhwh** e **El-Shaddai**. Vejamos primeiro a tradução corrente para o português (Bíblia Edição Pastoral--Catequética, editora Ave Maria), e depois o texto hebraico, para chegarmos a uma proposta de tradução mais próxima do original:

Tradução corrente para o português (grifei):

Ex 6:2 *Deus disse a Moisés: Eu sou o* **Senhor**.

Ex 6:3 *Apareci a Abraão, a Isaque e a Jacó como o* **Deus todo-poderoso**, *mas não me dei a conhecer a eles pelo nome de* **Javé**.

Para a visualização dos que não conhecem a língua original da *Tanakh*, apresentamos a grafia em caracteres hebraicos para:

Elohim [אל הים];

El-Shadai [באל שדי]

Yhwh (Javé)[יהוה].

Agora o leitor pode perceber (em negrito sublinhado) esses diferentes nomes de *deus* no original hebraico (que é escrito da direita para a esquerda) e comparar com a tradução para o português, para ver o quanto essa tradução é limitada e limitadora.

Ex 6:2 וידבר אלהים אל־משה ויאמר אליו אני יהוה

(Javé)   (Elohim)

Ex 6:3 וארא אל־אברהם אל־יצחק ואל־יעקב באל שדי ושמי יהוה לא נודעתי להם

(Javé)   (El Shaddai)

Observando o original hebraico, a tradução correta seria:

Ex 6:2 **Elohim** *disse a Moisés: Eu sou* **Yhwh**.

Ex 6:3 *Apareci a Abraão, a Isaque e a Jacó como* **El-Shaddai**, *mas não me dei a conhecer a eles pelo nome de* **Yhwh**.

Além desses três nomes (**Elohim**, **El-Shaddai** e **Yhwh**) e dos demais qualificativos de El (El *Elyon*; El *Olam* e El *Ro-i*), temos ainda EU SOU (Ex 3:14). Fica difícil definir o nome do *deus* dos patriarcas abraâmicos e essa dificuldade aumenta pelo volume de contradições entre os preceitos expressos na Torah, que parecem realmente originários de *divindades* (ou correntes doutrinárias) diversas.

Quem era o *deus* de Abraão

O *deus* de Abraão, Isaque e Jacó era El, o *deus* chefe do panteão cananeu. Tomo por base o próprio Javé que em Ex 6:3, ao revelar seu nome a Moisés, afirmou que se apresentou a Abraão, Isaque e Jacó como El-Shaddai. Vejam que é Javé quem diz a Moisés que seu nome antigo era El. Para a fé judaica tem--se aqui uma confirmação teologicamente acabada. Mas quem, afinal, era El?

El era uma divindade solar dos cananeus, embora não existam registros que os cananeus adorassem o Sol em si. O Sol era fonte da luz que espantava a escuridão e o frio. Era dele que vinha a fertilidade para as lavouras. Ele era a maior representação visível do inexplicável Poder Criador presente no universo. Pelo menos desde o fim da Idade do Bronze Recente IIA-B, que os cananeus chamavam seu deus de El e sua vinculação ao Sol pode representar uma herança da tradição deixada por Akenaton, que governou o Egito no século XIV a.C e implantou um culto a um único *deus*, Aton, representado pelo disco solar. Entretanto, bem antes de Akenaton, os egípcios cultuavam outra divindade solar: o *deus* Ra. A Estela de Merenptah ou Estela de Israel (ver nota 16), que narra vitórias militares do faraó Merenptah (1236-1223 a.C.), filho de Ramsés II, mostra que Amenofis III, pai de Akenaton já havia juntado Amom e Ra em uma divindade conhecida como Amom-Ra.

A arqueologia já deixou claro que os deuses solares eram os deuses maiores em todo o Crescente. Os hebreus eram uma tribo estabelecida nesse meio. Vieram do sul da Mesopotâmia, moraram no Egito, de onde saíram para Canaã. Nos primórdios de sua história, a nomenclatura de seu *deus* era a mesma dos demais habitantes da região, ou seja: El. Para diferenciar dos vizinhos, chamavam o seu "El" de "El-Shaddai" – *deus todo-poderoso, deus das montanhas* ou *deus suficiente*, também traduzido como *deus da abundância* e até da *fertilidade*.

El era um nome tão forte na religiosidade dos israelitas, que na Bíblia encontram-se, no mínimo, 121 nomes (de pessoas ou lugares) terminados ou começados com "el". São homenagens do povo e seus escribas a seu deus. Dentre os nomes mais conhecidos de pessoas, destacam-se: Abel; Abimael; Daniel; Eliel; Elias (El-Yah = Yhwh é *deus*); Gamaliel; Hazael; Ismael; Jodiel; Joel; Micael; Natanael; Peniel; Raquel; Samuel, etc. Exemplos de lugares com "el": Betel; Babel; Elat, etc. A ligação de El (Shaddai) com os antigos israelitas é solenemente confirmada pelo fato de que foi ele quem deu o nome à nação, quando mudou o nome de Jacó para Israel. O nome "Israel" é um teofórico – palavra ligada ao nome de um *deus* por um sufixo. A palavra no caso é "*sara*" (reinar, lutar) e o sufixo é "*el*" (*deus*). Israel significaria "*aquele que reina com deus*" ou "*aquele que lutou com deus*"[15], numa alusão à luta de *deus* com Jacó.

A HIERARQUIA DIVINA

A Mesopotâmia foi habitada por vários povos que cultuavam vários deuses. Mas sempre houve uma graduação entre esses deuses. No primeiro império babilônico, o rei Hamurabi elevou oficialmente Marduk à categoria de *deus* principal, embora as outras divindades continuassem a existir. Marduk seria uma espécie de chefe dos deuses.

No Egito existiam dezenas de divindades, mas o *deus Sol* Ra era superior a todos os outros. Não confundir com o já citado Aton (termo vindo do fenício *Adon* que significa Senhor), que só foi cultuado durante o reinado de Amenófis IV (Akenaton), no período amarniano da XVIII dinastia. O destaque de Ra no panteão egípcio indica não só a importância do Sol como a maior representação visível do poder divino, mas principalmente, que em todo politeísmo sempre há um *deus* (considerado) maior.

Na Grécia antiga, encontra-se a mesma estrutura: um conjunto grande de divindades, sob o comando de Zeus, o *deus* chefe. Na Roma antiga, a mesma coisa, só que lá o nome do *deus* chefe era Júpiter. Nos países nórdicos seu nome era Odin (pai de Thor, o *deus* do trovão).

No cristianismo católico acontece algo semelhante, embora de maneira velada. O panteão católico é, na verdade, formado por dezenas de anjos e centenas de santos que, arquetipicamente, funcionam como divindades menores, subordinadas ao Deus pai de Jesus.

O MONOTEÍSMO

Para grande parte dos teólogos, o Pentateuco é considerado o conjunto de livros que anunciou o monoteísmo. Mas cabe a pergunta: qual monoteísmo? A crença no Deus único de todo o universo ou a crença em um único *deus* do povo hebreu, mais forte que os outros deuses? Como se vê, a questão não é simples. Até porque o Pentateuco, a lei de Moisés, é também o livro que revela, na prática de seus personagens, a tradição politeísta de Ur (de onde veio Abraão) que a todo instante era retomada como prática religiosa pelos antigos israelitas.

A Mesopotâmia foi um dos berços dos deuses familiares[16]: "*o deus dos nossos pais*" no sentido de *deus* dos antepassados; também identificados como os "*deuses da terra*", significando "*deus do lugar*", "*deus de certa região*". Essa questão do "*deus dos nossos pais*" (e não de um Deus único para todos os povos do universo) fica muito evidente ao longo do desenvolvimento das Escrituras Judaicas. O *deus* do Pentateuco é dessa estirpe. Não se trata de um Deus universal. É um *deus* dos patriarcas com os quais fez uma aliança pessoal: em troca da adoração e dos sacrifícios ele faria dos seus descendentes uma grande nação, curvaria seus inimigos e lhes daria uma terra de onde brotaria leite e mel. [É importante destacar que essa promessa nunca foi cumprida. A descendência não é numerosa como as areias do mar; os inimigos resistem; o território não se estende do Nilo ao Eufrates – e ainda está em disputa – e o solo é infértil].

O monoteísmo como é conhecido hoje – a crença teologicamente elaborada em um único Deus transcendente e universal – não é uma criação ou descoberta constante nos cinco primeiros livros da Bíblia Hebraica. Lá o monoteísmo não é visto nesses termos. O que se vê lá é a crença em um *deus* de uma família, que seria mais poderoso que os outros deuses e faria dos descendentes dessa família (de Abraão) uma nação que se sobreporia a todas as outras nações do mundo. Tem-se então, no máximo, um *deus* nacional. Isso até agora foi erroneamente considerado monoteísmo.

Na verdade o Pentateuco (Torah) e os Antigos Profetas (NEVI'IM – parte I: Josué, Juízes, Samuel e Reis) mostram que os hebreus praticavam um polidominismo, um sistema que admite vários deuses e até espíritos fora dos corpos, sempre sob a supervisão do *deus* maior [ver 1Sm 28: 3-19; Lv 19:31; 20:6-27]. Já em Êxodo, Moisés pratica a monolatria, que significa admitir a existência de muitos deuses, mas adorar a um só. O polidominismo e a monolatria (conceitos com o mesmo conteúdo) foram confundidos com monoteísmo até por teólogos e acadêmicos de grande reputação. Hoje fica difícil negar a influência das religiões pagãs no antigo culto hebreu e na própria formação do Pentateuco. Em termos históricos, o antigo culto hebreu se enquadra nas mesmas características do que eles chamavam de *cultos pagãos*, especialmente nos seus aspectos rituais. A grande contribuição da chamada lei de Moisés a este campo da teologia, foi a substituição de um politeísmo generalizado por uma monolatria, embora que estritamente nacional. É bom destacar que parto da premissa de que a espiritualidade humana evoluiu do fetichismo para o politeísmo e daí para o monoteísmo. Há quem discorde.

Paulo, que falou sob o ditado espiritual de Jesus, deixou bem claro que Deus era de todos os povos e não apenas de um (*Gálatas* 3:28; *Colossenses*

3:11; *Romanos* 10:12,...). No final do século I de nossa Era, João Evangelista avançou no conceito de Deus, dando-lhe a transcendência do amor ("*Aquele que não ama não conhece a Deus; porque Deus é amor*"- I João 4:8). Abraão viveu um polidominismo. Moisés instituiu a monolatria, mas foi Jesus, o Cristo, quem apresentou aos seres humanos o verdadeiro monoteísmo. A Trindade cristã não foi pregada por Jesus. Foi uma decisão do Concílio de Nicéia. Jesus sempre deixou bem claro que era um enviado: "*Porque não tenho falado de mim mesmo; mas o Pai que me enviou, ele me deu o mandamento sobre o que hei de dizer e sobre o que hei de falar.*" – João 12:49. Verso confirmado por João 17:3 e por Paulo em 1Tm 2:5, dentre tantas outras passagens, mas essa é outra polêmica.

Reconheço que El-Shaddai (o Senhor dos exércitos) representa a infância teológica dos hebreus e que houve mudanças na concepção de seus descendentes e herdeiros culturais, fruto de uma natural evolução histórica, mas, na essência, o judaísmo ortodoxo e o fundamentalismo dito cristão ainda não se afastaram das características originais desse *deus*. Jesus não pode ser considerado apenas um elemento da evolução teológica israelita. Ele fez um corte revolucionário. O Deus de Jesus é completamente diferente do *deus* descrito na Torah, que era o *deus* das montanhas, da guerra, das tribos nômades dos desertos de Edom, Temã e Sinai, que pregava a morte e o castigo no lugar do amor e do perdão além de se regozijar com sangue! Um *deus* xenófobo, que não permitia sequer que os israelitas se casassem com mulheres de outros povos (Dt 7:3), distante, portanto, da universalidade que caracteriza o verdadeiro Deus!

O corte teológico de Jesus foi tão radical que, mesmo ele sendo um judeu, sua concepção do Deus-Pai não foi aceita em sua terra. Sua pregação foi capaz de gerar outra religião, mas não conseguiu mudar a ideia do "*deus nacional*" dos judeus: o El das montanhas cananeias, chamado depois de Javé.

Para muitos cristãos (embora não digam explicitamente), os problemas enfrentados por Israel nos últimos dois mil anos são frutos da não aceitação de Jesus como o Messias de Deus e do consequente não reconhecimento da Nova Aliança. Já os hebreus acham que o Messias ainda não veio e consideram um sacrilégio dizer que Jesus e Javé são um único e mesmo *deus*.

Embora também não digam explicitamente, para eles, Jesus é um impostor e acham um escândalo o dogma cristão da Trindade. Como pode, do ponto de vista deles, Javé ser dividido em três: ele próprio como pai, o filho Jesus e uma entidade tardiamente introduzida na teologia humana – o Espírito Santo? Como se vê, usando a linguagem de Ezequiel, a confusão é graúda.

O *deus* dos hebreus destaca-se também pelo ciúme mortal – semelhante ao de um marido traído – das cidades de Jerusalém e Samaria que estariam se "prostituindo" cultuando deuses estrangeiros. A linguagem erótica de viés machista é tão forte em alguns profetas do período exílico, que não se pode, por exemplo, ler Ezequiel 16 e 23 em uma escola dominical para crianças. Não é por acaso que Jesus, Paulo e Tiago nunca chamaram Deus pelo nome de Javé[17], mesmo quando citavam textos da Tanakh que continham o Tetragrama Sagrado. Esse fato tão pouco observado foi meu ponto de partida. Fiquei surpreso ao ver que Jesus não pronunciava o nome Javé (Yhwh). Podem argumentar que no século I o Tetragrama já era impronunciável, mas como responder a questão seguinte: por que Jesus nunca fez um discurso sequer sobre esse nome supostamente divino?

A FORMAÇÃO DO POVO HEBREU: O PROBLEMA DA IDENTIDADE ÉTNICA DE ISRAEL

Abraão foi levado por El-Shaddai a deixar seu país, sua parentela e sair em busca de uma terra que ele não conhecia. Quando chegou lá, a terra já era habitada. Encontrou um ponto para se fixar, mas não ficou por muito tempo, pois havia uma grande fome na região e ele foi para a outra grande civilização da época: o Egito. Segundo a Bíblia os descendentes de Abraão ficaram cerca de 400 anos no Egito (Gn 15:13; Ex 12:40). Por mais que um núcleo sacerdotal tentasse manter, além da tradição religiosa, a pureza racial, não havia como impedir uma miscigenação entre dois povos que conviveram no mesmo espaço por tanto tempo, mesmo que o período real não tenha sido tão longo quanto o descrito nas Escrituras.

No momento em que Moisés deixou o Egito levou consigo um povo híbrido ao qual, durante os 40 anos de travessia do deserto, juntaram-se várias tribos nômades. Quando Josué invadiu a Palestina, destruindo cidades inteiras sob as ordens de Javé, tinha atrás de si uma mescla de semitas vindos do sul da Mesopotâmia, miscigenados com egípcios e mais tribos nômades do deserto do Sinai. É essa mistura étnica, somada aos cananeus que já habitavam a terra invadida, que constituiu a base do povo israelita. Paradoxalmente os descendentes desse povo, os judeus atuais, são inimigos mortais dos dois povos que lhes deram origem: os iraquianos – que a Bíblia chama de "caldeus" – e os egípcios. A recíproca é verdadeira.

Em síntese, além da mescla entre habitantes de Ur (Mesopotâmia), egípcios e tribos nômades dos desertos, houve o cruzamento natural com os povos que já habitavam a Palestina: heteus, ferezeus, refains, amorreus, cananeus, gigaseus e jebuseus, só para ficar com a lista de Gn 15:20-21. Em Ezequiel 16:3 Javé fala diretamente a Jerusalém, afirmando que *"seu pai era amorreu e sua mãe heteia"*. A Bíblia deixa claro que Jerusalém se originou de povos da própria Canaã e *"não cortou o cord*ão umbilical", ou seja, não se desgarrou de suas tradições cananeias mesmo depois de ter sido conquistada pelos israelitas sob o comando de Davi. Em Josué 15:63 é colocado que os filhos de Judá não conseguiram expulsar os jebuseus que habitavam Jerusalém e que estes ficaram por lá, junto com os invasores hebreus. Juízes 1:21 afirma que os filhos de Benjamim, também não conseguiram expulsar os jebuseus de Jerusalém e lá ficaram habitando com eles. Assim, a Bíblia coloca que Jerusalém descende de amorreus e heteus e que, na época da invasão de Josué, era uma cidade jebuseia e assim permaneceu até o tempo de Davi que integrou os israelitas à população já residente. Com esses dados, temos mais elementos para a definição da mistura étnica que originou o povo judeu.

Os seguidores de Josué se espalharam pelas montanhas e vales do interior de Canaã, dividindo-se em atividades pastoris e agrícolas, já que as faixas costeiras estavam dominadas pelos filisteus ao sul e fenícios ao norte. Em estelas egípcias e, principalmente, nas Cartas de Amarna[18], há referências a esses beduínos e pastores, que foram chamados em algumas dessas inscrições de *'Apirus* (ou *Habirus*), algo como nômades salteadores e desordeiros. Outra inscrição egípcia (escudete do século XIV a.C. encontrado no templo de Amenófis III, escavações em Soleb, margem esquerda do Nilo) fala em uma "terra dos Shasu de Iahuo" (*to shasu iahuo*) *Shasu* em egípcio antigo significa "nômade", "beduíno", "peregrino do deserto". *Iahuo*, alguma montanha do Sinai ou o nome de uma divindade. Para muitos especialistas é a mais antiga referência escrita ao *deus* dos hebreus já encontrada e a relação com os *nômades do leste*, coincide com a história dos 40 anos no deserto do livro de Êxodo. Em períodos seguintes houve a introdução forçada de outros povos durante as diferentes fases de dominação estrangeira – assíria e babilônica. O próprio exílio babilônico, onde os descendentes de Abraão voltaram para a terra do patriarca, provocou novos cruzamentos com habitantes da Mesopotâmia.

Não podemos esquecer que Abraão e Isaque se casaram com mulheres mesopotâmicas e que Jacó, foi buscar uma esposa no mesmo lugar porque seu pai não queria que ele desposasse nenhuma filha de Canaã, a terra prometida. Chegando lá, Jacó casou-se com duas nativas que eram irmãs e procriou também com as servas delas, gerando assim os cabeças das doze tribos de Israel, em pleno território hoje pertencente ao Iraque. Se o povo da antiga Ur representa uma raça, essa é a base da raça dos israelitas, com fortes pitadas de sangue egípcio e cananeu e cruzamentos posteriores com o mundo inteiro. [Na época de Abraão os caldeus ainda não existiam. A Bíblia, em um anacronismo, cita que ele veio de "Ur dos Caldeus", mas esse povo só surgiu na Mesopotâmia a partir do século VII a.C.].

No ano de 132 de nossa Era, veio a grande diáspora que durou até 1948. Nesse longo período de quase dois milênios, os descendentes dos antigos hebreus vagaram pelos países da Terra, participando de uma miscigenação planetária. A população que voltou para Israel em 1948[19] é uma amostra da mistura de sangue judeu (na verdade, sangue "caldeu"-egípcio-cananeu) com o sangue do resto do mundo, principalmente do leste europeu e de partes da Ásia. O dogma de um povo puro e diferenciado dos demais membros da humanidade não subsistiu a mais de um milênio e meio sem um território. Mesmo mantendo a tradição de que a linha de descendência judia só é aceita pela via materna, nem sempre as mulheres judias se casaram com homens judeus. É verdade que árabes, judeus e palestinos fazem parte de uma grande família étnica conhecida como semitas, (teoricamente descendentes de

Sem, filho de Noé), entretanto, desses três povos, os judeus – por conta da diáspora – foram os que mais miscigenaram com outras etnias.

Israel – enquanto nação – foi formado pela unificação de doze tribos por volta do século X a.C., quando da instituição da Monarquia Unida (sob Saul). Depois do reinado de Salomão, veio a divisão em dois reinos. O do Sul com duas tribos (Judá e Benjamim) com capital em Jerusalém e, o do Norte com as outras dez tribos (Rubem, Simeão, Levi, Issacar, Zebulom, Dã, José [dividida entre Efraim e Manassés], Naftali, Gade e Asser) com capital em Samaria.

Depois da queda de Samaria em 722 a.C. as dez tribos se dispersaram, gerando comunidades israelitas na Assíria, Babilônia, Síria, Egito, Etiópia, Irlanda e, dizem, até na América do Norte. O reino de Judá, ao sul, subsistiu até a tomada de Jerusalém por Nabucodonosor em 586 a.C. A elite e parte do povo foram levados cativos para Babilônia, só retornando por ordem de Ciro da Pérsia, a partir de 538 a.C. Quando chegaram de volta a Judá, sob a liderança de Sesbazar (Zorobabel) – como narra Esdras (1:8-11; 2:2; 3:8; 5:14-16) – duas gerações depois da partida, encontraram outra Jerusalém, dominada por costumes pagãos e mais miscigenada que gostariam os anciãos tradicionalistas (que condenaram os casamentos com estrangeiras). Os que retornaram ainda deixaram para trás grande parte dos parentes, que já tinham negócios prósperos e preferiram ficar na Babilônia.

Assim, não há fundamento histórico para a visão exclusivista que domina a tradição israelita. Ela só serve para embasar a postura xenófoba de sua religião. Eles não são uma raça especial, no sentido de pureza étnica. São uma raça especial como qualquer outra da espécie humana! Eles não são **o único povo escolhido por Deus**, pelo menos pelo Deus universal. No máximo, eles são o único povo escolhido por El-Shaddai, o *deus* das montanhas, que depois se apresentou como Javé, o *Senhor dos Exércitos*.

ESTUDOS RECENTES SOBRE
A HISTÓRIA DO ANTIGO ISRAEL

Ocorreram na Europa, nas últimas duas décadas, uma dezena de seminários sobre *Metodologia da História do Antigo Israel*. A cronologia da síntese que apresentei acima foi consenso até os anos de 1970. De lá para cá, pesquisadores descobriram novos métodos para o desenvolvimento da Crítica Bíblica. A isso vieram somar-se as recentes descobertas da arqueologia, que acrescentaram um rol mais amplo de possibilidades para a pesquisa histórica.

O Primeiro Seminário Europeu sobre *Metodologia Histórica do Antigo Israel* aconteceu na cidade de Dublin, Irlanda, em julho de 1996 e teve uma participação seletiva. Foram convidados apenas 21 pesquisadores de 18 universidades espalhadas por nove países europeus (Irlanda, Suíça, Países Baixos, Noruega, Alemanha, França, Reino Unido, Dinamarca e Itália). Dentre os 21 doutores, destaco a presença de Lester L. Grabbe, que idealizou, organizou e editou o livro relatório do Seminário; Mário Liverani, respeitado assiriólogo italiano; Philip Davies, autor de obras referenciais e Thomas L. Thompson, um ícone dos Minimalistas (*Escola de Copenhague*).

Dr Lester L. Grabbe publicou os resultados do Seminário em *Can a 'History of Israel' Be Written?* (Pode uma 'História de Israel' ser Escrita?), Sheffield: Sheffield Academic Press, 1997 [London: T & T Clark: 2005], com boas resenhas em português em sites especializados em história bíblica.

Os outros seminários trataram de temas não menos importantes, mas de maior especificidade: discutiram o possível Êxodo (e a ocupação da Palestina pelos hebreus); a invasão de Judá por Senaqueribe; o Exílio; o Período Persa e até se a Bíblia era um livro helenístico. Dessa discussão (Terceiro Seminário) saiu o livro – também editado pelo Dr. Lester L. Grabbe – *Did Moses Speak Attic? Jewish Historiography and Scripture in the Hellenistic Period* (Moisés falava Atico? Historiografia Judaica e Escritura na Época Helenista), também publicado pela Editora Sheffield em março de 2001, com 343 páginas. Os relatórios desses seminários são testemunhas do mais elevado debate travado hoje no mundo sobre a história do antigo Israel. Ainda não chegaram a um consenso, mas há um grande acordo sobre o fato de a narrativa bíblica não corresponder, em grande monta, aos fatos históricos e à própria sequência dos mesmos.

Mas a Bíblia não foi descartada como fonte histórica, apenas deixou de ser considerada a ÚNICA fonte da história do antigo Israel [20].

QUESTÕES SOBRE O ÊXODO
E O MISTÉRIO DOS HICSOS

Há estudiosos que, pela completa falta de registros históricos no Egito (que era uma sociedade ágrafa) acerca da presença do povo hebreu/israelita em seu território, por quatrocentos anos, e pela total ausência de vestígios arqueológicos de uma fuga de meio milhão de pessoas, afirmam que o êxodo não passou de uma migração forçada dos hicsos (estes registrados na história do Egito), que foram expulsos da região do Delta (Gósen) onde habitaram por cerca de cem anos.

O problema é que as datas não batem com as estimativas atualmente aceitas. A história registra que os hicsos – asiáticos de origem semítica e indo-europeia – habitaram a região do Gósen no Delta entre 1670 e 1570 a.C. quando foram expulsos pelo faraó Ahmose I / Amósis (1575-1550 a.C.). As datas atualmente aceitas para o êxodo bíblico são – como já visto acima – em torno de 1434 a.C. (morte de Moisés na cronologia judaica) ou 1250 a.C., período de Ramsés II (data aceita por correntes católicas).

Se tirarmos a questão das datas estimadas para o possível êxodo, para as quais ainda não há nenhuma confirmação definitiva, a ocupação da região do Gósen pelos hicsos é o acontecimento histórico que mais se aproxima da narrativa bíblica da passagem dos hebreus pelo Egito. Uma das fontes históricas mais aceitas atualmente, o historiador judeu do século I, Flávio Josefo, considerava os hicsos ancestrais dos judeus e sua expulsão do Egito por Ahmose I, o êxodo bíblico (ver *Against Apion*). Realmente as histórias têm muito em comum. Os hebreus entraram pacificamente na terra das pirâmides, assim como os hicsos. Os hebreus também eram de origem asiática – o clã de Abraão veio da Mesopotâmia – e permaneceram um bom período de tempo na região do Gósen de onde saíram em clima de guerra com o faraó, do mesmo modo que os hicsos. As duas narrativas têm muito em comum, mas somente a dos hicsos está registrada na história do Egito. Como o Pentateuco só foi concretamente escrito a partir do século X a.C. (segundo alguns pesquisadores, mais precisamente nos séculos VIII e VII a.C.), pode ter havido a incorporação de uma antiga tradição oral que dava conta de um povo semita que teria ido pacificamente para o Egito e depois de um bom tempo, teria entrado em choque com a elite local sendo expulso do país e vindo para as terras do Crescente.

Outro fator chama a atenção nessas duas histórias: os hicsos depois que foram expulsos do Egito pelo faraó Ahmose I (Amósis, Ahmés - fundador da XVIII Dinastia), diluíram-se em meio às populações do Crescente, o que fez cessar sua existência histórica (do ponto de vista dos registros egípcios). Já os hebreus depois do êxodo também se integraram às populações nativas de Canaã e aí começaram efetivamente a ter uma existência histórica (a partir dos seus próprios escritos). Se estivermos tratando do mesmo povo, tem-se aqui uma boa explicação para o misterioso desaparecimento dos hicsos, afinal como pode um povo que dominou parte da poderosa nação egípcia por cem anos, desaparecer sem deixar vestígios? Muita coisa ainda há para ser descoberta. Autores como Ralph Ellis, Ahmed Osman e Graham Phillips possuem trabalhos significativos nesse campo. Mas mesmo desconsiderando a hipótese de que os israelitas são descendentes dos asiáticos hicsos, de qualquer modo são descendentes do asiático Abraão o que, etnicamente, dá no mesmo, até porque os hicsos também eram semitas.

Há também uma ligação mais recente com as estepes asiáticas: nas idades Média e Moderna, houve várias expulsões de judeus de países da Europa Ocidental e o destino foi em grande parte o Leste Europeu e as planícies asiáticas, onde as comunidades judaicas guardaram suas tradições. Quando da refundação do Estado de Israel em meados do século passado, grande parte de sua população veio desses locais.

COMO FOI ESCRITO O PENTATEUCO: A CRÍTICA DAS FONTES

O leitor atento e livre do dogmatismo das denominações religiosas vai verificar, ao ler os três primeiros capítulos de Gênesis, que ali se encontram duas narrativas para a criação do mundo e do homem. Visivelmente distintas em conteúdo teológico, estilo literário, visão do divino e da relação daquele *deus* com a humanidade. Hoje há consenso entre os estudiosos, inclusive cristãos das diversas vertentes, de que se tratam efetivamente de duas narrativas distintas, de autores diferentes, que seguiam tradições teológicas diversas e que depois foram juntadas num único livro, provavelmente no período que vai de Josias a Esdras.

Até o século XVI ninguém ousava questionar algo na Bíblia. É óbvio que as incoerências, repetições, divergências e contradições em seu conteúdo sempre foram notadas, mas a Igreja havia acumulado grande poder temporal, especialmente a partir do século IV sob a proteção do imperador Constantino. Questionar as Escrituras representava risco de morte. Apesar disso, no século XVII, o filósofo racionalista holandês de origem portuguesa Baruch Spinoza (1632-1677), lançou as bases da moderna Crítica Bíblica, negando os milagres, ou pelo menos seu caráter sobrenatural, afirmando que os escritores dos textos bíblicos não fizeram seu trabalho sob ditado divino, mas por seus próprios sentidos intelectuais. Spinoza lançou dúvidas sobre a autoria mosaica do Pentateuco. Richard Simon (1638-1712), considerado o pai da moderna Crítica Bíblica, apoiou-se no naturalismo de Spinoza para ampliar os apontamentos críticos sobre a Bíblia Hebraica.

Apesar da predominância inglesa e alemã na teologia dos séculos XVII e XVIII, foi um francês quem lançou as bases da Hipótese Documentária: o professor de medicina de Montpellier e Paris, Jean Astruc (1684-1766). Partindo das duas maneiras como *deus* é citado no Pentateuco – Javé e Elohim – ele lançou a teoria de que os cinco primeiros livros da Bíblia vinham de duas fontes, dois documentos distintos, um Javista e outro Eloísta. Quase cem anos depois, o alemão Julius Wellhausen (1844-1918), inaugurou a chamada "Alta Crítica Bíblica" dando acabamento à Hipótese Documentária, acrescentando mais duas fontes à proposição inicial de Astruc. Em sua consistente obra de 1883, *Prolegomena Zur Geschichte Israels*[21] Wellhausen lançou a teoria de que o Pentateuco teve pelo menos quatro documentos fontes. Ele considerou as fontes **Javista** e **Eloísta** de Astruc e verificou que *Deuteronômio* vinha de outra fonte e que mais tarde, depois do exílio na Babilônia, os sacerdotes concluíram o trabalho de edição, acrescentando mais conteúdo aos *escritos sagrados* gerando a fonte **Sacerdotal**. Desse modo ele chegou à hipótese das quatro fontes: JEDP, hoje consideradas como quatro tradições:

a. Fonte Javista (J) por volta de 950 a.C., oriunda do Reino de Judá, sul.

b. Fonte Eloísta (E) por volta do século VIII a.C., do Reino de Israel, norte.

c. Fonte Deuteronômica (D)[22]por volta do século VII a.C., do Período do rei Josias.

d. Fonte Sacerdotal (P)[23] séculos VI e V a.C., período pós-exílico.

A Hipótese Documentária, embora questionada em alguns dos seus fundamentos, continua aceita para explicar a composição da Bíblia Hebraica. Wellhausen nega a autoria mosaica, mas há uma corrente nos meios acadêmicos que defende que os primeiros escritos, do período inicial da realeza (séc. X a.C.), foram feitos com base em uma tradição oral bem mais antiga, que pode remontar ao tempo dos hebreus (ou dos hicsos) no Egito. Atualmente estão surgindo nos meios acadêmicos muitas críticas ao chamado *"consenso wellhauseniano"*[24], mas nada que o fira de morte, até agora, foi apresentado, pois ninguém nega a existência de fontes diversas e isso é o âmago da Hipótese Documentária. O problema de fundo que tem resultado na dificuldade de identificação precisa das fontes reside na fragilidade da reconstrução histórica de Israel e na insuficiência de definição da identidade de seu povo. Sobre a data da redação do Pentateuco, o arqueólogo israelense Israel Finkelstein e o historiador Neil Asher Silberman, lançaram em 2001, o livro *The Bible Unertead* (A Bíblia Desenterrada), que levanta uma bem construída teoria sobre o texto bíblico somente ter sido escrito no final do século VIII a.C. e, principalmente, no decorrer do século VII a.C.

O Deus criador do universo pode ser de um só povo?

A ideia de um único povo escolhido por Deus é demasiadamente egoísta. Como Ele poderia escolher um único povo na Terra? E o restante da humanidade? As concepções de Deus de mestres como Jesus, Krishna, Lao-Tsé e Buda possuem uma base comum – Deus é transcendente, onipotente, onisciente e onipresente. E sua pedagogia não é a da *ira*, do *castigo* e da *vingança* e sim, do *amor*, do *perdão* e da *justiça*. A visão de que Deus é de uma única nação é arrogante, xenófoba e discriminatória. Ela somente se justifica num contexto politeísta, onde cada povo tem seu *deus* específico, que vive em luta com os deuses dos vizinhos. No monoteísmo a ideia de um *deus* nacional soa absurda, pois, neste contexto, Deus por ser único tem que ser universal.

Quem estuda a Bíblia Cristã como um observador crítico independente, não vai compreender, a princípio, porque os cristãos consideram seu Deus (um Pai de amor), o mesmo *deus* dos antigos hebreus (um guerreiro ciumento e cheio de ira). Reconheço que essa questão é polêmica, mas é chegado o momento de sua discussão aberta, com todo respeito à concepção religiosa dos diversos povos, mas com a independência que o tema exige e, felizmente, com a liberdade que o presente nos permite (apesar da recorrência do fundamentalismo). Essa é a temática central deste Trabalho, o segundo de minha trilogia sobre as religiões.

A minha Tese de que Jesus não é Javé será discutida, principalmente a partir das descrições constantes na Torah (Pentateuco) e na OHDtr[25]. É sobre o Javé apresentado nesses livros que fixei minha atenção, para desvendar a sua identidade mais recôndita, com o auxílio do apóstolo Paulo e do próprio Jesus.

* * *

O verdadeiro Deus de todo o universo pode ser chamado de várias maneiras, isso não importa, pois Ele simplesmente É! Cada povo em cada época tem uma percepção diferente de Deus, mas Deus é um só (e não me refiro a uma persona, mas ao *Uno que contém todos os versos*, nas palavras do mestre Huberto Rohden)! Deus é imutável porque é a perfeição pura e absoluta e como tal não pode se cansar ou arrepender-se como os humanos. Ele não precisa de sangue em seu altar para aplacar sua ira, porque é Amor. Partindo dessas contundentes observações o leitor vai se deparar – inevitavelmente – com a seguinte questão: quem é o Javé dos primeiros livros da Bíblia Hebraica que se apresentou como o *deus* das tribos israelitas no II milênio a.C.?

O tempo é de descobertas, mudanças e reencontros. É chegada a hora da ruptura que nenhum teólogo, profeta ou estudioso teve a coragem de fazer! É preciso renovar as religiões, voltando, ao mesmo tempo, à origem e ao fim (α e Ω) que é Deus. E nessa volta é imprescindível depurar os preconceitos humanos que foram grampeados aos textos sagrados ao longo da história. Eles obscureceram a espiritualidade que leva à *comunhão com o Todo*. Mas não estamos sozinhos nessa empreitada. Temos a companhia de grandes mestres, dentre eles, o maior de todos, Jesus, Sacerdote Eterno da Ordem Melquisedeque. Sim, da Ordem de Melquisedeque, o velho jebuseu da antiga (Jeru)Salém! O mesmo sacerdócio em outra época e em outra roupagem. Este livro é um convite para a quebra de paradigmas que estão atrasando a marcha espiritual da humanidade! É um chamamento para que juntos rasguemos os grossos véus do obscurantismo que ainda hoje teimam em cobrir a *Luz do mundo*!

NOTAS DA INTRODUÇÃO

1. Tanakh é o nome dado pelos judeus para sua Bíblia. Trata-se de um conjunto de 24 livros, divididos em três partes: *Torah* (a lei de Moisés, o Pentateuco dos cristãos); *Nevi'in* (Profetas) e *Khetuvin* (Escritos). A palavra Tanakh é um *acrônico* (abreviação composta) formado pelas iniciais dessas três partes (Torah, Nevi'in e Khetuvin). Ela corresponde ao Antigo Testamento protestante, só que com outra subdivisão. Os católicos adotaram todos os livros da *Tanakh*, mas acrescentaram sete outros do período intertestamentário (Tobias, Judite, I e II Macabeus, Sabedoria, Eclesiástico [=Sirácida] e Baruc). Ver notas 6 e 7.

2. Composição da Bíblia Hebraica. Vinte e quatro livros, divididos em três partes:

TORAH / lei de Moisés: [1]Gênesis (*Bereshit*); [2]Êxodo (*Shemoth*); [3]Levítico (*Vayikra*); [4]Números (*Bamidbar*) e [5]Deuteronômio (*Devarim*);
NEVI'IM / Antigos Profetas: [6]Josué; [7]Juízes; [8]Samuel (1 e 2); [9] Reis (1 e 2) – Últimos Profetas: [10] Isaías; [11]Jeremias; [12]Ezequiel; [13]O Livro dos Doze (Oséias, Joel, Amós, Obadias, Jonas, Miquéias, Naum, Habacuque, Sofonias, Ageu, Zacarias, Malaquias);
KHETUVIM / Escritos: [14]Salmos (150); [15]Provérbios; [16]Trabalho (Jó); [17]Cânticos de Salomão (Cântico dos Cânticos); [18] Ruth; [19]Lamentações; [20]Eclesiastes(Coélet); [21]Esther (versão mais curta); [22]Daniel (12 capítulos); [23]Esdras-Neemias; [24]Crônicas (1 e 2).

3. Até o final do século XX d.C., muitos estudiosos defendiam que o Pentateuco foi escrito no período inicial da realeza de Israel, em torno do século X a.C. e os últimos escritos da Bíblia Hebraica, chamados Sacerdotais (especialmente Esdras, Neemias e Malaquias) seriam do período pós-exílico, do final do século V a.C. Teríamos então um espaço em torno de 600 anos de composição do cânon. Hoje, várias correntes, baseadas em testemunhos arqueológicos, defendem que o Pentateuco e a OHDtr não foram escritos antes do século VIII a.C. e que seu núcleo principal foi produzido no século VII a.C., no tempo do rei Josias, não descartada a hipótese de incorporação de uma tradição oral bem mais antiga.

4. Recensão é um tipo de edição de um texto antigo que compreende uma revisão de sua forma anterior. Ela consiste também no ajuntamento de narrativas diversas de um mesmo assunto, às vezes, por simples repetição, outras por uma compilação de narrativas de um mesmo tema. Recensão Rabínica é o termo dado à edição-revisão feita por rabinos fariseus nos séculos I e II d.C. sobre a antiga biblioteca sagrada do judaísmo. Eles, na verdade, organizaram o cânon judaico, dando forma à Tanakh – a Bíblia Hebraica – como a conhecemos hoje. A partir dessa Recensão, os escribas massoretas aplicaram os sinais vocálicos, na segunda metade do primeiro milênio da Era Comum.

5. Aliança que, para os israelitas, se constitui na promessa de território fértil e descendência numerosa. Para Paulo essa promessa se realiza com a singularização da descendência na figura de Jesus, O Cristo (Gl 3:16-19; cf. Rm 4:13-21).

6. O período intertestamentário é o que separa os dois testamentos. Para os hebreus e protestantes, a escrituração sob inspiração divina do Antigo Testamento terminou com Esdras, no período pós-exílico. O livro de Malaquias, o último

profeta, seria desse período. Estamos no final do século VI a.c. (perto do ano 500 a.C.) Marcos, o primeiro Evangelho a ser escrito, data aproximadamente do ano 60 d.C. Temos então, no mínimo, um período de 500 anos entre os dois testamentos. Os católicos aceitaram em seu cânon sete livros escritos nesse longo período, mas os judeus e protestantes os consideram apócrifos e, por delicadeza, os tratam formalmente como deuterocanônicos. O certo é que nesse longo período o mundo mudou profundamente. No século IV a.C. um furacão chamado Alexandre, em apenas 13 anos de reinado, conquistou grande parte do mundo então conhecido e espalhou a cultura helênica, provocando um choque com outras culturas, especialmente, a judaica. No final do século III a.c., segundo a tradição, um grupo de cerca de setenta sábios judeus traduziu a Bíblia Hebraica para o grego, numa obra conhecida como Septuaginta ou LXX. As citações de passagens do Antigo Testamento feitas nos Evangelhos de Jesus são todas dessa tradução. Após a morte de Alexandre, em 323 a.C., seus generais passaram a governar o Império. Mais perto de Israel ficaram os *Ptolomeus* no Egito e os *Selêucidas* que dominaram desde a Turquia até a Síria (norte de Israel), estabelecendo sua capital em Antioquia. Estes últimos conquistaram a Palestina em 198 a.C. e profanaram o Templo de Jerusalém. Somente em 164 a.C., sob a liderança de *Judas Macabeus*, os judeus reconsagraram o templo, mas a independência política só veio em 142 a.C., com os irmãos de *Judas Macabeus*, Jônatas e Simão, que implantaram a dinastia Hasmoneana (em homenagem a *Hasmon*, um ancestral dos macabeus). Nesse período, divergências de judeus ortodoxos com *Jônatas Macabeus*, que mesmo não sendo descendente de Zadoque, proclamou-se sumo sacerdote, fizeram com que um grupo desses judeus se retirasse para o deserto perto de Qumran originando o que Josefo chamou de *essênios*. Em 63 a.C. o general Pompeu do nascente Império Romano, tomou a Palestina, destronando a dinastia Hasmoneana. Em 37 a.C. os romanos deram o governo da Judeia a um nobre indumeu, Herodes, que reinou como vassalo de Roma até sua morte em 4 a.C. Em seu reinado, nasceu Jesus, o Cristo. Como se vê o período intertestamentário é muito longo e muito importante para ficar de fora da Bíblia. A polêmica persiste até hoje. O certo é que ninguém viu o decreto de Deus dizendo que os livros por Ele inspirados foram escritos somente até o tempo de Esdras! Isso foi determinado por homens – pelos rabinos judeus – e prontamente aceito pelos seguidores da Reforma de Lutero.

7. A palavra *deuterocanônico* é composta pelas raizes gregas *deutero* que significa <u>segundo</u> e *canônico*, que vem de cânon (Gk, *kanonónos*) e que hoje significa <u>biblioteca sagrada</u> (inspirada por Deus) de uma religião ou igreja. Assim, deuterocanônico pode ser entendido como a parte de livros bíblicos que só foram considerados inspirados num *segundo momento*. Os judeus consideram que a inspiração divina só atuou no mundo até o período imediatamente após a volta do exílio babilônico (sec. VI a.C) e só se manifestou na língua hebraica. Os católicos, num segundo (*deutero*) momento, reconheceram como canônicos sete livros escritos em grego no período intertestamentário – **Tobias, Judite, I e II Macabeus, Sabedoria, Eclesiástico** (Sirac ou Sirácida) e **Baruc**, mais dois acréscimos em Daniel (Dn 3:24-90 e caps. 13 e 14) e outro em Ester (de 10:4 até o cap. 16). Eles são chamados de apócrifos pelos judeus. Os protestantes também não os adotam, mas é inegável que esses livros foram utilizados por um grande numero de piedosos fiéis ao longo de toda a história do cristianismo. São Jerônimo, em notas de sua Vulgata, afirma que eles constavam da tradução grega (LXX) e de traduções latinas correntes em sua época. Hoje fazem parte das bíblias Católica e Ortodoxa.

8. A expressão "cultos pagãos" é uma manifestação xenofóbica do judaísmo, que via com profundo preconceito as religiões dos povos vizinhos. É algo como "infiéis" ou "apartados de *deus*". O mundo religioso era, assim, dividido em duas partes, os judaítas, povo de *deus* e os pagãos. O cristianismo, em seu início, adotou essa mesma terminologia para discriminar os não cristãos.

9. A ciência do século XX trouxe mais uma polêmica sobre o Pentateuco. Ele pode guardar um *código secreto*, selado em seu âmago por uma inteligência superior e diferente da nossa, de acordo com as pesquisas do eminente matemático russo-israelense Dr. *Eliyahy Rips*, que por volta de 1992, descobriu, com a ajuda de computadores, o que ele chamou de "O Código da Bíblia", onde estaria escrito o futuro de toda a humanidade. Código que Sir Isaac Newton tanto procurou e não encontrou, por falta de ferramentas tecnológicas em seu tempo. Dr. *Rips*, especialista em Teoria de Grupo, usou o ramo da matemática que trata das *Sequências Alfabéticas Equidistantes*, e descobriu informações sobre personagens importantes da história humana codificadas sob o texto aberto do Pentateuco. Fazendo testes rigorosos avalizados por grandes universidades, provou estatisticamente que as informações codificadas estão fora da possibilidade do acaso. O jornalista americano *Michael Drosnin* já publicou

dois livros sobre o assunto (1997 e 2002), ambos com o título "O Código da Bíblia". Apesar das críticas de que seus resultados são coincidências estatísticas. Recomendo a leitura.

10. O terceiro encontro do *European Seminar on Historical Methodology* (Seminário Europeu sobre Metodologia Histórica), voltado exclusivamente para a história do antigo Israel, procurou responder à questão formulada por Niels Peter Lemche: *A Bíblia é um livro helenístico?* O relatório dos debates desse encontro foi organizado pelo coordenador do Seminário, Dr. Lester L. Grabbe. O resultado foi um volume de 343 páginas, publicado pela Editora Sheffield em março de 2001, sob o título *Did Moses Speak Attic? Jewish Historiography and Scripture in the Hellenistic Period* (Moisés falava Ático? Historiografia Judaica e Escritura na Época Helenística). Não houve consenso sobre essa hipótese, que continua em debate.

11. Em Ex 3:13-15 ocorreu a primeira apresentação de *deus* a Moisés. Nela *deus* se mostrou completamente evasivo sobre sua identidade. Moisés perguntou a *deus*:

> *13 (...) que lhes responderei se me perguntarem qual é o seu nome? 14 Deus respondeu a Moisés: 'EU SOU AQUELE QUE SOU'. E ajuntou: 'Eis como responderás aos israelitas: (Aquele que se chama) EU SOU envia-me junto de vós'. 15 Deus disse ainda a Moisés: 'Assim falarás aos israelitas: é JAVÉ, o Deus de vossos pais, o Deus de Abraão, o Deus de Isaque e o Deus de Jacó, quem me envia junto de vós. Este é o meu nome para sempre, e é assim que me chamarão de geração em geração'.*

Esta tradução da Bíblia Sagrada Edição Pastoral Catequética Ave Maria, que é semelhante à da Bíblia de Jerusalém, corresponde ao original hebraico, que grafa o tetragrama יהוה (YHWH) no verso 15. A inclusão do nome JAVÉ no verso 15, faz a sequência 3:13-15 parecer uma montagem introduzida posteriormente no original. Este é um dos exemplos de como juntaram os textos de tradições diversas, mesmo sob o preço da perda da coerência. No verso 14, *deus* respondendo a Moisés diz o seu nome: *"EU SOU AQUELE QUE SOU... Eis como responderás aos israelitas: (Aquele que se chama) EU SOU envia-me junto de vós."* Como é possível no verso seguinte *deus* se apresentar com outro nome, por sinal um nome próprio e bem definido: JAVÉ (YHWH)? Outras traduções, como a da Bíblia de Estudo de Genebra, não são fiéis ao original hebraico justamente para fugir dessa incoerência. Seu texto para o verso 15 é como segue: "15 *Disse Deus ainda mais a Moisés: assim dirás aos filhos de Israel: o Senhor* [Adonai, Adon(-ai)], *o Deus de vossos pais, o Deus de Abraão, o Deus de Isaque e o Deus de Jacó, me enviou a vós outros; este é o meu nome eternamente, e assim serei lembrado de geração em geração.*" Vejam que essa tradução substitui Javé por Senhor, deixando implícito que permanece o nome "EU SOU". Só há consenso na apresentação do *deus* dos hebreus como Javé (YHWH) em Ex 6.3.

12. Septuaginta é o nome latino da versão grega da Bíblia Hebraica que teria sido traduzida no século III a.c. em Alexandria, Egito, para integrar a maior biblioteca do mundo de então. Há polêmica se essa versão grega foi realmente produzida nesse período. O nome *septuaginta* (também conhecida por LXX) significa setenta e isso se deve a uma lenda de que 72 sábios judeus (seis de cada uma das doze tribos de Israel) fizeram o trabalho de tradução em 70 dias. O certo é que as citações que Jesus faz do Velho Testamento em seus Evangelhos, são coincidentes com o texto da versão dos LXX. A tradução da Bíblia Hebraica para o latim, feita por São Jerônimo em fins do século IV d.C., conhecida como Vulgata, usou também como base – além de originais hebraicos – a Septuaginta. Já o Novo Testamento foi originalmente escrito em grego, sendo que partes de Mateus podem ter sido produzidas inicialmente em aramaico.

13. O Tetragrama Sagrado ou nome de *deus* é formado pelas letras hebraicas: Yud י ("Y") - Hêi ה ("H") - Vav ו ("V" ou "W") - Hêi ה ("H") ou יהוה. Transliterado para caracteres latinos, temos YHWH (ou YHVH). O hebraico é uma língua consonantal. Com o passar do tempo, houve uma descontinuidade da pronúncia do Tetragrama. Talvez por uma superstição oriunda do terceiro mandamento do Decálogo, que diz "*Não tomarás o nome de Yhwh, teu Deus, em vão*". O certo é que se perdeu a pronúncia. Na segunda metade do primeiro milênio da Era Comum (d.C.), escribas chamados *massoretas* introduziram sinais vocálicos no texto consonantal, mas já não sabiam como era a pronúncia do Tetragrama. Colocaram, então, as vogais de Adonai (meu Senhor; Senhor Soberano) e Elohim (plural de *deus*). Esses sinais vocálicos nos deram duas opções de pronúncia: *YaHVeH* vertido para o português como Javé ou *YeHo-VaH* que em português se pronuncia Jeová. Os hebraístas preferem a primeira pronúncia. As testemunhas de Jeová preferem a segunda. Academicamente não há uma posição definitiva.

Antes de Ex 6:3, que é quando Javé se apresenta a Moisés com esse nome, o Tetragrama YHWH (יהוה) aparece duas vezes no original hebraico: em Gn 2:4 como *Javé Elohim* (יהוה אלהים), traduzido erroneamente como Senhor Deus (Lord God em Inglês); e em Gn 4:26, quando a partir de Enos, filho de Sete, passaram a invocar o nome do Senhor (no original: יהוה). Ora, nos capítulos 2 e 4 de Gênesis, Abraão ainda não existia e *deus* não havia se apresentado aos homens com nenhum nome próprio. Isso demonstra claramente a presença de interpolações, provavelmente do autor deuteronomista, que já havia adotado o nome do seu *deus* como sendo Yhwh e assim o introduziu em passagens relativas a um período anterior à autoapresentação do próprio *deus*.

14. CRESCENTE FÉRTIL: Região que se estende dos vales do Tigre e do Eufrates, passando pelo vale do Orontes no Líbano, Síria e Turquia; pelo vale do Jordão na Palestina indo até o vale do Nilo no Egito. A forma geográfica dessa vasta região é de uma lua crescente – daí o termo *Crescente* – e pela presença desses rios, veio o complemento *Fértil*. O termo foi dado pelo arqueólogo e historiador norte-americano James Henry Breasted (1865-1935). Na geopolítica atual a área atinge desde o sudoeste da Turquia, passando pelo Iraque, síria, Líbano, Jordânia, Israel, Cisjordânia e Egito. Esse é o ambiente geográfico da formação e desenvolvimento do povo hebreu, que na geopolítica da antiguidade abrangia Mesopotâmia, Síria, Palestina e o Vale do Nilo. Essa região também é chamada de **Levante**, porque vista da perspectiva do Mediterrâneo, observa-se nela o nascer (levante) do sol, que se dá no oriente. Em toda essa região, desde o fim da Idade do Bronze, início da Idade do Ferro, predominava o culto cananeu solar-venusiano. A constante era a divindade solar, cuja denominação variava por sub-região: El na Fenícia, Palestina e Síria; Marduk na Mesopotâmia e Ra, Amon-Ra e Aton no Egito. Essas divindades presidiam variantes do mesmo culto já praticado por Melquisedeque nos tempos ancestrais de Israel. Em toda essa região, por volta do segundo milênio a.C., **El** era o nome de *deus*, inclusive para as tribos que dariam origem aos hebreus. Essa denominação divina da antiguidade influenciou a ficção científica moderna. O nome do pai do super-homem, do planeta Krypton, era o teofórico *Jor-el*.

15. A etimologia do nome **Israel** é motivo de controvérsia, mas há duas teses que se destacam. As duas concordam que o nome é um *teofórico*. A primeira, afirma ser o nome oriundo da junção de "**sara**" mais "**el**". Com "sara" sendo pronunciado aspirando o "s" e retendo o primeiro "a" ("[i]ssssss [a] ra = isra)",

que significa *lutar, prevalecer, reinar*. E "el" que se pronuncia assim mesmo e significa *deus*. Baseiam essa tese na narrativa de Gn 32:28, onde Jacó lutou com *deus* e prevaleceu. Depois dessa luta *deus* mudou seu nome para Israel, *aquele que prevalece com deus*. Se prevalece, pode reinar com, e daí vem a significação mais aceita: "*aquele que reina com deus*". Essa tese é a mais presente entre os judeus, pois é retirada do seio de sua tradição.

A outra tese vem de pesquisadores não judeus, que se baseiam em evidências históricas, como a *Estela de Merenptah*, uma pedra grafada com hieróglifos que narra as vitórias militares do faraó *Merenptah* no final do século XIII a.C. Esse é o único achado arqueológico egípcio onde aparece o nome Israel. Para muitos estudiosos os hebreus não passavam de tribos nômades que viviam entre Canaã e o Egito, recebendo a influência tanto do norte fenício como do sul egípcio. Para eles o nome Israel é uma prova clara dessa influência. O nome seria oriundo das iniciais das duas maiores divindades egípcias e da maior divindade fenícia: **Isis, Ra** e **El**. Isis, a deusa do amor e da magia, esposa de Osíris. Ra, a divindade transcendental do antigo Egito que estava acima da trindade Osiris-Ísis-Hórus. E El era o *deus-sol* cananeu, que tinha como consorte a deusa Asherah. O nome Israel seria a junção direta de **Is**(is)-**Ra**-**El** – um nome mitologicamente poderoso! Observe-se que nas duas propostas, o nome El está presente.

O trecho da Estela de Merenptah que se refere a Israel é o seguinte. :

> *Canaã é pilhado com todo mau caminho; Askelon é conquistado e levado em cativeiro; Gezer apreendidos, Yanoam feita inexistente. Israel é desperdiçado, nua de sementes.*

A tradução dos hieróglifos é sempre difícil. Primeiro, pelos milhares de anos que nos separam do ocorrido. Depois, pela característica da escrita, que usa muitos ideogramas representados por figuras que hoje não são comuns. Para muitos estudiosos, o último período do trecho acima destacado, pode também ser assim traduzido:

> *Israel está devastada, sua semente [descendência] já não existe.*

16. Esse culto aos deuses familiares ainda era praticado no tempo de Oséias, período da queda de Samaria (Reino de Israel), por volta de 722 a.C. (Os 3:4).

17. O Novo Testamento foi escrito em grego e a Bíblia usada por Jesus, foi a versão grega dos Setenta (Septuaginta). Nessa versão, onde aparecia Yhwh (Javé) no

texto original, colocaram as palavras gregas *Kyrios* (Senhor) ou *Theos* (Deus). Assim, quando Jesus se referia ao seu Deus, Pai amoroso, os primeiros cristãos julgaram que Ele se referia a Javé, por dois motivos: a) Ele era judeu e o *deus* dos judeus era Javé; b) na tradução grega Javé era grafado como *Senhor* ou *Deus*, modos como Jesus se referia ao seu Deus, a quem também chamava de Pai. O produto dessa confusão são séculos de uma relação tensa entre o AT e o NT que vem "derretendo" a mente de quem se aventura a estudar a Bíblia de modo independente. Essa tensão se origina da percepção que salta aos olhos quando se lê o AT: a visão clara de que o Deus de Jesus não é Javé. Este é uma entidade espiritual específica dos antigos israelitas, com características opostas a tudo que Jesus representou e representa. Alguns exemplos de como **Jesus** não citava o nome de Javé. Quando ele citou Dt 6:13 – em que aparece Yhwh no original – Ele disse: "*Ao Senhor* [*Kyrios*], *teu Deus* [*Theos*], *adorarais*" (Mt 4:10). **Paulo**, em Rm 4:8 não usou Javé (Yhwh) quando citou o Sl 32:2 que tem o Tetragrama no original hebraico. Ele o substituiu por "*Senhor*" [Kyrios]: "*Bem aventurado o homem a quem o Senhor jamais imputará pecado.*" **Tiago**, o irmão do Senhor, em Atos 15:18, citando Amós 9:12 que tem Yhwh no original, assim se expressou: "Diz o *Senhor* [Kyrios] *que fez estas coisas...*" Em suma, o nome Javé nunca foi uma referência para Jesus, o Mestre; para Paulo, o Apóstolo dos gentios e nem para Tiago, chefe da Igreja em Jerusalém. Por quê?

18. As Cartas de Tell-el-Amarna (*The Amarna Tablets*) são um importante achado arqueológico descoberto acidentalmente por uma aldeã em 1887, no sítio de Amarna, antiga capital de Akenaton (Amenófis IV). Fisicamente consiste em 379 tabuinhas de argila com escrita cuneiforme, vindas de reis vassalos e senhores de Canaã, endereçadas a Amenófis III e, principalmente, a Amenófis IV (século XIV a.C.). Eram escritas em idioma acadiano vulgar com muitas expressões típicas dos povos cananeus. A primeira escavação organizada foi iniciada em 1891, sob o comando do arqueólogo Willian M. F. Petrie. Os pesquisadores descobriram que tratavam de questões ligadas à produção, tributos, assuntos de governo, mas falavam também de uma rebelião promovida por um grupo de nômades que os autores das cartas chamavam de 'Apirus (Habirus em algumas traduções), que estariam causando desordem por se revoltarem contra os governantes dos diversos reinos da região. Eles vinham das montanhas do deserto e tinham formado uma espécie de confederação tribal. Temos aqui documentos históricos que apresentam uma realidade semelhante à narrativa bíblica da invasão (ou

ação) das tribos israelitas comandadas por Josué, após a morte de Moisés. Hoje existem novas interpretações que veremos no capítulo 4.

19. Usamos o ano de 1948 como referência para o retorno de judeus para a Palestina porque foi o ano da (re)fundação do Estado de Israel, após um longo movimento internacional que ficou conhecido como Movimento Sionista. Mas desde a confirmação pela Liga das Nações do mandato Britânico na Palestina em 1922, que começou a ocorrer uma migração de judeus de várias partes do mundo para aquela região. Em 1923 já eram 35 mil. Entre 1924 e 1932 mais sessenta mil chegaram, vindos principalmente da Rússia e da Europa Oriental. Sobre a sangrenta guerra civil ocorrida por conta dessa migração judaica durante o mandato britânico na Palestina, ver o Apêndice 3.

Em 1948 já estavam instalados na Palestina cerca de 600 mil judeus, e foram estes pioneiros que fizeram a guerra da resistência contra cinco nações árabes que atacaram Israel menos de 24 horas depois da votação de sua independência em 14 de maio de 1948 (Egito, Jordânia, Iraque, Síria e Líbano, mais os árabes palestinos que habitavam a região há séculos). Nessa guerra Israel contou com os apoios decisivos dos Estados Unidos e da União Soviética. Os árabes não tiveram a menor chance contra a tecnologia militar das duas maiores potências do mundo. Em 15 meses de guerra foram completamente derrotados e Israel ampliou seu território. A criação do Estado de Israel foi consequência direta do chamado Plano de Partilha da ONU, votado meses antes, em 23 de novembro de 1947. Em 11 de maio de 1949 Israel se tornou o 59º membro das Nações Unidas, sob a liderança de *David Ben Gurion.*

20. Muito recomendado por especialistas o artigo de Mario Liverani, *Nuovi Sviluppi Nello Studio dell'Israele Biblico,* em *Biblica 80, fasc. 4* (1999), que está disponível no endereço <*http://www.bsw.org/*>. Essencial para quem quer pistas para se aprofundar no assunto.

21. Julius Wellhausen (1844-1918) escreveu a obra inaugural da Alta Crítica Bíblica em 1882 e a publicou inicialmente na Alemanha (Berlim) em 1883, sob o título *Prolegomena Zur Geschichte Israels* (Prolegômenos à História do Antigo Israel). Em 1885 Prolegômenos foi publicado na Enciclopédia Britânica sob o título *Prolegomena in the History of Ancient Israel.* Essa obra foi republicada pelo *Projeto Gutenberg/Forgotten Books* em 2008 e encontra-se disponível em inglês e em português no site desse Projeto.

22. Tradição que segue o estilo e a teologia de Dt e que está presente em Js, Jz, Sm e Rs.

23. O (P) vem de Priester (sacerdote em alemão).

24. Consenso Wellhauseniano é o nome que se dá a certa concordância que perdura até hoje acerca da validade da Teoria Documentária, que atribui quatro fontes principais para o Pentateuco. Ela foi aperfeiçoada pelo alemão Julius Wellhausen (ver nota 21). Hoje, há quem negue a fonte Javista e há quem acrescente outras fontes além das quatro inicialmente aceitas. Estudos arqueológicos modernos mostram que Javé tem uma origem mais palpável no sul, na região desértica de Edom e do Sinai e, El/Elohim é mais ligado ao norte, nas fronteiras com a Fenícia e Síria. Javé e El/Elohim seriam deuses de duas comunidades distintas que se fundiram num sincretismo religioso e político quando da formação da nação, após a invasão de Josué. Essas duas comunidades seriam autoras das duas fontes principais: a Javista e a Elohista.

25. OHDtr é a sigla para *Obra Histórica Deuteronomista*, que encampa os seguintes livros do Antigo Testamento: Josué, Juízes, 1Samuel, 2Samuel, 1Reis e 2Reis. Esses livros correspondem aos *Profetas Anteriores* que, por sua vez, se encaixam nos livros *Históricos*. Estes, além dos citados, contêm ainda 1Crônicas, 2Crônicas, Esdras, Neemias e Ester (Rute é colocada no grupo dos *Escritos* do cânon judaico). A denominação *Obra Histórica Deuteronomista* é em função de que esses livros contêm material de cunho histórico e seguem o estilo de Deuteronômio que é uma espécie de introdução desse conjunto de livros.

Capítulo 1

A ORIGEM DE JAVÉ

Quem sacrificar aos deuses e não somente ao Senhor [Yhwh] será destruído. (Instrução de Javé em Ex 22:20).

[...] Javé de Temã e sua Asherah. (Inscrição em jarro do século VIII a.C. encontrado em Kuntillet 'Ajrud, atestando o culto comum a Javé e a outra deusa).

O *deus* dos hebreus, javé ou Jeová, tem facetas diversas, de acordo com o livro da Bíblia que estivermos lendo. Como já tratamos na Introdução, os livros que integram a Bíblia Hebraica – a Tanakh – foram produzidos num espaço de pelo menos 600 anos e se reportam a eventos que remontam há cerca de 1500 anos antes de sua sistematização no século V a.C. Tudo isso sob a ótica de pelo menos quatro fontes distintas (Eloísta, Javista, Deuteronomista e Sacerdotal). As traduções para o português chamam sempre a divindade dos hebreus de *Deus* ou *Senhor*. Nessas traduções o nome Javé aparece algumas vezes, mas Elohim é totalmente ocultado. Poucas traduções citam El-Shaddai e mesmo as que citam escondem suas variações (El Elyon = *deus altíssimo* e El Olam = *deus eterno*). Desse modo, o fiel fica privado de saber que onde se lê Deus (ou Senhor), pode estar uma referência a divindades diferentes ou, pelo menos, a nomes diferentes para a mesma divindade, oriundos de tradições (concepções) diversas.

Essa confusão toda sobre o nome do *deus* hebreu, tanto no original hebraico, quanto nas traduções para as línguas modernas, pode ter tido o propósito de esconder que a divindade que eles adoravam, nos seus primórdios era a mesma que depois ficou conhecida como o concorrente. Refiro-me a El. Alguém pode dizer – mas os profetas de Javé abominavam Baal, filho de El. Sim. Mas isso foi bem depois (o nome Javé só substituiu El Shaddai no tempo de Moisés) e teve uma motivação justificante: a construção da unidade nacional demandava um *deus* nacional, separado das demais divindades cananeias. Como eles poderiam construir uma nacionalidade bem diferenciada dos outros cananeus, se seu *deus* fosse o mesmo El, ainda que com o qualificativo de Shaddai? "El" era a palavra geral para *deus*, em quase todo o Crescente. Isso não servia aos propósitos de conquista militar. Era preciso um *deus* da nação israelita e só dela, que ajudasse no esforço de guerra e de conquista. Javé, como diz *Habacuque 3:3*, veio de Temã, região desértica e montanhosa ao sul de Judá. Era, ao que tudo indica, um *deus* tribal, das montanhas e da guerra. Ele foi a solução encontrada. **O *deus* dos hebreus deixou de ser El-Shaddai e virou Javé de Tem**ã, o temido Senhor dos Exércitos que, guiando as tropas de Josué, dizimou cidades cananeias inteiras, conquistando assim o território da nação israelita sobre rios de sangue dos povos que há muito habitavam aquela região.

Ao abandonar o nome genérico de *deus*, que naquela época (no segundo milênio a.C.) era El, os hebreus estavam concretizando uma ruptura político-militar com base em uma ruptura teológica com os demais cananeus! Ao contrário de El (cultuado em toda região), Javé era para ser apenas do povo hebreu, mas se esqueceram de combinar com o povo. Como diz a própria Bíblia – desde a Torah, passando por Juízes até os profetas pré-exílicos – os israelitas nunca deixaram de prestar culto a Baal e Asherah (Asherá, Aserá, Astarote, Astorate, Astarte) – deuses da corte de El, o altíssimo. Só para citar um exemplo, sem nos afastarmos do tema central do capítulo, vejam Juízes 10:6:

> *Tornaram os filhos de Israel a fazer o que era mau perante o Senhor e serviram aos baalins, e a Astorate, e aos deuses da síria, e aos de Sidon, de Moab, dos filhos*

de Amom e dos filisteus; deixaram o Senhor (Yhwh/ Javé) e não o serviram.

É óbvio que castigos pesados se abateram sobre esse povo, sob os ditames das maldições dos profetas de Javé, o *deus* mais ciumento da história humana! As narrativas dos patriarcas, em Gênesis e Êxodo, reportam-se a um período que a arqueologia moderna identifica como compreendido entre as idades do *bronze médio IIA* e *ferro IA*. O início desse período corresponde à vida tribal dos futuros israelitas: tribos no Egito, tribos no deserto, tribos em luta por um espaço territorial em Canaã. E a identidade étnica dessas tribos é de difícil precisão, dada à miscigenação entre "caldeus", egípcios e nômades do deserto, além da integração com diversos povos cananeus. Vejamos o que diz um importante arqueólogo maximalista:

> *Como podemos avaliar a identidade étnica dos colonos em um sítio, ou agrupamento de sítios, da Idade do Ferro I? Esse problema agrava-se com as diferentes teorias relacionadas à origem dos israelitas e aos processos que levaram à amalgamação da nova nação. A classificação de certas características ou sítios como 'israelitas' feita por arqueólogos deve ser vista com cautela. Vários grupos populacionais que se estabeleceram no país durante essa época podem ter se identificado como 'israelitas' e se amalgamado com esse corpo nacional emergente em um processo lento que durou do fim do século treze a.C. até o início da monarquia. Consequentemente, definir uma cultura material distintamente 'israelita' é uma empreitada difícil. (MAZAR, 2003, p.345).*

Nesse período – segundo milênio a.C. – a trindade cananeia era formada por El, o *deus* maior; Asherah, sua consorte e Baal, o filho que, como em quase todas as trindades da história das religiões, terminou ficando mais importante que o Pai, confundindo-se com ele[1]. Tanto que depois Asherah foi considerada por muitas comunidades cananeias como consorte de Baal e não mais de El. Inscrições da Idade do Bronze Recente II, escavadas em um sítio na localidade de *Ras Shamura*, antiga Ugarit, no litoral da Síria, atestam que em torno do século XIV a.c., Baal começou a substituir El no sentido de se tornar a divindade mais importante do panteão local.

A arqueologia ainda não encontrou nada sobre Javé nos sítios das regiões de Israel (ao norte) e Judá (ao sul), nos períodos do bronze médio II ao bronze recente I, o que demonstra que Javé veio depois desse período, provavelmente trazido por tribos nômades vindas dos desertos próximos. Antes da chegada de Javé, o *deus* da região – como já destacado – era El. Mas uma descoberta intrigante mostrou uma ligação entre essas divindades, através de um elo pouco ortodoxo: uma deusa tida até então como consorte exclusiva de El.

A INSCRIÇÃO DE KUNTILLET 'AJRUD, ONDE JAVÉ APARECE ASSOCIADO A ASHERAH

O arqueólogo israelense *Ze'ev Meshel* realizou em 1975/1976, escavações em *Kuntillet 'Ajrud*, localidade a 50 km ao sul de Cades-Barnea (território de Judá, sul do atual Israel), onde por volta do ano 800 a.C. funcionou uma estalagem israelita, na antiga estrada que ligava Gaza a Elat[2]. Lá foram encontrados dois vasos aparentemente de destinação ritual, mas que poderiam também ser para simples armazenamento. Eles foram chamados pelos arqueólogos de Pithos A e Pithos B.

Essa descoberta trouxe excitação para o meio acadêmico que estuda as religiões do antigo Israel, especialmente por dois motivos: a) apresenta informações em primeira mão, como diz o prof. Paolo Merlo da Pontifícia Universidade Lateranense de Roma[3], da religiosidade judaísta no período pré-exílico; b) traz duas inscrições com afirmações intrigantes sobre Javé: uma, que ele veio de Temã (ou Teman) e outra, que ele era ligado a uma divindade feminina, chamada Asherah. Vejam a tradução das duas inscrições conforme HESTRIN, 1991, p. 56. (Tradução também disponível em MAZAR, 2003, pp. 425-428).

Pithos A:

Diz... Diga a Jehallel... Josafat e...
Abençoo-vos em Yhwh de Samaria e sua Asherah.

Pithos B:

Diz Amarjahu: Diga ao meu Senhor: Estas bem?
Abençoo-te em Yhwh de Temã e sua Asherah
Ele te abençoa e te guarde e com meu senhor.

Quanto à ligação geográfica de Javé no Pithos A, não há surpresas. Estamos no início do século VIII a.C. Samaria – que só caiu em 722 a.C. – é ainda a capital do reino do norte, Israel. Seu *deus* principal é Javé. A ligação de Javé com a divindade feminina Asherah é que é explosiva, e está presente nos dois jarros.

No Pithos B Javé aparece como oriundo de Temã e também está relacionado com Asherah. Mas nesse Pithos aparecem informações adicionais, além da inscrição. São três figuras com forma humanoide. Duas masculinas, com gênero bem identificado pelos pênis expostos e outra tocando lira, com característica feminina. Os desenhos são bem toscos, mas denotam que por volta do século VIII a.C., os israelitas faziam representações pictóricas de seus deuses, numa sociedade até então considerada anicônica, em função das informações bíblicas sobre o "monoteísmo" abraâmico/mosaico e sua proibição ao culto de imagens. As figuras masculinas seriam de Javé (El--Shaddai) e outro *deus*, provavelmente Baal (filho de El) e a figura feminina que poderia ser Asherah. Seria a trindade hebraica a mesma trindade cananeia? Ainda não dá para dizer. Segundo Mazar (2003, p.426), uma das figuras provavelmente é o *deus* egípcio Bes, mas ele também não oferece elementos para uma identificação precisa. O fato é que elas estão lá, abaixo das inscrições. Todos concordam que sejam representações de divindades.

Segundo datações feitas pela equipe de *Ze'ev Meshel*, essa antiga estalagem, ponto de descanso de caravanas, funcionou entre 800 e 775 a.C., portanto bem antes da reforma religiosa de Josias, que impôs sua teologia deuteronomista a Jerusalém e proibiu com rigor o culto a Baal e Asherah. Até então como confirmam os profetas, de Elias a Ezequiel, esse culto era bastante praticado pelos israelitas, tanto de Samaria como de Jerusalém. Portanto, não é de estranhar o achado de uma referência arqueológica a Asherah num sítio israelita do período pré-exílico. O que é muito estranho é encontrar essa referência diretamente associada a Javé.

ONDE FICA TEMÃ (TEMAN)?

De onde (geograficamente falando) veio Javé? Quando *deus* conversava e comia com Abraão, ele não se identificou, pelo menos como sendo Javé. Em Êxodo 6:2-3, Javé diz a Moisés que se apresentou a Abraão como **El-Shaddai** e que não se deu a conhecer como **Yhwh** (Javé). Não há dúvidas de que El, com o adjetivo "Shaddai" (montanha, poderoso, suficiente) foi o *deus* de Abraão, como atestam os versículos citados acima. Vamos aqui esboçar uma teoria, menos que isso, uma possibilidade. Séculos depois, nos tempos de Moisés, os hebreus queriam construir uma identidade nacional, independente das culturas egípcia, cananeia e assíria e deram outro nome ao seu *deus*: Yhwh. A inscrição em Pithos B diz que Javé veio de Temã, mas onde fica Temã?

Se formos à Bíblia veremos que Temã é um lugar muito citado, desde Gênesis até Obadias e Habacuque. A origem do nome se acha em Gn 36:10-11. Em Gn 36:10 são listados os filhos de Esaú, entre eles Eliafaz (seu primogênito). Gn 36:11 diz que o primeiro filho de Eliafaz é Temã. Toda essa parte de Gênesis trata da terra de Edom – deserto a sudeste de Judá, paralelo ao deserto de Neguebe, fazendo fronteira com o Sinai. É lá que os estudiosos localizam Temã, que seria a terra original de Javé. Vejamos outras referências ao *lugar Temã*; à *terra dos temanitas* e aos *seus chefes*: Gn 36:15;34:42 – 1 Cr 1:45,53 – Jó 2:11; 4:1; 15:1; 22:1; 42:7,9 – Is 21:14 – Jr 49:7,20 – Ez 25:15,13 – Am 1:12 – Obadias 1:9. Mas é em **Habacuque 3:3** que se encontra a referência chave: "*Deus [YHWH] vem de Temã, o Santo vem do monte Parã*" (Farã em algumas traduções).

A história mostra que El veio da região entre Fenícia, Síria e Assíria e se espalhou por toda Canaã. Javé – como diz a própria Bíblia – veio de Temã. Está claro que o primeiro contato de Abraão (que veio do sul da Mesopotâmia e passou pela Assíria) foi com El. Javé apareceu bem depois para Moisés, justamente num deserto – o deserto do Sinai. Muito antes de Moisés deixar o Egito, o neto de Isaque, Eliafaz e seu filho Temã, habitaram a região de Edom, que na verdade faz parte da mesma área desértica composta pelo conjunto Edom-Neguebe-Sinai. Quando Moisés foi procurar asilo em Midiã (no deserto do Sinai, próximo ao Mar Vermelho), lá já existia a tradição de Javé de Temã. O livro de Êxodo confirma que foi nessa região (no Sinai) que Javé se apresentou a Moisés.

A Bíblia não deixa dúvidas que Temã ficava nos desertos dos edomitas, ao sul de Judá. Como está em Gn 36, essa região foi inicialmente ocupada (falando dos descendentes de Abraão) pela família de Esaú, o verdadeiro herdeiro de Isaque, que foi desbancado da primogenitura por uma trapaça de Jacó. **Foi entre os temanitas que se desenvolveu a tradição do culto a Javé**, que depois foi extendida até Midiã, onde Moisés foi se refugiar. Mais adiante o Javismo seria adotado pelos descendentes das doze tribos. Quanto ao monte Parã, estudiosos da Bíblia o localizam ao norte da Arábia Saudita, região também desértica, de transição entre a Península Arábica e a Palestina.

O SURGIMENTO DE JAVÉ

O que Habacuque diz é que tanto Javé como o santo não identificado, são oriundos dos desertos e montes da região. E foi num monte do deserto do Sinai – o monte Horebe – que El confessou a Moisés que se apresentara antes como *El-Shaddai*, mas que, na verdade, seu nome era Javé. Conclusão: ou Javé é o mesmo El, ou ele se adonou das características e poderes do antigo *deus* cananeu. É aqui que se constata a importância da descoberta de *Kuntillet 'Ajrud*. As inscrições nos dois jarros falam de "...*Javé e sua Asherah*". Ora, Asherah era consorte de El. Javé tomou a companheira de outro *deus* ou ele é o nome que os hebreus deram a El, para criarem a figura de um *deus* puramente nacional? Se for isso, vestígios de sua identidade anterior ficaram, como visto acima, não só na Bíblia, mas também em utensílios hoje desenterrados pela arqueologia.

Não há dúvidas quanto à localização de Temã e muito menos quanto ao local onde Javé se apresentou a Moisés – regiões desérticas e montanhosas ao sul de Judá. Fica claro, portanto, que Javé era um *deus* tribal, dos nômades das regiões desérticas, cujo culto foi se espalhando pelas áreas rurais de Canaã, passando por Jerusalém, chegando até Samaria na fronteira com a Fenícia, onde dominava o poderoso El. Como num choque de galáxias, a predominada desaparece em meio a que predomina. Da grande luta entre os deuses Javé foi o vencedor e assimilou poderes e características das divindades rivais (El-Baal) e, segundo os Pithos A e B de *Kuntillet 'Ajrud*, assimilou até a consorte de El-Baal, a não ser que Javé em sua origem seja o próprio El.

Em Gn 33:19-20 encontra - se uma evidência decisiva. Esses versos informam que Jacó comprou uma terra de Hamor, pai de Siquém, para construir um altar. Vejam o que diz o verso 20: *"e lá erigiu um altar que chamou de 'El, Deus de Israel"* (Bíblia de Jerusalém; Bíblia Edição Pastoral-Catequética). Embora algumas traduções coloquem a palavra Deus no lugar de El, no original hebraico está grafado El (אל). As traduções acima citadas são fiéis aos originais. Aqui tem-se, pois Jacó, terceira geração da casa de Abraão ainda comprando lotes na terra que havia sido prometida para seu avô para erigir altar para o autor da promessa, El (Shaddai), o que confirma claramente que, nessa época, El era o *deus* de Israel. O próprio nome Israel (יִשְׂרָאֵל) é um teofórico (nome com sufixo divino, neste caso EL (אל), bem visível no final da palavra, que em hebraico se lê da direita para esquerda), como expliquei na Introdução, nota 16. Assim, tendo como fonte principal a Bíblia Hebraica (Antigo Testamento cristão), chega-se à conclusão de que Javé foi o nome tardio dado na época de Moisés, para o velho e conhecido El dos fenícios, cananeus e migrantes da Mesopotâmia.

Reconstruindo o processo

É provável que tribos semitas vindas do norte do Egito (Gósen) e dos desertos da península do Sinai, penetraram em Canaã, tomaram vilas, cidades (para uma corrente de estudiosos foi uma ocupação pacífica e gradual) e foram apresentando sua divindade Javé, que nunca conseguiu reinar sozinho, permanecendo sempre em disputa e com muito ciúme dos deuses que já existiam na região. Em Jz 10:6 Javé reconhece a existência de outros deuses: "Eu sou o Senhor, vosso Deus; não temais os deuses dos amorreus...".

O que sabíamos até agora é que no panteão dos antigos israelitas não havia uma divindade feminina ligada a Javé. Esse fato era estranho, pois todas as divindades máximas dos povos vizinhos tinham consortes e se apresentavam em trindades de pai, mãe e filho, como citado na Introdução. As inscrições de *Kuntillet 'Ajrud* lançam uma luz sobre o período que antecede a reforma de Josias. Essas inscrições evidenciam a ligação de Javé com uma divindade feminina e, a Bíblia mostra que o culto a Asherah, também representada pela Árvore, Tronco, ou Poste-ídolo (na tradução de João Ferreira de Almeida), era muito praticado em todo o antigo Israel. Foi somente depois do reinado de Josias que esse culto foi destruído.

Com as novas descobertas arqueológicas, estamos tomando conhecimento (em termos históricos) que além do culto a Asherah, havia uma ligação de Javé com Asherah. Ligação muito bem aceita pelo povo, pois estava em inscrições de vasos de armazenamento em uma estalagem de uma importante rota comercial (Gaza-Mar Vermelho) nos domínios do reino de Judá que, segundo seu escavador, Z. Meshel, poderiam também ter funções rituais.

Como a evidência arqueológica é quase sempre questionada pelas lideranças das denominações, verificamos que a Bíblia mostra explicitamente a relação entre Javé, Baal e Asherah. O livro de 2Reis, capítulo 23, verso 4 diz que no templo do Senhor havia utensílios de Baal e do poste-ídolo (Asherah). Mais adiante informa que Josias mandou retirar o poste-ídolo do altar de Javé (2Rs 23:6) e o verso 7 afirma que mulheres teciam tendas para o poste-ídolo na casa do Senhor. A Bíblia deixa bem claro que ambos os deuses (Javé e Asherah) eram cultuados conjuntamente no antigo Israel, confirmando as inscrições de *Kuntillet 'Ajrud*.

ASHERAH NA BÍBLIA HEBRAICA

Na minha metodologia de trabalho sobre questões bíblicas, minhas fontes de partida são os textos canônicos. Os apócrifos e os dados técnico--científicos da arqueologia, paleografia, iconografia e da própria história, são utilizados como complemento epistemológico de natureza crítica. Por isso, para responder a questão sobre quem era Asherah (Asherá, Aserá, Astarte, Astarote), vou primeiro ao Antigo Testamento.

Em sua dissertação de mestrado na área de ciência da religião pela PUC-GO, 2009, a professora Ana Luisa Alves Cordeiro, uma militante na luta pelo resgate do feminino no território do sagrado, apresenta uma consistente pesquisa intitulada: *"Recuperando o Imaginário da Deusa: estudo sobre a divindade Aserá no antigo Israel"*.

Ela mostra a forte presença de Asherah nos escritos bíblicos e, baseada no conceituado trabalho de Ruth Hestrin (1991), apresenta cerca de quarenta passagens na Tanakh (Bíblia Hebraica, Antigo Testamento) que mencionam, direta ou indiretamente, a deusa Asherah, que ela chama de Aserá. Ela nos lembra que seu símbolo era uma árvore ou um tronco. Aserá era uma deusa da natureza. Seus rituais não envolviam sangue ou gordura como os rituais específicos a Javé. Por isso ela era representada também como "poste sagrado", no sentido de tronco, também traduzido como "poste-ídolo" como já citado. Ela era ainda relacionada com as estelas. Abaixo, um extrato dessa parte do estudo da professora Ana Luisa. Ela subdividiu as referências a partir daquilo que cada termo designa, seguindo a sugestão de CROATTO (2001, pp.40-43), restando a seguinte distribuição: *"Aserá como Deusa, no singular: ɔashērāh; Aserá como Deusa, no plural: ɔashērot; Aserá como objeto cúltico, no singular: ɔashērāh; Aserá como objeto cúltico, no plural: ɔashērot e ɔashērim."*

Apresento aqui apenas as citações relativas ao item "a", que se referem a Asherah como deusa, no singular. Elas são suficientes para demonstrar como essa deusa era importante para os israelitas e exigiu, durante séculos, muito trabalho dos profetas javistas para expulsá-la da religiosidade do povo, o que foi conseguido, pela força repressora do Estado, especialmente no período da reforma do rei Josias no século VII a.C.

... Aserá como Deusa, no singular: ɔashērāh

1Rs 15,13: *"Chegou a retirar de sua avó a dignidade de Grande Dama, porque ela fizera um ídolo para Aserá [hr'vea] – ɔashērāh]; Asa quebrou o ídolo e queimou-o no vale do Cedrom."*

As... Bíblias Peregrino (2002) e CNBB (2008) traduzem ꝫashērāh como 'Astarte', divindade assíria. A TEB (2002) e Pastoral (1990) por 'Aserá'. Já a tradução Almeida (1993) por 'poste-ídolo', termo carregado de preconceito, pois menciona a Deusa como um objeto idolátrico simplesmente.

1Rs 18,19: *"Pois bem, manda que se reúna junto de mim, no monte Carmelo, todo o Israel com os quatrocentos e cinquenta profetas de Baal e os quatrocentos profetas de Aserá [hr'vea] – ꝫashērāh], que comem à mesa de Jezabel."*

Aqui é interessante, pois as traduções Peregrino (2002) e Pastoral (1990) excluem a referência aos profetas de Aserá. A CNBB (2008) e TEB (2002) traduzem por 'Aserá' e a Almeida (1993) novamente por 'poste-ídolo'.

2Rs 21,7: *"Colocou o ídolo de Aserá [hrꝬ'vea] – ꝫ ashērāh] que mandara esculpir, no Templo, do qual Iahweh dissera a Davi e a seu filho Salomão: Neste Templo e em Jerusalém, cidade que escolhi entre todas as tribos de Israel, colocarei meu Nome para sempre."*

A tradução Peregrino (2002) traduz por 'imagem de Astarte'. A TEB (2002) e Pastoral (1990) por 'ídolo de Aserá'. A CNBB (2008), 'tronco sagrado de Aserá' e a Almeida (1993), 'poste-ídolo'. Ressalto que a utilização do termo 'ídolo' vem carregada de sentido pejorativo, pois remete a idolatria, tão combatida pela tradição judaico-cristã.

2Rs 23,4: *"O rei ordenou a Helcias, o sumo sacerdote, aos sacerdotes que ocupavam o segundo lugar e aos guardas das portas que retirassem do santuário de Iahweh todos os objetos de culto que tinham sido* *feitos para Baal, para Aserá [hrê'vea] – ꓷashērāh] e para todo o exército do céu; queimou-os fora de Jerusalém, nos campos do Cedrom e levou suas cinzas para Betel."*

A traducão TEB (2002) utiliza 'Aserá'. A Pastoral (1990), 'ídolo de Aserá'. Já as traduções CNBB (2008) e Peregrino (2002), 'Astarte' e a Almeida (1993), 'poste-ídolo'.

2Rs 23,7: *"Demoliu as casas dos prostitutos sagrados, que estavam no Templo de Iahweh, onde as mulheres teciam véus para Aserá [hr'(vea] – ꓷashērāh]."*

As traduções TEB (2002), Pastoral (1990) e CNBB (2008) traduzem por 'Aserá'. A Peregrino (2002), 'Astarte' e a Almeida (1993), 'poste-ídolo'.

2Cr 15,16: *"Até Maaca, mãe do rei Asa, foi destituída da dignidade de Grande Dama, por ter feito um ídolo para Aserá [hrÞ'vea] – ꓷashērāh]; Asa quebrou o ídolo, reduziu-o a pó e queimou-o na torrente do Cedrom."*

As traduções TEB (2002) e Pastoral (1990) 'utilizam 'Aserá' como ídolo'. A CNBB (2008), 'imagem para Aserá'. A Peregrino (2002), 'imagem para Astarte' e a Almeida (1993), 'Aserá'. [Esta é uma das poucas vezes que Almeida cita textualmente 'Aserá'. Obs. minha].

Além dessas seis citações, a professora Ana Luisa apresenta, ainda com base em HESTRIN, 1991, mais trinta e quatro. Em quase todas elas os profetas (pré-exílicos) de Javé investem com furor contra Asherah e ameaçam o povo e os governantes que se inclinam a seu culto. Os reformistas de Josias queriam apagar da memória e da história que o *deus* de Abraão era El e que tinha como consorte Asherah. Abraão viveu entre os cananeus mais de um milênio antes dessa época, quando El reinava absoluto em toda a região. Por isso a descoberta do Dr. Ze'ev Meshel em *Kuntillet 'Ajrud* é estarrecedora para os judeus ortodoxos e cristãos fundamentalistas. Ela mostra que a consorte de "Javé de Samaria", o mesmo "Javé de Temã" era Asherah. Isso só pode ser explicado se Javé for o mesmo *El* cananeu, pois os deuses semítico-cananeus não viviam tomando a consorte dos outros. Esse era um traço mais característico dos deuses gregos.

É inegável a forte presença de Asherah na Bíblia Hebraica. Joás, pai do juiz Gideão, era sacerdote de Baal (que em muitos momentos assumia o lugar de El) e Asherah [Poste Sagrado] dentro da congregação israelita (Jz 6:25). Pelo que está na Bíblia e pelas recentes descobertas arqueológicas, pode-se dizer que *El* foi a primeira identidade de Javé! Falo em primeira, por que há outra – de fundo – que só revelarei no final deste Trabalho.

E por que ele passou a se chamar Javé? Por uma imperiosa necessidade de afirmação nacional para as guerras de conquista promovidas por Josué (mas iniciadas por Moisés nas guerras do Sinai). Os hebreus estavam invadindo Canaã e o *deus* de muitos dos cananeus era o mesmo *deus* dos hebreus: El. Os sacerdotes hebreus compreenderam que era mais que necessário mudar seu nome. E assim surgiu Javé (trazido por tribos israelitas oriundas do deserto de Temã, que descendiam de outras da região do Gósen no Egito, onde reinou José e de onde veio o príncipe Moisés). Uma vez consolidado pelos líderes do povo, Javé, de acordo com a teologia hebraica, iniciou uma revolta no conselho dos deuses (ver análise do Salmo 82 na Introdução), desbancou os outros membros e se tornou o *deus* chefe, mais poderoso que todos os outros. A partir de então, renegou seu nome original (El) e mais adiante destruiu sua consorte (Asherah); se apresentou aos israelitas como o *deus* de um só povo, um *deus* masculino, do castigo, da vingança e da guerra. Isso tudo materializado pela ação de juízes, reis e profetas que tinham o privilégio de falar em seu nome e interpretar suas determinações.

Não é por acaso que Jesus, Paulo e Tiago nunca tenham pronunciado o nome Javé[4]. A Santa Sé, desde 2008, proibiu que fosse pronunciado o nome Javé (YHWH) *"nas celebrações litúrgicas, nos cantos e nas orações."*[5]A justificativa é que se trata de uma atitude de respeito à fé judaica, onde o nome de seu *deus* representado pelo Tetragrama Sagrado (YHWH) não é pronunciado. A Carta da **Congregação para o Culto Divino e a Disciplina**

nos Sacramentos orienta que, onde aparecer o nome Javé, seja substituído pela expressão correspondente ao judaico *Adonai* e ao grego *Kyrios*, que significam Senhor. Diz ainda – e aqui está a verdadeira razão – *"...que o título 'Senhor' torna-se mais intercambiável entre o deus de Israel e o Messias da fé cristã"* que também é chamado de Senhor. Isso deixa claro que, para o Vaticano, há uma descontinuidade entre Javé e Jesus, pois não há como negar que Javé é um *deus* apenas dos israelitas. Assim, mesmo sendo uma atitude de respeito para com a fé judaica – e não poderia ser diferente – o Vaticano retirou o nome do *deus* dos hebreus da liturgia católica, deixando o espaço apenas para o "Senhor" que se confunde com o próprio Jesus, considerado Deus pelos cristãos. Já sob a ótica de escritores judeus como Harold Bloom, 2006, Jesus é o usurpador – aquele que tomou o lugar de Javé. Isso parece estar subjacente à atitude do Vaticano. Bento XVI deu o primeiro passo para a separação definitiva entre Jesus e Javé, que está prestes a ocorrer.

ASHERAH E O ARQUÉTIPO DA DEUSA

Vê-se que em várias traduções da Bíblia para o português, Asherah é apresentada como Astarte, deusa do panteão assírio. Apesar de haver uma grande confusão sobre a identificação dessas deusas antigas, pela falta de registros mais precisos nas diversas culturas, é inegável que Asherah é cognata de **Isis** do Egito; **Inanna** dos sumérios; **Ishtar** dos acadianos; **Afrodite** dos gregos e de **Vênus** dos romanos. Embora, às vezes, seja retratada na lua, é uma deusa venusiana, do culto solar-venusiano que veio do Egito antigo, oriundo da Mesopotâmia e se estendeu até o tempo do imperador Constantino, como culto ao *Sol Invictus*. Ela representa a face feminina da divindade, que fazia parte do sagrado desde tempos imemoriais. O *deus* das montanhas desérticas e da guerra, Javé, depois de um determinado momento de convivência, partiu para expulsá-la do conselho dos deuses. Asherah não é mais lembrada pela humanidade. Seus lugares altos, suas estelas, suas árvores-símbolos, tudo foi destruído. Javé finalmente se impôs como *deus* masculino. Isso originou três religiões onde a mulher é considerada inferior, para citar só uma consequência. Vejam dois exemplos de desrespeito e discriminação da mulher no judaísmo e no cristianismo: a) O grande rei Salomão, citado em templos judaicos e cristãos de todas as denominações como exemplo de "homem de Deus", tinha 700 esposas e 300 concubinas; b) Os Pais da Igreja Cristã, após a saída do Mestre, excluíram a mulher da hierarquia, que até hoje não pode exercer o sacerdócio cristão. Em nossa avaliação a mulher somente será valorizada no cristianismo, se Jesus desvencilhar-se de Javé e sua *mensagem original* for recuperada e ouvida.

O FEMININO E A TRINDADE CRISTÃ

Como já dito, as trindades sagradas são formadas por Pai, Mãe e Filho. Elas representam a dialética do poder gerador dos contrários – positivo e negativo – representados na biologia pelo binômio macho-fêmea e nas religiões pelo casal pai-mãe, tendo como síntese de sua interação, o filho. A trindade cristã é toda masculina: Pai, Filho e Espírito Santo. Isso soa destoante. O cristianismo sempre se ressentiu da falta do feminino em seu altar mais elevado. A solução vem sendo alcançada aos poucos pela vertente católica. Primeiro igualaram Jesus a Deus. Mas Jesus havia encarnado, tinha uma mãe humana. Ela, então, passou a ser a mãe de Deus. E assim Maria começou a preencher essa lacuna. Oficialmente os católicos são adeptos da trindade Pai, Filho e Espírito Santo, mas na prática de suas crenças, Nossa Senhora, como mãe de Deus é a presença feminina no lugar mais sagrado de sua religião. O judaísmo, até hoje, não admite o sagrado feminino. Ele o enterrou junto com as estelas e "postes" de Asherah! Os protestantes os seguem religiosamente nessa linha, mas já há levantes e muitas mulheres já exercem a função de pastoras (podendo, portanto, falar nas assembleias).

O comportamento de Jesus com relação às mulheres, sempre foi de respeito e carinho. Numa época em que era proibido até conversar com mulheres em público, ele conversava, mesmo que fossem samaritanas (repudiadas pelos judeus). Um grupo de mulheres da Galileia sempre acompanhava Jesus em seu ministério e até o ajudavam com suas posses. Maria Madalena foi a primeira testemunha de sua ressurreição e, segundo os apócrifos, sua principal discípula e a única que entendia perfeitamente a mensagem mais profunda do Mestre. Depois que Jesus saiu da história, os pais da nascente Igreja retornaram à tradição patriarcal javista, predominante na sociedade judaica, e voltaram a relegar a mulher a um papel eminentemente secundário nos ritos e na hierarquia da religião. Infelizmente isso persiste.

A PATERNIDADE E A ASCENDÊNCIA DE JESUS

O fato de Jesus ter passado da categoria de filho de Deus para ser considerado o próprio Deus, trouxe muitos problemas para os teólogos cristãos. Primeiro porque tiveram que criar pelo menos quatro dogmas para Maria Santíssima (Mãe de Deus//Imaculada Concepção//Virgindade Perpétua// Assunção ao Céu); segundo por que ainda não conseguiram fazer a desvinculação com o raivoso *deus* Javé que é o oposto de Jesus e, terceiro, pela questão da paternidade do Cristo e este último é o problema de mais difícil solução. Nossa Senhora foi fecundada pelo Espírito Santo. Como o Espírito Santo é um com Deus, Nossa Senhora foi fecundada por Deus, logo ela pode ser considerada a consorte de Deus. Até aí tudo bem, Maria pode tornar-se a *Mãe Arquetípica* do mundo sob o ponto de vista dos cristãos, mas surge um problema: Jesus (pelo dogma da Trindade) também é esse mesmo Deus. Então Ele seria filho d'Ele mesmo, humanamente falando?

Os judeus de hoje reconhecem sua descendência pela linha matrilinear. Apesar de ser uma atitude lógica, pois há uma certeza física de que o recém--nascido é filho da mulher que o pariu (sem aprofundar na questão dos genes mitocondriais), esse reconhecimento está em profunda contradição com os costumes dos patriarcas (Adão, Caim, Seth, Noé, Jafé, Cam, Sem, Abraão, Isaque, Jacó, só para citar os mais conhecidos), que determinavam a descendência pela via patrilinear. Os judeus de hoje, descendentes dos antigos israelitas continuam em conflito com os palestinos (os antigos cananeus), mas optaram pela tradição cananeia (de origem egípcia) da linhagem matrilinear. Assim, a mulher diminuída na religião, é forçosamente engrandecida pela natureza, através da certeza que dá a descendência pelo dom da maternidade!

No cristianismo, essa questão é bastante discutida quando se trata de Jesus como descendente de Davi. As genealogias indicam que José era da

Casa de Davi, mas José, para a Bíblia, não foi o pai de Jesus. Para estudiosos como o Dr. James Tabor, Maria também era da Casa de Davi e assim, Jesus só é herdeiro do trono de Israel, se for pela linha matrilinear. Quando os líderes religiosos entenderem o verso *"homem e mulher Ele os criou"*, muito do que resta de discriminação e menosprezo à mulher, chegará ao fim.

CARACTERÍSTICAS DE JAVÉ

Ao longo deste Trabalho, a figura de Javé será analisada mais amiúde, sempre com base nos diversos livros das Escrituras Judaicas. Agora será elencado apenas um conjunto básico de suas características para futuras análises e comparações: *crueldade; desonestidade; ciúme doentio; injustiça; temperamento explosivo; xenofobia; ira até contra mulheres grávidas; gosto pelos flagelos e chacinas; amante de sangue e gordura; assassino impiedoso.* De todos esses itens, apenas um será tomado como exemplo neste capítulo: **a crueldade**. Não pode haver nada mais cruel que uma autoridade – qualquer que seja ela – mandar filho matar pai e pai matar filho. Pois Javé mandou matar Irmão/filhos/esposa/amigo se estes tivessem convidado a servir outros deuses.

> *Se seu irmão, filho de seu pai ou de sua mãe, ou seu fi- lho, sua filha, ou a esposa que repousa em seus braços, ou amigo íntimo quiser seduzir você secretamente, convidando: 'vamos servir outros deuses' (deuses que nem você nem seus antepassados conheceram, deu- ses de povos vizinhos, próximos ou distantes de você, de uma extremidade da terra a outra), não faça caso, nem dê ouvidos. Não tenha piedade dele, não use de compaixão, nem esconda o erro dele. Pelo contrário: você deverá matá-lo. E para matá-lo, sua mão será a primeira. Em seguida, a mão de todo o povo. (Dt 13:7-9. Bíblia Sagrada edição Pastoral. Paulus, 1990). [ver também Dt. 13:15-17, cf Ex 22:20].*

Em toda a Bíblia Hebraica vê-se o *deus* Javé, o Senhor dos Exércitos, mandando matar pessoas e povos inteiros – crianças, mulheres, homens, idosos e até seus animais. Às vezes, ele próprio é quem mata. Uma grande contradição, pois quando um anjo do Deus verdadeiro (segundo Paulo) apareceu a Moisés no Monte Sinai, um dos seus mandamentos foi: "não matarás". De uma coisa não há dúvidas: seria assustador ter um *deus* como esse, irado, ciumento, de uma só confederação tribal, que se cansa (e descansa); cria e se arrepende; mata e manda matar, como o pior dos mortais. Mas é evidente que estamos tratando de uma concepção, uma ideia que os homens da Idade do Bronze e do início da Idade do Ferro faziam de Deus e não do próprio Deus. Deus não é apenas de doze tribos. Deus é do judeu, do grego e de todos os povos e não pode ser qualificado com características humanas, especialmente as mais aviltantes.

NOTAS DO CAPÍTULO 1

1. No cristianismo aconteceu algo semelhante. Com o passar do tempo, o filho Jesus, foi considerado Deus e tornou-se, para os fiéis, mais importante que o Pai, que é invisível e a-histórico. O culto é prestado a Jesus e não mais a Javé, que ficou mesmo reduzido às fronteiras do judaísmo, como uma espécie de *deus* exilado, nas palavras de Harold Bloom, 2006.

2. Elat ou El'at, pode ser traduzido como deusa, feminino de El ("El" mais a desinência de feminino "at"). Esse nome também é associado a Asherah, consorte do *deus*. Em outros locais da antiga Canaã foram encontradas inscrições para Baalat, contraparte feminina de Baal. Baalat é a junção do nome Baal com uma desinência de feminino "at". Os gregos traduziram Baal como Adon, Senhor. Assim Baalat seria a consorte (Senhora) de Baal (o Senhor). Como Baal, a partir do século XIV a.C. começou a tomar o lugar de El, Baalat – sua consorte – é também identificada como Asherah. Geograficamente Elat era uma povoação próxima a um importante porto do golfo de Aqaba, braço oriental do Mar Vermelho, entre a península do Sinai e a Arábia.

3. MELO, Paolo. *l'aserah di yhwh a kuntillet ajrud rassegna critica degli studi e delle interpretazioni*. Verona, 1994. Disponível em <www.ieiop.com/pub/05merlo2.pdf>.

4. Ver nota 17 na Introdução.

5. Em 29 de junho de 2008, a Congregação para o Culto Divino e a Disciplina dos Sacramentos do Vaticano lançou uma Carta endereçada a todas as conferências episcopais do mundo, recomendando a não utilização do nome JAVÉ *"nas celebrações litúrgicas, nos cantos e nas orações"*. Onde aparecer o nome Javé na Bíblia, deve ser substituído por "Adonai" ou "Kyrios" que significam "meu Senhor" e "Senhor". A Carta foi assinada pelo prefeito da Congregação, o Cardeal nigeriano Francis Arinze e pelo Secretário Geral, arcebispo Malcolm Ranjith, sob a orientação do Papa Bento XVI. A Carta cita ainda as expressões aceitáveis em diversas línguas: Lord (inglês); Signore (Italiano); Seigneur (francês); Herr (Alemão); Señor (espanhol), etc. Mesmo com a justificativa de que a medida é para respeitar o costume judeu de não pronunciar o Tetragrama Sagrado (YHWH), ela mostra que Bento XVI avança na direção de separar o Deus dos cristãos, do *deus* dos judeus. Assim como a partir do século XIV a.C., Baal separou-se de El para tornar-se a divindade absoluta dos fenícios e cananeus, no século XXI d.C., Jesus afasta-se de Javé para tornar-se a divindade teológica da religião construída em seu nome, confundindo-se com a primeira pessoa da trindade cristã, que Ele sempre chamou de Pai, nunca de Yhwh.

CAPÍTULO 2

O *DEUS* DO
LIVRO DE GÊNESIS:

A crônica da miséria do gênero humano: mentiras; assassinatos, traições; incestos; trapaças; covardia; pilhagens; ciúmes; juras e ira. E mais: inconsistências da narrativa; repetições, contradições e anacronismos.

Para o cristianismo – católico, ortodoxo e protestante – Jesus é Deus e o Antigo Testamento é reconhecido como Escritura Sagrada. O *deus* do Antigo Testamento é Javé (Yhwh), logo, por lógica formal, Jesus seria o mesmo Javé. Outras correntes cristãs consideram que Jesus é o filho de Deus e não o Próprio. Nesse caso, ele seria o filho de Javé. A Tese aqui defendida é que Jesus não é Javé ou, na segunda perspectiva, Javé, *deus* dos *antigos* israelitas, não é o mesmo Deus de Jesus, a quem Ele chamava de Pai. Pelo que está escrito na Tanakh e nos Evangelhos, não há como negar que são entidades completamente diferentes. Para demonstrar isso é preciso focar no estudo de Javé que começa pela Torah (Pentateuco para os cristãos), mais o livro de Josué, que com ela forma um conjunto chamado Hexateuco[1].

Os cinco primeiros livros representam a lei e o sexto, a conquista do território da nação. As bases da nacionalidade dos israelitas – descendentes das doze tribos de Israel – estão nesses seis livros, sobre os quais se assenta o cânon sagrado dos hebreus e todo o seu edifício teológico. Nas páginas do Hexateuco estudaremos as relações sempre tensas entre Javé e o "povo escolhido", em torno de uma *aliança* firmada, mas nunca concretizada! A partir desse estudo conheceremos o *deus* desse povo, para então testemunharmos a extrema proximidade entre ele e os seus principais agentes neste mundo – os patriarcas fundadores. Proximidade não apenas no que diz respeito às recorrentes teofanias[2], mas principalmente, no que se refere às fraquezas eminentemente humanas.

Para os leitores não familiarizados com o estudo crítico da Bíblia, que só a conhecem a partir do ponto de vista dogmático, ditado pelas denominações religiosas, as surpresas serão assombrosas. O que está escrito no Hexateuco são as ações mais deprimentes de um *deus* cujo agir é bem humano, às vezes, no pior sentido da palavra. Um *deus* sem onisciência, sem onipotência, sem onipresença e sem benevolência. Um *deus* da guerra e do sangue!

Não resta dúvida que Javé é um *deus* semelhante aos outros deuses que predominavam na religiosidade do Crescente no segundo milênio a.C. É um *deus* com características brutais, diferente da concepção de Deus surgida a partir das comunidades do segundo e do terceiro Isaías e aprofundada pelos Evangelhos do Novo Testamento.

O escritor judeu – Harold Bloom – autor de *Jesus e Javé: os nomes divinos* (2006), diz que Javé é um *deus* humano em contraposição a Jesus que ele diz ser um *deus* teológico. Quando falo que Javé é um *deus* totalmente humano, me apoio nas características que os seis primeiros livros da Bíblia Hebraica lhe atribuem e que já foram destacadas na Introdução: ciúme, juras, ira, vingança, arrependimento, cansaço, além da característica mais grave, de mandar assassinar povos inteiros, incluindo velhos, crianças e todos os seus animais, numa demonstração de grandiosa incoerência com o "não matarás". As ações de Javé em todo o Hexateuco estão em contradição permanente com esse mandamento.

A surpresa que este Livro pode causar é fruto do desconhecimento que a maioria das pessoas tem da Tanakh (Bíblia Hebraica). Teólogos e exegetas cristãos, presos ao paradigma de que Javé é o mesmo Deus de Jesus, procuram por todos os meios, explicar os absurdos do Antigo Testamento, interpretando-o das mais diversas maneiras, mas o que fazem mesmo é fugir da realidade que será enfrentada aqui.

Na Introdução foi dito que a Tanakh é uma biblioteca contraditória, repetitiva e anacrônica. Trata-se de uma junção de textos de tradições diversas, um verdadeiro mosaico literário que não poderia desaguar em outro mar que não o da contradição teológica. Neste capítulo será efetivada a comprovação dessas assertivas para conhecermos – sem os véus do dogmatismo – o *deus* retratado em suas páginas.

O livro de Gênesis

O livro de Gênesis começa descrevendo como *deus* criou o mundo e o homem. Mas apresenta duas narrativas diferentes, em conteúdo, estilo literário e sentido teológico. De Gn 1:1 até Gn 2:3, encontra-se a primeira narrativa, onde homem e mulher são criados com a mesma dignidade: "*...Homem e mulher os criou*". Já em Gn 2:4-25, vê-se uma segunda narrativa, completamente diferente. Aqui *deus* é um oleiro e, semelhante ao *deus* egípcio **Khnum**, que teria criado o homem em um torno de olaria, forma o homem do barro. É obvio que a linguagem é simbólica. Meu questionamento não está na construção do homem a partir do barro, até porque no barro (terra), estão os elementos químicos que compõem o corpo físico do homem. O questionamento é sobre a dignidade da mulher. Na primeira narrativa *deus* criou o homem e a mulher ao mesmo tempo. Na segunda, o homem é criado primeiro e tem todo o planeta a seu dispor. Só depois que *deus* percebeu que o homem estava só foi que ele fez a mulher, da costela do homem. Nessa segunda narrativa a mulher já nasceu inferior. A divindade não a criou diretamente como o fez com o homem. Ela é fruto de um osso deste. Esse fato, somado ao mito de que foi Eva quem convenceu Adão a comer do fruto da árvore proibida, são as causas de séculos e séculos de discriminação da mulher[3].

Essas narrativas, juntadas uma após outra, são provas de que o livro de Gênesis é fruto da junção de documentos de fontes diversas, produzidos em épocas diferentes como informa a Hipótese Documentária (aplicável a toda a Tanakh). A primeira narrativa vem da Fonte P (Sacerdotal baseada na raiz

Eloísta, mais transcendental). A segunda narrativa vem da fonte J (Javista). É a mais carnal e a mais próxima dos demais mitos da criação correntes no Oriente Médio no segundo milênio a.C., especialmente os egípcios. Na primeira narrativa, bem mais elaborada teologicamente, as plantas são criadas primeiro que o homem. Na segunda, o homem é formado do barro sem que uma planta existisse e sem que uma gota de chuva tivesse caído sobre a Terra. A tradição Javista, visivelmente, é a menos erudita, oriunda de tribos nômades dos desertos montanhosos. Ela não encerra, mesmo simbolicamente, a lógica pertinente na tradição Sacerdotal, que coincide com a visão da ciência moderna acerca da ordem do processo de formação do planeta.

A queda do homem e o papel da serpente

No episódio da queda do homem, a entidade que se opõe aos desígnios de *deus* é representada pela serpente (o nome Satanás só vai aparecer no livro de Jó). A utilização da serpente como símbolo do mal, vem da religião egípcia. Lá é a serpente Apófis que tenta todas as noites afundar a barca de Ra, o *deus* Sol, quando este atravessa o lado escuro ou submundo. Ra, com a ajuda de outras divindades, sempre consegue fazer a travessia e é assim, segundo essa religião, que o Sol renasce todas as manhãs. Mas note-se que a serpente Apófis é poderosa e audaciosa, pois ela ataca o *deus* maior do panteão egípcio – o próprio Ra.

Além de induzir Eva e Adão à desobediência, a serpente parece contar com a concordância de *deus*, como já anotaram vários comentadores. E isso é extremamente contraditório, pois essa serpente é tida como o próprio diabo e, portanto, a antítese do divino na chamada cultura judaico-cristã. Vejam as passagens seguintes.

Gn 3:4-5 *"Então, a serpente disse à mulher: É certo que não morrereis. Porque Deus sabe que no dia em que dele comerdes* [do fruto da árvore proibida] *se vos abrirão os olhos, e como Deus, sereis conhecedores do bem e do mal."* Mais à frente, em Gn 3:22, depois de saber que o homem comeu do fruto da árvore proibida que estava no centro do jardim, *deus* deu razão à serpente: *"...Eis que o homem se tornou como um de nós, conhecedor do bem e do mal."*

No momento em que o homem se tornou como um *deus*, conhecedor do bem e do mal, *deus* o castiga, expulsando-o do paraíso. Condena a mulher às dores do parto e o homem à labuta para ganhar o pão com o suor do rosto. É estranho, porque a atitude de *deus* dá a entender que o fato do homem se tornar como um *deus* o faz merecer um duro castigo. Apesar da desobediência ser motivo para repreensão, o resultado da mesma – "*...se tornou como um de nós...*" – não deveria ser comemorado pelos deuses (Elohim) que estavam acompanhando tudo? Ou será que ser como aqueles deuses era algo tão ruim ao ponto de merecer o castigo do desterro? O certo é que a serpente disse ao homem uma verdade, depois confirmada por *deus*. Por ter dito a verdade, que levou à desobediência do primeiro casal, a serpente foi amaldiçoada e junto com Adão e Eva, foram expulsos do paraíso. Querubins foram deixados de guarda, para que não voltassem e comessem da misteriosa Árvore da Vida, pois se dos frutos dela comessem, viveriam eternamente.

Neste ponto não há questionamentos a fazer, dentro da meta a que este livro se propõe, pois trata-se da parte mais simbólica de toda a linguagem bíblica. Apenas para ilustrar, a queda do homem, para muitos estudiosos heterodoxos, foi a queda de espíritos que habitavam mundos mais adiantados e fracassaram moralmente, sendo "expulsos do paraíso" em que viviam e mandados para a Terra, para o trabalho duro pela sobrevivência e a reprodução pela dor do parto. Para esse nível de entendimento, figuras de linguagem como "Árvore do Conhecimento" (Gn 2:17) e "Árvore da Vida (Gn 3:22), podem ter significados (metais orbitalmente rearranjados, por exemplo) que estão muito além do que supõe a teologia tradicional e a própria ciência moderna, que só agora começa a admitir os "universos paralelos". Mas não irei por essas largas e ainda incertas avenidas. Vou continuar a análise do Gênesis, dentro do objetivo de conhecer e caracterizar o *deus* dos antigos hebreus.

O PRIMEIRO FRATRICÍDIO

Em Gn 4, tem-se a história do assassinato de Abel pelo seu irmão Caim, primogênito de Adão e Eva. Abel é o segundo filho do casal. Caim tornou-se

LAVRADOR e Abel PASTOR. A linguagem é bastante rica em simbolismo e o comentário a seguir explica muito acerca dos futuros israelitas (como a aversão de Javé pelos primogênitos; a prática comum dos antigos cananeus de sacrificarem seus primogênitos a Baal; o costume dos patriarcas de fazerem herdeiro o segundo filho, além da definição dos hebreus como pastores e não como lavradores).

Certo dia Caim trouxe da TERRA uma oferta a seu *deus*. Abel, por sua vez, trouxe a sua "das primícias" do seu REBANHO e da GORDURA deste. A Bíblia não explica porque, mas *deus* rejeitou a oferta de Caim e se agradou da oferta de Abel. O final todos sabem. Caim ficou revoltado com a rejeição de *deus* e matou seu irmão.

O *deus* dos hebreus é um *deus* dos sacrifícios de carne, sobre as chamas de um altar, num ato que a Bíblia chama de holocausto. Esses sacrifícios perduraram até o período do Segundo Templo, sendo praticados ainda na época de Jesus como narram os Evangelhos. Ele não aceitou os frutos da terra ofertados por Caim (não era um *deus* da natureza), mas recebeu de bom grado a carne, o sangue e a gordura dos melhores espécimes do rebanho de Abel. Esse fato não justifica a atitude de Caim, mas aquele *deus* ficou devendo uma explicação à humanidade, sobre o porquê de não ter aceito os frutos da terra oferecidos pelo primogênito de Adão. Poderia ter recebido as ofertas dos dois irmãos, mas preferiu escolher apenas uma: a que continha sangue e gordura.

PRIMEIRA MALDIÇÃO DE JAVÉ CONTRA OS HEBREUS

É no episódio do assassinato de Abel que se conhece o gosto daquele *deus* pelas imolações e holocaustos. Ele adorava que o sangue dos sacrificados fosse aspergido nas paredes dos seus santuários e apreciava da gordura até o cheiro queimando (vejam o que diz Gn 8:20-21). Por causa desse gosto, o primeiro primogênito da Bíblia, Caim, mostrando lamentável fraqueza de espírito e caráter, assassinou seu irmão. Por esse ato insano, Caim foi o quarto a *ser* amaldiçoado por *deus*, depois de Adão, Eva e a serpente. Eu identifico essa como a primeira maldição coletiva de *deus* contra os futuros israelitas: "És agora, pois, maldito sobre a terra, cuja boca se abriu para receber de tuas mãos o sangue de teu irmão. Quando lavrares o solo, não te dará ele a sua força; serás fugitivo e errante pela terra." (Gn 4-11-12). As promessas de *deus* para os descendentes de Abraão ainda não se cumpriram, mas a maldição feita a Caim, filho do pai de todos os homens, Adão, essa é comprovada pelos fatos. Os israelitas tiveram como terra os desertos da Palestina (*"quando lavrares o solo, não te dará ele a sua força"*); e passaram a maior parte de sua história em diáspora pelo mundo (*"serás fugitivo e errante pela terra"*).

A MALDIÇÃO DOS PRIMOGÊNITOS

A partir da atitude de Caim, os primogênitos não tiveram boa acolhida nas páginas da Bíblia. O primogênito de Abraão foi Ismael, filho da egípcia Agar, serva de Sarai. Mas o herdeiro de Abraão, que ficou com seus bens e sua descendência oficial, foi Isaque. O primogênito de Isaque foi Esaú, mas Isaque abençoou o segundo filho, Jacó. O primogênito de Jacó foi Ruben, que não teve importância na nascente nação israelita. O destaque foi para José, o penúltimo filho. Rubem foi marcado por ter possuído Bila, uma das mulheres de seu pai (Gn 35:22). Jacó ao abençoar os filhos de José, trocou as mãos de propósito e botou a destra sobre a cabeça de Efraim que era o segundo, deixando assim de abençoar o primogênito, Manassés (Gn 38:14). O primogênito de Judá, Er, era mau aos olhos de *deus* e por isso ele o matou. No nascimento dos gêmeos de Tamar de quem vamos falar um pouco mais adiante, Zera colocou o braço para fora primeiro, portanto deveria ser o primogênito, mas Perez passou à frente e saiu antes do irmão (Gn 38:28-30). Ele é o ancestral de Davi que, por sua vez, é o ancestral de Jesus. Mais adiante, na saga de Moisés, veremos Javé em plena atividade matando todos os primogênitos do Egito. Parece que depois do crime de Caim, ser primogênito passou a ser arriscado perante *deus* e perante os homens daquela confederação tribal.

A ocupação dos primeiros hebreus

Quanto à atividade econômica dos hebreus, Caim era LAVRADOR, tornou-se o assassino. Abel era PASTOR e foi a vítima. Os hebreus tornaram-se PASTORES. A confirmação disso encontra-se em toda a Bíblia, mas há uma passagem especial que deixa isso bem claro. É quando José apresenta cinco dos seus irmãos ao faraó e este indaga: *"Qual o vosso trabalho?"* e eles respondem: *"somos pastores de rebanho, tanto nós como nossos pais"* (Gn 47:2-3). Colocando os fatos na ordem mais plausível, os hebreus eram pastores nômades e quando escreveram a sua história da Criação, colocaram o LAVRADOR como assassino e o PASTOR como vítima e o preferido de *deus*.

Descendência de Caim e o desprezo à vida nos "primeiros tempos"

Caim, após receber a maldição de *deus* que seria fugitivo e errante pela Terra, temeu que quem o encontrasse lhe tirasse a vida. Mas o *"Senhor lhe disse: Qualquer que matar a Caim será vingado sete vezes. E pôs o Senhor um sinal em Caim para que não o ferissem de morte..."* (Gn 4:15). Após ser banido levando um salvo-conduto de *deus*, Caim foi morar a oriente do Éden e aí ocorreu algo que a Bíblia não explicou: *"E coabitou Caim com sua mulher; ela concebeu e deu a luz a Enoque..."* (Gn 4:17). Quem era essa mulher? Até então *deus* só havia criado Adão e Eva e estes deram à luz a Caim e Abel. A explicação absolutamente clara exposta neste versículo é que já existiam outras pessoas na Terra quando aquele *deus* criou Adão e Eva[4].

Caim gerou Enoque (que não é o Enoque sethiano), que gerou Irade, que gerou Meujael, que gerou Metusael, que gerou Lameque. Neste ponto faço um destaque. Lameque é tetraneto de Caim. Ele se casou com duas mulheres, Ada e Zilá (que também ninguém sabe de onde vieram). E dos filhos de suas esposas nasceram os ancestrais dos pastores nômades; dos tocadores de harpa e dos artífices do bronze e do ferro, mas Lameque se mostrou um assassino fútil e confessou às esposas que matou um homem por que este o feriu e que matou um mancebo por que este pisou em seu pé.

Na quarta geração depois que os Elohim's criaram o homem (Adão e Eva), a vida já não tinha o menor valor.

Do nascimento de Seth ao arrependimento de Javé!

Depois da morte de Abel e da expulsão de Caim, Adão e Eva voltam a coabitar e geram Seth (Gn 4:25). É da descendência de Seth que surgem Enoque e depois Noé (Gn 5:28). Nesse tempo, diz a Bíblia, a corrupção dominava o mundo. É no capítulo 6 de Gênesis que se encontra a enigmática narrativa dos filhos de *deus* possuindo as filhas dos homens e gerando os gigantes, que foram varões de renome na antiguidade (Gn 6:2;4). El-Shaddai viu que a maldade do homem havia se multiplicado e aí sobreveio a confissão chocante:

> *Então, se arrependeu o Senhor de ter feito o homem na terra, e isso lhe pesou o coração. (Gn 6:6).*

E, arrependido de sua criação, *deus* resolve destruir tudo. É incrível, mas está escrito:

> *Disse o Senhor: Farei desaparecer da face da terra o homem que criei, o homem e o animal, os répteis e as aves dos céus; porque me arrependo de os haver feito. (Gn 6:7).*

Observem que *deus* não só se arrependeu de ter feito o homem, como sua reação foi violenta e catastrófica. Fez desaparecer da face da Terra toda a humanidade de então, com exceção de uma família, pois *"Nóe achou graça diante do Senhor".* Nóe, filho de Lameque e neto de Matusalém, teve três filhos: Sem, Cam e Jafé. Os episódios do dilúvio são bastante conhecidos e não serão comentados aqui. Destacarei as descendências dos filhos de Noé que vieram a se tornar as nações que povoaram o mundo – conhecido pelos redatores da Tanakh – após o recuo das águas.

De **Jafé** vieram os povos do Cáucaso, os lídios da Ásia Menor, os Medos do Irã, os gregos da Jônia, os habitantes da região do Mar Negro e os ancestrais dos etruscos.

De **Cam** vieram principalmente os assírios e todos os povos cananeus, estes vindos diretamente de seu filho Canaã. Os descendentes de Cam habitaram também o Egito, a Etiópia e o território da costa africana até o Mar Vermelho. Algumas fontes com índoles racistas afirmam que os negros são descendentes de Cam, o filho amaldiçoado por Noé.

De **Sem** vieram os demais povos da Mesopotâmia, de outras regiões da Ásia e da Península Arábica. Abraão, Isaque e Jacó – segundo a Tanakh – são semitas.

Falei acima *"mundo conhecido pelos redatores"*, pois os que escreveram o livro de Gênesis não citaram de onde vieram os povos que habitaram as três Américas ou, do outro lado do mundo, a China e o Japão, por exemplo. Os três filhos de Noé, únicos varões que sobraram depois do dilúvio, só lançaram descendência em partes da Ásia, Europa e norte da África. Fica evidente que o autor (ou autores) do livro de Gênesis não conhecia(m) o mundo todo. E Javé, se conhecia, não lhes disse nada.

AS DUAS LISTAS (DIFERENTES) DOS DESCENDENTES DE SEM

Sem era o primogênito de Noé, mas a Bíblia, confirmando sua desconsideração com os primogênitos, o coloca em terceiro lugar nesta lista de genealogias. E aqui encontra-se outra prova de que a Tanakh é um mosaico de textos juntados a *posteriori*. Vejam que o capítulo 10 de Gênesis trás a genealogia dos três filhos de Noé – Jafé, Cam e Sem. Quando apresenta os descendentes de Sem, não fala em Tera e muito menos em Abrão (depois Abraão). O capítulo 11 começa falando da Torre de Babel e, a partir do verso 10, apresenta outra lista dos descendentes de Sem. Sem explicar nada sobre a lista anterior, esta nova listagem vai até os filhos de Tera: Abrão, Naor e Harã e então, começa a história de Abrão, o primeiro grande patriarca do povo hebreu.

É óbvio que isso gera perguntas intrigantes: qual é a lista verdadeira dos descendentes de Sem? Deve-se dar primazia à primeira (Gn 10:21-31)? Mas se considerarmos a primeira, Abrão deixa de existir e aí, como fica a história dos hebreus? Para continuar a análise, tem-se que ficar obrigatoriamente com a segunda lista (Gn 11:10-27), embora a Bíblia não dê nenhuma indicação de que a primeira lista seja falsa. Estamos diante de um mosaico literário. Uma tradição (provavelmente Eloísta) escreveu a primeira lista. Veio outra (Javista) e apresentou a segunda. Os sacerdotes que editaram o cânon judaico aceitaram as duas, mesmo uma contradizendo a outra.

A SEGUNDA MALDIÇÃO DE JAVÉ CONTRA "SEU POVO".

Antes de prosseguirmos é preciso registrar a segunda maldição de *deus* contra os futuros israelitas. Depois que as águas baixaram, Noé plantou uma vinha, fez vinho, bebeu, se embriagou e ficou nu em sua tenda. Cam (pai de Canaã) viu o pai nu e avisou a seus irmãos Jafé e Sem. Estes entraram de costas na tenda, para não verem a nudez do pai e o cobriram com uma capa. Quando Noé curou a ressaca, soube que Cam o havia visto nu e aí (a Bíblia não explica), ele AMALDIÇOOU Canaã, filho de Cam e não o próprio Cam. Canaã é pai de todos os cananeus, que povoaram a Palestina, a terra prometida. Noé disse *"Maldito seja Canaã. Que ele seja escravo dos seus irmãos"*. Essa maldição também se confirmou, não só para os descendentes específicos de Canaã, mas para todos os hebreus, que foram escravos no Egito e em outras nações, como Assíria e Babilônia, regiões habitadas principalmente por semitas.

SURGE ABRAÃO E JAVÉ LHE APARECE: A PRIMEIRA ALIANÇA

Tera, descendente de Sem, gerou Abrão, Naor e Harã e Harã gerou Ló, sobrinho de Abrão. Harã faleceu quando seu pai, Tera, ainda era vivo. Abrão casou-se com Sarai e Naor desposou Milca, filha de Harã (e, portanto, sua sobrinha). Tera tomou Abrão, Sarai e Ló e saíram de "Ur dos Caldeus para irem à terra de Canaã", porém foram só até Haran (na Alta Mesopotâmia) onde ficaram. Aí morreu Tera (Gn 11:26-32).

O capítulo 12 começa com um *deus* dizendo diretamente a Abrão para sair da casa do seu pai, deixar seus parentes e partir para uma terra que lhe seria mostrada. Esse *deus* não faz nenhuma conexão com o passado. Por exemplo, ele não diz a Abrão algo do tipo: "sou o *deus* de Adão, Eva, Caim, Abel, Seth, Enoque e Noé", como séculos depois o *deus* que apareceu a Moisés se apresentou conectando-se ao passado dizendo: "Sou o *deus* de Abraão, Isaque e Jacó".

Abrão obedece ao chamado desse *deus* e segue para Canaã, levando sua esposa Sarai, seu sobrinho Ló, seus rebanhos e servos, inclusive os que lhe foram acrescentados em Haran. Só que chegando a Canaã, a terra já era habitada pelos cananeus e, além disso, logo sobreveio grande fome. Abrão não resistiu às dificuldades e sem consultar seu *deus*, desceu para o Egito[5] e aí aconteceu pela primeira vez o gesto de oferecer sua esposa para se livrar de possíveis embaraços e até tirar vantagens da situação. Abrão mandou Sarai dizer que era sua irmã, pois ela era formosa e ele temia que os egípcios o matassem para ficar com ela (estamos no segundo milênio a.C. e os costumes eram outros). Sarai concordou e os egípcios se impressionaram com sua beleza e a levaram ao faraó, que ficou com ela como uma de suas mulheres. Abrão, por seu turno, como "irmão" da bela migrante, foi confortado com bens que a Bíblia descreve assim: "*E fez bem* [o faraó] *a Abrão por amor dela; e ele teve ovelhas, e vacas, e jumentos, e servos, e servas, e jumentas, e camelos.*" (Gn 12:16).

A mordomia em troca da esposa só terminou, por que *deus* jogou algumas pragas sobre o faraó e este descobriu que Sarai era esposa de Abrão. O faraó ficou indignado com a enganação de Abrão e o expulsou do Egito, ele e os seus. Só que o deixou levar toda a riqueza lá acumulada. Diz o verso 1 do capítulo 13: "*Subiu, pois, Abrão do Egito para a banda do sul, ele, e sua mulher, e tudo que tinha, e com ele Ló. E ia Abrão muito rico em gado, em prata e em ouro.*"

Abrão voltou a Canaã, agora muito mais rico que quando lá esteve pela primeira vez vindo de Haran. Os povos que habitavam Canaã no segundo milênio a.C. eram em sua maioria, pastores nômades e lavradores, organizados socialmente por vínculos tribais. O que a Bíblia chama de reinos nessa época, a arqueologia moderna mostra que eram pequenas confederações de tribos com algum vínculo étnico ou cultural. A prova disso é que Abrão, com apenas "318 valentes", colocou reis e seus "exércitos" para correrem, resgatou Ló e sua fazenda das mãos desses reis. É preciso levar em conta que o Pentateuco foi redigido séculos depois do tempo de Abrão/Abraão, quando já havia monarquia entre os israelitas. O que o redator chama de "reis" – influenciado por sua época – eram simplesmente chefes tribais, pois até hoje não foi encontrado nenhum sítio arqueológico em toda a região da Palestina e no deserto do Sinai, que demonstre a existência de alguma estrutura urbana significativa, que pudesse apontar a existência de um reino em todo aquele longo período. Outro fator que aponta para uma redação tardia do Pentateuco é que esta parte do Gênesis, pelo seu próprio texto, deixa claro que o redator do livro viveu séculos depois de Moisés (o suposto autor), pois ele cita várias vezes *"Ur dos Caldeus"* (Gn 11:28;31 ; 14:7). Ora, os caldeus só se estabeleceram na Mesopotâmia, a partir do fim do século VII a.C. (mais precisamente entre 612 e 539 a.C.), e Moisés teria vivido por volta de 1450 a.C., na estimativa dos judeus ou por volta de 1250 a.C. na estimativa dos católicos.

JAVÉ PROFETIZA A ESCRAVIDÃO DO EGITO, NUM TEXTO FORA DO CONTEXTO

Depois do episódio do resgate de Ló, chega-se ao capítulo 15. Nele há um verso profético de Javé, que parece fora de contexto. A narrativa se desenvolve do seguinte modo: Javé está mais uma vez prometendo a Abrão que ele herdará a terra de Canaã. Abrão pergunta *"como saberei que hei de herdá-la".* Javé manda Abrão pegar uma bezerra, uma cabra, um carneiro, uma rola e um pombo e manda cortar cada um ao meio, com exceção dos pássaros. Os animais mortos são deixados ao ar livre, servindo de comida para aves de rapina espantadas por Abrão que, cansado, dorme ao cair da noite e assim termina o verso 12. Exegetas independentes acreditam que o verso seguinte é uma interpolação feita provavelmente no período da edição dos livros da Tanakh, no pós-exílio. Vejam que até o vs. 12 nada é dito sobre a consumação do sacrifício dos animais mortos. Ora, na tradição Javista esses sacrifícios sempre terminavam em holocausto. Aí surge o verso 13 com outra narrativa totalmente deslocada do contexto onde Javé diz a Abrão que sua semente será escrava em terra estrangeira por 400 anos. Somente no verso 17 o holocausto das "metades" é consumado, de um modo meio sobrenatural. Se o autor de Gênesis é o mesmo autor de Êxodo, é evidente que ele sabia da escravidão no Egito, quando escreveu Gênesis, pois Êxodo narra justamente a saída dos hebreus da escravidão na terra dos faraós. Assim, se considerarmos um autor único para todo o Pentateuco, qualquer profecia feita em Gênesis e confirma-da em Êxodo, Levítico, Números ou Deuteronômio, fica sem autenticidade. Nos versos finais do capítulo 15, *deus* faz de novo a promessa da terra e agora define claramente os limites – do Egito ao rio Eufrates, ou seja, do Egito ao atual Iraque. Até hoje essa promessa não foi cumprida.

A aliança de El-Shaddai com Abrão/ Abraão e a circuncisão

Sarai, mulher e meia-irmã de Abrão, era estéril. E naquela época a pressão por descendência era muito grande. Sarai oferece sua serva egípcia Agar para que Abrão tenha um filho com ela. Abrão aceita, coabita com Agar e esta concebe um menino, a quem um anjo mandou dar o nome de Ismael. Este é o capítulo 16.

O capítulo 17 começa com o *deus* todo poderoso – El-Shaddai – fazendo uma aliança com Abrão. Pede comportamento íntegro e promete descen-dência numerosa e toda a terra de Canaã, onde Abrão vivia como migrante. **Muda o nome de Abrão para Abraão** e diz que a aliança é para sempre e a posse da terra prometida será perpétua.

Aí El-Shaddai determina a existência de um sinal físico para sua aliança com Abraão e seus descendentes. Em Gn 17: 10-11, ele diz:

> *E a aliança que eu faço com você e seus futuros des-cendentes, e que vocês devem observar, é a seguinte: circuncidem todos os homens. Circuncidem a carne do prepúcio. Este será o sinal da aliança entre mim e vocês.*

A CIRCUNCISÃO E O CRISTIANISMO

Avançando cerca de 2000 anos, chega-se ao tempo de Paulo, o apóstolo dos gentios. A missão de Paulo era propagar a mensagem de Jesus por todo o Mediterrâneo e onde mais pudesse alcançar. Ele era judeu. Jesus era Judeu. O cristianismo ainda não era uma religião separada do judaísmo. Tiago, irmão de Jesus, era o chefe dos cristãos em Jerusalém após a morte do Mestre. E havia no meio dos novos crentes em Cristo liderados por Tiago, muitos doutores da lei oriundos da seita dos fariseus, e estes queriam que os prosélitos[6] fossem circuncidados. Paulo lutou bravamente contra essa exigência e venceu. Em At 15:1-29 encontra-se a narrativa do chamado Concílio de Jerusalém – a primeira Assembleia da nascente religião cristã, para discutir questões doutrinárias e conflitos com a velha lei mosaica. Pedro se manifestou contra a exigência da circuncisão para os gentios. Tiago o apoiou e a decisão da Assembleia, resumida no verso 29 foi que se exigisse dos recém-convertidos apenas o cumprimento dos seguintes preceitos: *abstenção das coisas sacrificadas aos ídolos, e do sangue, e da carne sufocada, e da prostituição.*

Paulo entendia que a verdadeira circuncisão não era para ser tomada literalmente, mas de modo simbólico no coração (Rm 2:29). Segundo ele, o Evangelho era para todos, pois não havia – para o mestre Jesus – diferença entre judeu e grego, servo e livre, homem e mulher, circunciso e incircunciso. Cl 3:11 diz que *"não pode haver grego, nem judeu, circuncisão nem incircuncisão, bárbaro, cita, escravo, livre; porém Cristo é tudo em todos."* Confirmando essa assertiva disse ele em Gl 3: 28 *"...Todos vós sois um em Cristo Jesus".* Em Fl 3:3 Paulo é mais agressivo na defesa de sua tese: *"Nós é que somos a circuncisão, nós que adoramos a Deus no espírito, e nos gloriamos em Cristo Jesus, e não confiamos na Carne."* (cf. Gl 5:6 ; 6:13). É certo que a pressão sobre Paulo era muito grande. Ele era um ex-fariseu e estes o perseguiam constantemente. Em At 16:3 ele, pessoalmente, sucumbindo às pressões, circuncidou um jovem discípulo chamado Timóteo, filho de mãe judia cristã e pai grego, *"...por causa dos judeus daqueles lugares; pois todos sabiam que seu pai era grego."* Mas a essência do pensamento de Paulo era que a salvação não dependia da circuncisão da carne, mas da espiritualização das práticas religiosas e, sobretudo, da fé. E, de fato, Jesus, o Cristo de Deus, nunca exigiu circuncisão para quem quisesse segui-lo. A decisão do Concílio de Jerusalém marcou o início da separação entre o cristianismo e o judaísmo. No princípio muitos judeus praticantes da Torah aderiram a Cristo acreditando que ele era o Messias judeu prometido pelos profetas, dentro dos estritos limites das leis mosaicas. Ao romper com a circuncisão os cristãos primevos estavam rompendo a aliança com Javé expressa em Gn 17:14, como será mostrado a seguir.

Morte aos incircuncisos

Se considerarmos o que está escrito em Gn 17:11, os cristãos estão fora da aliança com Javé, pois não são circuncidados. Se considerarmos o que está escrito um pouco mais à frente, no verso 14, os cristãos correm até risco de morte, pois a ordem desse *deus* é expressa: "*O incircunciso, que não for circuncidado na carne do prepúcio, essa vida será eliminada do seu povo; quebrou minha aliança*". O resultado dessa exigência absurda foi o isolamento da religião judaica. Só quem tem o prepúcio cortado está sob a proteção de Javé, logo Javé é o *deus* de uma parte muito pequena da humanidade. Aqui observa-se também o caráter discriminatório de Javé, pois ele só marcou fisicamente os homens como seus. Não deixou nada que identificasse as mulheres como integrantes de sua aliança.

A exigência da circuncisão é uma característica exclusiva de Javé, que o diferencia dos outros deuses dos panteões cananeus, fenício, sírio, assírio, babilônico, egípcio, enfim, de todo o Crescente. A insistência de Javé era tão forte que, embora os tradutores tentem minimizar o impacto do que está escrito em Gn 17,14, no original a ordem para matar os que não fossem circuncidados é muito clara. Se essa determinação javista fosse cumprida, todos os cristãos não circuncidados – mesmo acreditando que Javé é o Deus único pregado por Jesus – já estariam mortos. Como se vê, é impossível querer conciliar essas duas religiões. Existem alguns pontos doutrinários comuns, mas as divergências são alarmantes. Esta, por exemplo, é decisiva: quem não é circuncidado na carne, está fora da aliança feita entre Javé e Abraão e deve ser eliminado.

JAVÉ QUIS MATAR MOISÉS POR CAUSA DE UMA INCIRCUNCISÃO

Saindo um pouco do Gênesis vamos colher um exemplo no livro de Êxodo, onde Javé andou atrás de Moisés em uma estalagem, para matá-lo por causa de um prepúcio (Ex 4: 24-26). Os exegetas bíblicos entendem que ainda não surgiu uma interpretação satisfatória para essa passagem. Para mim, dentro do contexto do Pentateuco, está tudo muito claro. El-Shaddai determinou em Gn 17:14, que os incircuncisos deveriam ser mortos. Se ele procurou Moisés para matá-lo e só não o fez porque Séfora[7] pegou uma pedra afiada, cortou o prepúcio do filho e o jogou nos pés de Moisés (diante de *deus*), fica evidente que a ação divina era devido a uma incircuncisão. A dúvida é se *deus* estava procurando o prepúcio de Moisés ou de seu filho, mas como ele queria matar Moisés, isso indica que este deveria estar incircunciso. Segundo algumas traduções, a esposa num ato de desespero, depois de cortar o prepúcio do filho, o encosta nos órgãos sexuais de Moisés e diz *"tu és meu esposo de sangue"*. Só então Javé o deixou. Por essa tradução fica a impressão de que Séfora tentou enganar *deus*, simulando um corte do prepúcio de Moisés, ao encostar no sexo dele o prepúcio (cortado do filho) que depois foi atirado ao chão.

A conclusão que se chega é que Moisés, criado de acordo com a cultura egípcia, era incircunciso. Só isso justifica o fato de *deus* ter ido pessoalmente tentar matá-lo. Séfora chegou na hora, cortou o prepúcio do filho e o atirou sobre os pés de Moisés, com *deus* diante dele. Por causa desse sacrifício, *deus* poupou Moisés, mas uma coisa é irrefutável: *deus* estava ali para punir uma incircuncisão. Isso é confirmado por Ex 4:26: *"E Javé o deixou quando ela disse: 'esposo de sangue', por causa da circuncisão."*

DOIS ANJOS E O PRÓPRIO JAVÉ VISITAM A TENDA DE ABRAÃO

Voltando ao livro de Gênesis, em seu capítulo 17 *deus* muda o nome de **Sarai para Sara** e em seguida diz algo, que os exegetas autores de introduções e notas das bíblias ainda não comentaram. Vejam o que está escrito em Gn

17:16: "*Abençoá-la-ei e dela te darei um filho; sim, eu a abençoarei, e ela se tornará nações; reis de povos procederão dela.*" Esta é uma das duas únicas passagens do Gênesis em que *deus* diz que a descendência de um povo se dará pela linha matrilinear. Antes dessa, somente Agar, concubina do mesmo Abraão, recebeu tal honra. Em Gn 16:10 um anjo, depois de encontrar Agar sozinha no deserto, lhe disse: "*multiplicarei sobremodo a tua descendência, de maneira que, por numerosa, não será contada.*" Estes dois versículos provavelmente foram escritos por uma tradição cananeia, onde havia o culto a divindades femininas, como Asherah.

Além desse fato *sui generis* entre os hebreus (de determinar uma linhagem pela via materna), Gn 17:16 apresenta outra situação intrigante: *deus* não diz que Sara vai dar à luz um filho de Abraão e sim "*...e dela te darei um filho*". Há nessa passagem uma semelhança com o que aconteceu com Maria e José no Novo Testamento, onde *deus* fecundou Maria e assim deu um filho a José, a partir dela. Embora no verso 19 *deus* diga "*...de fato, Sara, tua mulher te dará um filho*", isso não tira o indício de uma fecundação sobrenatural contida no verso 16. Lembremo-nos que Sara era estéril e nonagenária.

No verso 17 Abraão duvidou que ele com 100 anos e Sara com 90, pudessem gerar uma criança e apresentou Ismael, seu primogênito, diante de *deus*. Javé abençoou Ismael, disse que ele iria gerar doze príncipes e uma grande nação, mas voltou a afirmar que Sara daria à luz um menino que deveria chamar-se Isaque e seria com este que ele, Javé, manteria sua aliança.

No capítulo 18 Abraão está em sua tenda no escaldante clima desértico que predomina em todo o interior da Palestina e eis que lhe surgem três homens, que a Bíblia identifica como o próprio *deus* e mais dois amigos, provavelmente anjos. Abraão os recebe com reverência, oferece água para lavarem os pés, manda a esposa separar a melhor farinha e fazer um bom pão. Separa ele próprio um vitelo perfeito e manda seu servo prepará-lo. Manda buscar leite e coalhada e oferece para os visitantes, ali mesmo debaixo de uma árvore. Os seres comem e depois *deus* repete a profecia que já havia feito no capítulo anterior. Ele volta a afirmar que Sara dará à luz um filho e põe data: dentro de um ano. É aqui que acontece a pitoresca polêmica do riso. Sara escuta a profecia de seu *deus* e sorri. Perguntou *deus* a Abraão:

por que Sara sorriu...? Ela aparece e, envergonhada, diz: *eu não sorri*, porém *deus* disse: *não é assim, é certo que riste.*

A TENTATIVA DE ESTUPRO DOS ANJOS EM VISITA À CASA DE LÓ

Este episódio é chocante. Dois anjos (os anjos do Pentateuco possuem forma humana) chegam à noite na casa de Ló em Sodoma. Os varões da cidade, jovens e velhos acorreram para lá e exigiram que lhes fossem entregues os dois mancebos para que eles os possuíssem. Ló pede por tudo que deixem os visitantes em paz. Enfurecidos pelo desejo libidinoso, os varões de Sodoma ameaçam invadir a casa. Ló, num último ato para proteger os anjos, oferece suas filhas virgens aos excitados varões, mas eles, surpreendentemente, recusam as mulheres e insistem que querem possuir os homens. Aí entra em cena o poder dos anjos que causa cegueira nos tarados. Depois disso Sodoma e sua população são destruídas, com exceção de Ló e suas filhas.

Desse episódio surgiu o termo sodomia, para a prática do sexo anal e do próprio homossexualismo. Essa narrativa também denota como as mulheres não tinham o menor valor naquela cultura. Mesmo sendo suas filhas – e virgens – Ló as oferece sem pesar aos tarados enfurecidos, para proteger os varões que estavam em sua casa.

O INCESTO

Ló é um personagem extremamente versátil. Ele saiu de Ur com seu tio Abraão, passou por Haran, onde acumulou bens. Passou pelo Egito, de onde saiu tão rico que não podia mais morar junto a Abraão, pois suas fazendas poderiam se chocar. Ló foi habitar em Sodoma e foi sequestrado por reis em guerra. Foi resgatado pelos 318 valentes de Abraão. Ló protege dois anjos da fúria sexual dos sodomitas; tem a mulher tornada uma estátua de sal; escapa sozinho com as duas filhas da destruição de Sodoma. Quando pensamos que sua história acaba, ele ainda protagonizou um dos episódios mais chocantes de toda a Bíblia.

Quando Sodoma é destruída, Ló e suas duas filhas vão para uma pequena cidade chamada Zoar, mas Ló teme por sua vida e vai habitar em uma caverna nas montanhas próximas. A filha mais velha, "preocupada" por que na caverna não havia varões que pudessem possuí-las e isso deixaria seu pai sem descendência, propôs à mais jovem que o embriagassem para coabitar com ele. E assim fizeram. Numa noite deitou-se com Ló a filha mais velha. Na noite seguinte, tornaram a lhe dar vinho e deitou-se com ele a mais nova. As duas engravidaram. A mais velha deu à luz Moab, pai dos Moabitas e a mais nova deu à luz a Bem-Ami que originou os Amonitas (que depois se tornaram povos inimigos de Israel). É óbvio que a região estava cheia de varões. Descendo o monte onde estava a caverna que habitavam, ficava a pequena cidade de Zoar e havia muitas outras cidades (assentamentos) nas proximidades. Se elas só quisessem deixar descendência para o pai, poderiam ter buscado maridos em outras plagas. O que houve ali foi um desejo sexual de baixo padrão vibracional, o que denota o nível da decadência dos costumes existentes em Sodoma e mesmo, o nível moral predominante no segundo milênio a.C. na zona do Crescente Fértil. Vejam que Gênesis narra esse incesto como se fosse algo normal, pois Javé não decreta castigo ou sequer uma repreensão para as filhas incestuosas. E essa omissão do *deus* dos hebreus é preocupante, pois aí estaria uma boa oportunidade para instruir a humanidade contra essa prática que coloca em risco a família, base da perpetuação da espécie e de toda a nossa organização social. Mas Javé só se importava com a adoração a outros deuses. Outro caso de incesto na Tanakh encontra-se em 2Sm 13, que narra o caso de Amom, filho de Davi, que possuiu sua irmã Tamar.

ABRAÃO VOLTA A OFERECER SUA MULHER A OUTRO HOMEM

O capítulo 20 de Gênesis conta que Abraão deixou as terras onde vivia e foi para Gerar, uma comunidade situada no Neguebe, deserto ao sul de Jerusalém. O rei de Gerar chamava-se Abimeleque. Abraão mais uma vez mandou Sara dizer que era sua irmã. Com isso, o rei mandou buscá-la. Mas antes de ter relações com ela, *deus* lhe apareceu em sonho e disse que Sara era casada e se ele a possuísse morreria. Abimeleque disse a *deus* que era inocente e que fora enganado por Abraão e por Sara, pois ambos disseram que eram irmãos. Isso foi reconhecido por *deus* que, mesmo assim, o mandou devolver a mulher ao marido sob pena de castigá-lo com a morte, ele e "todos os seus". Já Abraão não sofreu sequer uma repreensão por parte do seu *deus*.

Abimeleque, homem de conduta reta, chamou Abraão e lhe aplicou uma dura reprimenda. Abraão, que já tinha feito algo semelhante no Egito (ver Gn 12:13-20), confessou que teve medo de morrer se dissesse que Sara era sua esposa. Em seguida, revelou que **Sara era sua irmã por parte de pai** – ou seja, ele não havia mentido de todo. Abimeleque, ainda atônito com o sonho "divino" onde foi ameaçado de morte pelo próprio Javé, devolveu Sara a Abraão e ainda lhe deu ovelhas, bois, servos e servas e entregou a Sara mil moedas de prata para que ela repassasse a Abraão, *por danos morais*. Abimeleque ainda mandou Abraão escolher onde quisesse morar. Depois disso *deus* curou Abimeleque e as mulheres de sua casa voltaram a ser férteis.

Há duas observações relevantes aqui. A primeira é que Sara com mais de noventa anos, continuava a atrair o desejo de reis. Isso não faz sentido. Poderia se dizer que naquela época, por volta de 1900 a.C., 90 anos de idade não representava velhice, mas em Gn 18,12 é a própria Sara que se acha velha, sem as regras de mulher e ri de *deus* quando este fala que ela vai conceber um filho "*agora que sou velha vou provar o prazer, e com um marido tão velho?*". Como é que uma senhora nessas condições pode ser tão atraente, do ponto de vista sexual, que ao entrar em um território, o rei local mande imediatamente buscá-la para com ela coabitar? Alguma coisa está faltando nesta história. A segunda observação é que Abraão, mais uma vez, aumentou sua fortuna através da entrega da esposa, que só não se consumou desta feita por causa da intervenção "divina".

UM PEDAÇO DE PÃO E UM LITRO DE ÁGUA

O capítulo 21, além do nascimento de Isaque, mostra o caráter nada generoso de Abraão, para dizer o mínimo. Depois que pariu Isaque, a ex-estéril Sara voltou a ter autoestima e exigiu que Abraão expulsasse a serva egípcia Agar e seu filho Ismael, pois não queria que este fosse coerdeiro. Abraão ficou triste, mas consultou seu *deus*. Javé mandou que ele ouvisse Sara, porque seria com Isaque que ele iria manter a Aliança, mas prometeu fazer de Ismael uma grande nação. Aí aconteceu a maior covardia que um homem pode praticar, que é mandar um filho e sua mãe para uma jornada incerta, sem lhes dar chance de sobrevivência. Diz a Bíblia que Abraão levantou-se de madrugada *"tomou pão e um odre de água, pô-los às costas de Agar, deu-lhe o menino e a despediu. Ela saiu, andando errante pelo deserto de Berseba* (Gn 21:14).

Vejam o absurdo da atitude de Abraão. Ele era um dos homens mais ricos de toda Canaã. Mais rico que muitos reis da região. Tinha servos e servas e rebanhos de ovelhas, gado, jumentos, camelos, além de prata e ouro. Mas ele mandou Agar vagar no deserto, com **pão e um odre de água**, estando ela com seu filho, o menino Ismael. Essa foi a indenização mais baixa já paga por um homem de posses à mãe de um filho seu. Na verdade, não foi uma indenização, foi uma sentença de morte. Os versos seguintes – 15 e 16 – mostram a extensão do drama vivido por Agar: *"Tendo acabado a água do odre, colocou ela o menino debaixo de uns arbustos e, afastando-se, foi sentar-se defronte, à distância de um tiro de arco; porque dizia: Assim, não verei morrer o menino; e, sentando-se em frente dele, levantou a voz e chorou."* Nesse instante surgiu um anjo que faz aparecer um poço e salvou Agar e sua criança. Provavelmente o mesmo anjo que impediu que Abraão matasse Isaque em Gn 22. Ismael tornou-se arqueiro, casou-se com uma egípcia e habitou no deserto de Pará. Pela tradição ele é o pai de pelo menos um ramo da grande família árabe. O outro pai da família árabe seria Esaú, que se casou com uma cananeia descendente direta de Ismael, seu tio.

A ESTRANHA PROVA DE ABRAÃO

O pedido de Javé para que Abraão sacrificasse Isaque e a descrição da cena narrada no início do capítulo 22, mostram claramente que a cultura dos hebreus naquela época era a mesma cultura cananeia. Em sítios de povos cananeus do segundo milênio a.C., a arqueologia moderna já encontrou fortes indícios de sacrifícios de crianças para aplacar a fúria dos deuses locais. Javé era um *deus* que adorava holocaustos e aqui a Bíblia deixa antever, pela normalidade da reação de Abraão, que aquele pedido de Javé não representava nenhum absurdo. O vs. 2 diz: *"Acrescentou deus: Toma teu filho, teu único filho, Isaque, a quem amas, e vai-te à terra de Moriá, oferece ali em holocausto, sobre um dos montes, que eu te mostrarei."* Vejam que além do holocausto, Javé fala que o sacrifício deve ser executado em um monte, ou seja, nos chamados "lugares altos" tão caros à cultura cananeia e que a reforma deuteronomista do século VII a.C. vai abolir para combater o culto a outras divindades, que como o Javé desse período, gostavam dos montes e montanhas.

Abraão sequer argumenta com Javé. Simplesmente se levanta no dia seguinte, pega um jumento, dois servos, lenha para a fogueira e o filho Isaque (que Javé disse ser "filho único", quando ele próprio já havia abençoado o primogênito de Abraão com a serva Agar, Ismael). Javé só podia estar sendo legalista, pois Isaque era o "filho único" de Abraão com a esposa (legal) Sara, mas não o seu único filho.

A pergunta de Isaque a Abraão no verso 7 é de doer o coração: *"Papai... eis o fogo e a lenha, mas onde está o cordeiro para o holocausto?"* Abraão responde: *"deus proverá."* Depois disso amarra o filho sobre a lenha e quando ia praticar a imolação com o cutelo, surge um anjo e evita a tragédia. Se não fosse esse ser espiritual, chamado de anjo, Abraão teria perdido seus dois filhos. Ismael para o deserto e Isaque para ânsia de Javé por sangue e holocausto. Seria esse um anjo de Javé ou um anjo do Deus Pai que veio impedir mais uma atrocidade javista?

Abraão compra sepultura de Sara na terra prometida por Javé

A morte de Sara é narrada no capítulo 23. Aqui o interessante é que Abraão está na terra prometida por Javé, mas é um estrangeiro que sequer tem um local para enterrar a esposa morta. Propôs, então, compra aos heteus, que lhe concederam um campo e uma caverna, Macpela, por 400 ciclos de prata. Ao contrário das mulheres da família, Abraão era fecundo até demais e após a morte de Sara casou-se com Quetura com quem teve mais seis filhos e outros tantos *"com as concubinas que tinha"*. Depois de farto de dias, Abraão morreu aos cento e setenta e cinco anos e foi enterrado por Ismael e Isaque na mesma caverna de Macpela onde estava sepultada sua primeira esposa Sara.

ESAÚ E JACÓ

Rebeca, mulher de Isaque, deu à luz os gêmeos Esaú e Jacó, que brigavam desde o seu ventre. Até na hora do parto, Jacó saiu com a mão agarrada ao calcanhar do primogênito Esaú. Este se tornou exímio caçador, homem do campo e Jacó, preguiçoso (a Bíblia chama de "pacato"), habitava em tendas. E aqui vem a crise de afetividade que acomete a família humana ainda hoje – as diferenças de intensidade do amor dos pais pelos filhos. Isaque amava mais a Esaú (por causa de sua caça) e Rebeca amava mais a Jacó cuja personalidade fraca e desonesta começa a se manifestar quando ele, se aproveitando do cansaço do irmão que acabara de chegar da extenuante atividade de caça, propôs comprar o direito a primogenitura por um prato de lentilhas e um pedaço de pão. E o pior foi que Esaú aceitou (Gn 25:31-33).

ISAQUE MANDA REBECA DIZER QUE É SUA IRMÃ

Este episódio é um bom exemplo de como a Tanakh é um livro repetitivo. Os exegetas cristãos educadamente chamam essas repetições de "paralelismos". Se você abrir sua Bíblia em Gn 12:13-20; Gn 20:2-14 e Gn 26:6-11, vai encontrar a mesma história. Nos versos de 7 a 11 do capitulo 26, encontra-se a repetição da história de Abraão, Sara e Abimeleque (aqui colocado anacronicamente como rei dos filisteus, quando estes só vieram a se estabelecer na costa sul da Palestina no século XII a.C.)[8]. Nesta repetição ou "paralelismo" – com relação a Gn 20:2-14 –, os novos personagens são Isaque e Rebeca, que substituem Abraão e Sara. A história, no entanto, é a mesma e a base comum a essas duas passagens está em Gn 12:13-20, onde

Sara é entregue ao faraó, que a tem como mulher. O destaque aqui é que Abimeleque descobre com antecedência que Rebeca é mulher de Isaque e, com muito medo de atrair para o seu povo *"grave delito"*, dá a Isaque muitos bens – como já havia dado a Abraão – e o verso 13 confirma isso ao dizer sobre Isaque: *"Enriqueceu-se o homem, prosperou, ficou riquíssimo"*.

O ROUBO DA BÊNÇÃO

O capítulo 27 narra uma grande trapaça. Jacó e sua mãe Rebeca se unem para enganar o velho Isaque e tirar a bênção de Esaú para Jacó. Até cobrem o corpo de Jacó com pelo de animal para que pareça peludo como Esaú, no sentido de ludibriar o quase cego Isaque. É bom que o leitor estude todo o capítulo 27, mas reproduzo aqui os versos 18 e 19 para termos uma medida do caráter do homem que mais tarde irá lutar com *"deus"* e – pasmem – vencê-lo: *"Jacó foi a seu pai e disse: Meu pai! Ele respondeu: Fala! Quem és tu meu filho? Respondeu Jacó a seu pai: Sou Esaú, teu primogênito; fiz o que me ordenaste. Levanta-te, pois, assenta-te e come da minha caça, para que me abençoes."* Desse modo fraudulento foi abençoado o homem que deu origem a Israel.

A história de Jacó é longa. Estende-se do capítulo 25 até o final do livro de Gênesis no capítulo 50. Sua vida ocupa mais espaço na narrativa que a do próprio Abraão. Ele se casa com Lia e Raquel, que são irmãs e filhas de Labão que é irmão de sua mãe Rebeca e neto de Naor, irmão de Abraão. Ele tem duas concubinas oficiais: Zilpa, serva de Lia e Bila, serva de Raquel. Com essas quatro mulheres tem 13 filhos: doze homens e uma mulher, Diná. A história de Jacó com o sogro (e tio) Labão é cheia de trapaças de ambos os lados que podem ser vistas em detalhes nos capítulos de 28 a 31.

Da vida de Jacó, destaco a seguir três passagens: a) os versos 10-17 e 18-22 do capítulo 28, que algumas Bíblias titulam como *"A visão da escada"* e *"A coluna de Betel"*; b) os versos 22-28 do capítulo 32 que tratam da luta com *deus*; c) o capítulo 34 que trata do desvirginamento de Diná, filha de Jacó (pelo príncipe Siquém) e, a ação covarde e assassina de Simeão e Levi, irmãos de Diná.

a) A escada para o céu, o lugar terrível e a coluna de Beth-El

Preliminarmente insisto na tese de que o livro de Gênesis foi escrito a partir do ponto de vista da cultura cananeia do segundo milênio antes de Cristo (extensão de traços da cultura egípcia), obviamente que mesclado com as especificidades próprias das tribos israelitas (como a circuncisão, por exemplo). Os cultos em lugares altos e a construção de estelas, colunas e "poste-ídolos", já foram confirmados pela arqueologia como práticas rituais cananeias que se estenderam desde a Idade do Bronze Antigo I até a Idade do Ferro IIC (3300 a 586 a.C.). Essas práticas são encontradas em todo o Pentateuco e continuam sendo descritas, sequencialmente, até o livro de Reis e, mais adiante, nos livros de Jeremias, Ezequiel e Amós. Em Gênesis, só o personagem Jacó erigiu pelos menos quatro colunas rituais: três para seu *deus* (que num momento era El, em outro, Javé) e uma para a memória de Raquel, em seu túmulo.

Quando Jacó, fugindo de Esaú, saiu de Berseba e foi para Haran buscar uma esposa na casa de Betuel, pai de sua mãe Rebeca, ele teve a *"Visão da Escada"* (Gn 28:12) e aí pronuncia uma frase relacionada com *deus*, que milênios depois veio povoar as lendas em torno do mistério de *Rennes-Le-Chateau*[9]. Jacó em sonho tem a visão de uma escada que vai da Terra até o céu e vê anjos subindo e descendo por ela. Essa visão passou a fazer parte da simbologia maçônica. Depois, ainda em sonho, *deus* fala com Jacó e renova suas promessas de terra e descendência numerosas. *Quando Jacó acorda, diz: "De fato Javé*[10] *está neste lugar e eu não sabia disso...**Este lugar é terrível**. Não é nada menos que a Casa de deus e a Porta do Céu"* (Gn 28:16-17). A palavra Beth-El significa literalmente "casa de El" e foi traduzida como "casa de Deus".

Em seguida vem a confirmação da confecção de estelas pelos patriarcas. As estelas, também traduzidas como colunas são monumentos ou inscrições em pedra, originários da cultura do Egito (onde viveu Abraão), de cunho histórico ou ritual. O Egito exercia forte influência político-econômica-cultural-religiosa em toda a região de Canaã até a fronteira com a Assíria. Esse fato é inquestionável. O verso 18 diz claramente: *"Levantou-se [Jacó] de madrugada, pegou a pedra que lhe havia servido de travesseiro, ergueu-a como estela e derramou óleo por cima.*" (Bíblia Sagrada, edição Pastoral. Paulus, 1990).

Quando Jacó sonhou com *deus*, ele descobriu que dormiu na "casa de *deus*" e então pronunciou uma frase reveladora da natureza de Javé: "**Este lugar é terrível**" (em algumas traduções: "*Este lugar é temível*"). A casa dele era considerada um lugar *terrível* ou *temível*. Alguns entendem que a tradução mais correta seria "Este lugar é tremendo", o que mudaria a conotação de pejorativa para honorífica, mas mesmo os tradutores mais conservadores mantiveram o *terrível* ou *temível*. É significativo que Jacó, ao acordar, tenha feito uma estela em homenagem a esse deus[11], nos moldes da cultura predominante no Egito e em toda Canaã. As estelas serão duramente combatidas por profetas como Elias, Jeremias, Ezequiel e Amós e por reis, como Asa, Ezequias e Josias, mas aqui, quem constrói uma é o próprio Jacó, a quem *deus* chamou de Israel. Lembrando que Israel é um nome teofórico que homenageia o *deus* cananeu El, depois confundido com seu filho Baal, a quem os profetas israelitas combaterão duramente no futuro (em relação a Jacó), quando Javé vir a desvencilhar-se da identidade comum com El-Shaddai.

No capítulo 31, vs. 45, quando Jacó e Labão estão firmando um acordo, "Jacó tomou uma pedra e a erigiu em coluna". Em outra tradução: "Então Jacó pegou uma pedra e a ergueu como estela".

Mais adiante, no capítulo 35, quando Jacó está voltando de Haran para Canaã, agora com duas mulheres, duas concubinas, filhos, servos e rebanhos, ele faz uma parada em Betel (em hebraico, como já vimos, "casa de El" ou "casa de Deus") e o verso 7 diz que ali ele edificou um altar e chamou o lugar de El-Betel, porque ali *deus* se lhe revelou quando fugia de Esaú, seu irmão. O verso 14 diz que Jacó "*erigiu uma coluna de pedra no lugar onde deus falara com ele; e derramou sobre ela uma libação e lhe deitou óleo*", repetindo o mesmo feito narrado em Gn 28:18. Tem-se aqui a terceira informação de que Jacó construía estelas – ou colunas – e as construía, pelo menos nestas passagens, para El, o *deus* cananeu.

O capítulo 35 mostra ainda que no interior do grupo que acompanhava diretamente Jacó, havia uma prática generalizada de culto a outros deuses. O Verso 2 diz: "*Jacó disse à sua família e a todos que estavam com ele: Lançai fora os deuses estranhos que há em vosso meio, purificai-vos e mudai as vossas vestes.*" E o verso 4 informa que deram a Jacó os deuses estrangeiros que tinham em mãos e até presos nas orelhas. Tudo isso confirma o que foi dito acima: Jacó não era um seguidor fiel de Javé. Ele fez um trato com seu *deus* e dentro de sua própria casa esse trato não era cumprido, pois as pessoas de sua caravana tinham imagens de outros deuses. No verso 10 tem-se mais uma repetição ou "paralelismo": *deus* volta a mudar o nome de Jacó para Israel, como já havia feito em Gn 32:28, e repete mais uma vez as promessas de terra e descendência de "multidão de nações". A quarta estela ou coluna erigida por Jacó está narrada em Gn 35:20. Essa foi colocada sobre o túmulo de Raquel. Era, portanto, uma estela funerária, o que confirma mais uma vez a predominância entre eles das tradições egípcias.

Mas o mais curioso neste capítulo 35 é o seu verso 1: "*Disse deus a Jacó: levanta-te, sobe a Betel e habita ali; faze ali um altar ao deus que te apareceu quando fugias da presença de Esaú, teu irmão.*" É como se uma certa divindade estivesse mandando Jacó fazer um altar a um outro *deus*. A informação de que os que andavam com Jacó adoravam deuses estrangeiros, fato gerador do pedido feito pelo patriarca para que jogassem fora esses "deuses estranhos", só comprova o polidominismo existente no seio da Casa de Jacó. Eles acreditavam na existência de vários deuses (e até cultuavam "deuses estrangeiros") embora tivessem um *deus* exclusivo de sua tribo, que na época era uma mistura de El com Javé. A própria esposa amada de Jacó, Raquel, quando sai da casa de seu pai, Labão, leva consigo as imagens dos "deuses do lar" (Gn 31:19), costume reinante na Mesopotâmia, desde Ur, próximo ao Golfo Pérsico, até Haran, na região da Assíria ao norte. Labão tentou reaver seus ídolos do lar, mas Raquel não os devolveu. Na verdade, Javé não conseguia impor-se nem no clã de Jacó.

b) Jacó luta com *Deus*

No capítulo 32, versos de 22 a 28, encontra-se uma história um tanto estranha. Depois de se reconciliar com seu irmão Esaú, Jacó, suas duas esposas, suas duas servas e seus filhos estão voltando de Haran para Canaã. Após cruzarem um ribeiro com tudo que lhe pertencia, ele ficou para trás e passou a noite inteira lutando com um homem. Vendo o homem que não podia com ele, tocou-lhe a articulação da coxa. Depois disso o homem misterioso pede a Jacó que o deixe ir. Jacó respondeu: *"Não te deixarei ir se não me abençoares"*. No verso 28 o homem diz: *"...Já não te chamarás mais Jacó, e sim Israel, pois como príncipe lutaste com Deus e com os homens e prevaleceste."* Algumas notas de pé de página de nossas Bíblias colocam que "a mudança de nome representa uma mudança no caráter e na vida de Jacó". Neste caso parece que isso não se aplica. Logo no capítulo seguinte, o 33, quando Jacó viu seu irmão Esaú, de quem tinha roubado a bênção, se aproximar com 400 homens, colocou suas servas e seus filhos à frente, na primeira fila; Lia e seus filhos na segunda fila e Raquel e seu filho José na terceira fila. Ou seja, mesmo depois de ter lutado com *deus* e ter o nome mudado para o teofórico *Israel*, Jacó não mudou seu caráter e usou suas servas, esposas e filhos como escudo, com medo do exército do irmão a quem tinha enganado. Esaú, ao contrário do esperado, dá uma demonstração de grandeza e generosidade, abraçando e beijando o irmão enganador, que agora já carregava o nome da futura nação.

c) Diná e o príncipe Siquém

Vindo de Haran (Padã-Arã), Jacó parou na cidade de Siquém, em Canaã. Ali comprou do príncipe Hamor um campo e fixou suas tendas, na periferia da área urbana. O capítulo 34 começa com Diná, filha de Jacó com Lia, saindo para conhecer a terra. Foi vista por Siquém, filho de Hamor, que tomado de súbita atração a possuiu. Depois do ato Siquém se apaixonou e pediu a seu pai que falasse com Jacó, pois queria desposar Diná. Quando os filhos de Jacó souberam do acontecido, se enfureceram contra Siquém por este ter violado sua irmã. Hamor e Siquém foram pedir a mão de Diná a Jacó. Propuseram receber a caravana de Jacó em suas terras, dando-lhes possessões; ofereceram suas filhas para serem esposas dos israelitas e aumentaram em muito o dote. Mas os irmãos de Diná armaram um plano sórdido. Disseram que não podiam dar sua irmã a um homem incircunciso e impuseram uma condição para o casamento: que circuncidassem todos os machos da cidade de Siquém. E disseram: se fizerem isso, daremos nossas filhas e tomaremos as filhas de vocês e seremos um só povo. Apesar da dureza da condição imposta, o príncipe apaixonado ficou feliz, pois assim teria sua amada. Hamor e Siquém, de boa fé, convenceram os homens da cidade a cortarem seus prepúcios.

Os versos 25 e 26 do capítulo 34 dizem: "*Ao terceiro dia, quando os homens sentiam mais forte a dor, dois dos filhos de Jacó, Simeão e Levi, irmãos de Diná, tomaram cada um sua espada, entraram inesperadamente na cidade e mataram os homens todos. Passaram também ao fio da espada a Hamor e a seu filho Siquém; tomaram Diná da casa de Siquém e saíram.*"

Ora, poderíamos pensar que essa atitude era em função da indignação pelo ato de Siquém contra Diná. Mas os versos 27 e 28 contam que eles saquearam toda a cidade ainda com o sangue dos varões correndo pelas ruas. Levaram rebanhos, bois, jumentos e o que havia na cidade e no campo. Levaram cativos os meninos, as mulheres e tudo o que havia em suas casas. Simeão e Levi enganaram Hamor e Siquém com a falácia da circuncisão e seu próprio pai, Jacó, usando a desculpa da vingança da honra da irmã. Com isso assassinaram covardemente os homens[12], saquearam a cidade e escravizaram as crianças e mulheres sobreviventes.

O que fez Jacó que agora é chamado de Israel? Ele apenas reclamou porque a atitude dos meninos, Simeão e Levi, poderia levar a uma união dos demais cananeus contra a sua Casa e ele temia ser destruído. Aqui não se vê uma repreensão, nem de Jacó, nem de Javé, pela atitude covarde de dois assassinos frios e escravagistas, que mataram todos os varões de uma cidade para pilhar seus bens. Jacó sequer mandou seus filhos devolverem o que roubaram, aos vizinhos cananeus. O capítulo 34 termina com Simeão e Levi respondendo em tom jocoso: "*Abusaria ele de nossa irmã como se fosse uma prostituta?*" E assim, com mais uma trapaça – desta vez uma pilhagem odiosa – aumentou sobremaneira a riqueza de Israel. Quanto a Diná, era apenas uma mulher numa das mais patriarcais sociedades do segundo milênio a.C. Diná foi a única, dentre os filhos de Jacó, que não foi cabeça de uma das tribos de Israel.

A Bíblia não diz se Diná casou, virou prostituta ou morreu. Pelos costumes da época, se uma mulher fosse violada e não se casasse imediatamente, era repudiada para o resto da vida. O príncipe Siquém queria desposá-la, mas foi assassinado por Simeão e Levi. O destino de Diná foi selado pela ganância dos seus irmãos salteadores. Só para lembrar, o sacerdócio israelita se tornou, depois, uma exclusividade dos descendentes de Levi.

Na verdade Diná foi excluída da Bíblia após o episódio de sua violação. Em Gn 35:23-26 há uma lista dos filhos de Jacó. Nela só estão nomeados os doze filhos homens, Diná não aparece mais! Ela só volta a ser citada em Gn 46:15 no episódio em que Jacó e toda sua semente estão descendo para o Egito, onde José, seu filho amado, havia se tornado governador. Mas ela não está na comitiva de Jacó, pois quando a Bíblia cita os descendentes de Lia que estavam descendo para o Egito, nomeia seis filhos e 27 netos, num total de trinta e três almas. Diná é citada como filha de Lia, mas não entra na conta dos trinta e três que estão na comitiva de Jacó.

No capítulo 49 de Gênesis Jacó abençoa seus filhos, um a um e Diná não é citada. Em Ex 1:1-4 aparece a lista dos filhos de Jacó que entraram com ele no Egito. Nela constam 11 homens, pois José já estava na terra dos faraós. Diná não é citada. Em 1Cr 2:1-2 vê-se outra lista dos filhos de Jacó e Diná foi excluída. Sua culpa foi ter amado um homem, pecado sempre atribuído às mulheres na sociedade dos hebreus. Os irmãos assassinos, o pai cheio de esposas, concubinas e trapaças, todos estes foram perdoados por Javé e são considerados heróis da história dos hebreus. E Diná? Ela foi excluída até das listas dos filhos de Jacó. Fica evidente que seu hímen serviu apenas de pretexto para um gesto covarde e violento de membros daquela tribo errante.

JUDÁ/LEVIRATO/ONANISMO/TAMAR E A ORIGEM DA LINHAGEM DAVÍDICA

O capítulo 36 fala dos descendentes de Esaú e de Seir, o horeu (heveu). Nomina os príncipes de Edom, *"antes que houvesse rei sobre os filhos de Israel"*. Desde o verso 23 do capitulo 35 – que trata dos descendentes de Jacó – até o verso 43 do capítulo 36 são três árvores genealógicas: Jacó, Esaú e Seir. Elas mostram, dentre outras coisas, que os descendentes de Esaú ocuparam a região do deserto de Edom, incluindo o deserto de Temã, citado em achados arqueológicos como sendo a terra de Javé (*"Javé de Temã"*). O trecho

Gn 35:22 – 36:43, também é tratado em 1Cr 1:35-54; 2:1-2. Ele serve para subsidiar estudos sobre as origens de árabes e judeus no Oriente Médio no segundo milênio antes de Cristo, sob o ponto de vista bíblico, obviamente.

O capítulo 37 trata da venda de José por seus irmãos a mercadores ismaelitas da região de Midiã, que o levaram ao Egito. A partir daqui José passa a protagonizar a historia até o final do livro no capitulo 50, mas logo no capítulo 38 há uma interrupção que não foi colocada ali à toa. Ela narra a origem da linhagem davídica; confirma a lei do Levirato; mostra Javé matando quem o desagrada; retrata aspectos dos costumes da época com relação à prostituição. Para os cristãos, esta "interrupção" na história de José tem um significado especial, pois Jesus vem da linhagem davídica, que vem da Casa de Judá.

Em síntese, Judá, filho de Jacó com Lia, casou-se com uma cananeia que lhe deu três filhos: Er, Onã e Selá. Judá arrumou uma esposa para o seu primogênito e "*o nome dela era Tamar*". Mas Er era "*mau aos olhos de deus*" e *deus* o matou. Pela antiga lei do **Levirato**, se um irmão morresse sem deixar descendência, o irmão seguinte em idade deveria possuir a viúva para deixar uma descendência ao irmão falecido. Judá ordena que seu segundo filho, Onã, se deite com Tamar. Onã possui Tamar, mas derrama seu sêmen no chão[14] para não engravidar a cunhada, contrariando a lei. Isso aborrece a *deus* que o faz morrer. Como Selá ainda era muito jovem, Judá manda Tamar de volta para a casa do seu pai, para que permanecesse em estado de viuvez até que o menino Selá se tornasse homem e pudesse possuí-la. Selá cresce, mas Judá não o entrega a Tamar.

Quando a mulher de Judá morre (a Tanakh não diz o seu nome), ele sobe para uma localidade onde as ovelhas são tosquiadas. Tamar fica sabendo do seu roteiro, tira suas roupas de viúva, veste-se com roupas mundanas, cobre o rosto com véu e espera Judá na beira do caminho. Quando este a vê a toma por prostituta e a convida imediatamente para ter relações. Ela aceita, mas pergunta – *qual vai ser o meu pagamento?* – E Judá responde que lhe dará um cabrito, que não está com ele no momento. Ela então pede um penhor e ele lhe entrega seu **selo**, seu **cordão** e seu **cajado**. No dia seguinte Judá manda um amigo levar o cabrito para pagar a suposta prostituta e recuperar seus pertences, símbolos de sua posição social na tribo. Ela não se encontrava mais à beira da estrada e ninguém dava notícias dela. Passados três meses, os servos de Judá dão notícia de que Tamar adulterou, pois estava grávida. A reação de Judá foi imediata e mostra a gravidade dos costumes da época com relação às mulheres: ele determinou que ela fosse queimada.

Mas aí vem a explicação do pedido do penhor feito por Tamar quando foi possuída por Judá. Ela perguntou a ele: *"reconheces este selo, este cordão e este cajado? A quem eles pertencem foi quem me fez conceber".* Aí Judá mudou a conversa e ainda disse que ela era mais justa que ele, pois ele não havia dado a ela seu filho caçula Selá, como determinava a lei do Levirato. O incrível é que, pelas leis deles, Tamar havia realmente adulterado, mas como foi com o príncipe Judá que era ao mesmo tempo coautor do adultério e juiz do caso, ela não sofreu nenhuma pena e muito menos ele. A mulher viúva e sem filhos, só poderia ficar com um irmão do falecido, para garantir sua descendência. Qualquer outro homem significava adultério. A sequência informa que Judá nunca mais manteve relações com ela. As notas bíblicas dizem que se isso ocorresse, seria uma relação incestuosa e procuram minimizar a atitude de Judá, deixando nas entrelinhas que, mesmo por uma via torta, ele fez cumprir a lei do Levirato. Nessas notas Tamar também não é execrada. Mesmo através de um estratagema nada tradicional, ela garantiu a descendência dentro da Casa de Judá e isso terá consequências diretas para a futura religião cristã.

Passados nove meses desde o ato à beira da estrada, Tamar deu a luz a gêmeos. Depois de uma disputa para ver quem saia primeiro do útero materno, Zera botou o braço para fora primeiro, mas Perez o ultrapassou e saiu adiante. É de Perez que vem Davi e depois, Jesus. Em Mateus 1:3 está escrito: *"Judá gerou de Tamar a Perez e a Zera; Perez gerou a Esron; Esron a Arão; (...)"* e no verso 16 o evangelista finaliza a genealogia que vem de Abraão e vai até *"...José, marido de Maria, da qual nasceu Jesus, que se chama o Cristo."*

As origens da Casa de Judá são tortuosas. Javé não se agradou de Er e o fez morrer. Depois fez morrer Onã, que não quis engravidar a cunhada Tamar e inventou o coito interrompido. Judá não entregou seu filho Selá à sua nora viúva, descumprindo a lei. Ela se disfarçou de prostituta e concebeu do sogro, que curiosamente não a reconheceu. E o drama não acabou aí. O parto dos gêmeos de Tamar é carregado do velho simbolismo de Gênesis contra os primogênitos. Quando Zera já está com a mão de fora da mãe, Perez o ultrapassa e nasce primeiro. Mas o primogênito foi o que primeiro botou a mão para fora, no entanto, o que conseguiu sair (totalmente) primeiro – Perez – se tornou o preferido e pai da futura Casa de Davi, da qual descende Jesus.

Esse episódio mostra mais uma vez o papel secundário que a mulher desempenhava naquela sociedade. Uma mulher viúva estava condenada a não mais reconstruir sua vida afetiva. A ela cabia deitar-se com um cunhado, mas apenas para suscitar descendência ao marido falecido. Se ela, viúva, se deitasse com outro homem, seria considerada adúltera e seria queimada (Gn 38:24). Mais tarde, após Moisés (até o tempo de Jesus), a pena foi "reduzida" para apedrejamento (João 8:5). Já ao homem tudo era permitido. Podia ter várias concubinas além de quantas prostitutas quisesse, inclusive as de beira de estrada.

A ASCENSÃO DE JOSÉ AO PODER NO EGITO

No capítulo 39 o autor de Gênesis retoma a história de José, que havia sido revendido pelos mercadores ismaelitas de Midiã a Potifar, comandante da guarda pessoal do faraó. Logo José conquistou a confiança de Potifar e foi nomeado mordomo de sua casa. A mulher de Potifar assedia José e como este a recusa, ela diz ao marido que foi assediada por ele[15]. Potifar manda prender José. Na prisão, ele ganha a confiança e admiração do carcereiro. O capítulo 40 narra que José interpretou os sonhos do copeiro e do padeiro do faraó, que estavam na mesma prisão. Três dias depois de José ter interpretado os sonhos dos dois, o copeiro é reabilitado e o padeiro é enforcado, como ele previra. Tempos depois o faraó tem um sonho que ninguém consegue interpretar a contento. O copeiro, então, indica José para interpretá-lo. Ele o faz. Esse fato leva o faraó a nomeá-lo governador do Egito.

O Marxismo (com ênfase na colaboração de Engels) defende que os modos de produção que povoam a história econômica da humanidade são:

comunidade primitiva, escravista, feudal, capitalista, transição socialista e comunista. Mas o que se encontra nos capítulos 41:37-49 e 47:13-26 do livro de Gênesis são formas híbridas de produção, com características servis e escravistas, sendo que a servidão clássica só viria a se instituir na Europa no período medieval (entre os séculos V e XV d.C.). Gênesis conta que o povo era proprietário de suas respectivas porções de terra e, por extensão, dos seus instrumentos de trabalho e animais de consumo e serviço. Nessas circunstâncias José implantou, inicialmente, uma política tributária baseada no quinto (uma espécie de renda da terra). A quinta parte de tudo que era produzido no país deveria ser dada ao faraó. Mas a informação chocante é a que vem depois. O livro de Gênesis revela ainda que foi José quem generalizou a escravidão no Egito, no período de sua gestão como governador.

EIS QUE UM HEBREU GENERALIZA A ESCRAVIDÃO NO EGITO

A história começa no capítulo 41 com a interpretação do sonho do faraó que, em síntese, era o seguinte: o faraó estava em pé às margens do Nilo quando viu sete vacas gordas e bonitas. Depois viu a chegada de sete vacas magras e disformes, que devoraram as sete vacas gordas. Em seguida ele viu brotar de um só ramo sete espigas cheias e boas. Então vieram sete espigas falhadas e mirradas e devoraram as espigas boas. Nenhum mago do Egito conseguiu dar uma interpretação que convencesse o faraó. José foi chamado e disse que tinha inspiração divina para interpretar. As sete vacas gordas assim como as sete espigas cheias representavam a mesma coisa: sete anos de fartura. As sete vacas magras assim como as sete espigas mirradas representavam, igualmente, sete anos de fome e dificuldades. José aconselhou o faraó a nomear um homem sábio e cuidadoso para preparar o país para os sete anos de miséria que estavam por vir. O faraó nomeou o próprio José para governar o Egito, com poderes absolutos, estando abaixo apenas da autoridade real.

O faraó deu uma esposa a José, de nome Asenate, filha do sacerdote de Om (Heliópolis – cidade do sol – para os gregos). Assim o ex-excravo adentrou a alta nobreza egípcia. A partir da ascensão de José, os filhos de Jacó (Israel) passam a ter uma vida integrada com os egípcios que iria durar, segundo o livro de Êxodo, 430 anos. Alguns estudiosos, como o historiador egípcio Ahmed Osman (2005), acham que esse tempo foi bem menor, algo entre 50 e 80 anos.

O que nos ensinaram até hoje é que após a morte de José, subiu ao trono um faraó que não o conheceu e este escravizou o povo hebreu, colocando sobre seus ombros uma carga muito pesada de trabalho (Ex 1:8-11). Mas o que nos diz o livro de Gênesis é outra coisa bem diferente e até mesmo, desconcertante. Quem escravizou todos que moravam no Egito e na terra de Canaã foi o próprio José quando era governador com plenos poderes. Esta informação está colocada de forma explícita em Gn 47:13-26.

A Bíblia não trata diretamente de questões econômicas, mas está cheia de informações, ainda que parciais e imprecisas, sobre as relações de produção nas diversas épocas de atuação dos seus principais personagens. Pelo que está escrito no capítulo 41 de Gênesis, o modo de produção no Egito daquela época era baseado em uma espécie de servilismo que convivia com a escravidão de prisioneiros de guerra e de indivíduos comercializados por mercadores da região. O povo tinha a propriedade da terra e de suas ferramentas de trabalho. O pagamento dos impostos ao faraó se dava através de parcelas de sua produção. Com isso tinha proteção contra as invasões estrangeiras e os ataques de salteadores nômades. A escravidão, antes de José, não era generalizada (o caso da construção das pirâmides ainda permanece envolto em mistério). Gênesis informa que havia moeda (cap. 47) e a pauta diversificada de produtos para subsistência e comercialização. Os principais eram: cereais; olivais para produção de óleo comestível; plantações de nardo e afins para óleos rituais e cosméticos; vinhas para a produção de vinho; fibras para a produção de tecidos; mineração para produção de armas, utensílios e joias e os tradicionais rebanhos, principalmente de caprinos e bovinos, além da pesca artesanal.

O vale do Nilo era a única parte com alguma fertilidade em toda a região e toda a produção agrícola e pecuária dependia dos seus ciclos de cheias e vazantes. Quaisquer fenômenos meteorológicos que provocassem cessação das chuvas com a consequente diminuição do fluxo do Nilo provocavam danos desastrosos na produção do país e na segurança alimentar da população. Por isso os deuses eram tão necessários. O povo acreditava que se eles se zangassem, sua ira se manifestava com longos períodos de escassez de água e infertilidade do solo. O governante que tivesse algum tipo de informação sobre como se comportaria o clima nos próximos anos, poderia planejar políticas econômicas de investimento (produção) e poupança (neste caso, dos próprios gêneros) para minimizar o sofrimento da população, *ou tirar vantagem da situação.*

O ex-escravo José, então com trinta anos e já casado com uma egípcia de linhagem nobre escolhida pelo faraó, de algum modo tinha informações privilegiadas sobre o comportamento do clima no futuro próximo. De posse desse conhecimento e já empossado governador, ele percorreu toda a terra do Egito e dinamizou ao extremo a produção nos sete anos de fartura. O verso 49, expressando a linguagem hiperbólica da Bíblia, diz: *"Assim, ajuntou José muitíssimo cereal, como a areia do mar, até perder a conta, porque ia além das medidas."* Antes, no verso 34, José tinha aconselhado o faraó a nomear administradores sobre a terra e tomar a quinta parte de tudo o que fosse produzido pelo povo. O verso 47 diz que José ajuntou todo o mantimento produzido nos campos ao redor de cada cidade, nos sete anos gordos, fazendo dessas cidades verdadeiros celeiros.

Num brilhante tirocínio logístico, foi assim distribuído esse mantimento por todo o país, mas a propriedade não era da nação e sim do faraó, que então se confundia com o Estado. O acúmulo de produção nesses sete anos, segundo o verso 49, foi algo colossal e isso foi a base para o que algumas Bíblias chamam eufemisticamente (em seus subtítulos) de *"Política Agrária de José"* ou *"José compra toda a terra do Egito para faraó"* (Gn 47:3-26), mas que na verdade – com a devida *venia* de Leo Huberman –, foi a expropriação total de um povo como nunca se viu na história da riqueza do homem. Nem mesmo no tempo do nascimento do capitalismo, mais de um milênio depois, quando o estágio de desenvolvimento das forças produtivas apontava para uma apartação entre trabalhador e meios de produção, houve coisa parecida. A expropriação dos camponeses da Inglaterra no nascedouro da primeira revolução industrial, que Marx classificou como um dos fatores da acumulação primitiva, não chegou nem perto da expropriação praticada por José!

Os capítulos de 42 a 46 tratam das idas e vindas dos irmãos de José ao Egito; das relações entre eles; da vinda de Jacó ao Egito; da apresentação dos irmãos de José e de seu pai ao faraó. Já o capítulo 47, versos 13 a 26, retoma a história de vilania estatal jamais vista na história. Reproduzo aqui trecho desse capítulo, *ipsis litteris*, para depois esboçar uma análise. Para os que vão ler pela primeira vez, é estarrecedor. Para os que já leram esta passagem várias vezes, mas sob o peso dos dogmas, agora vão tomar um susto: Quem escravizou todos no Egito e todos em Canaã, não foi nenhum faraó malvado como diz o livro de Êxodo, mas o jovem patriarca hebreu, José. Durante os sete anos de fartura ele mandou recolher um quinto de toda produção aos celeiros do Império. Quando chegou a crise, ele pôs seu plano sinistro em prática. Vejam o próprio texto bíblico:

> *13 Não havia pão em toda a terra, porque a fome era mui severa; de maneira que desfalecia o povo do Egito e o povo de Canaã por causa da fome.*
>
> *14 Então, José arrecadou todo o dinheiro que se achou na terra do Egito e na terra de Canaã, pelo cereal que compravam, e o recolheu à casa de faraó.*
>
> *15 Tendo-se acabado, pois, o dinheiro, na terra do Egito e na terra de Canaã, foram todos os egípcios a José e disseram: Dá-nos pão; por que haveremos de morrer em tua presença? Porquanto o dinheiro nos falta.*
>
> *16 Respondeu José: Se vos falta o dinheiro, trazei o vosso gado; em troca do vosso gado, eu vos suprirei.*
>
> *17 Então, trouxeram o seu gado a José; e José lhes deu pão em troca de cavalos, de rebanhos, de gado e de jumentos; e os sustentou de pão aquele ano em troca do seu gado.*

18 *Findo aquele ano, foram a José no ano próximo e lhe disseram: Não ocultaremos a meu senhor que se acabou totalmente o dinheiro; e meu senhor já possui os animais; nada mais nos resta diante de meu senhor, senão o nosso corpo e a nossa terra.*

19 *Por que haveremos de perecer diante dos teus olhos, tanto nós como a nossa terra? Compra-nos a nós e a nossa terra a troco de pão, e nós e a nossa terra seremos escravos de faraó; dá-nos somente para que vivamos e não morramos, e a terra não fique deserta.*

20 *Assim, comprou José toda a terra do Egito para faraó, porque os egípcios venderam cada um o seu campo, porquanto a fome era extrema sobre eles; e a terra passou a ser de faraó.*

21 *Quanto ao povo, ele o escravizou de uma a outra extremidade da terra do Egito.*

22 *Somente a terra dos sacerdotes não a comprou ele, pois os sacerdotes tinham porção de faraó e eles comiam a sua porção que faraó lhes tinha dado; por isso, não venderam a sua terra.*

23 *Então, disse José ao povo: Eis que hoje vos comprei a vós outros e a vossa terra para faraó; aí tendes sementes, semeai a terra.*

24 *Das colheitas dareis o quinto a faraó, e as quatro partes serão vossas, para semente do campo, e para o vosso mantimento e dos que estão em vossas casas, e para que comam as vossas crianças.*

25 *Responderam eles: A vida nos tens dado! Achemos mercê perante meu senhor e seremos escravos de faraó.*

26 *E José estabeleceu por lei até ao dia de hoje que, na terra do Egito, tirasse faraó o quinto; só a terra dos sacerdotes não ficou sendo de faraó.*

José (que havia interpretado o sonho do faraó sob a inspiração de Javé) sabia que haveria sete anos de grande produtividade e sete anos de fome. Ele havia conquistado, com suas adivinhações, um lugar de poder nunca antes dado por um faraó a um Vizir, especialmente a um estrangeiro. Ele recebeu todas essas bênçãos e como retribuição expropriou tanto egípcios como os hebreus e cananeus (seus parentes), de forma vil.

No primeiro ano da grande fome, ele tomou o dinheiro do povo em troca do cereal – naturalmente por preços exorbitantes – pois no ano seguinte, o povo não tinha mais dinheiro algum.

No outro ano, sem dinheiro, o povo entregou os rebanhos. A seca devia ser grande e somente o faraó devia ter acumulado algum tipo de silagem para alimentar os animais. Sob tão grande ameaça, o povo trocou gado por pão.

Até que chegou o dia que o povo não tinha mais nada a não ser as terras e os próprios corpos ou, tecnicamente falando, a força de trabalho. Aí José, implacavelmente, "comprou" as terras e "comprou" o povo em troca do cereal que o próprio povo havia produzido em abundância na época das vacas gordas.

O verso 19 dá a dimensão do desespero a que chegou o povo: *"Por que haveremos de perecer diante dos teus olhos, tanto nós como a nossa terra? Compra-nos a nós e a nossa terra a troco de pão, e nós e a nossa terra seremos escravos de faraó; dá-nos somente para que vivamos e não morramos, e a terra não fique deserta"*. Se o leitor não acredita no que está lendo, leia de novo! Depois dessa rendição humilhante, José sente-se vitorioso. Ele "comprou" não só a terra como as pessoas e aí distribuiu sementes para que todo o povo trabalhasse nas terras, agora pertencentes ao faraó. O verso 23 fala desse sentimento: *"Então, disse José ao povo: Eis que hoje vos comprei a vós outros e a vossa terra para faraó; aí tendes sementes, semeai a terra"*.

Javé não aparece. Não diz nada. Nem em sonho, nem por uma voz, nem por um oráculo. Ele silencia. Os povos do Egito e de Canaã foram reduzidos à condição de mercadoria do faraó, pelas mãos de José. Anos depois os descendentes da casa de Jacó – que entrou no Egito com 70 pessoas – se revoltaram contra os trabalhos pesados a que estavam submetidos e aí vem a história da volta dos hebreus à terra prometida. Esses fatos se acham narrados no livro de Êxodo, livro que omite o fato de a escravidão no Egito, nesse período, ter sido implantada por um hebreu, José. A culpa é colocada em um faraó cujo nome não é citado.

JACÓ E JOSÉ SÃO EMBALSAMADOS NO EGITO.

O capítulo 50 relata a morte de Jacó. José manda os médicos embalsamarem seu pai, de acordo com os costumes egípcios. Esse processo durou quarenta dias, mas os egípcios choram seus mortos por setenta dias. Passados todos esses dias, José pediu à *Casa do faraó* licença para enterrar o corpo mumificado de seu pai em Canaã. O faraó concedeu e fez acompanhar o cortejo, seus oficiais e os maiorais do Egito. O enterro de Jacó foi uma coisa grandiosa. Diz o verso 9: "*E subiram também com ele tanto carros como cavaleiros; e o cortejo foi grandíssimo.*" Foi um enterro com toda a pompa que o maior império da época podia propiciar. Este episódio mostra como os israelitas eram considerados egípcios, estranhos em Canaã. O verso 11 informa: "*Tendo visto os moradores da terra, os cananeus, o luto na eira de Atade, disseram: Grande pranto é este dos egípcios.*"

José morreu aos cento e dez anos e também foi embalsamado. Seu corpo foi enterrado na terra do Egito, a mesma terra que ele tomou do povo pobre do lugar e do seu próprio povo e a deu ao faraó. Antes de morrer ele renovou as esperanças no cumprimento da promessa que Javé fez a Abraão, Isaque e Jacó. Assim se foi o homem que chegou escravo no Egito, se tornou governador geral e escravizou toda a população egípcia e cananeia. José, Abraão e Jacó formam o triunvirato dos personagens mais marcantes do livro de Gênesis, e José, sem dúvidas, é a figura mais emblemática: filho de uma ex-estéril; o preferido de Jacó; hostilizado pelos irmãos; interpretador de sonhos; administrador de estado de elevado nível e o maior expropriador individual de toda a história da humanidade. E mais, segundo as pesquisas do Dr. Ahmed Osman (2005), ele teve uma filha, omitida pelos redatores do livro de Gênesis, a princesa Tiye, que se tornou esposa de Amenófis III e mãe de Amenófis IV, o Akenaton que, para o Dr. Osman, é o mesmo Moisés. Mas esse assunto foge à temática central deste livro.

APANHADOS FINAIS

O livro de Gênesis deixa claro que quando Jacó desceu ao Egito, levou com ele 70 pessoas de sua Casa, incluindo José que já estava na terra dos faraós (Gn 46:27; Ex 1:5). A esse número de pessoas não se pode chamar nem de tribo, que dirá de nação. Os da Casa de Jacó eram posseiros livres em Canaã. Ao chegarem ao Egito, por conta da expropriação de José, se tornaram propriedade do faraó. Com a morte de José, os descendentes de Jacó foram absorvidos em trabalhos pesados, como o restante da população, pois ninguém mais possuía terras, a não ser a *Casa do faraó* e a casta sacerdotal. Fizeram, então, uma aliança com Javé e saíram do Egito. E o sinal dessa aliança não era a fé ou o amor, mas uma marca física, separatista: a circuncisão dos machos. O homem que não tivesse o prepúcio circuncidado jamais teria Javé como *deus*. Para as mulheres não foi determinada nenhuma marca ou sinal, o que significa que a aliança de Javé foi mais restrita ainda, pois foi feita só com os homens. Usando um populismo atual, é como se as mulheres "viessem no pacote".

Assim concluímos nossas breves observações sobre o livro de Gênesis. Não descemos aos extremos de mostrar todas as repetições, anacronismos, contradições e incoerências. O essencial de nossa análise foi mostrar o caráter e as características do *deus* Javé. O próximo livro a ser analisado, Êxodo, continua a narrativa de Gênesis e só vai se completar com Josué. Quem acha que já viu todos os absurdos que uma entidade tida como *deus* pode cometer, prepare-se!

NOTAS DO CAPÍTULO 2

1. Hexateuco é o nome dado aos seis primeiros livros da Tanakh (a Bíblia Hebraica). É a junção do Pentateuco (Torah) com o livro de Josué. É pacífico entre os exegetas que esses seis livros formam uma unidade. Assim, "Penta" mais "um" forma um "hexa", o hexateuco: Gênesis, Êxodo, Levítico, Números, Deuteronômio mais o livro de Josué.

2. Teofania. Manifestação, aparecimento de uma divindade a alguém ou em algum lugar; manifestação que pode ser visível ou apenas audível.

3. Isso repercutiu no Novo Testamento: na Primeira Carta de Paulo aos Coríntios, capítulo 11, versos 8 e 9 o Apóstolo dos Gentios, parafraseando o livro de Gênesis, diz: *"Porque o homem não foi feito da mulher, e sim a mulher, do homem. Porque também o homem não foi criado por causa da mulher, e sim a mulher, por causa do homem."* Em meu primeiro livro, *A Identidade Secreta de Maria Madalena* (2009), analisei com mais profundidade esta questão da criação do homem, a partir da teoria do *Antrhopos* original, desmistificando essa suposta postura machista de Paulo, penetrando no significado profundo do texto, que leva em consideração as condições (não os gêneros) *masculino* e *feminino*, referentes à relação Eu - ego.

4. Segundo as datações baseadas nas genealogias bíblicas, a criação do homem teria se dado por volta de 4.000 anos antes de Cristo. O Bispo irlandês James Ussher (1581-1656), em sua grande obra *"Testamenti Veteris Annales"* (Anais do Velho Testamento) publicada em 1650, **determinou o dia exato da criação**: seria 23 de outubro de 4004 a.C. Hoje essa informação não é aceita sequer pelos teólogos de formação mediana. Há sessenta milhões de anos já existiam na Terra plantas, mares, rios, peixes e dinossauros. Mas ainda temos muitos líderes religiosos teimando em enganar o povo, como outros fizeram durante séculos, quando afirmavam que a Terra era o centro do universo. Hoje as igrejas aceitam que é a Terra que gira em torno do Sol e não o contrário e as religiões continuam existindo.

Insistir na interpretação literal do mito da criação contido em Gênesis, só atrapalha a aceitação da religião pelas novas gerações. Buscar interpretações para o simbolismo da mensagem contida, especialmente na primeira narrativa, é um caminho melhor a ser seguido e que pode levar a descobertas interessantes. Mas há uma teoria que pode dar algum respaldo à cronologia do bispo Ussher. Para alguns estudiosos heterodoxos, Deus introduziu a raça adâmica em meio aos seres humanos que já vinham evoluindo no planeta há milhares de anos. Essa raça pode ter chegado aqui – para cruzar com os humanos nativos – numa data próxima à estimativa baseada nas genealogias de Gênesis. Para Fernando C.N. Pereira, autor de *A Bíblia e os discos Voadores* (1984), A raça adâmica foi fruto do chamado Projeto Sêmen, elaborado fora da Terra, dentro de um plano maior, o chamado Projeto Cristão, que se desenvolveu no planeta desde Adão até a entrada em corpo de Jesus, o Cristo. Seres de planetas mais adiantados teriam trazido sêmen de raças humanas mais evoluídas que as que vagavam então pela Terra e aqui promoveram os cruzamentos.

Há outra teoria para a chamada "queda do homem": é a que diz que a simbologia da expulsão do homem do paraíso, foi a expulsão de espíritos da constelação de Capela, que não se coadunaram com a vida de paz e verdade reinante naquele sistema, e de lá foram expulsos para Terra – um planeta mais atrasado onde já existiam pessoas em evolução – para aqui ganharem a sobrevivência com o suor do rosto. Esses "exilados de Capela" (a família de Adão) podem ter chegado aqui apenas há alguns milhares de anos antes de Cristo, o que daria – em termos – consistência cronológica à narrativa de Gênesis do ponto de vista do Bispo Ussher e explicaria porque Caim encontrou mulher para se casar.

Na visão científica, o surgimento do *homo sapiens* continua sendo um mistério (falta o "elo perdido"). Parece que ele foi introduzido no planeta (semente genética vinda de fora do nosso orbe). O certo que após seu aparecimento, logo se tornou a espécie dominante com a extinção do homem de Neandertal. Seria o *homo sapiens* a mesma raça que os espiritualistas heterodoxos chamam de raça adâmica? As possibilidades de interpretação são imensas, o que não é aceitável é dizer que o homem surgiu na Terra no ano 4004 a.C., época em que grandes civilizações já estavam se constituindo nos vales do Nilo, Ganges, Tigre / Eufrates e do Rio Amarelo, só para citar as mais conhecidas.

5. Isaque enfrentou em Gerar, a mesma fome que havia levado Abraão ao Egito. Só que Isaque, após ouvir a voz do *deus* de seu pai, permaneceu no lugar. Diz Gn 26: "*Isaque, pois, ficou em Gerar*". Toda a primeira parte do capítulo 26, bem ao gosto do redator de Gênesis, é uma *repetição* de fatos protagonizados por Abrão em Gn 12:13-20 e Abraão em Gn 20:2-14.

6. Prosélitos. Palavra de origem grega, que significa *desconhecido, recém-chegado, estrangeiro na terra*. O Novo Testamento usa essa palavra para definir um recém-convertido do paganismo para o judaísmo ou, para a nova fé em Cristo.

7. Séfora era mulher de Moisés, oriunda do deserto de Midiã, na região do Monte Horebe, Península do Sinai. Filha do pastor de ovelhas e sacerdote de Midiã, Jetro (que em algumas passagens aparece como Reuel ou Ragüel, Ex 2,18). Séfora também é traduzida como Zípora. Ela aparece muito pouco na Bíblia,

mas sua atitude corajosa de cortar o prepúcio do próprio filho com uma pedra afiada salvou a vida de Moisés, principal herói da história dos hebreus.

8. Aqui temos um exemplo clássico de anacronismo na Bíblia. Em Gn 20:32-34 são feitas referências à "terra dos filisteus". Segundo a tradição judaica Abraão (protagonista do livro de Gênesis) viveu por volta de 1900 a.C. (ano judeu de 2242). Atualmente se admite que os filisteus – os povos do mar vindos de Creta, no Mar Egeu – invadiram o litoral sul da Palestina no século XII a.C., depois da tentativa fracassada de se fixarem no Egito, de onde foram expulsos por Ramsés III (1194-1163 a.C.). Assim, eles chegaram à faixa de Gaza séculos depois da provável existência de Abraão.

Não há nada na história tradicional que ateste a existência de Moisés. Na estimativa dos judeus, Moisés teria morrido em 1434 a.C. (ano judeu de 2708), século XV a.C. Segundo algumas introduções de bíblias católicas, ele teria vivido no tempo do faraó Ramsés II (1279-1213 a.C.), século XIII a.C. As duas propostas colocam Moisés vivendo antes da chegada dos filisteus ao litoral da Palestina, então quem escreveu o livro de Gênesis, o fez depois do século XII a.C., época em que Moisés já estava morto, portanto não pode ter sido ele quem escreveu o livro de Gênesis.

Outro exemplo de anacronismo é a referência que Gn 11:28 faz a "*Ur dos caldeus*". Trata-se da cidade de Ur no sul da Mesopotâmia, perto da foz do rio Eufrates. Acontece que os caldeus só dominaram aquela cidade e região entre os anos de 600 e 539 a.C., portanto, do fim do século VII a.C. até meados do século VI a.C. Ou seja, quem escreveu o livro de Gênesis, o fez a partir do fim do século VII a.C. Antes disso, não teria conhecimento da existência dos caldeus em Ur. É óbvio que os defensores da autoria mosaica usam de vários argumentos, dentre os quais que essa citação aos caldeus foi acrescentada depois do século VI a.C. nas revisões sacerdotais, mas poucos teólogos nos dias de hoje teimam em defender essa posição. Até porque estariam admitindo que a palavra de Deus foi modificada por homens. Para concluir, se Moisés fosse o autor do Pentateuco, ele seria o único escritor do mundo a narrar a própria morte em sua obra (Dt 34:5-8).

9. O mistério de *Rennes-Le-Chateau* é o nome dado pela crônica moderna aos acontecimentos envolvendo o padre *Bérenger Saunière*, no pequeno povoado francês de *Rennes-Le-Chateau*, no final do século XIX e começo do século XX d.C. Na pequena igreja do lugar, dedicada a Santa Maria Madalena, *Saunière*

encontrou uma espécie de tesouro, que nunca foi de todo esclarecido e que terminou desencadeando a onda moderna de estudos sobre o Graal, o cristianismo primitivo e os Desposiny, membros da família de Jesus e herdeiros da Casa de Davi. No portal dessa pequena igreja está escrita a desconcertante frase (para um templo dedicado ao Senhor): *"Este lugar é terrível"*. Seria ali também uma *"porta para o céu"* de Javé? Um portal para outra dimensão, como Jacó indicou quando de sua primeira passagem por Betel?

10 Aqui denota-se a confusão sobre a identidade do *deus* de Jacó. Em Gn 28:16 o texto original cita **Javé** (traduzido para o português como Senhor) quando fala da passagem de Jacó por Betel, mas em Gn 35:7, quando Jacó está voltando de Padã-Arã para Canaã e faz uma parada nessa mesma localidade, ele faz um altar para o seu *deus* e rebatizou o lugar como **El-Betel** (casa de *deus*), sendo El o *deus* cananeu dos lugares altos e das colunas rituais.

11 Ainda no capítulo 28 fica claro a fragilidade da fé de Jacó no *deus* que havia se apresentado a Abraão e para o qual acabara de erigir uma estela. Jacó, em situação de fuga, propõe um trato negocial com esse *deus*: nos versos 20-21 estão os termos do acordo proposto por Jacó: *"...Se deus* [no original, El { לא }] *for comigo, e me guardar nesta jornada que empreendo, e me der pão para comer e roupa que me vista, de maneira que eu volte em paz para a casa de meu pai, então Javé* [no original, Yhwh {יהוה}] *será o meu deus."* Ora, aí está escrito – além da recorrente confusão entre El e Javé – que até então Jacó não tinha o *deus* de Abraão por seu *deus*. Somente se Javé lhe der de comer, vestir e garantir-lhe a volta segura para casa do pai, é que ele o terá por seu *deus*! No verso 22, Jacó arremata e promete a *deus* 10% (dez por cento) de tudo quanto lhe for concedido, fechando assim o acordo e oficializando o dízimo.

12. Esta narrativa mostra que aquilo que o Gênesis chama de "cidades" não passam de pequenos assentamentos. As escavações arqueológicas feitas no Sinai, no território de Israel, na Cisjordânia e Faixa de Gaza, desde o final do século XIX até o final do século XX, mostram que no período dos patriarcas as estruturas urbanas eram muito pequenas, sendo as maiores em torno de cinco hectares. A notícia de que apenas dois homens – Simeão e Levi – mataram com suas espadas todos os homens de uma cidade, mesmo estando estes depauperados, fica evidente que eram poucos e, portanto, a chamada cidade devia ser apenas uma pequena vila. Acontece que os livros do Pentateuco tiveram

sua redação final concluída por volta dos séculos VII, VI e V a.C. quando já havia na região estruturas urbanas que mereciam o nome de cidades e assim os redatores, baseados em sua época, chamaram de cidades essas pequenas povoações. Para se ter uma ideia melhor, no tempo de Josué, séculos depois de Jacó e seus filhos, é narrada a destruição de uma cidade (Ai) em Canaã com 12 mil habitantes. População desse tamanho já caracteriza uma cidade. Agora imaginem se Siquém fosse uma cidade com essa dimensão, como seria possível apenas dois homens com suas espadas, matar cerca de 6 mil? O que é plausível é que Simeão e Levi devem ter matado, no máximo, algumas dezenas de homens (se tanto). Logo, Siquém devia ser uma pequena povoação tribal e não uma cidade.

13. Em Gn 48:22, quando Jacó diz a José que vai deixar um pedaço de terra maior para ele, confessa que tomou essa terra com a espada e com o arco, dos Amorreus. Esta passagem confirma o que está nas "Cartas de Amarna": os 'Apirus (possivelmente os hebreus) eram temidos, pois eram efetivamente tribos que pilhavam comunidades estabelecidas na terra de Canaã, matando os varões, levando rebanhos, bens, mulheres e, algumas vezes, tomando terras. Séculos depois quando eles saem do Egito, já com um contingente populacional considerável que lhes permite organizar um exército unificado de uma federação de tribos, eles atacam e destroem não apenas vilas ou pequenos assentamentos, mas cidades inteiras como veremos nos próximos capítulos.

14. Daí surgiu a expressão onanismo, para caracterizar o coito interrompido e a própria masturbação masculina.

15. Esse é o mais antigo registro escrito sobre o assédio sexual, ainda tão comum nos dias de hoje.

Capítulo 3

Êxodo e Josué: fuga do Egito e invasão da Palestina

E aquele sangue vos será por sinal nas casas em que estiverdes; vendo eu sangue, passarei por cima de vós, e não haverá entre vós praga de mortandade, quando eu ferir a terra do Egito. (Javé, instituindo a páscoa em comemoração ao sangue dos primogênitos, Ex 12:13).

E tudo quanto na cidade havia, destruíram totalmente a fio de espada, desde o homem até a mulher, desde o menino até o velho, até o boi e gado miúdo e o jumento. (Josué na tomada de Jericó, Js 6:21).

O segundo livro da Torah é conhecido principalmente por dois episódios amplamente difundidos na cultura ocidental: as *"pragas do Egito"* e *"os dez Mandamentos"*. Ele narra a saída dos hebreus da terra dos faraós e sua (no mínimo irracional) marcha de 40 anos pelo deserto. Ele se completa com o livro de Josué – ajudante e depois general de Moisés – que discorre sobre as guerras de conquista do território de Canaã onde ainda hoje coexistem israelenses e palestinos em estado de beligerância.

O livro de Êxodo é um verdadeiro show de horrores pelo que narra e uma fonte de contradições, pelo que apresenta como doutrina. Esse livro está repleto de ignomínias, impiedades, iniquidades de todos os matizes, praticadas ou ordenadas pelo próprio Javé. Mas até hoje é lido dogmaticamente como mensagem divina porque as igrejas ainda supõem que *Javé de Temã* é Deus. É incrível ler nas notas de pé de página de nossas bíblias, as justificativas que os exegetas tentam dar para tanta maldade, tanta aberração: *maravilhosa força de Javé; vingança proporcional; progressiva ação destrutiva de deus*, etc.

A autoria mosaica da Torah é de novo contestada aqui. Assim como o Método Histórico-Crítico, aliado à arqueologia nos mostrou que o livro de Gênesis contém em si elementos que provam que ele não tinha como ter sido escrito antes do século VIII a.C., o livro de Êxodo tem em si informações que demonstram que ele foi escrito a partir do século VII a.C., no período Deuteronomista. Mas esse é o árido território da busca de historicidade na Bíblia. Para mirarmos no foco deste Trabalho, faremos a seguir uma leitura crítica dos livros de Êxodo e Josué.

O Livro de Êxodo pode ser dividido em quatro partes:

1. a libertação dos israelitas da escravidão no Egito (1:1 ⁻ 15:21);
2. a marcha dos israelitas pelo deserto (15:22 ⁻ 18:27);
3. a aliança com *deus* no Monte Sinai (19:1 ⁻ 24:18);
4. o Tabernáculo; bezerro de ouro; renovação da aliança (25:1 ⁻ 40:38).

O autor deuteronomista deu a esse livro o nome de *Shemoth*, que significa "nomes", pois ele se inicia com a seguinte frase (1:1): *"Estes são os nomes dos filhos de Israel que entraram com Jacó no Egito..."*. Aqui não será feita uma reprodução integral do livro. Serão comentados alguns trechos decisivos para a visualização, sem retoque, da personalidade de Javé e da atuação de Moisés e Arão que se apresentavam como seus interlocutores.

O livro cita onze dos treze filhos de Jacó, pois José – o décimo segundo – já estava na corte do faraó e a filha Diná, não é mais citada aqui (pelos motivos já apresentados no capítulo 2). Na sequência vem a informação de como os hebreus passaram de bem vindos a escravos, forçados a construírem as cidades de Piton e Pi-Ramsés. Depois vem a narrativa do nascimento de Moisés, que foi educado na corte egípcia (tema de outra pesquisa minha ainda em curso). Quando adulto, matou um cidadão local, que espancava um hebreu. Fugiu para o deserto do Sinai, região de Midiã, onde se casou com a filha do sacerdote Jetro, chamada Zípora (Séfora em algumas traduções). Foi nessa região que *deus* falou pela primeira vez com Moisés, no episódio da sarça ardente que queimava sem se consumir (capítulo 3). [Jetro é foco de estudo por destacados especialistas. Ele está intimamente ligado ao sítio de Sarabit-el-Khadim no sul do Sinai próximo ao Monte Horebe, descoberto pelo arqueólogo Flinders Petrie em 1904].

"Deus" se apresentou como *o deus de Abraão, Isaque e Jacó*. Mandou Moisés falar aos líderes dos hebreus e dizer que o *deus* dos seus antepassados iria tirá-los da terra do Egito. Moisés perguntou o nome do *deus* (que com ele falava) para informar aos anciãos. A divindade se apresentou: "EU SOU O QUE SOU" (Ex 3:14). E adiante, simplesmente "EU SOU". Ainda no capítulo 3, verso 15 esse *deus* sentencia: *"este é meu nome eternamente, assim serei lembrado de geração em geração."* O curioso é que no verso 2 do capítulo 3, quem aparece a Moisés no meio da sarça ardente é "um anjo do Senhor". Por isso Paulo diz que a lei veio por meio de um anjo e não por Deus (ver capítulo 7 deste livro). No verso 4, sem nenhuma explicação, não é mais o anjo que chama Moisés do meio da sarça e sim o "Senhor". Nessa primeira conversa, aquele *deus* renovou a promessa da terra feita a Abraão. Disse que dela brotaria leite e mel, mas reconheceu que lá já habitavam outros seres humanos.

> *[...] desci a fim de livrá-lo da mão dos egípcios e para fazê-lo subir daquela terra a uma terra boa e ampla, que mana leite e mel; o lugar do cananeu, do heteu, do amorreu, do ferezeu, do heveu e do jebuseu.* (Êxodo, 3:8).

É preciso assinalar que Javé, até hoje, não "deu" aos israelitas toda a extensão de terra que prometeu a Abraão. Em Gn 15:18, vê-se:

> *Naquele mesmo dia, fez o Senhor aliança com Abrão, dizendo: à tua descendência dei esta terra, desde o rio do Egito até o grande rio Eufrates.*

Os israelitas nunca ocuparam área tão extensa. Vejam que Javé prometeu um território que deveria se estender desde o rio Nilo, no Egito, até o rio Eufrates na Mesopotâmia, hoje Iraque. O território de Israel, conquistado por Josué não abrangia um centímetro sequer das terras às margens do Nilo. Do lado norte, chegou ao sul do atual território do Líbano, nunca avançou até as terras dos assírios e caldeus.

A terra prometida, como visto, era habitada por outros povos. Javé os conhecia e os chamava pelos nomes.[1] Esses povos não eram humanos? Não seria esse *deus* o criador de todo o universo e o pai de todas as criaturas? O que ele estava pretendendo fazer? Estaria pensando em negociar com os habitantes de Canaã, para dar-lhes outra terra em outro lugar? Não. A atitude desse *deus* foi de pura impiedade. Agiu como o pior dos conquistadores humanos, sujando as areias da Palestina com o sangue dos que ali moravam.

Javé ensina mágica a Moisés.

Vamos tratar agora de um dos episódios mais bizarros da história das religiões. Como poderia o Deus que criou os céus e a Terra, ter usado de expedientes tão degradantes, simplesmente para convencer um homem – mesmo sendo um rei, mas ainda assim, um homem – a deixar que um povo saísse de seu país?

Moisés se julgava incapaz de tão grande tarefa (3:11). "Deus" então lhe ofereceu três sinais para impressionar tanto os anciãos hebreus quanto o faraó: o poder de transformar seu cajado em cobra e depois transformar a cobra em cajado; o poder de tornar sua mão branca como a lepra e depois fazê-la voltar ao normal e, o poder de tornar a água do rio vermelha como o sangue. Nesse triste episódio da saída do Egito, há uma atitude recorrente que mostra a incoerência daquela divindade. Em Ex 4:21, *deus* diz para Moisés fazer os sinais diante do faraó. O objetivo era convencê-lo a deixar o povo hebreu sair do Egito. Mas curiosamente *deus* diz: "*mas eu lhe endurecerei o coração* [do faraó] *para que não deixe ir o povo.*" Que mente essa desse *deus*!

Foi em Ex 6:2-3 que, pela primeira vez, o *deus* da Torah se apresentou a Moisés como Yhwh (Javé). Lembremo-nos que em Ex 3:14 ele havia se apresentado como EU SOU O QUE SOU e ordenou (em 3:15) que assim deveria ser chamado eternamente. Os indícios apontam que o livro de Êxodo foi resultado de um ajuntamento de textos de autores diversos. Num versículo é um anjo que está na sarça ardente. No outro é *deus* quem está lá. Num verso esse *deus* se apresenta como EU SOU. Em outro, seu nome é Yhwh.

Devemos destacar que Moisés, mandado por *deus* para falar ao povo hebreu, parece confessar que não sabia falar hebreu: *"...Ah! Senhor! Eu nunca fui eloquente, nem outrora, nem depois que falaste a teu servo; pois sou pesado de boca e pesado de língua"* (Ex 4:10). Javé insiste que ele cumpra a missão, mas ele se recusa: *"...Ah! Senhor! Envia aquele que hás de enviar, menos a mim"* (Ex 4:13). "Deus" se enche de ira, mas se lembra de Arão: *"...Não é Arão, o levita, teu irmão? Eu sei que ele fala fluentemente. (...)"* (Ex 4:14). E então Moisés passa a se comunicar com os hebreus através da boca de Arão. Esses fatos não serão aprofundados nesta obra, mas são objeto de estudo de outras pesquisas que investigam a condição de Moisés como príncipe egípcio, como destaca a nota "2" no final deste capítulo.

No capítulo 5 Moisés e Arão falam com o faraó levando a mensagem do *deus*. O faraó não os leva em consideração e determina que eles não atrapalhem o trabalho do povo. No capítulo 6, como já destacado, *deus* se apresenta a Moisés como Yhwh. No capítulo 7 Moisés e Arão falam de novo ao faraó e, seguindo as instruções de Javé, Arão (e não Moisés) joga seu cajado no chão, na frente do rei e o cajado vira cobra. O rei mandou chamar seus magos e cada um deles fez o mesmo que Arão. Com isso, o faraó não se impressionou e não libertou os hebreus.

AS FAMIGERADAS PRAGAS DE JAVÉ CONTRA O EGITO

O mais triste é ver líderes cristãos – teólogos e exegetas – em suas notas de pé de página de nossas bíblias, falando com regozijo da progressiva capacidade de matar das pragas "divinas".

Depois da falha dos truques mágicos de Moisés, através de seu cajado conduzido por Arão, Javé partiu para a violência. Na **primeira praga**, Arão estendeu seu cajado sobre o rio Nilo e toda a água do rio virou sangue. Os peixes morreram e o rio exalou mau cheiro. Diz Ex 7:22: *"Porém os magos do Egito fizeram também o mesmo com suas ciência ocultas"* e o faraó não se impressionou com o *deus* de Moisés. A crueldade dessa praga é imensurável. Transformar o rio Nilo em sangue – ou em uma substância vermelha naturalmente tóxica – deve ter provocado fome em todo o país, pois o Nilo representava a vida para o povo do Egito. Mais que um crime ambiental é um crime contra o ser humano.

Na **segunda praga** a ação de *deus* saiu do mundo mineral (água) para o mundo animal (batráquios). Uma peste de rãs assolou a terra do Egito. Ao final, as rãs mortas foram juntadas em montões e montões e a terra cheirou mal. O curioso é que os magos do Egito também conseguiram fazer surgir rãs em quantidade. Javé estava disputando com magos humanos e não conseguia fazer algo que eles não fizessem.

A **terceira praga** foi de uma baixeza sem par: uma praga de piolhos. E os piolhos atacaram os homens e o gado. O faraó continuava irredutível, afinal o *deus* de Moisés não conseguia fazer nada de realmente divino. Só mandava maldades que os magos da corte também sabiam fazer. Como ele iria obedecer a uma entidade como essa?

A **quarta praga** foram as moscas. Não dá para aceitar que isso era obra do Deus verdadeiro. Um enxame de moscas entrou em todas as casas do Egito, exceto nas casas dos israelitas, na região de Gósen, no delta oriental do Nilo. Imaginem as doenças que essas pragas traziam: rio podre com peixes mortos; rãs aos milhões em decomposição nas ruas e casas; piolhos nos homens, no gado e agora enxames de moscas. Não seria melhor *deus* "amolecer o coração" do faraó? Mas o *deus* de Moisés se mostrou uma entidade sádica. Ele queria fazer o mal aos poucos. Ele estava disputando não só com os magos da corte, mas com a resistência do faraó. A impressão que fica é que ele queria vencer pelo cansaço, mesmo que isso custasse milhares de vidas humanas, afinal eram vidas de egípcios e ele – Javé – era o *deus* só dos hebreus.

Quinta praga. O povo estava sem peixe, mas ainda tinha seus rebanhos de gado, ovelhas e cabras, além dos animais de trabalho como cavalos, jumentos e camelos. Javé mandou uma peste que arrasou todos os rebanhos dos egípcios. Sobraram apenas os animais dos israelitas no Gósen. Não só a saúde, mas a economia do país começou a ser seriamente abalada e quando isso acontece – em qualquer época – quem sofre mais e primeiro são os mais pobres. Mas os egípcios, mesmo os mais pobres, não eram filhos do *deus* de Moisés e compaixão não era o forte daquele *deus*.

Sexta praga. O festival de *horrores* e *incoerências* continuou. Javé mandou uma praga de úlceras, contra os homens e os animais em toda a terra do Egito. Isso foi um horror! A *incoerência* é que Javé voltou a endurecer o coração do faraó para que ele não atendesse a Moisés (Ex 9:12). Parece absurdo, mas é isso que está escrito. Javé não queria que o faraó atendesse logo seu pedido e deixasse os hebreus migrarem. Isso está claro. Quando ele sentia que o faraó podia fraquejar, ele endurecia o coração do faraó e aí, ele tinha motivo para mandar mais uma praga. Se ele tinha poder para endurecer, tinha poder para amolecer. Por que não o fazia? Porque tinha preferência pela resistência do faraó e a consequente aplicação de novas pragas?

Sétima praga. Javé mandou uma chuva de pedras (para alguns, granizo) e fogo como nunca havia acontecido na terra do Egito. E essas pedras feriram homens, animais e a plantação. O Egito estava numa situação desesperadora. Mas o faraó não permitia a saída dos hebreus. Ora por vontade própria, ora porque Javé endurecia seu coração. E haja sofrimento sobre o povo.

Oitava praga. Javé manda uma praga fatal: nuvens de gafanhotos. Eles comeram o que sobrou da chuva de pedras: as plantações e toda árvore do campo e encheram as casas. *"e não restou nada verde nas árvores nem nas ervas do campo"* (Ex 10:15). Um pouco antes, em Ex 10:1-2, tem-se a confissão de Javé sobre o que já foi comentado nos parágrafos anteriores:

> *1. Disse o Senhor a Moisés: Vai ter com o faraó, porque lhe endureci o coração e o coração de seus oficiais, para que eu faça estes meus sinais no meio deles.*
>
> *2. e para que contes a teus filhos e aos filhos de teus filhos como zombei dos egípcios e quantos prodígios fiz no meio deles, e para que saibais que eu sou o Senhor.*

Entendo que não é necessário comentar coisa alguma. Javé diz que estava impedindo o faraó de deixar os hebreus partirem (endurecendo seu coração) para que pudesse mandar mais pragas e com elas, matar mais pessoas e animais e agredir as mais elementares convenções ambientais. Tudo para que os israelitas pudessem contar para os filhos e netos que o seu *deus* havia zombado dos egípcios e feito "prodígios" no meio deles. E que "prodígios", meu Deus. Os oficiais já haviam pedido ao faraó para livrar-se de Moisés e Arão deixando o povo deles sair da terra do Egito, mas Javé endurecia o coração do rei e este resistia.

Nona praga. Javé mandou então, a escuridão. Trevas cobriram o Egito. O faraó chamou Moisés e deu autorização para ele sair levando seu povo. Mas Javé, mais uma vez, endureceu o coração do faraó e este voltou atrás. Javé deu provas de que não queria simplesmente tirar os hebreus do Egito, ele queria ficar famoso por toda posteridade, zombando dos egípcios e fazendo seus "prodígios" doentios, um a um, até chegar ao máximo de sua mórbida sequência de desgraças.

Décima praga. Primeiro Javé anunciou a décima praga a Moisés. Disse que mataria todos os primogênitos do Egito. Desde o primogênito do faraó, até o da serva mais humilde e dos animais também (Ex 11:5). Javé sempre incluía os animais inocentes em suas matanças. Antes, deu uma instrução curiosa para que os hebreus pedissem a seus vizinhos objetos de prata e ouro. O livro de Êxodo não explica, mas não é difícil deduzir porque os egípcios atenderiam tal pedido. Depois de tantas pragas jogadas no país por Javé, quem se atreveria a negar qualquer coisa a um hebreu? Moisés anunciou ao faraó como seria a décima praga e se retirou irado da presença do rei. Em seguida Javé profetizou que o faraó não ouviria Moisés *"para que as minhas maravilhas se multipliquem pela terra do Egito"* (Ex 11:9). Essas "maravilhas" o leitor já sabe quais eram: pragas, podridão, pestes, úlceras e mortes sobre o povo, os animais e as plantas.

A verdadeira origem da Páscoa dos israelitas

Em meio à narrativa da décima praga, o livro de Êxodo informa sobre a instituição da páscoa entre os israelitas. Os sacerdotes cristãos – católicos e evangélicos – escondem de seus fiéis o verdadeiro motivo da instituição da páscoa no Antigo Testamento. Se prendem aos aspectos formais, que vamos discorrer adiante, mas não comentam a verdade estampada em Ex 12:11-13. O contexto é Javé falando sobre o cordeiro que deveria ser imolado.

> *11. Desta maneira o comereis: lombos cingidos, sandálias nos pés e cajado na mão; comê-lo-eis à pressa; é a Páscoa do Senhor.*
>
> *12. Porque, naquela noite, passarei pela terra do Egito e ferirei na terra do Egito todos os primogênitos, desde os homens até os animais; executarei juízo sobre todos os deuses do Egito. Eu sou o Senhor.*
>
> *13. O sangue vos será por sinal nas casas em que estiverdes; quando eu vir o sangue, passarei por vós, e não haverá entre vós praga destruidora, quando eu ferir a terra do Egito.*

É estarrecedor. Antes destes versos, Javé havia estabelecido o décimo quarto dia do primeiro mês para que toda família de israelita preparasse um cordeiro ou um cabrito de um ano e sem defeito para ser imolado por todos ao mesmo tempo no final da tarde. E era para marcar com o sangue do cordeiro as vergas das portas das casas onde comessem. Javé se dizia *deus*, mas não sabia onde moravam os seus eleitos. Era preciso que marcassem as portas com sangue para que, quando ele viesse matar os primogênitos, poupasse os das casas marcadas. Veio a noite e Javé cumpriu a promessa: matou todos os primogênitos do Egito, crianças inocentes e, até os primogênitos dos animais. Foi por isso que foi instituída a Páscoa dos hebreus. Foi um jantar de comemoração pela morte dos primogênitos do Egito. É macabro.

Doentio. Funesto. Parece o roteiro de um filme de terror. E no verso 14 vem o "coroamento" dessa matança inominável:

> *Este dia vos será por memorial, e o celebrareis como solenidade ao Senhor; nas vossas gerações o celebrareis por estatuto perpétuo.*

Ao invés de alguma compaixão, Javé institui esse dia de massacre como um dia nacional de comemoração. Esse assassinato dos inocentes no Egito foi tão importante para a entidade Javé, que além do dia da Páscoa em si, se seguiram sete dias da *Festa dos Pães Asmos*, que em Ex 12:17 ele também mandou guardar eternamente.

Quando chegou à meia noite, conforme prometido, Javé matou todos os primogênitos da terra do Egito. "*Levantou-se o faraó de noite, ele, todos os seus oficiais e todos os egípcios; e fez-se grande clamor no Egito, pois não havia casa em que não houvesse morto*" (Ex 12:30).

Depois dessa, nem mesmo Javé conseguiu impedir o faraó de deixar partir o povo hebreu. Nessa mesma noite o faraó chamou Moisés e Arão e os despediu, lhes dando autorização para levarem seus rebanhos e todos os seus pertences. Mas eles não levaram só isso. No final do capítulo 12 encontram-se os seguintes versos:

> *35. Fizeram, pois, os filhos de Israel conforme a palavra de Moisés e pediram aos egípcios objetos de prata, e objetos de ouro, e roupas.*
>
> *36. E o Senhor fez que seu povo encontrasse favor da parte dos egípcios, de maneira que estes lhes davam o que pediam. E despojaram os egípcios.*

Uma das vantagens da Torah é sua sinceridade. Ela não esconde as atitudes ímpias do seu *deus*. Como já havia comentado, depois de tantas pragas, os egípcios estavam entregando qualquer coisa que os israelitas lhes pedissem. No final do verso 36, vem a verdade sem eufemismos: "*E despojaram os egípcios*". Foi a primeira (e única) vez na história, que um povo mais fraco e fugitivo, tomou despojos de um povo mais forte, de uma potência mundial. Isto já estava "previsto" em Gênesis 15:14. A passagem toda vai do verso 12 ao 21. Trata da proposta de aliança de Javé para com Abraão. No verso 13 tem-se a "profecia" da escravidão *em terra alheia* por quatrocentos anos. E no verso 14: "*Mas também eu julgarei a gente a que têm de sujeitar-te; e depois sairão com grandes riquezas.*" Como os livros da Torah foram escritos a partir da instituição da monarquia no século X a.C. (e alguns não antes do século VII a.C.), portanto, bem depois dos acontecimentos narrados em Êxodo, Gn 15:14 não foi uma profecia, mas uma justificativa para o despojamento (tomada de bens) do povo egípcio.

O Salmo 105:37 (Católico 104:37) traz a confirmação: "*E Deus tirou os hebreus carregados de ouro e prata.*" Logo em seguida, no verso 38, este Salmo revela com límpida franqueza o ânimo do Egito:

> *Alegrou-se o Egito quando eles saíram, porquanto lhe tinham infundido terror. (Sl 105:38).*

Mas este episódio ainda não terminou. Moisés saiu do Egito com todo o povo hebreu e não seguiu o caminho da costa do Mediterrâneo (caminho dos filisteus ou caminho do mar). Foi para o sul, pelas margens do Mar Vermelho em paralelo à Península do Sinai. Javé, porém, não estava satisfeito com as matanças que tinha promovido. Em Ex 14:4 Javé declara que vai mais uma vez endurecer o coração do faraó para que este persiga os israelitas, simplesmente para ser glorificado no faraó e no seu exército.

O restante da história todos sabem: o povo hebreu atravessou o Mar Vermelho em seco e o exército egípcio que vinha logo atrás, se afogou. A Torah não diz o número, mas se os hebreus eram seiscentos mil (só os homens – Ex 12:37), o exército mobilizado pelo faraó deveria também ser de milhares. E esses milhares foram mortos: "*...nem ainda um deles ficou*" (Ex 14:28). E *deus* vibrava dizendo que tudo isso era para sua glória "*e os egípcios saberão que eu sou o Senhor, quando for glorificado em faraó, nos seus carros e nos seus cavalarianos*" (Ex 14:18). Essa frase ficaria bem em conquistadores sanguinários, mas não em Deus. É evidente que ela não veio de Deus. Veio de um *deus* assustador que se gloriava com sangue de seres humanos e de animais, como um guerreiro desalmado. Assim os hebreus

SEGUNDA PARTE: A MARCHA PELO DESERTO
(Ex. 15:22 — 18:27)

saíram da terra do Egito. Assim Javé "os livrou das mãos do faraó". Assim era Javé, o Senhor dos Exércitos.

A relação de Moisés com o povo que ele estava tirando do Egito foi sempre tensa, conflituosa mesmo. Êxodo 16:2 diz que apenas um mês e meio após a saída, "*toda a congregação dos filhos de Israel murmurou contra Moisés e Arão no deserto*", pela fome que estava passando. Essa reclamação se repete em Ex 17:3 (agora, pela sede) e em várias outras passagens onde o povo declara que estava melhor no Egito que vagando pelo deserto. Em Ex 16:3, por exemplo, os hebreus, que reclamavam da fome no deserto, afirmaram que comiam bem no Egito. Em Ex 16:14-21; 31-35, *deus* manda o maná, ora descrito como uma espécie de resina fina como escamas (Ex 16:14) que caía ao amanhecer e devia ser recolhida antes do sol esquentar (Ex 16:21), ora descrito como algo semelhante à semente de coentro, com sabor de bolo de mel (Ex 16:31) ou sabor de bolo com azeite (Nm 11:8). Além dessas passagens discordantes, o maná é citado também em Ne 9:15; Sl 78:24 e Jo 6:31. Javé mandou também codornizes, que são aves migratórias (de voo baixo) que saem da Europa para a África no inverno (em busca de um clima mais ameno), retornando no verão, passando pelo deserto do Sinai. As codornizes selvagens são da mesma ordem, família e gênero das nossas conhecidas codornas, mas com grande capacidade de voo. Ainda hoje são muito apreciadas por caçadores profissionais.

O autor de Êxodo informa que os hebreus comeram maná durante os quarenta anos que vagaram pelos desertos da região. Esse tempo demasiadamente longo para ir do Egito à Palestina indica que o povo que entrou nas cidades cananeias era membro de uma federação de tribos nômades do deserto, que somente depois de se organizar militar e politicamente resolveu fixar-se em um território definido. Depois da conquista e de alguns séculos vivendo em cidades, esse povo evoluiu do sistema tribal para a monarquia, primeiro com Saul, rei descendente de Benjamim que foi sucedido por Davi de Belém, líder tribal de guerreiros rebeldes, protegido pelo profeta Samuel.

A ESTRANHA BATALHA CONTRA AMALEQUE

A partir do 17:8 tem-se uma narrativa no mínimo estranha. Do nada o autor de Êxodo começa a narrar a primeira guerra do povo migrante: *"Então, veio Amaleque e pelejou contra Israel em Refidim."* Não explica quem era Amaleque, quem era o seu povo e onde viviam. No verso 9 Josué é citado pela primeira vez como comandante militar. Sim, comandante militar. Muitos pensam que os israelitas eram um monte de trabalhadores sem nenhuma formação marcial. Em Ex 14:19 está escrito: *"...Então, o anjo de Deus, que ia adiante do exército de Israel, se retirou e passou para trás deles."* No meio dos milhares de israelitas, havia um exército organizado, que se manteve em treinamento e combate durante os quarenta anos da travessia. Sem isso não se explica como tomaram cidades-estado, algumas fortificadas e com exércitos regulares. Se considerarmos a tese de Ahmed Osman (2005)[2] – que Moisés era Akenaton – é natural supor que o rei deposto levasse consigo parte do exército que permaneceu fiel a ele. Se considerarmos a versão bíblica, que Moisés foi criado na corte real e tinha papel destacado nos negócios do Estado por ser um príncipe (filho adotivo [?] da princesa), é também natural que ele tenha levado oficiais, soldados e armas consigo.

Mas o curioso nessa primeira batalha foi que Moisés ficou com Arão e outros anciãos em cima de um outeiro, com seu cajado mágico. Quando ele levantava o cajado, Israel vencia. Quando baixava o cajado, Amaleque avançava. Foi preciso Arão e Hur sustentarem os braços de Moisés para que o cajado permanecesse erguido e com isso lograrem a vitória. *"Josué desbaratou a Amaleque e a seu povo a fio de espada"* (17:13).

QUEM ERAM OS AMALEQUIANOS?

Chama atenção, tanto o fato de Javé demonstrar tanto ódio – aparentemente desproporcional – contra Amaleque, quanto a não explicação desse ódio. Javé diz a Moisés que vai riscar totalmente a memória de Amaleque de debaixo do céu (17:14) e volta a **jurar** *"...que haverá guerra do Senhor contra Amaleque de geração em geração"* (17:16). Pelo contexto fica claro que Amaleque já habitava o território invadido pelos israelitas. Segundo Nm 13:29-33 era uma tribo que vivia nos desertos do Neguebe, ao sul do atual território de Israel e nela havia gigantes (filhos de Anaque). Segundo o livro de Êxodo, Javé, Moisés, Arão e Josué mataram todos os amalequianos. Mas alguns devem ter sobrado, pois eles voltaram à cena no tempo de Saul. Em 1Sm 15:1-7 Javé ordena que Saul, primeiro rei de Israel, destrua todo o povo de Amaleque. Saul mata todo o povo, mas poupa o rei dos amalequitas, o melhor das ovelhas e dos bois, os animais gordos e os cordeiros. Javé se enfureceu com Saul por ele não haver cumprido a ordem de exterminar a todos, do rei aos animais. Em Dt 25:17-19, Javé fala mais uma vez em apagar da história qualquer registro sobre Amaleque. O que teria esse povo de "especial" para que Javé manifestasse não só ódio, mas o desejo insano de riscá-lo da história?

Os capítulos 4, 6, 8 e a Conclusão tratarão desse complexo assunto. Aqui é importante ressaltar que Saul era o homem mais belo de todo o Israel (1Sm 9:2a) e, que tinha uma grande estatura que o destacava em meio a todo o povo. (1Sm 9:2b;10:23). Saul poderia ser, pois, da raça dos filhos de Anaque, um descendente dos gigantes (embora tivesse nascido na tribo de Benjamim). Talvez por ser parente da raça dos gigantes (tinha uma grande estatura), Saul desobedeceu a Javé e poupou o rei dos amalequitas, Agague (por ser este também da progênie dos Vigilantes?)[3]. Aí começou sua desgraça e o "Senhor" mandou um espírito maligno atormentar Saul (assunto que trato no próximo capítulo). E qual foi o pecado de Saul? Simplesmente poupou o rei e alguns animais, quando a ordem de Javé era para exterminar a todos. E o que fazer com o mandamento entregue aos homens no cume do Monte Sinai: *Não Matarás*? Ou o *deus* que ditou os "dez Mandamentos" era outro ou então se tratava de uma entidade que adorava brincar com os seres humanos, uma hora dizendo *"não matarás"* e em outros momentos, punindo quem não matasse.

A monolatria mosaica, os "dez" mandamentos e as contradições de Javé

Em Ex 18:11, Jetro, sogro de Moisés diz: *"Agora sei que o Senhor é maior que todos os outros deuses, porque livrou este povo de debaixo das mãos dos egípcios (...)"*. Em Ex 20:3, no episódio conhecido como "a instituição dos dez mandamentos" que veremos a seguir, Javé mostra não só seu ciúme, mas o reconhecimento da existência de outros deuses, pois diz: *"não terás outros deuses diante de mim"*. Como abordado na Introdução, a Monolatria considera a existência de outros deuses, embora só preste culto a um deles, considerado o *deus* nacional. Jetro falou exatamente isso e Javé não diz que é o *deus* único, mas apenas ordena que os israelitas não tenham outros deuses diante dele.

O capítulo 19 de Êxodo narra outro encontro de Moisés com *deus* (o primeiro foi o da sarça ardente). Os israelitas vinham de Refidim, onde massacraram os amalequitas e acamparam, no começo do terceiro mês após a partida do Egito, no sopé do Monte Sinai (o mesmo Monte Horebe de localização hoje duvidosa). Moisés subiu e lá se encontrou com *deus*. No verso 5 temos a proposta de aliança de Javé: *"...se ouvirdes a minha voz e guardardes a minha aliança, então sereis a minha propriedade peculiar dentre todos os povos..."* Moisés levou a proposta aos anciãos e todos concordaram em obedecer ao *deus* de Jacó. Javé então passou a dar instruções rigorosas para afastar o povo do monte onde ele iria descer e ordenou para apedrejar ou flechar qualquer um que ultrapassasse o limite traçado em torno do monte, fosse animal ou homem. E disse para todo o povo se purificar e se abster de mulher durante três dias.

Ao amanhecer do terceiro dia, em meio a trovões e relâmpagos, uma nuvem espessa baixou sobre o cume do monte e *"Todo o Monte Sinai fumegava, porque o Senhor descera sobre ele em fogo..."* (Ex 19:18). A descrição hoje parece com a descida de uma nave espacial, mas isso é tema para Erich Von Däniken. Depois de mandar Moisés descer mais uma vez para alertar o povo para que não tocasse nos limites do monte, mandou que ele subisse de novo, com Arão e os sacerdotes devidamente consagrados. Na sequência o autor de Êxodo informa que Javé pronunciou diretamente o que hoje chamamos de *"os dez Mandamentos"* (Ex 20:3-17), que são repetidos com as mesmas palavras em Dt 5:1-21. Os mandamentos aqui ditados por Javé são a fonte das maiores contradições da Bíblia Hebraica. Algumas correntes cristãs, que adotaram essas Escrituras em sua Bíblia com o nome de Antigo Testamento,

CONTRADIÇÕES ENTRE OS DEZ MANDAMENTOS E OUTRAS SENTENÇAS BÍBLICAS

Levantarei aqui apenas três grandes contradições que surgiram a partir de Ex 20:3-17. A primeira é acerca do **segundo mandamento** (que não aparece nos catecismos católicos): a proibição de fazer imagem de escultura de qualquer ser ou coisa que exista no céu, na Terra, e nas águas sob a Terra (Ex 20:4-5). No mesmo livro de Êxodo, um pouco à frente (25:18-19), o mesmo *deus* Javé mandou fazer dois querubins de ouro polido para colocá-los no propiciatório que ia sobre o artefato mais sagrado dos hebreus: a Arca da Aliança. O grave é que na época de Moisés (século XV a.C. na versão judaica ou ainda no século XIII a.C. na versão católica), querubim ou *querub* era uma figura alada da mitologia babilônica, uma espécie de esfinge com rosto humano, corpo de leão e asas de águia. Sacerdotisas humanas com asas estilizadas também aparecem nas paredes de templos egípcios da época. Não havia anjos com asas na religião dos antigos hebreus. Mas além da questão do anjo com asas, a grande contradição foi que no capítulo 20 Javé proíbiu terminantemente a confecção de qualquer imagem e, no capítulo 25 do mesmo livro ele manda confeccionar duas imagens de querubins para encimarem o objeto de culto mais importante do chamado "povo eleito".

No livro de Números, o quarto da Bíblia Hebraica, Javé mandou Moisés confeccionar uma serpente de bronze (Nm 21:8-9). Se alguém fosse picado por uma serpente (eles estavam vagando num deserto cheio de víboras), bastava olhar para essa imagem que ficaria curado. Aqui vê-se que o autor desse livro estava sob a influência da mitologia egípcia, onde a serpente representava tanto o mal (Apófis) como também uma espécie de "entidade de cura" (Uadijit, deusa serpente do Baixo Egito), além do que, o símbolo principal do poder no vale do Nilo era o *ureaus*, uma serpente presa ao turbante do faraó. Moisés foi educado no Egito e essa passagem está ligada ao politeísmo zoomórfico daquele país. O tema ficou mais confuso (ou mais claro), quando o próprio

Javé deu a Moisés (e a Arão) a capacidade de transformar um bastão em serpente, como demonstração de poder. Tempos depois, a serpente enrolada no bastão passou a ser o símbolo da alquimia, depois da farmácia e hoje é o símbolo da medicina (o caduceu de Asclépio). Mas a confecção da serpente de bronze contradiz de modo frontal o segundo mandamento expresso em Ex 20:4. Como uma população inculta não iria adorar de alguma forma, uma imagem (de bronze) de serpente que salvava as pessoas da morte certa?

Não vou discutir aqui o mérito da utilização de imagens e símbolos em rituais religiosos. Isso é motivo de grande contenda entre católicos e protestantes. O que destaco são as contradições entre os mandamentos e as ações de Javé. Ou se aceita que as Escrituras são em grande parte obras humanas – com todas as falhas que isso possa significar – ou se aceita o absurdo de que Deus é contraditório e, portanto, imperfeito. A hipótese da minha Tese – a de que Javé não é o Deus do universo, por isso ele se contradiz, se arrepende e até pratica vingança, como um simples mortal – pode ser a solução desse dilema.

Ainda no capítulo 20, verso 5 de Êxodo, encontra-se outra afirmação de Javé que é desfeita em outro livro da própria Torah. Esse verso se inicia finalizando a sentença do verso 4 que condena o culto a imagens e depois, diz textualmente:

> *[...] Porque eu sou o Senhor, teu Deus, Deus zeloso, que visito a iniquidade dos pais nos filhos até a terceira e quarta geração daqueles que me aborrecem. [ver tb. Ex. 34:7b].*

No livro de Josué, que é uma sequência de Êxodo, consta um exemplo da aplicação prática dessa instrução de Javé. Em Js 7:24-25 vê-se general hebreu matando filhos pelos pecados dos pais. Mas, um pouco mais adiante em Dt 24:16, encontra-se a seguinte ordem de Javé transmitida ao povo através do mesmo Moisés:

> *Os pais não serão mortos em lugar dos filhos, nem os filhos, em lugar dos pais; cada qual será morto pelo seu pecado.*

Isso é confirmado textualmente em 2Rs 14:6 e em 2Cr 25:4. Ezequiel (18:1-32) desenvolve grande argumentação neste mesmo sentido da responsabilidade pessoal de cada um. Pode-se ainda confrontar com Jr 31:29-30. Mas depois dessas informações perguntas se tornam invitáveis: em que devemos acreditar? Ex 20:5 ou Dt 24:16? Os dois foram escritos por Moisés, sob inspiração de Javé, ou um *deus* ditou Ex 20:5 e outro *deus* ditou Dt 24:16? Estamos ou não diante de uma grande contradição? Estes fatos demonstram que Êxodo e Deuteronômio foram escritos por pessoas diferentes ou um deles foi emendado depois. Não se pode admitir que a mesma pessoa diga para castigar os pais nos filhos numa passagem e em outra, diga exatamente o contrário. Contradições desse tipo tornam ainda mais confusa a leitura da Torah, permitindo interpretações "ao gosto do freguês". Assim, o líder religioso que quiser castigar o pai nos filhos, vai invocar Ex 20:5 e o que não concordar com esse absurdo, invocará Dt 24:16.

Mas há uma contradição mais profunda, mais gritante, mais chocante, que não pode de modo algum ser refutada porque está limpidamente estampada em todos os livros da Torah. É a referente ao sexto mandamento: "**Não Matarás**" (Ex 20:13).

A entidade que ditou o sexto mandamento pode ser qualquer um membro do mundo espiritual, menos Javé. Afirmo isso pelas outras determinações de Javé presentes em todo o Hexateuco. O "*não matarás*" está apenas em Ex 20:13 (e no paralelismo de Dt 5:17), mas as determinações para matar, chacinar e exterminar, estão presentes em todos os livros da lei de Moisés. Javé matava e mandava matar abundantemente antes e depois dos dez mandamentos.

Esta contradição (entre não matar e matar) é a mais alarmante de toda a Bíblia. Em Ex 20:13 tem-se o mandamento "*não matarás*" e no mesmo livro, no capítulo seguinte, encontram-se várias ordens de Javé para matar, matar e matar. Vejam alguns trechos do livro de Êxodo:

> *21:12 Quem ferir a outro, de modo que este morra, também será morto.*

21:14 Se alguém vier maliciosamente contra o próximo, matando-o à traição, tirá-lo-ás até mesmo do meu altar, para que morra.

21:15 Quem ferir seu pai ou sua mãe será morto.

21:16 O que raptar alguém e o vender, ou for achado na sua mão, será morto.

21:17 Quem amaldiçoar seu pai ou sua mãe será morto.

No capítulo 22, as ordens de Javé para matar pecadores, continuam. É um *deus* sem misericórdia, que não dá uma chance sequer a quem, em sua ótica, cometeu um erro.

22:18 A feiticeira não deixarás viver.

22:19 Quem tiver coito com animal será morto.

No livro de Levítico, tem-se outros exemplos. Destaco o seguinte:

24:17 Quem matar alguém será morto.

No livro de Números, as sentenças de morte continuam, impiedosamente:

35:16 Todavia, se alguém ferir a outrem com instrumento de ferro, e este morrer, é homicida; o homicida será morto.

35:17 Ou se alguém ferir a outrem com pedra na mão, que possa causar a morte, e este morrer, é homicida; o homicida será morto.

35:18 Ou se alguém ferir a outrem com instrumento de pau que estiver na mão, que possa causar a morte, e este morrer, é homicida; o homicida será morto.

35:19 O vingador do sangue, ao encontrar o homicida, matá-lo-á.

35:21...ou, por inimizade, o ferir com a mão, e este morrer, será morto aquele que o feriu; é homicida;

CAPÍTULO 3 - ÊXODO E JOSUÉ: FUGA DO EGITO E INVASÃO DA PALESTINA | *141*

> *o vingador do sangue, ao encontrar o homicida, matá-lo-á.*

Ainda em Números encontra-se Moisés infringindo o sexto mandamento.* O capítulo 15 desse livro, versos de 32 a 36, narra a história de um homem que foi flagrado apanhando lenha num sábado. Ele foi levado a Moisés e Arão. *"Então, disse o Senhor a Moisés: Tal homem será morto; toda a congregação o apedrejará fora do arraial"* (Nm 15:35). O verso 36 confirma que o homem foi apedrejado e morto, como o "Senhor" ordenara a Moisés. É bom frisar que nos chamados "dez mandamentos", há a determinação para guardar o sábado (Ex 20:8-11), mas não há ordem para matar quem não o fizer. A pena de morte para essa "infração" só vai aparecer em Ex 31:14: "... *aquele que o profanar* [o sábado] *morrerá...*" Se tomarmos essa instrução de descansar um dia da semana ao pé da letra como tendo obrigatoriamente que ser no sábado e se Javé tivesse realmente poder, bilhões seriam ceifados em todo o mundo, pois nos dias de hoje bilhões de seres humanos trabalham no sábado, embora folguem no domingo.

Jesus relativizou essa norma javista. Para o Mestre Nazareno, o sábado foi feito para o homem e não o homem para o sábado (Mc 2:23-27; Mt 12:1-8; Lc 6:1-5). A vida é feita por ciclos e é patente que a cada sete dias, devemos tirar um para o descanso, reposição de energias e espiritualização (orações, adoração a *deus*, de acordo com cada crença). Mas matar quem for *"flagrado apanhando lenha num sábado"* é um absurdo. E a contradição é patente: Ex 20:13 diz: *não matarás*. No mesmo livro de Êxodo, no capítulo 31, verso 14, encontra-se a ordem para matar quem profanar o sábado. Deus é perfeição absoluta, logo não foi Ele quem ditou esses livros contraditórios e centrados na morte!

> ** A composição e ordem dos chamados "dez mandamentos" varia de acordo com a vertente religiosa. Para as bíblias Judaica, Protestante, Ortodoxa, Anglicana e a dos Adventistas do Sétimo Dia, não matarás é o **sexto mandamento**, seguindo uma divisão feita ainda no século I por Flávio Josefo (Antiguidades Judaicas). Para os católicos e luteranos, que seguem*

uma divisão feita por Santo Agostinho, não matarás é
*o **quinto mandamento**.*

O livro de Deuteronômio é uma espécie de compilação dos quatro primeiros livros da Torah (ou, a partir dele, esses quatro livros foram produzidos: não há ainda um consenso). Seja como for, serviu de base para a reforma religiosa do rei Josias no século VII a.C. Para muitos estudiosos ele foi escrito naquela época. Ele repete textualmente os dez mandamentos contidos no livro de Êxodo, assim como passagens e leis constantes em Levítico e Números (ou foi a base desses livros). É um livro de instruções rigorosas e está repleto de infrações ao sexto mandamento, praticadas pelo próprio Javé e seus profetas. Vejam alguns exemplos. Que o leitor prepare o espírito, pois o que está escrito é pura abominação para o Deus verdadeiro. Em Dt 13:1-10 está a passagem citada no capítulo 1 deste livro que trata das recomendações de Javé contra profetas ou sonhadores que viessem propor a adoração de outros deuses. As recomendações, como já dito, são terríveis, mas o que vem a seguir é muito mais cruel e abominável ainda. Javé diz que as ações acima serviriam para fazer o povo temer os desvios de culto, mas depois passou a se referir a cidades inteiras e não apenas aos parentes de um "justo".

Javé mandou, então, fazer o *Al Herem*, ou seja, a destruição de todos e de tudo em uma cidade que adorasse outros deuses que não ele próprio ou mesmo se alguns homens "malignos" incitassem o povo dessa cidade a cultuar outros deuses. Estamos diante de um *deus* possessivo, ciumento ao extremo, capaz de exterminar cidades inteiras se lá houvesse desvio no culto. Vejam o texto bíblico (Dt 13:15-16):

> *13:15 então, certamente, ferirás a fio de espada os moradores daquela cidade, destruindo-a completamente e tudo o que nela houver, até os animais.*
>
> *13:16 Ajuntarás todo o seu despojo no meio da sua praça e a cidade e todo seu despojo queimarás por oferta total ao Senhor [no original, Yhwh/ יהוה], teu deus, e será montão perpétuo de ruínas; nunca mais se edificará.*

Ainda em Deuteronômio constam vários outros exemplos do descumprimento do sexto mandamento. Basta ver 17:5-6 e os terríveis castigos "divinos" de 28:15-45.

Como estamos tratando do sexto mandamento é preciso voltar ao fatídico *Al Herem*. Trata-se de uma palavra hebraica que se refere a um antigo costume de consagrar todos e tudo de um território considerado profano, ao *deus* do povo conquistador. Essa consagração consistia em matar toda a população humana: homens, mulheres e crianças, além de todos os animais, a fio de espada e depois oferecer tudo em holocausto ao "Senhor". Em algumas passagens, Javé mandava não ficar com nenhum despojo das cidades conquistadas. Em outras, ordenava que os israelitas se apropriassem das mulheres, das crianças, dos rebanhos, do ouro e da prata dos vencidos. Reproduzo abaixo alguns exemplos dessas práticas, todas descritas nos livros do Hexateuco. O leitor deve ler todo o contexto na própria Bíblia.

> *Quem sacrificar aos deuses e não somente ao Senhor será destruído. (Ex 22:20).*
>
> *[...] e o Senhor, teu Deus, as tiver dado diante de ti [as sete nações mais numerosas de Canaã], para as ferir, totalmente as destruirás; não farás com elas aliança, nem terás piedade delas (Dt 7:2).*

Nas próximas citações nota-se uma flexibilidade na ordem de destruição: havia ocasiões em que Javé permitia o desfrute dos despojos:

> *E o Senhor, teu Deus, a dará na tua mão [cidade que não se rendesse]; e todos os do sexo masculino que houver nela passarás a fio de espada (Dt 20:13);*
>
> *mas as mulheres, e as crianças, e os animais e tudo o que houver na cidade, todo o seu despojo, tomarás para ti; e desfrutarás o despojo dos inimigos que o Senhor, teu Deus, te deu (Dt 20:14).*

Javé explica, porém, que essa flexibilidade é só para povos distantes. Já para aqueles cuja terra ele prometeu em herança (heteus, amorreus, cananeus, ferezeus, heveus e jebuseus), estes deveriam ser exterminados totalmente com tudo que houvesse em suas cidades. Vejam a crueldade da ordem seguinte:

> *Porém, das cidades destas nações que o Senhor, teu Deus, te dá em herança, não deixarás com vida tudo que tem fôlego (Dt 20:16).*

Nem no auge da Segunda Guerra Mundial, chegaram a tanto. A ordem de Javé era para não fazer prisioneiros. Era para matar *tudo que tivesse* fôlego, ou seja, homens, mulheres, idosos, crianças e animais. Extermínio em massa de povos inteiros. Extinção de etnias, de culturas, de religiosidades diversas, de toda a vida animal de uma região, enfim.

Depois de tudo isso, alguém ainda se lembra do que está escrito em Ex 20:13? Lá está escrito um mandamento dado solenemente a Moisés no cume do Sinai, diante dos anciãos de Israel, com todo o povo assentado ao sopé do monte: *não matarás*! Jesus também ditou uma doutrina de cima de um monte – o monte das Oliveiras – e nela não há pena de morte, mas o perdão ao inimigo como forma de estancar o ciclo de violência na Terra.

A DATAÇÃO DOS DEZ MANDAMENTOS

Para muitos estudiosos, os dez mandamentos foram acrescentados ao livro de Êxodo no período pós-exílio babilônico, com redação definitiva entre os séculos VII e V a.C., no final do chamado "período sacerdotal". Isso foi detectado inicialmente por uma simples Crítica Textual. Pela versão da Torah/Pentateuco que existe hoje, os dez mandamentos foram dados a Moisés num tempo em que os israelitas vagavam como nômades pelo deserto, mas esse texto traz outra realidade – urbana – típica de quem já morava em cidades e não em um deserto a vagar. Fala em *"tua casa"*; em cidades fortificadas quando se refere ao *"estrangeiro que está dentro dos teus muros"*; em escravos e servos dos israelitas o que pressupõe relações sociais e uma atividade econômica incompatíveis com a vida itinerante no deserto.

No tempo em que os dez mandamentos foram ditados, os israelitas não tinham casas, mas tendas; não tinham portas nas tendas, mas cortinas. Não tinham muros em cidades, pois ainda não as tinham conquistado ou construído. Quando não estavam vagando, viviam em acampamentos. Comiam uma resina que caía do céu (maná) e aves migratórias de voo baixo (codornizes). Ao citar uma realidade sedentária e urbana (que os israelitas só iriam vivenciar depois), o texto nos leva à dedução de que o mesmo foi introduzido pelos sacerdotes num período bem posterior. Como referências aos dez mandamentos só aparecem na literatura judaica não canônica a partir do século VII a.C., deve ser dessa época a elaboração do chamado Decálogo, incorporado então (ou um pouco depois) aos livros de Êxodo e Deuteronômio. Outra prova que esse texto é uma interpolação é que o restante do livro de Êxodo é um festival de descumprimento dessas recomendações divinas, começando pelos capítulos imediatamente seguintes ao que elas foram inseridas.

A lei de Talião

O capítulo 21 de Êxodo é uma reprodução da chamada lei de Talião que foi a base do primeiro código jurídico da história, escrito em pedra na Mesopotâmia, por ocasião do governo de Hamurabi, principal monarca do primeiro império babilônico.

Em Êxodo 21:23-25 há o princípio da lei de Talião repetido integralmente. Como exemplo, vejam o verso 24: *"olho por olho, dente por dente, mão por mão, pé por pé."* O chamado povo hebreu, como já dito na Introdução, era formado por tribos nômades dos desertos de Edom, Temã e Sinai, em torno de um núcleo composto por descendentes de povos da Mesopotâmia e do Egito. Assim, seu universo cultural e religioso era fortemente influenciado por essas duas civilizações. Considerando-se que Êxodo foi escrito a partir do século VII a.C., foi Êxodo que copiou o Código de Hamurabi (elaborado no século XVIII a.C.). Para alguns exegetas, a adoção dessa lei (de Talião) na Bíblia, foi um avanço para estancar a chamada vingança desproporcional. Naqueles tempos, uma morte podia ser vingada com várias mortes. A lei veio para dar proporcionalidade à vingança. Ora, estimado leitor, aqui tem-se um problema de lógica formal: partindo-se das premissas que Deus é imutável e que Jesus é Deus, como Jesus não adotava a lei de Talião, então quem ditou o capítulo 21 de Êxodo não foi Jesus (Deus), pois quem pode evoluir é o ser humano, que é imperfeito. Deus não evolui. Deus simplesmente É! O que se pode concluir é que tanto o Código de Hamurabi como o Pentateuco são obras humanas, com leis próprias para uma época de muita brutalidade. Atribuir a Deus a autoria de uma escritura baseada em uma lei de vingança como a lei de Talião, soa absurdo.

LEIS CIVIS E RELIGIOSAS

Os capítulos 22 e 23 tratam de leis civis e religiosas, do falso testemunho, do ano de descanso da terra, do sábado e dos deveres dos juízes. No capítulo 23 encontra-se ainda a instituição das três festas judaicas, mas em 23:19 há uma informação interessante: Javé aceita e pede as primícias dos frutos da terra. Muitos estudiosos só destacam a segunda parte desse verso onde consta a proibição de cozinhar o cabrito no leite de sua própria mãe (repetido em Dt 14:21), que virou uma espécie de provérbio entre os judeus. É importante destacar que Javé aceita (e pede) uma oferta de frutos da terra (repetido em Ex 34:26 e Dt 26:2). O mesmo tipo de oferta feita por Caim e recusada por Javé em Gn 4:3-5. É sabido que esse *deus* adorava sacrifícios de sangue, gordura e holocaustos (queima) de animais e homens. É estranho ele pedir aqui, frutos da terra. As primícias dos frutos da terra eram oferecidas às deusas da natureza como Asherah, que a arqueologia moderna já relacionou com Javé (ver capítulo 1 deste livro). A Bíblia sempre dá pistas de ligações ocultas que só muita pesquisa pode vir a esclarecer.

A VISÃO DIRETA DE *DEUS*

Em Ex 24:10-11, Moisés, Arão, Nadabe, Abiú e 70 anciãos "viram a Deus", comeram e beberam (e não morreram). Este episódio é mais uma demonstração do caráter contraditório da Bíblia Hebraica. Em todo o Antigo

Testamento (Pentateuco, Escritos e Profetas), existem várias passagens que indicam que nenhum ser humano pode ver Deus e continuar vivo. Isso está explícito em Ex 33:20 onde Javé diz a Moisés:

> *E acrescentou: Não me poderás ver a face, porquanto homem nenhum verá a minha face e viverá.*

Indicações dessa ordenança divina são encontradas também nas seguintes passagens: Ex 3:6; Dt 5:24-27; Jz 6:22-23; 17:21-22. Já no Novo Testamento, em 1Co 13:12 e 1Jo 3:2., mas de modo explícito em 1Jo 4:12 e no Evangelho de João 1:18, onde se lê:

> *Ninguém jamais viu a Deus; o filho unigênito, que está no seio do Pai, é quem o revelou. (Cf. 1Tm 6:16).*

Todos esses versos estão em contradição com Ex 24:10-11 bem como as passagens de Gênesis já citadas no capítulo 2, como a visão de Jacó da face de *deus* em Betel; a luta de Jacó com o próprio *deus* por uma noite inteira e a visita de *deus* e dois amigos à tenda de Abraão. Vejam que Ex 33:20 (*"...Não me poderás ver a face, porquanto homem nenhum verá minha face e viverá"*) desmente Ex 24:10-11 e as citadas passagens de Gênesis. O Novo Testamento prefere Ex 33:20 e afirma que ninguém jamais viu Deus. Como resolver esse impasse? Só há uma saída. Os avistamentos que antigos israelitas tiveram de *"deus"*, na verdade não eram de Deus, mas de entidades da dimensão espiritual como anjos, que poderiam ser celestes ou caídos. E eles sempre se apresentavam em forma humana, sem as asas acrescentadas depois pela iconografia cristã, com base nos *querubs* mesopotâmicos e na arte religiosa egípcia.

JAVÉ PASSA A PEDIR PRATA E OURO

No capítulo 25 Javé, ou quem fala em nome dele, passa a pedir outro tipo de oferta. Ele sempre pedia sacrifícios de sangue e gordura. Em raras vezes pediu primícias dos frutos da terra, mas agora ele pede, dentre outros valiosos bens, ouro, prata e bronze. Esta parte do texto trata da construção do Tabernáculo, uma espécie de templo móvel, afinal os israelitas – nesse momento de sua história – eram nômades. Além dos metais de valor, Javé pede todo tipo de oferta para a construção do Tabernáculo e para os opulentos trajes sacerdotais: "pedras de ônix e pedras de engaste, para a estola sacerdotal e para o peitoral" (Ex 25:7). Em Ex 28:6-8 há detalhes da luxuosa estola e em Ex 28:15-30, a descrição do riquíssimo peitoral.

> *E farão a estola sacerdotal de ouro, e estofo azul, e púrpura, e carmesim, e linho retorcido, obra esmerada (Ex 28:6).*
>
> *Farás também o peitoral do juízo de obra esmerada, conforme a obra da estola sacerdotal o farás: de ouro, e estofo azul, e púrpura, e carmesim, e linho fino retorcido o farás (Ex 28:15).*

Segue-se o engaste de pedras preciosas em quatro ordens, incluindo sárdio, topázio, carbúnculo (1ª ordem); esmeralda, safira e diamante (2ª ordem); jacinto, ágata e ametista (3ª ordem) e berilo, ônix e jaspe (4ª ordem). Todas guarnecidas de ouro nos seus engastes. Ainda para o peitoral, havia cordões trançados e argolas, tudo de ouro puro.

Vamos parar por aqui e fazer uma reflexão. Quem pediu esse luxo todo não foi Deus, mas os próprios sacerdotes. A forma de organização política dos israelitas era uma teocracia tribal. As elites do povo eram os sacerdotes da tribo de Levi. Eles conheciam o luxo das monarquias absolutas do Egito e da Mesopotâmia e queriam esse luxo para representar o seu "grande poder" em meio a um povo pobre, sem território e sem atividade produtiva que não a criação de ovelhas e o saque. Estamos diante do contraste típico de todas as ditaduras: um povo que mal tinha o que comer e uma classe dominante (neste caso, sacerdotal), coberta de ouro e pedras preciosas. Todo esse ouro que os sacerdotes disseram que Javé exigiu, o povo trouxe do Egito como já foi explicado. Jesus não era levita, mas Paulo revelou que ele era "sacerdote eterno da ordem de Melquisedeque" que já existia antes que Levi nascesse. Todas as informações canônicas e apócrifas apontam que Jesus se vestia com simplicidade. Se olharmos para grandes homens e mulheres (espiritualmente falando) da história humana, como Lao-Tsé, Buda, Gandhi, São Francisco de Assis, Madre Tereza de Calcutá e tantos outros, o que se vê é a simplicidade adornando uma imensa grandeza de alma.

JESUS E O SACERDÓCIO JUDAICO

O sacerdócio levita não foi instituído no tempo de Jacó, pai de Levi. Aliás, Levi foi um filho insubordinado que ajudou a matar covardemente os homens de Siquém utilizando-se de um engodo, o que foi reprovado pelo seu pai (ver capítulo 2 deste livro). Os levitas se tornaram classe sacerdotal no tempo de Moisés, porque Arão, seu irmão era levita e Moisés fez dele seu sacerdote principal, pois era através dele que Moisés se comunicava com o povo, já que (criado na corte egípcia) tinha dificuldades com a língua hebraica.

Com toda a riqueza extraída do povo, Moisés e a classe sacerdotal levaram a cabo a construção do Tabernáculo, da Arca da Aliança (para guardar as tábuas da lei), com seu propiciatório encimado por dois querubins de ouro maciço, além da mesa, do candelabro de sete braços e outros utensílios de culto que deveriam ser guardados no lugar mais sagrado do Tabernáculo, o Santo dos Santos. Quando Salomão construiu o primeiro Templo e, quando no período pós-exílico foi construído o segundo Templo, a planta de ambos reproduzia as linhas do Tabernáculo. Assim, no Templo de Jerusalém, na época de Jesus, havia um "Santo dos Santos", onde só o sumo sacerdote adentrava (e apenas uma vez por ano). Dirijo-me novamente aos cristãos (tanto os que creem em Jesus como o próprio Deus, como os que creem em Jesus como Filho de Deus): é sabido que Jesus não foi sacerdote judeu, muito menos sumo sacerdote. Ele sequer era levita. É evidente, portanto, que ele nunca entrou no "Santo dos Santos". Ora, mas se ele era Deus ou filho de Deus e não pôde entrar nesse recinto do Templo, esse recinto não era de Deus. Na verdade Jesus enfrentou a estrutura de poder armada em torno do Templo de Javé onde, para ele, predominavam os negócios da matéria e não do espírito.

Os capítulos 26 e 27 tratam das cortinas luxuosas do Tabernáculo, do altar dos holocaustos, do Átrio e do azeite para o candelabro. O capítulo 28 diz que *deus* escolheu Arão e seus filhos para sacerdotes, instituindo assim o *Sacerdócio Levítico*. Os levitas representavam a elite rica entre os hebreus desde o Egito. Escolhidos como única tribo ou grupo capaz de oficiar sacrifícios a *deus*, assumiram definitivamente o poder na teocracia tribal hebreia. Para os historiadores, foi uma escolha de Moisés para empoderar Arão, seu irmão, formando com ele os dois poderes então conhecidos: o político e o religioso. O capítulo 29 trata de sacrifícios e cerimônias da congregação. No capítulo 30, constam as instruções para o altar do incenso; pagamento de resgate nos censos; bacia de bronze; óleo e incenso. No capítulo 31 Javé volta a insistir no sábado – como já visto – e dá a Moisés as tábuas escritas com a lei *"...duas tábuas do Testemunho, tábuas de pedra, escritas pelo dedo de Deus"* (Ex 31:18).

E Arão — o sacerdote escolhido por Javé — fez um bezerro de ouro

O livro de Êxodo é um ajuntamento de vários textos e não teve suas partes devidamente ordenadas. Assim, o capítulo 32 é a continuação do capítulo 24. Lembremo-nos que o capítulo 24 termina com Moisés subindo ao monte para falar com *deus*: *"E Moisés, entrando pelo meio da nuvem, subiu ao monte; e lá permaneceu quarenta dias e quarenta noites"* (24:18). O capítulo 32 tem inicio com o povo cansado de esperar Moisés, incitando Arão a confeccionar um ídolo: *"Mas, vendo o povo que Moisés tardava no monte, acercou-se de Arão e lhe disse: Levanta-te, faze-nos deuses que vão adiante de nós; pois, quanto a este Moisés, o homem que nos tirou do Egito, não sabemos o que lhe terá sucedido"* (Ex 31:1).

O curioso, é que Arão aceita imediatamente a proposta e logo no vs. 2 manda trazer todas as argolas (brincos) de ouro das orelhas das mulheres, filhas e filhos dos israelitas. Este fato é mais que curioso, é estarrecedor. Em Êx 28:1 Javé escolhe Arão e seus filhos para o sacerdócio oficial. Depois Moisés sobe o monte e some por algumas semanas e Arão aceita sem questionar, a primeira proposta que lhe chega para fazer um ídolo. Ele constrói um bezerro de ouro fundido (32:4). Mas na segunda parte desse verso, surge mais um dos mistérios linguísticos da Bíblia: *"...Então, disseram: São estes, ó Israel, os teus deuses, que te tiraram da terra do Egito."* Essa parte do texto indica que Arão construiu mais de um ídolo. Embora a primeira parte do verso 4 fale explicitamente em *"um bezerro"*, a segunda se refere a *"...teus deuses que te tiraram..."* No original hebraico *elohim* significa "deuses" e o verbo "tiraram" também no plural reforça que nem simbolicamente a palavra *elohim* aí empregada estava com sentido singularizado. Que outro *deus* de ouro teria feito Arão para fazer companhia ao bezerro? Como os israelitas viveram séculos no Egito, o bezerro deveria representar o boi Ápis, *deus* egípcio da fertilidade. O boi também representava várias divindades cananeias. Baal, filho de El tinha o boi associado à sua imagem, para lhe dar a simbologia de força viril, fertilidade. Vê-se que a escolha feita por Arão não foi por a caso. Ele escolheu um símbolo muito conhecido tanto por egípcios como pelas tribos que habitavam os desertos da Palestina e cultuado nas cidades cananeias. A consorte de El e depois de Baal era Asherah, cujo símbolo era uma árvore ou um "poste-ídolo". Teria sido essa a outra imagem confeccionada por Arão e omitida pelos editores deuteronomistas? Essa passagem revela ainda o *quantum* de ouro os israelitas trouxeram do Egito.

Voltando a Arão, como se explica que ele tenha cedido sem uma reclamação sequer, a esse pedido idólatra do povo? Logo ele que *deus* escolheu para levar sua mensagem aos israelitas e deu- lhe ainda poder sobre a vara mágica de Moisés, junto de quem sempre estava quando das aparições "divinas"? A impressão que o texto passa é que Arão não tinha nenhum compromisso ou respeito por Javé. Talvez não acreditasse que ele existisse ou soubesse quem realmente ele era. Se ele tivesse a certeza de que Javé existia e era Deus, com tanta intimidade que tinha com ele, através de Moisés, teria resistido à brutal violação do seu segundo mandamento. Por essa e por outras, como a atitude do próprio Levi no episódio de Siquém, foi que Paulo desconsiderou o sacerdócio levítico e anunciou Jesus – que era da tribo de Judá – como sacerdote eterno do Deus verdadeiro.

Arão ouvindo o que disseram (*"São estes, ó Israel, os teus deuses..."*), edificou um altar (onde naturalmente estavam o bezerro de ouro e o outro *deus* ou deusa não identificado), e marcou sacrifícios e holocaustos para o dia seguinte, numa grande festa, onde o povo comeu, bebeu e "levantou-se para divertir-se".

Do alto do monte, Javé viu o que estava acontecendo e mandou Moisés descer, pois o povo havia se corrompido. E em 32:10 o "Senhor" diz:

> *Agora, pois, deixa-me, para que se ascenda contra eles o meu furor, e eu os consuma; e de ti farei uma grande nação.*

Então Moisés suplicou ao "Senhor" pelo povo que ele tinha tirado da terra do Egito. E usou o seguinte argumento para convencer aquele *deus*:

> *Por que hão de dizer os egípcios: Com maus intentos os tirou, para matá-los nos montes e para consumi-los da face da terra. Torna-te do furor da tua ira e arrepende-te deste mal contra o teu povo (Ex 32:12).*

Vejam que não é *deus* quem está dando uma lição de misericórdia em Moisés. É Moisés quem está dando uma lição em *deus* e mandando que ele se arrependa! E o incrível é que aquele *deus* se arrependeu:

> *Então, arrependeu-se o Senhor do mal que dissera que havia de fazer ao povo (Ex 32:14).*

Quando a comitiva mosaica desce do monte e vê o povo cantando e dançando na frente do bezerro de ouro, aí é Moisés quem se enche de ira e toma as tábuas da lei (que *deus* acabara de lhe entregar) e as quebra no pé do monte. Depois queima o bezerro de ouro, reduzindo-o a pó e coloca esse pó (naturalmente tóxico) na água e dá para o povo beber. A Bíblia não fala das complicações de saúde que isso possa ter causado e nem explica o complexo processo químico de reduzir o ouro a pó através da queima, conhecido pela tecnologia do nosso tempo como produção de ORME.

A próxima atitude de Moisés é coerente. Vai a Arão, a quem tinha deixado para governar o povo e pergunta o que aconteceu. Arão diz: *"...Não se acenda a ira do meu Senhor; tu sabes que o povo é propenso para o mal."*

Arão conta como tudo ocorreu. O povo mandou que ele fizesse deuses para ir adiante da congregação. Ele mandou trazer as argolas de ouro, as colocou no fogo e de lá *"saiu este bezerro"*. Moisés não toma nenhuma providência contra Arão. A proteção não era só a seu irmão, mas aos ricos levitas, que além de sacerdotes eram a elite do povo e mantinham em suas fileiras uma espécie de *guarda pretoriana* de Moisés.

OUTRA GRANDE CONTRADIÇÃO

Analisemos esta passagem com muita calma. Moisés havia passado semanas com *deus* no alto do monte. Lá recebeu as *tábuas da lei*, onde estavam os "dez mandamentos", dentre os quais, "não matarás". O verso 26 diz que Moisés chamou *"os do Senhor"* – os levitas – **e os mandou matar à fio de espada os filhos de Israel**, em represália pela idolatria. Morreram naquele dia uns três mil homens (Ex 32:26-28). Mas Arão, que fez o bezerro e organizou a festa aos ídolos, esse foi poupado. Tem-se aqui a exaltação do nepotismo. Além de nomear seu irmão para o mais alto cargo da federação tribal (o de sumo sacerdote), Moisés usou dois pesos e duas medidas e não mandou matá-lo, logo a Arão, que era sacerdote de *deus* e assim mesmo confeccionou o ídolo.

Não vamos nos estender mais no estudo de Êxodo. O que foi mostrado é suficiente para dar a entender que o nível teológico dos autores foi fortemente influenciado pelas culturas politeístas e mágicas dos povos vizinhos, bem representadas no cajado-serpente; na serpente de bronze; no bezerro de ouro; nos sacrifícios; no uso de objetos adivinhatórios como o Urim e o Tumim (Ex 28:30), usados para lançar sortes e adivinhar a vontade de *deus*, como faziam os oráculos dos deuses pagãos. Pelo visto, ficou bem claro que a entidade Javé não é o Deus do universo. Uma entidade que manda destruir cidades inteiras incluindo "tudo que tenha fôlego", só porque alguns de seus habitantes se inclinaram a outros deuses; uma entidade que recebe uma repreensão de Moisés, arrepende-se e muda de posição; uma entidade que não sabia onde ficavam as casas do seu povo no Egito; uma entidade que praticou terrorismo contra o povo egípcio, só para gloriar-se sobre o faraó, seus carros e seus cavalarianos, essa entidade não é o Deus que Jesus chamava de Pai.

Depois da decepção de Javé com a infidelidade do povo ao pé do Monte Sinai, ele não vai mais adiante da caravana israelita, manda um anjo (capítulo 33). Vale destacar ainda que no capítulo 34, verso 1, Javé manda Moisés lavrar duas tábuas de pedra (como as primeiras) para que ele escreva de novo a lei que foi quebrada em revolta pela adoração do bezerro de ouro. Esse episódio foi acrescentado para o registro da renovação da aliança entre Javé e Moisés. Sim, aliança com Moisés, pois se fosse pela vontade de Javé (manifestada em Ex 32:10) ele teria matado todos os israelitas e poupado somente o legislador. Em Ex 34:10-17, *deus* renova a aliança, volta a cobrar fidelidade e, nos capítulos seguintes, trata das festas, da Arca da Aliança, novamente das vestes dos sacerdotes e do Tabernáculo.

O livro de Êxodo termina sem uma conclusão. É como se tivesse faltando uma parte, tirada propositalmente pelos sacerdotes-editores dos séculos VII, VI e V a.C. Ele não trata da morte de Moisés (esta é registrada em Dt 34:5), nem diz em que posição (geográfica e organizacional) estava a congregação israelita quando da passagem do poder a Josué.

O LIVRO DE JOSUÉ: O EXTERMINADOR DO PASSADO

Esse livro é a continuação da narrativa de Êxodo. Ele começa com *deus* falando a Josué, após a morte de Moisés. Javé reconhece Josué como legítimo sucessor no comando das tribos israelitas (como narrado em Dt 31:1-8) e reafirma a promessa de dar a terra de Canaã: *"Todo lugar que pisar a planta do vosso pé, vo-lo tenho dado, como eu prometi a Moisés"* (1:3). Depois *deus* torna a definir a extensão da terra que vinha prometendo – há séculos – ao seu "povo particular": *"Desde o deserto e o Líbano, até o grande rio Eufrates"* (1:4). Trata-se de uma contradição em face ao prometido em Gn 15:18 onde *deus* disse a Abrão: "À tua descendência dei esta terra, desde o rio do Egito até o grande rio Eufrates." Como já destacado, essa promessa não foi cumprida, uma vez que o território de Israel nunca chegou aos limites do rio Eufrates.

O livro de Josué pode ser dividido em três grandes partes:

a. cap. 01 ao cap. 12 – A invasão e conquista do território de Canaã;
b. cap. 13 ao cap. 22 – A distribuição da terra entre as tribos israelitas
c. cap. 23 ao cap. 24 – Despedida de Josué; renovação da aliança.

A autoria do livro é desconhecida e não vou entrar na polêmica discussão sobre a datação do escrito. A Crítica Textual da moderna Ciência Bíblica aponta que a redação final se deu no período Deuteronomista ou no Sacerdotal, uma vez que sua linguagem, a doutrina implícita e algumas passagens são típicas do livro de Deuteronômio. Os episódios mais conhecidos do livro de Josué, até pelo seu caráter espetacular, são: a travessia do Jordão (igual à do Mar Vermelho); a tomada de Jericó (onde as muralhas da cidade ruíram ao som de trombetas e clamor); a vitória de Josué em Gibeão, onde o Sol parou; além das espetaculares vitórias contra federações de reinos cananeus. Mas o que marca esse livro é a crueldade dispensada por Javé e Josué às populações nativas da Palestina, algumas das quais foram literalmente exterminadas. Faltam em nossa língua adjetivos para qualificar tão grande perversidade.

A TRAVESSIA DO JORDÃO

Este episódio parece ter sido acrescentado pelos editores do período Deuteronomista para fortalecer, no meio da população que vivia se inclinando a outros deuses, a crença na grandeza do seu *deus*. Os que saíram do Egito morreram pelo caminho e foram substituídos por uma nova geração que, inclusive, teve de ser circuncidada na chegada à Palestina, pois dos que nasceram no deserto, nenhum desses havia sido circuncidado no caminho. *"Foi esta a razão porque Josué os circuncidou: todo o povo que tinha saído do Egito, os homens, todos os homens de guerra, eram já mortos no deserto, pelo caminho"* (5:4). Josué acampou na margem ocidental do Jordão e, com facas de pederneira, circuncidou todos os machos da congregação israelense (5:7-9). Essa geração não viu o Mar Vermelho se abrir. Não foi testemunha ocular. Soube disso pela boca da geração da fuga. Se considerarmos a fragilidade da fé da geração que saiu do Egito, que na primeira oportunidade fez um bezerro de ouro e o adorou, imagine os que nasceram naquela penosa caminhada: a fé era ainda menor. Há de se levar em conta também que o povo que estava invadindo a Palestina não era formado só por israelitas. Muitas outras tribos nômades do deserto se agruparam a eles nos quarenta anos da árida caminhada. A Tanakh deixa isso claro quando diz, nos versos 33 e 35 do capítulo 8 de Josué, que havia estrangeiros no meio deles, ouvindo a leitura da lei junto com toda a congregação, as mulheres e as crianças. Nas notas originais do livro de Josué deveriam constar apenas diários de batalhas e registros sobre a divisão do território. Tudo indica que os milagres espetaculares, como a abertura do rio Jordão e a parada do Sol teriam sido acrescentados depois.

Avançando um pouco no tempo, depois da queda do reino de Israel, ao norte (722 a.C.), o reino de Judá, ao sul, se tornou o último baluarte da tradição hebraica. A nação estava num processo de resistência e o único elo de coesão daquelas tribos era a herança religiosa firmada nos livros da lei e na OHDtr, que afirmava três coisas básicas: que todos descendiam de um ancestral comum: Abraão; que eles tinham um *deus* todo poderoso que os tinha escolhido como "povo eleito" e que receberiam desse *deus* uma terra que manava leite e mel. É plausível que os redatores deuteronomistas tenham acrescentado este episódio miraculoso – da passagem pelo leito seco do Jordão – num "paralelismo" à já bem difundida (na tradição deles) travessia do Mar Vermelho. Outra hipótese é que esse acréscimo foi um dos elementos usados para reforçar a fé do povo e reconstruir a nação após a volta do exílio babilônico. Os feitos extraordinários do seu *deus* deveriam ser exaltados, para que os filhos de Israel viessem a confiar na ação dos sacerdotes que lideravam a frágil teocracia do povo que voltava da deportação sob o poder de Ciro.

Voltando a Josué, seguindo instruções de Javé, ele mandou os sacerdotes levitas irem à frente do povo, com a Arca da Aliança. Quando seus pés tocaram nas águas do Jordão, elas se separaram e o povo atravessou o rio em seco, defronte de Jericó (Js 3:14-17).

Josué mandou 12 homens representantes das 12 tribos retirarem 12 pedras (grandes) do leito do rio seco, e mandou fazer uma coluna[4] na margem ocidental do Jordão num lugar que ficou chamado de *Gilgal* (Guilgal/

Gálgala em outras traduções). Foi o primeiro de uma série de monumentos de inspiração egípcia (megalitos) que Josué mandou erguer na terra invadida.

A PROSTITUTA SALVA OS ESPIAS E PASSA A SER TRATADA COM HONRA

Antes de atravessarem o Jordão, Josué mandou dois espias (espiões) para observar Jericó, a primeira cidade a ser tomada. É curioso o destaque dado pela narrativa à prostituta *Raab*, levando-se em conta tratar-se de uma sociedade em formação com forte preconceito contra as mulheres, mesmo as "de família". O contexto era de uma federação tribal nômade, em busca de um território definitivo, cujo único vínculo de unidade nacional era uma lei religiosa, que teria sido dada pelo *deus* dos seus ancestrais, com severas normas morais. Mas *Raab* protegeu e livrou da morte os espias israelitas e estes juraram salvar sua vida, a de seus parentes bem como preservar os seus bens, quando tomassem a cidade. Ela é tratada no texto com dignidade e mesmo, com honra. Isso mostra que, ajudando a causa dos conquistadores, não importava a questão moral envolvida. Raab e todos os seus parentes foram poupados. O que aconteceu com o restante da população, veremos a seguir.

TROPA DE ELITE

Todo exército tem sua tropa de elite. Geralmente a maior parte dela está na infantaria, que segue na frente do exército e trava o primeiro combate. O povo que invadiu a Palestina era organizado em 12 divisões ou tribos. No livro de Josué existem pistas de onde estava a elite dos guerreiros israelitas.

> *1:13 Falou Josué aos rubenitas, e aos gaditas, e à meia tribo de Manassés, dizendo: Lembrai-vos do que vos ordenou Moisés, servo do Senhor, vosso Deus vos concede descanso e vos dá esta terra.*
>
> *1:14 Vossas mulheres, vossos meninos e vosso gado fiquem na terra que Moisés vos deu deste lado [oriental]*

do Jordão; porém vós, <u>todos valentes</u>, passareis arma-dos na frente de vossos irmãos e os ajudareis. (Grifei. Cf. Nm 32:28-32; Dt 3:18-20).

Essas três tribos que já habitavam um território fixo, a oriente do Jordão (atual Jordânia), tinham uma organização marcial bem desenvolvida. Pelas palavras de Josué conclui-se que as outras tribos, ainda nômades, ao se aproximarem da Palestina, pelo lado oriental do rio, pediram ajuda militar a esses irmãos já estabelecidos. Vejam o que diz Josué mais adiante:

4:12 Passaram os filhos de Ruben, e os filhos de Gade, e a meia tribo de Manasses, armados, na frente dos filhos de Israel, como Moisés lhes tinha dito;

4:13 uns quarenta mil homens de guerra armados passaram diante do Senhor para a batalha, às campinas de Jericó.

Inicialmente pode se deduzir que a expressão "passaram diante do Senhor" signifique o ato de passar diante da Arca da Aliança. Mas há um trecho (Js 5:13-15) que indica que aquele *deus* poderia realmente estar lá, fisicamente falando. As nossas bíblias, tanto católicas quanto protestantes, costumam considerar como sendo de Deus as aparições de "anjos do senhor" no Pentateuco (Torah) e nos Profetas Anteriores (Josué, Juízes, 1Samuel, 2Samuel, 1Reis e 2Reis). Neste trecho, por exemplo, nossas bíblias colocam como subtítulo: "**Deus aparece a Josué**". Para nós – se dermos crédito à narrativa – fica claro que um ser, uma entidade dotada de mais poder que os humanos, estava lá fisicamente se apresentando como *"Príncipe do exército do Senhor"*. Não se tratava de um ser humano comum, pois Josué, um grande general, se prostrou com o rosto em terra em adoração. Narrativas como essa tinham o efeito de mostrar que o *deus* daquele povo andava com ele. Então quando o verso 4:13 diz que uns quarenta mil homens armados passaram diante do senhor rumo à batalha de Jericó, pode ser que estava querendo dizer que passaram diante do homem que segurava a espada nua na frente de Josué (5:13), o "Príncipe do exército do Senhor". Possivelmente um anjo. Mas, de que tipo?

Não prosseguiremos nesse debate. O que queremos registrar é que havia no meio dos israelitas um exército organizado. Expressões como *"quarenta mil homens armados"*; *"todos valentes"*; marchando adiante do povo, deixam claro que a federação tribal sob o comando de Josué tinha alcançado uma organização militar capaz de desafiar o poder de cidades estabelecidas e fortificadas, com exércitos regulares e sistemas políticos relativamente estáveis. Já foi mostrado anteriormente que quando Moisés saiu do Egito, trouxe uma parte do exército com ele. A Torah afirmou várias vezes que o *Senhor* ia, ora adiante, ora na retaguarda do exército de Israel. Sendo Moisés um príncipe egípcio é plausível que ele tenha trazido oficiais e soldados consigo. Js 5:4;6 fala dos "homens de guerra" que saíram do Egito e morreram no deserto. Ao longo dos quarenta anos, até por uma questão de sobrevivência, esses profissionais foram formando outros grupos organizados de guerreiros. Quando se trata de comunidades com milhares de pessoas, é necessário especialização. Assim, os levitas, integrantes da tribo mais rica, cuidavam dos serviços religiosos e da administração das ofertas, ou seja, do PODER de se relacionar diretamente com *deus* e de cuidar da fazenda pública. Já os *rubenitas*, os *gaditas* e a meia tribo de *Manassés*, se especializaram na arte da guerra, constituindo a tropa de elite dos israelitas.

COMEÇA A MAIOR CARNIFICINA DA HISTÓRIA

O que vamos comentar agora é algo inédito na história da humanidade. Nenhum ditador da Terra agiu com tanta crueldade em suas conquistas. A prática do *Al Herem* foi aqui levada ao extremo, no campo dos genocídios, mas relativizada no campo do saque aos despojos. A primeira cidade no caminho dos israelitas foi Jericó. Segundo a Tanakh, era uma cidade-estado estruturada, pois tinha governo monárquico e muralhas de proteção. Josué, seguindo as ordens do seu *deus*, mandou sete sacerdotes irem à frente do povo tocando sete trombetas, para dar uma volta em torno da cidade durante seis dias e no sétimo dia dar sete voltas. Ao cabo da última volta devia o povo todo gritar, junto com o sonido das trombetas. O povo gritou e as muralhas caíram. Aí começou o festival de horrores. Josué informou que a cidade estava condenada: *"ela e tudo quanto nela houver"* deveria ser destruído (6:17). Isso era determinado pelo costume do *Al Herem* que já foi mostrado, mas Josué abriu uma exceção. Antes ele honrou o juramento dos espias e mandou poupar a casa da prostituta *Raab*. A casa estava marcada com um cordão púrpura. Lembram-se da instituição da páscoa no Egito? Josué já havia dito que a cidade – e tudo nela – estava condenada. Mas em 6:19 ele faz uma lucrativa ressalva:

> *Porém toda a prata, e ouro, e utensílios de bronze e de ferro são consagrados ao Senhor e irão para o seu tesouro.*

Tem-se aqui a instituição do tributo, neste caso não sobre a renda ou patrimônio, mas sobre o saque! Sabemos que são premissas básicas para a constituição de um Estado (no sentido formal, abstraindo a questão das classes) os seguintes elementos: povo; território; tradição comum (cultura, religiosidade, etc) e organização política. Para que haja organização política, tem que haver uma estrutura de poder com o monopólio da violência e do gasto do dinheiro comum, que vem do tributo. É esse tributo que vai sustentar as ações dessa estrutura, por isso ele é imprescindível. Podemos dizer que o tributo é o centro motor do Estado. Sem o tributo, o Estado não passa de uma ideia!

Ao fazer sua primeira conquista, Josué rompeu com o antigo costume tribal (*Al Heren*) de queimar tudo em uma cidade conquistada que adorava outros deuses para oferecer esse holocausto ao *deus* conquistador. Ele mandou queimar quase tudo, menos a prata, o ouro, e os utensílios de bronze e de ferro. E instituiu o "tesouro do senhor". Estava criado o Ministério da Fazenda, num período anterior à própria criação do Estado dos israelitas. Estes, em marcha pelo deserto, não tinham renda nem patrimônio logo, o único tributo que seus líderes poderiam instituir, era sobre o saque das populações vencidas e nesse começo de conquista, a alíquota era de 100%. É inegável, do ponto de vista histórico, que esse feito foi politicamente vital para a conquista militar do território, condição inarredável para a futura construção nacional. Mas isso também mostra que as necessidades seculares se sobrepunham aos antigos costumes religiosos estabelecidos nos próprios livros da lei (Ex 22:20; Dt 7:2; 13:15; 20:17).

O verso 21 do capítulo 6 dá uma mostra de como seria – a partir de então – o método de conquista da terra prometida:

> *Tudo quanto na cidade havia destruíram totalmente a fio de espada, tanto homens como mulheres, tanto meninos como velhos, também bois, ovelhas e jumentos.*

No verso 24 temos a confirmação do holocausto lucrativamente parcial:

> *Porém a cidade e tudo quanto havia nela, queimaram-no; tão somente a prata, o ouro e os utensílios de bronze e de ferro deram para o tesouro da Casa do Senhor.*

Ai-Acã

Chegamos à conquista da segunda cidade palestina, *Ai*. Antes, porém, Israel conheceu sua primeira derrota. A história começa com um episódio que mostra a pedagogia da morte de Josué (ditada por Javé) e mais uma vez expõe as contradições da Tanakh. Acã, um membro da tribo de Judá, prevaricou e escondeu alguns bens da cidade condenada de Jericó. Mas isso estava oculto. Josué, instruído por espias (é engraçado, pois se *deus* caminhava com eles, porque precisavam de espiões para ter informações dos inimigos?), manda apenas dois ou três mil homens atacar a povoação de Ai, que segundo as informações da inteligência israelita, era pequena e desprotegida. O assentamento realmente era pequeno, mas tinha guerreiros bem treinados e derrotam a expedição dos israelitas.

Josué ficou profundamente revoltado com a derrota. Rasgou suas vestes, jogou seu rosto em terra e clamou: "*Senhor Deus, porque fizeste este povo passar o Jordão, para nos entregares nas mãos dos amorreus, para nos fazerem perecer?"* (7:7). E mais adiante, uma reclamação de Josué mostra claramente que Javé era um *deus* apenas dos israelitas: *"Ouvindo isto* [a história da derrota em Ai] *os cananeus e todos os moradores da terra, nos cercarão e desarraigarão o nosso nome da terra; e, então, que farás ao teu grande nome?"* (7:9). Josué está ameaçando o seu *deus*. Se os cananeus matarem os israelitas, o nome de Javé deixará de existir. Os autores da Bíblia Hebraica, sempre que se viam diante de uma derrota de Israel, buscavam um culpado no meio do povo, para salvar a ideia do poder absoluto do *Senhor dos Exércitos*. Javé entendeu o recado e se explicou para Josué, dizendo que o povo pecou, pois roubou coisas condenadas e as colocou em suas bagagens. Aí temos outra pérola da Tanakh. Javé não diz quem roubou os despojos de Jericó. Josué é obrigado a *lançar sortes* para descobrir e por esse método babilônico de adivinhação ele chega até Acã, que confessou:

> 7:20 [...] *Verdadeiramente, pequei contra o Senhor, Deus de Israel, e fiz assim e assim (21) Quando vi entre os despojos uma boa capa babilônica, e duzentos ciclos de prata, e uma barra de ouro de peso de cinquenta ciclos, cobicei-os e tomei-os; e eis que estão escondidos na terra, no meio da minha tenda, e a prata, por baixo.*

Depois da confirmação que o produto do roubo estava realmente na tenda de Acã, Josué mandou levá-lo juntamente com sua mulher, seus filhos e filhas, seus rebanhos e todos os seus bens, mais o produto do roubo e, primeiro ordenou que o povo os apedrejasse até a morte, depois queimou seus corpos e todos os seus pertences no vale de Acor (7:24-25).

Aqui observa-se duas irregularidades com relação ao cumprimento da lei. A primeira é clara. Em Ex 22:20; Dt 7:2; 13:15; 20:17 está escrito que as cidades inimigas devem ser destruídas por completo queimando-se tudo que nelas se encontrar. Josué fez uma *reinterpretação* (vantajosa) desse preceito e mandou recolher a prata, o ouro e os utensílios de bronze e ferro, para o tesouro da *Casa do Senhor*, administrado pela elite do povo, os levitas. Quando Javé lhe informou que alguém fora da classe sacerdotal havia tomado para si, justamente prata e ouro e atribuiu a isso a derrota de

Israel em Ai, Josué concordou com a explicação de *deus* e mandou matar toda a família de Acã. Moral da história: "faça o que eu digo, mas não faça o que eu faço". Que justiça era essa? Na morte dessa família temos a segunda transgressão da lei, que em Dt 24:16 diz "*Os pais não serão mortos em lugar dos filhos, nem os filhos em lugar dos pais...*" Mas como a Torah é cheia de contradições, Josué poderia estar seguindo Ex 20:5 (os dez mandamentos), onde está escrito que Javé é um *deus* que visita a iniquidade dos pais nos filhos até a terceira e a quarta gerações. Como esses livros cheios de contradições dessa ordem podem ter sido inspirados por Deus?

Depois de Javé (ou seus sacerdotes-editores) arrumar essa desculpa para a derrota em Ai, ele partiu para o uso de um engodo típico de generais humanos, simplesmente para poder vencer uma povoação de doze mil habitantes, quando só os "homens de guerra" de Israel eram cerca de quarenta mil. Javé mandou Josué enganar a população de Ai. Uma parte do exército se escondeu atrás da cidade. Josué, com a outra parte, veio pela frente e depois bateu em retirada. Os guerreiros de Ai vieram no encalço dos israelitas, pois já os tinham vencido antes. Os que estavam em emboscada atrás da cidade a invadiram e a incendiaram. Quando os soldados de Aí viram chamas em sua cidade, tentaram voltar, Josué parou a falsa fuga e voltou atacando. O exército de Ai foi cercado e destruído:

> *8:24 Tendo os israelitas acabado de matar todos os moradores de Ai no campo e no deserto onde os tinham perseguido, e havendo todos caído a fio de espada [degolados], e sendo já todos consumidos, todo o Israel voltou a Ai, e a passaram a fio de espada. (25) Os que caíram aquele dia, tanto homens como mulheres, foram doze mil, todos os moradores de Ai.*

Antes da chacina, Javé havia dado uma ordem contra os seus próprios preceitos. Em 8:2 diz o *deus* dos israelitas: "*...somente para vós outros, saqueareis os seus despojos e o seu gado*". Ora, as prescrições de Ex 22:20; Dt 7:2; 13:15-17; 20:17 eram para destruir as cidades conquistadas com tudo que nelas houvesse, sem guardar despojo algum. Tudo deveria ser consagrado a *deus* (Javé) em uma grande fogueira (holocausto). Em algumas passagens anteriores, Javé foi bem incisivo: era para *matar tudo que tivesse fôlego*. Mas em Ai ele (ou quem escreveu o livro em seu nome) estava dizendo para ficar com os despojos e o gado (8:27). Depois da destruição de Jericó, Acã e sua família foram trucidados justamente porque Acã ficou com alguns despojos, "coisa condenada". Josué queimou a cidade de Ai (mas ficou com os desposjos) e enforcou o seu rei e depois o suspendeu no madeiro, até o fim da tarde, quando o retiraram e o lançaram às portas da cidade em ruínas e lá ergueram um fúnebre monumento de pedra, do mesmo modo como haviam feito ao rei de Jericó. Assim agiam os israelitas, sempre sob a orientação direta de seu *deus*.

CONTRARIANDO A TORAH, JOSUÉ FAZ ALIANÇA COM OS HEVEUS

Se foi Moisés quem escreveu a Torah, o livro de Deuteronômio já estava pronto quando Josué iniciou sua conquista das cidades palestinas (pois Moisés morreu antes de botar os pés em Canaã). Vejamos então o que diz Deuteronômio em seu capítulo 7:

> *7:1 Quando o Senhor, teu Deus, te introduzir na terra a qual passas a possuir, e tiver lançado muitas nações de diante de ti, os heteus, e os girgaseus, e os amorreus, e os cananeus, e os ferezeus, e os <u>heveus</u>, e os jebuseus, sete nações mais numerosas e mais poderosas do que tu;" (2) e o Senhor, teu Deus, as tiver dado diante de ti, para as ferir, totalmente as destruirás; <u>não farás com elas aliança</u>, nem terás piedade delas. (Grifei).*

Ora, em Josué 9:14-15 acontece a celebração de uma aliança entre os israelitas e os heveus. Embora estes tivessem usado de um engodo, quando a verdade foi descoberta, Josué manteve a aliança, mas sob um preço elevado: a escravização dos heveus que se tornaram rachadores de lenha e buscadores de água para o povo de Israel (9:23). Alguém poderia dizer que Josué estava seguindo o preceito de Dt 20:10-11(se uma cidade aceitar a paz, se entregando sem lutar, sujeitarás seu povo a trabalhos forçados para te servir), mas na sequência (Dt 20:15-17), temos:

> *(15) assim farás a todas as cidades que estiverem mui longe de ti, que não forem das cidades destes povos. (16) Porém, das cidades destas nações que o Senhor, teu Deus, te dá em herança, não deixaras com vida tudo o que tem fôlego. (17) Antes, como te ordenou o Senhor, teu Deus, destruí-las-ás totalmente: os heteus, os amorreus, os cananeus, os ferezeus, os <u>heveus</u> e os jebuseus. (Grifei).*

O que concorda plenamente com Dt 7:1-2. Contrariando essa ordem explícita, Josué fez aliança com os heveus, uma das nações citadas em todas as listas de morte de Javé, o que deveria ser mais forte que o juramento dos príncipes. E por que ele fez essa aliança? Porque ele só obedecia aos preceitos que interessavam aos seus propósitos de dominação (é também provável que não houvesse Torah em sua época, logo ele não tinha preceitos a seguir). A aliança com os heveus que se submeteram – pelo medo de serem chacinados – à condição de escravos foi muito vantajosa, estrategicamente falando, para a montagem de um sólido ponto de apoio para a conquista de toda a Palestina. Tudo isso mostra a frágil fidelidade de Josué para com seu *deus*. Na verdade, o que havia ali, era o sentimento bárbaro da conquista através da chacina brutal de tudo que tivesse fôlego, além da pilhagem dos despojos. A figura de *deus* só era invocada para justificar essas barbaridades e para manter o controle do povo através do medo. Afinal, como não temer um *deus* que mandava degolar as populações de cidades inteiras?

E O SOL PAROU PARA QUE JOSUÉ TERMINASSE A MATANÇA.

Em Josué 10:6-13 encontra-se a passagem mais mítica de toda a Bíblia. O contexto é o seguinte. O povo de Gibeão (em algumas traduções, Gideão, em outras, Gabaon), que havia feito aliança com os israelitas e se tornado um povo escravo, veio pedir socorro militar a Josué, pois os reis dos amorreus fizeram uma aliança com outros povos de Canaã e estavam marchando contra sua cidade. Javé tranquilizou Josué, afirmando que iria entregar em suas mãos todos os inimigos.

O "senhor" provocou grande matança e os israelitas partiram em perseguição dos exércitos da aliança de cinco reis de cidades cananeias. A grande matança é explicada no verso 11 onde se lê que o "senhor" fez cair sobre eles grandes pedras... e morreram. *"Mais foram os que morreram pela chuva de pedra do que os mortos à espada pelos filhos de Israel."* Mesmo com as tropas dos reis amorreus já praticamente destruídas, vem o pedido extraordinário de Josué:

> *10:12 Então, Josué falou ao Senhor, no dia em que o Senhor entregou os amorreus nas mãos dos filhos de Israel; e disse na presença dos israelitas: Sol, detém-te em Gibeão, e tu, lua, no vale de Aijalom.*
>
> *10:13 E o Sol se deteve e a lua parou até que o povo se vingou dos seus inimigos. Não está isso escrito no Livro Reto? O Sol, pois, se deteve no meio do céu e não se apressou a pôr-se, quase um dia inteiro.*

Josué pediu para Javé prolongar o dia para que ele pudesse terminar a batalha, exterminando o restante das tropas inimigas. Alguns comentaristas dizem que Josué fez esse pedido porque na época era costume não guerrear durante a noite, e como a vitória estava próxima, foi feito o pedido para prolongar o dia até que findasse a matança.

O que fica bem claro, à primeira leitura dos dois versos citados, é que o autor do livro de Josué tinha uma fonte: o **"Livro Reto"**. Foi desse livro que ele tirou a história da parada do Sol e da Lua: *"Não está escrito no Livro Reto?* Pergunta o autor e ele mesmo responde: *"O Sol, pois, se deteve no meio do céu..."* Esse livro, também conhecido como Livro dos Justos ou Livro de Jasher, é uma coletânea de cânticos e contos militares de exaltação de heróis hebreus, como Davi, que viveu muitos séculos depois dos acontecimentos protagonizados por Josué. Na "Grande Sinagoga" (uma espécie de concílio) do começo do século IV a.C. os sacerdotes de Esdras quase retiraram o livro de Josué da Tanakh por seus erros de geografia, de estatística e de historicidade. Ele permaneceu na lista canônica dos israelitas por ser uma poderosa apologia do poder mortal de Javé contra os adversários dos filhos de Jacó. O livro Reto, no entanto, não entrou no cânon judaico. O Concilio de Nicéia (425 d.C.) também não considerou esse livro inspirado e ele não foi incluído no Cânon da Bíblia Cristã. A partir do século XVI de nossa Era o cristianismo – tanto o reformado como o católico tradicional – cessou de fazer referências ao Livro Reto, embora ele apareça como fonte não só em Josué, mas em outros livros da Tanakh. Atualmente continua integrando a biblioteca da literatura rabínica.

A NASA E O "DIA PERDIDO DE JOSUÉ"

É triste ver sites que se dizem cristãos, especialmente, evangélicos, reproduzindo uma informação falsa de que um cientista (anônimo) da NASA, utilizando supercomputadores para calcular as órbitas futuras dos planetas, teria se deparado com o "dia perdido de Josué", (o citado episódio em que o sol teria parado "por quase um dia"). Não passa de uma lenda urbana de quem quer a qualquer custo manter nas trevas da ignorância grande parte dos fiéis. A NASA já negou essa fantasia. Para calcular as órbitas futuras dos planetas, bastam as velocidades atuais de rotação e translação, além da massa e de outras variáveis típicas da lei de gravitação universal. Se algum dia ficou perdido no passado, coisa que a NASA nunca detectou, isso não influi nos cálculos das órbitas futuras. A Internet está cheia de versões desse artigo, produzido com ares de pseudociência para enganar os incautos. É uma vergonha esse tipo de engodo vir de quem se diz líder religioso. Não é com mentiras que o povo será ganho para o Senhor.

E SE O SOL TIVESSE PARADO?

Voltando a Josué, a afirmação de que o Sol parou é típica de uma época em que a humanidade achava que a Terra estava no centro do universo. Nos dias de hoje, significa que a Terra teria parado o seu movimento de rotação.

Sem entrar em detalhes de complexos cálculos cosmológicos, as consequências disso resultariam na destruição do planeta. A falta de rotação, mesmo por algumas horas, desequilibraria a sensível relação *força centrípeta* x *força centrífuga*, fazendo o planeta sair de órbita e sucumbir ante a gravidade monstruosa do Sol, sem falar em outras consequências que, diante desta, se tornam irrelevantes. Poderiam argumentar que Deus tudo pode. Sim, mas Deus não vai contra suas próprias leis, além do que, Javé era o *deus* apenas de Israel, não o Deus criador. Se ele não sabia sequer onde moravam os israelitas no Egito e precisou enganar os habitantes da cidade Ai, para derrotá-los militarmente, como essa entidade poderia fazer parar de funcionar as leis da gravitação universal?

O Sol parado na história mitológica do Egito

Alguns estudiosos lembram que na Batalha de Kadesh (1285 a.C.), o faraó Ramsés II para conseguir fugir dos Hititas, pediu ao *deus* Amon que parasse o dia por algumas horas. Os israelitas passaram 400 anos no Egito. Quando eles escreveram o Livro Reto com os feitos de seus heróis, trouxeram essa história egípcia e a adaptaram para Josué. Observem que o episódio da parada do Sol parece uma interpolação. Javé já havia matado quase todos os amorreus, com pedras caídas do céu e com a espada dos israelitas. O que havia sobrado dos exércitos inimigos estava em fuga desesperada. E então, sem necessidade, aparece o pedido para que o Sol e a Lua parem seu (aparente) curso no céu. Fica evidente que esse trecho, tirado de um livro de cânticos militares, foi introduzido no livro de Josué para engrandecer o *deus* de Israel perante os outros povos.

A busca de uma hipótese: o solstício de verão.

Para muitos estudiosos, o que aconteceu em Kadesh foi que a batalha teria se dado no solstício de verão. O solstício de verão é o dia mais longo do ano. No hemisfério norte ele ocorre em torno de 22 de dezembro. Os redatores do Livro Reto copiaram essa parte da batalha de Kadesh (prolongamento do dia, que induz a uma aparente parada do Sol no firmamento), aumentaram para uma parada de quase um dia e isso foi copiado no livro de Josué, citando a fonte. É incrível como alguns "líderes" religiosos tratam este tema, chamando os que questionam de infiéis, hereges, rebeldes e que todos estes irão para o inferno. Como podem querer levar o povo à crença mentindo? O Mestre Nazareno disse "*Conhecereis a verdade e a verdade vos libertará*" (Jo 8:32). Vejam o exemplo do heliocentrismo. Durante quase dois mil anos, a Igreja Cristã – formalmente falando – se manteve na linha do geocentrismo (a Terra no centro do universo). Somente no ano 2000 reconheceu formalmente que errou no julgamento de Galileu. E eu pergunto: a Igreja acabou por que reconheceu que errou? É evidente que não. Ao contrário, se fortaleceu, porque o Deus que surgiu desse reconhecimento não foi um *deus* pequeno, de um falso sistema planetário com a Terra no centro e o Sol, as estrelas e os planetas girando em volta. Foi o Deus de todo o universo, algo muito, muito maior que o nosso sistema solar. Quando será que a Igreja vai aceitar que o Sol não parou em Gibeão? Espero que não sejam necessários outros dois mil anos!

JOSUÉ MATA OS CINCO REIS E DEPOIS OS SUSPENDE NO MADEIRO

Os cinco reis que atacaram Gibeão fugiram depois da derrota e se esconderam em uma cova. Foram encontrados pelos oficiais de Josué. Resumindo: foram levados à presença do grande general dos nômades do deserto. Josué mandou seus capitães colocarem os pés nos pescoços dos reis. Eram os reis de Jerusalém, Hebron, Jarmute (ou Jerimot), Laquis e Eglon.Vejam o que aconteceu depois, segundo a Bíblia:

> *Depois disto, Josué, ferindo-os, os matou e os pendurou em cinco madeiros até à tarde (Js 10:26).*

O próprio Josué, que estava com Moisés quando este recebeu as tábuas da lei escritas pelo dedo do *deus* de Israel, onde consta claramente o mandamento: *não matarás*, feriu e matou os cinco reis. Depois de mortos, os suspendeu nos madeiros, para amaldiçoá-los e em seguida os atirou na própria cova onde haviam se escondido e a fechou com um montão de pedras, em mais um de seus mórbidos monumentos, que ainda estava de pé quando o livro foi escrito, pois o autor diz no verso 27 *"...na boca da cova, puseram grandes pedras que ainda lá se encontram até ao dia de hoje."* Mas isto pode parecer pouco, afinal "foram apenas cinco vidas", entretanto, um pouco antes, nos versos 20 e 21, o autor descreve o fim da batalha:

> *10:20 Tendo Josué e os filhos de Israel acabado de os ferir com mui grande matança, até consumi-los, e tendo o restante que deles ficaram entrado nas cidades fortificadas,*
>
> *10:21 voltou todo o povo em paz ao acampamento de Josué, em Maquedá [Maceda]; não havendo ninguém que movesse a língua contra os filhos de Israel.*

Só não exterminaram a todos porque alguns conseguiram voltar para suas cidades fortificadas. O destaque é que depois dessa *"mui grande matança", "voltou todo o povo em paz ao acampamento de Josué..."* (Grifei). Não havia sentimento de culpa. Havia paz em seus corações, mesmo com suas mãos encharcadas de sangue. Nessa passagem também fica claro o medo que os invasores israelitas causavam na população local: *"...não havendo ninguém que movesse a língua contra os filhos de Israel."*

A INVASÃO DAS CIDADES DO SUL; VITÓRIA SOBRE SETE REIS.

O livro de Josué descreve como os israelitas, no mesmo dia em que mataram os cinco reis na batalha de Gibeão, tomaram Maquedá *"Tomou Josué a Maquedá e a feriu à espada, bem como ao seu rei; destruiu-os totalmente e a todos os que nela estavam, sem deixar nem sequer um. Fez ao rei de Maquedá como fizera ao rei de Jericó"* (Js 10:28).

O que segue é uma repetição que mais parece um mantra fúnebre. O livro descreve a destruição dos outros seis reis e suas cidades: Libna; Laquis; Gezer; Eglon; Hebrom e Debir. Pode-se tomar a descrição da chacina de qualquer uma delas, pois são todas semelhantes. Por exemplo, falando sobre a peleja contra Hebrom:

> *10:37 e a tomaram e a feriram à espada, tanto o seu rei como todas as suas cidades e todos os que nelas estavam, sem deixar nem sequer um, [...].*

No verso 40 há um fechamento do que foi a campanha do sul:

> *10:40 Assim, feriu Josué toda aquela terra, a região montanhosa, o Neguebe, as campinas, as descidas das águas, e todos os seus reis; destruiu tudo o que tinha fôlego, sem deixar nem sequer um, como ordenara o Senhor, Deus de Israel (Grifei).*

Depois de todo esse genocídio, voltou todo Israel ao arraial (acampamento militar) em Gilgal [Gálgala]– onde eles se estabeleceram provisoriamente desde que cruzaram o rio Jordão. Nesses escassos momentos entre uma batalha e outra, os israelitas lavavam o sangue de suas espadas e planejavam os próximos massacres. Josué, indubitavelmente, foi um líder sanguinário que exterminava *tudo que tivesse fôlego* nas cidades que conquistava e ainda assim é considerado um "santo do senhor". Do meio para o fim de sua conquista, começou a poupar os rebanhos e outros bens dos povos conquistados juntando em uma só operação, extermínio em massa e rapinagem.

JOSUÉ ATACA AS CIDADES DO NORTE

O capítulo 11 contém a narrativa final da violência dos invasores. Aterrorizados com as notícias dos genocídios que o exército de Josué vinha praticando no centro-sul da Palestina, os reis das cidades ainda não dominadas formaram uma grande aliança defensiva. Aqui encontra-se outra das inúmeras contradições da Torah. Em 11:3 na descrição dos reis que se juntaram para

172 | Jesus não é Javé – A identidade do anjo da morte revelada

fazer guerra aos israelitas, é repetida mais uma vez a lista de povos que Javé havia mandado extirpar da face da Terra: *cananeus, amorreus, heteus, ferezeus, jebuseus* e **heveus**. Ora, sabemos pelo capítulo 9 que os heveus haviam feito aliança com Israel, o que é confirmado um pouco mais à frente. Em 11:19 temos: "*Não houve cidade que fizesse paz com os filhos de Israel, senão os heveus moradores de Gibeão...*" Como poderiam os heveus, que fizeram paz com Israel e foram defendidos por Josué do ataque de cinco reis, agora participar de uma aliança contra os israelitas? Além disso, Gibeão, dos heveus, era uma povoação próxima a Ai, um pouco a noroeste de Jerusalém, na parte sul da Palestina. Em 11:3 o autor está localizando os heveus ao pé do Monte Hermom, ao norte de Dan, no deserto da Síria, na parte mais setentrional de Canaã. Como as pessoas de um mesmo povo podiam habitar em lugares tão distantes entre si, bem como ter posição política diametralmente oposta?

Voltando às conquistas de Josué. Em 11:4 tem-se uma noção do tamanho da aliança que se formou contra Israel. A linguagem da Tanakh é, mais uma vez, hiperbólica:

> *11:4 Saíram, pois, estes e todas as suas tropas com eles, muito povo, em multidão como a areia que está na praia do mar, e muitíssimos cavalos e carros.*

Javé falou com Josué e o tranquilizou. Mais uma vez prometeu entregar os adversários em suas mãos. Os israelenses os feriram e os perseguiram até a grande cidade fenícia de Sidon e além. Para não perderem o costume, diz o verso 9 "*...feriram-nos sem deixar nem sequer um.*" E cumprindo as ordens de Javé, Josué matou também os cavalos e queimou os carros de guerra dos inimigos.

Josué depois tomou a importante cidade de Hazor, uma espécie de capital de um conjunto de pequenas cidades. "*A todos os que nela estavam feriram à espada e totalmente os destruíram, e ninguém sobreviveu; e a Hazor queimou*" (11:11). Josué tomou todas as cidades das redondezas, feriu de morte seus reis e exterminou suas populações. Queimou todas as cidades que não estavam sobre outeiros, com exceção de Hazor, que mesmo estando sobre um monte, foi queimada. Vê-se que não havia regra geral para nada.

Josué sempre escolhia as exceções de acordo com suas conveniências. O fato de poupar cidades em lugares altos era um traço cultural das tribos dos desertos que cultuavam seus deuses nas montanhas. Moisés sempre subia num lugar alto para falar com seu *deus*. Já a evolução teológica dos israelitas seguiu em outra direção. No período da reforma religiosa do rei Josias, por exemplo, houve a destruição dos cultos nos lugares altos. Voltando aos massacres, vejam as seguintes passagens:

11:14 E a todos os despojos destas cidades e ao gado os filhos de Israel saquearam para si; porém a todos os homens feriram à espada, até que os destruíram; e ninguém sobreviveu.

11:15 Como ordenara o Senhor a Moisés, seu servo, assim Moisés ordenou a Josué; e assim Josué o fez; nem uma só palavra deixou de cumprir de tudo o que o Senhor ordenara a Moisés.

BALANÇO DA CONQUISTA E MAIS UMA VEZ, O ÓDIO CONTRA OS ANAQUINS

Os versos 16 e 17 do mesmo capítulo 11 informam o que Josué conquistou: o território que se estendia do Neguebe, ao sul de Jerusalém, até o Monte Hermom ao norte do Mar da Galileia. A conquista foi sempre por meio da guerra. Só houve uma aliança, com os heveus de Gibeão. Mas o que está escrito no verso 20, além de estarrecedor, só confirma a personalidade doentia da entidade Javé. Assim como ele tinha feito com o faraó, endurecendo seu coração para criar um motivo para ser glorificado no sangue do povo egípcio, ele revela o que fez aqui, só que agora com os cananeus, muitos deles descendentes de Abraão. Vejam o que diz o autor de Josué:

11:20 Porquanto do Senhor vinha o endurecimento do seu coração para saírem à guerra contra Israel, afim de que fossem destruídos e não lograssem piedade alguma; antes, fossem de todo destruídos, como o Senhor tinha ordenado a Moisés.

Fechando o capítulo 11 vê-se que Josué marchou contra os anaquins da região montanhosa de Hebrom, Debir e Anabe e os matou. Nas terras dos filhos de Israel não ficou um sequer. Mas a raça dos anaquins não se extinguiu. O verso 22 diz que alguns sobreviveram em Gaza, Gate e Asdode, no território litorâneo que depois seria dominado pelos filisteus. E quem eram os anaquins? Este capítulo já tratou deles. Eram os "filhos de Anaque", descendentes dos Vigilantes (uma das classes dos anjos caídos), homens de grande estatura que Javé (um Nefilim?) queria riscar inclusive da história. Só lembrando que o dilúvio aconteceu para destruir os gigantes (fruto do cruzamento de anjos caídos com mulheres da Terra). Eles sobreviveram. Moisés se lançou contra seus descendentes (os amalequitas eram outro ramo dos descendentes dos gigantes) e o mesmo fez Josué (agora contra os anaquins). Talvez Golias (um filisteu), séculos depois, já no tempo de Davi, tenha sido o último da raça dos gigantes. Saul também era um homem diferenciado, de "grande estatura", indício de que havia desses seres híbridos também dentre os israelitas, que nunca foram um grupo etnicamente homogêneo.

A DISTRIBUIÇÃO DA TERRA E A NATUREZA DA OCUPAÇÃO

O livro de Josué continua narrando a distribuição da terra conquistada entre as tribos de Israel. O autor não esconde que toda a terra prometida a Abraão (Gn 15:18-21) e ao próprio Josué (Js 1:4) não fora conquistada (do rio Nilo ao rio Eufrates). Em 13:1 Javé disse a Josué: *"...e ainda muitíssima terra ficou para se possuir".* Também ficou claro que houve sim outras alianças além daquela admitida com os heveus de Gibeão. Em 15:63 está escrito, por exemplo, que os israelitas da tribo de Judá não conseguiram vencer totalmente os jebuseus que habitavam Jerusalém e passaram a conviver com eles até os dias em que o livro de Josué foi escrito. Em Jz 1:21 consta que os filhos de Benjamim também não conseguiram expulsar os jebuseus de Jerusalém e lá habitaram com eles. Vale lembrar que a ordem de Javé em Dt 7:2 era para não fazer aliança com as sete nações mais numerosas de Canaã, dentre elas os jebuseus. Em Jz 3:5 há uma informação mais completa, que dá força à tese de que não houve uma ocupação violenta e rápida como a narrada em Josué, mas uma lenta ocupação pacífica de tribos oriundas dos desertos que foram aos poucos se introduzindo nas cidades cananeias, convivendo com seus antigos habitantes. Mesmo a revolução de Davi que ocupou Jerusalém e fez dela a capital do seu reino, não conseguiu expulsar os jebuseus e também conviveu com eles. Esta é outra vertente de estudos sobre o antigo Israel: a natureza da ocupação, que não é tema deste livro.

Nesta finalização, mais uma vez recorro à franqueza do Salmo 105 que, em seu verso 44 – falando da conquista de Canaã – diz textualmente: *"Deu-lhes a terra dos pagãos e desfrutaram das riquezas desses povos"*. Em outra tradução, tem-se: *"Deu-lhes as terras das nações, e eles se apossaram dos trabalhos dos povos."* Obrigado salmista, eu não definiria melhor essa guerra de pilhagem!

* * *

E O HOMEM CRIOU "DEUS".

O poeta maranhense Oton Cardoso Pereira, em seu livro de estreia, nos brindou com os seguintes versos, que sintetizam o assunto do final deste capítulo:

ECCE HOMO

Esse criador de deuses,

Sejam santos ou profanos,

Perdeu-se na criação

Fez mais deuses que humanos

E por ordem de seus deuses

Já se tornou desumano.

(PEREIRA, 2011, p.58).

Vemos no livro de Josué, de modo inequívoco, **o homem criando *deus* à sua imagem e semelhança**. Este mesmo argumento (que *deus* mandou matar) usado por Josué é a base para as chamadas guerras santas, que causaram milhões de mortes ao longo de toda nossa história (e continuam causando). Como diz Voltaire, "*A guerra é o maior dos crimes, mas não existe agressor que não disfarce seu crime com pretexto de justiça.*" A ambição pelo poder, pelo dinheiro, pela luxúria, sempre levou o homem à guerra de conquista e para conseguir adeptos, desde as primeiras civilizações, afirma que está cumprindo ordens divinas. Recorro mais uma vez a Voltaire para denunciar a relativização do mandamento divino: "É proibido matar. Portanto, todos os assassinos serão castigados a menos que matem em grande escala e ao som das trombetas."

Se Jesus não tivesse vindo, até poderíamos ficar na dúvida se Javé é realmente o Deus do universo. Mas Jesus veio e disse: *misericórdia quero e não holocaustos*[5] e com essa simples expressão tomada de Oséias, disse tudo. O Deus do universo não é aquele que escolhe um único povo na Terra e usa esse povo como seu exército para se *gloriar* no sangue de outros povos, todos humanos.

Os horrores narrados no livro de Josué, assim como nos cinco livros da Torah fizeram com que Paulo afirmasse, séculos depois, que *a força do pecado é a lei*, Ora, mas se a lei (Torah) foi inspirada por Javé, o que Paulo estaria querendo nos dizer?

NOTAS DO CAPÍTULO 3

1. As listas dos antigos habitantes da Palestina antes da invasão dos israelitas vindos do Egito e dos desertos da Península do Sinai, estão presentes em Êxodo, Deuteronômio, com reproduções em Josué e Juízes. Sua origem está em Gênesis, que relaciona outros povos que não são mais citados em toda a Bíblia. Para que o leitor cheque as listas, damos a seguir suas localizações: **Ex** 3:8;17; 13:5; 23:23; 33:2; 34:11 – **Dt** 7:1; 20:17 – **Js** 3:10; 9:11 – **Jz** 3:5. A origem dessas listas está em Gênesis 10:16-18, onde encontra-se a descendência de Cam, um dos três filhos de Noé, o que demonstra que todos os povos que Javé

CAPÍTULO 3 - ÊXODO E JOSUÉ: FUGA DO EGITO E INVASÃO DA PALESTINA | *177*

mandou exterminar na Palestina, eram parentes diretos dos israelitas (todos semitas). Em Gn 15:19-21 temos uma segunda lista dos povos originais da terra prometida. Nas duas listas de Gênesis encontram-se mais povos que nas listas de Ex, Dt, Js e Jz. Nestas últimas, a maioria traz seis povos: *heteus, amorreus, cananeus, ferezeus, heveus* e *jebuseus*. Em algumas delas aparece, além destes seis, o povo *girgaseu*.

2. O historiador Ahmed Osman, em sua obra *Moisés e Akenaton: a história secreta do Egito no tempo do Êxodo* (2005), considera que Moisés e Akenaton (Amenofís IV) foram a mesma pessoa. Akenaton era filho da rainha Tiye, esposa do faraó Amenófis III e filha do Vizir Yuya/José. Ela era da raça dos hebreus, mas criou seu filho na corte egípcia. Por isso, Moisés (Akenaton) não sabia falar hebraico e se comunicava com o povo hebreu através do seu irmão Arão, que fora criado no meio da congregação israelita e falava fluentemente tanto o hebraico quanto a língua egípcia. Sigmund Freud foi o primeiro estudioso a defender a tese de que Moisés era egípcio. Seu livro *Moses and Monotheism*, lançado em Londres em 1939 foi um dos pontos de partida para o trabalho do Dr. Ahmed Osman que numa pesquisa tanto audaciosa quanto consistente, abriu novas avenidas para o conhecimento das origens do povo hebreu.

3. Sem entrar em detalhes no momento, pelo Livro de Enoque e outros textos da literatura Setiana, sabemos que havia dois tipos de anjos caídos, que produziram diferentes cruzamentos com mulheres da Terra, gerando raças de gigantes e de homens de grande estatura. Simplificando em dois grandes grupos, teríamos os Nefilim e os Vigilantes (ou Guardiões). Eles procuravam dominar os filhos da Luz (os filhos do Deus verdadeiro), mas disputavam entre si o domínio da Terra. Javé seria uma entidade Nefilim e enfrentava os amalequianos e anaquins, que seriam descendentes dos gigantes (fruto do cruzamento de Vigilantes com mulheres da Terra). Só algo assim justificaria o ódio de Javé contra esse povo. Em Nm 13:32, no episódio em que os espias de Israel estão vistoriando as terras onde habitavam os amalequitas, fica claro que essa terra era habitada por "homens de grande estatura e por gigantes" (descendentes diretos dos Vigilantes).

4. Josué construiu outros monumentos de pedra (sobre os cadáveres da família de Acã e sobre o cadáver do rei de Jericó). Até uma versão da lei de Moisés foi escrita em pedra por ordem sua. Esses monumentos – ou seus vestígios – e

essas tardias tábuas da lei (estela) nunca foram encontrados, o que abre um bom campo de pesquisa para os jovens arqueólogos e doutorandos de todo o mundo.

5. Mt 9:13; 12:7. Nessas duas passagens Jesus cita o profeta Oséias (Os 6:6). Por sua vez, Oséias se baseou nos salmos 40:6 e 51:16-17. Essa expressão citada por Jesus denota uma evolução teológica da mentalidade de, pelo menos, parte dos israelitas, dos tempos do deserto e da conquista aos tempos mais urbanos da realeza, época de atuação de Oséias, que *garimpou* em dois salmos passagens para basear uma afirmação difícil de fazer em sua época, quando toda cultura religiosa ainda se assentava nos sacrifícios de sangue e gordura a Javé. Jesus usa Oséias, um profeta reconhecido pelos judeus, para expressar sua concepção de Deus. Um Deus de misericórdia e não de sacrifícios.

CAPÍTULO 4

A REFORMA DE JOSIAS:
IMPOSIÇÃO DO MONOTEÍSMO

*E sacrificou todos os sacerdotes dos altos que havia
ali, sobre os altares, e queimou ossos de homens sobre
eles; depois voltou a Jerusalém.* (Josias implantando
sua reforma em Samaria, 1Rs 23:20).

Em se tratando de fontes bíblicas, a chamada reforma religiosa de Josias
está muito bem documentada em 2Rs 22:3 – 23:30 e 2Cr 34:1– 35:27. Sendo
que os livros de Crônicas são reproduções tardias, quase que textuais, dos
livros de 2Samuel e 1 e 2Reis, estes integrantes da OHDtr.

O curioso é que estudiosos modernos chamam de *reforma religiosa* o
fato de um rei seguir os mandamentos de Javé e tê-lo como Deus único. Ora,
isso deveria ser a ortodoxia e não uma reforma, afinal Javé não era o *deus*
dos israelitas desde os tempos do patriarca Abraão e do legislador Moisés? O
uso do termo *reforma* para rotular uma atitude de respeito e adoração a Javé
denota claramente que o cotidiano religioso dos israelitas era o politeísmo
materializado na idolatria de divindades cananeias, fenícias e assírias. Essa
também é a opinião de Finkelstein e Silberman, quando analisam a religião
tradicional de Judá na época da monarquia unida e após:

> *As condenações de vários profetas de Judá deixam muito claro que YHWH era venerado junto com outras deidades, como Baal, Asherat, o sol, a lua, as estrelas e os anjos do céu, e mesmo as deidades nacionais das terras e nações vizinhas. [...], objetos do culto dedicado a Baal, a Asherat, ao sol, à lua, às estrelas e aos anjos do céu estavam instalados no templo de YHWH, em Jerusalém.* (FINKELSTEIN e SILBERMAN, 2003, p.328).

Desse modo, o que a teologia e a historiografia tradicionais chamam de *reformas* (de Asa, Josafat, Uzias, Ezequias e Josias), foram, isto sim, verdadeiras revoluções, pois a prática comum era a idolatria. Cultuar um único *deus* representava mesmo um golpe nos costumes do povo, sempre propenso à adoração de diversas outras divindades. Mudanças de costumes impostas pelas estruturas de poder nunca são aceitas de bom grado pelas velhas ordens constituídas em qualquer lugar da história e no antigo Israel não foi diferente. A imposição do culto exclusivo a Javé sempre se deu à custa de muita violência de Estado, como será demonstrado no decorrer deste capítulo.

Retrospectiva histórica

Será feita uma breve visita à história de Israel no período da realeza, desde a instituição da Monarquia Unida de Saul-Davi-Salomão até a divisão nos dois reinos: **Judá,** ao sul e **Israel,** ao norte, para melhor entender a reforma de Josias na segunda metade do século VII a.C.

A opinião quase consensual nos meios teológicos e acadêmicos até a década de 1970 do século passado, acerca da história do antigo Israel, seguia a narrativa bíblica como roteiro inquestionável. A história de Israel era estudada na seguinte sequência: *os patriarcas, com a migração de Abra*ão de Ur na Mesopotâmia para a Palestina e o Egito; *o governo de José, Vizir do Egito; a libertação dos israelitas do Egito sob Moisés; a marcha pelo deserto*

Capítulo 4 - A Reforma de Josias: Imposição do Monoteísmo | 181

(êxodo); *a conquista violenta da Palestina (Canaã) sob Josué*; *A Monarquia Unida e gloriosa*; *a divisão do reino em Judá e Israel*; *a queda de Israel em 722 a.c. para os assírios (Sargão II)*; *a queda de Judá em 586 a.c. para os babilônios (Nabucodonosor) com a destruição do Primeiro Templo*; *o exílio na Babilônia*; *O retorno dos exilados sob proteção persa (Ciro) e a construção do Segundo Templo*. A história do antigo Israel era um simples paralelo do texto bíblico. As outras fontes (raras) praticamente não eram utilizadas, e as descobertas arqueológicas eram "harmonizadas" com as Escrituras em nome de um consenso que se firmava mesmo pela falta de outros instrumentos de busca da verdade histórica.

Seguindo essa via ortodoxa, historiadores e teólogos, em linhas gerais, concordavam com os seguintes fatos como predecessores da instituição da Monarquia Unida: a conquista violenta de quase toda a Palestina por Josué vindo pela Transjordânia (por volta de 1200 a.C. – início do século XII a.C. – na estimativa católica) e a chegada dos filisteus que, expulsos do Egito, se fixaram no litoral sul (Mediterrâneo) da Palestina no mesmo século, por volta do ano de 1.150 a.C., onde construíram um esboço de nação em torno de cinco cidades principais: Gaza, Ascalon, Ashodod, Gate e Ekron, que formavam a Pentápolis Filisteia.

Hoje essa sequência de fatos não é mais unanimidade. As incoerências despontam da própria narrativa bíblica. No livro de 1Samuel, na passagem que trata do conflito com os filisteus, os israelitas são apresentados como um conjunto de tribos rurais com uma economia de subsistência baseada principalmente em atividades pastoris, com uma agricultura secundária, gerando poucos excedentes para comercialização e sendo facilmente derrotados pelos filisteus, o que não se coaduna com a narrativa do livro de Josué, que descreve o povo israelita como altamente organizado sob o ponto de vista militar, com elevado grau de centralização política e que havia conquistado dezenas de cidades pequenas, médias e grandes ao norte, centro e sul do território palestino, cerca de cinquenta anos antes da chegada dos filisteus e cem anos antes de Samuel e da unção de Saul. Com um grandioso exército Josué havia vencido federações de reis cananeus, que tinham tropas "tão numerosas quanto as areias das praias". Como essa força teria desaparecido em poucas décadas? – os defensores da tese da ocupação pacífica acham que ela nunca existiu.

Os filisteus, um dos chamados "povos do mar", já conhecedores do ferro e com exércitos organizados, inclusive com carros de combate, partiram para a guerra contra as tribos israelitas que habitavam, segundo prova a arqueologia moderna, pequenas povoações sem muralhas nas montanhas da região de Judá, entre o litoral mediterrâneo e o complexo formado pelo rio Jordão e Mar Morto. Os motivos da investida filisteia provavelmente seria o controle de rotas comerciais importantes, principalmente a rota Aram (Síria) – Transjordânia e Arábia, além da necessidade recorrente naquela época, de subjugar povos para obter tributos.

O livro 1Samuel em seu capítulo 4 narra a batalha de Afek (ou Afeca), povoado ao norte da planície costeira ocupada pelos filisteus, onde os israelitas, depois de uma primeira derrota em que perderam quatro mil homens, levaram a própria Arca da Aliança – que estava em Siló[1] – para o campo de batalha na esperança de receberem os favores de Javé, mas foram fragorosamente derrotados e a Arca foi capturada pelos filisteus. Esta segunda derrota foi pior que a primeira. 1Sm 4:10 diz que foram mortos 30 mil homens de Israel e os que sobraram fugiram para suas tendas. O curioso é que a Arca foi trazida pelos dois filhos do Juiz Eli, Hofni e Finéias, que a levaram ao arraial como sendo a própria presença do *Senhor dos Exércitos* (versos 3 e 4) e mesmo assim a derrota foi total. O redator deuteronomista diz que os filisteus tremeram de medo quando souberam que a Arca havia chegado ao acampamento dos israelitas, o que mais parece uma interpolação ideológica acrescentada pelo deuteronomista, pois os filisteus não poderiam conseguir a vitória total se estivessem sob forte pavor. O verso 8 mostra que a percepção dos filisteus era a de que os israelitas tinham vários deuses: *"Ai de nós! Quem nos livrará das mãos destes grandiosos deuses? São os deuses que feriram os egípcios com toda sorte de pragas no deserto."* As notas de pé de página das bíblias modernas dizem que isso se deve ao fato de os filisteus serem politeístas e por si, julgarem os vizinhos, mas o fato é que a arqueologia já provou e a própria narrativa bíblica não nega, que os antigos israelitas viviam adorando outros deuses, sempre recebendo admoestações dos videntes e profetas de

Javé. Resta que, mesmo com esse "temor" e esse "conhecimento" da força dos deuses dos israelitas, os filisteus pelejaram, venceram e ainda levaram a Arca como despojo de guerra. Eli, quando soube da notícia caiu e morreu. A Arca, que para muitos estudiosos era um poderoso capacitor (acumulador de energia estática) e ainda com propriedades radioativas, matou alguns que tocaram seus terminais[2] e gerou tumores em outros, que ficaram em suas proximidades o que forçou sua devolução aos israelitas. Para os historiadores o livro de Samuel – nesta passagem em que narra a derrota de Israel – é mais realista que o livro de Josué que parece ter sido produto de uma literatura nacional-ufanista bem posterior à época dos supostos fatos nele narrados.

A MONARQUIA UNIDA:
ISRAEL CONSAGRA SEU PRIMEIRO REI, SAUL

A dominação dos filisteus foi inovadora. Fizeram as pilhagens conforme os costumes da época, mas não ocuparam todo o país, senão alguns pontos estratégicos. Em vez da ocupação em massa (eles nem tinham população para isso), proibiram os israelenses de trabalhar qualquer tipo de metal. Até para amolar as ferramentas agrícolas era preciso pagar ao povo do mar (1Sm 13:21). É nesse contexto que se destaca a atuação pública do vidente/profeta Samuel, na verdade o último juiz das tribos dos filhos de Jacó que assumiu esse posto após a morte de Eli. Os juízes eram os líderes daquele estágio da organização tribal dos israelitas. O povo, humilhado pela dominação filisteia rogou a Samuel que lhe desse um rei. Samuel resistiu, pois era o último da velha ordem tribal (8:6). A reação de Javé foi mais ciumenta ainda: "*Atende a voz do povo em tudo quanto te diz, pois não te rejeitou a ti, mas a mim, para eu não reinar sobre ele.*" (8:7). O que fica claro aqui é o conflito entre duas ordens. Na ordem tribal os juízes tinham o poder por representarem diretamente Javé. Era como se o próprio Javé governasse o povo. Tratava-se de um regime teocrático puro, construído sobre o delicado tecido de estruturas gentílicas (familiares). Com a Monarquia, um homem da esfera política passaria a governar. Embora o sacerdote sempre estivesse presente, perderia a primazia absoluta. Os líderes do povo, entretanto, entenderam que se não houvesse uma centralização de poder, as tribos divididas jamais iriam conseguir vencer os filisteus. Javé parece que compreendeu e indicou Saul para Samuel (1Sm 9:16-17). Um belo e forte membro da pequena tribo de Benjamim. Em 1Sm 9:2 e 10:23-24 consta a informação de que Saul era o mais belo dentre todos os israelitas e o mais alto de todo o povo, sendo que ninguém lhe passava dos ombros. Provavelmente um descendente dos gigantes, assim como os amalequitas e os anaquins. Essa provável afinidade pode justificar uma futura atitude de piedade que vai ser uma das causas de sua queda.

Há uma curiosidade no primeiro encontro entre Saul e Samuel, que revela muito dos costumes da época. As jumentas do pai de Saul – Quis – haviam se perdido e este pediu a Saul que fosse procurá-las junto com um moço da tribo. Depois de muito procurar sem sucesso, Saul propôs retornar para não deixar o pai preocupado, agora com ele. Mas o moço afirmou que na cidade onde se encontravam existia um "homem de *deus*" que podia dizer para onde deveriam ir. Saul advertiu que não tinha mais pão nos alforjes e nem presentes para dar ao "homem de *deus*", ao que o moço retrucou que ainda possuía um quarto de ciclo de prata, naturalmente para pagar o vidente pelos seus serviços. O vidente era o que os gregos chamavam de oráculo, alguém com o poder de escutar e retransmitir as mensagens divinas. A Bíblia revela, nesta passagem, que Samuel era um **vidente** (que depois se tornou Juiz). A ideia do profeta como mensageiro, estilo Isaías, só viria bem depois.

O governo de Saul foi uma permanente instituição de guerra contra os dominadores filisteus e outros vizinhos hostis como os amonitas. Não houve no seu período algo que pudéssemos chamar de uma estruturação do Estado. Além disso, a relação entre o velho juiz (e vidente por profissão) Samuel e o jovem rei Saul, sempre foi tensa. Samuel, depois da morte de Eli, tornou-se o homem mais importante dentre todas as tribos de Israel e, por haver ungido Saul, o queria ter sob total controle. Só o fato de Saul ter ele próprio oferecido sacrifícios a Javé (1Sm 13:8-14) em função de Samuel ter se atrasado e os filisteus já estarem acampados com grande exército para marchar contra o seu nascente reino, Samuel se enfureceu e profetizou (neste caso, amaldiçoou): "*Já agora não subsistirá o teu reino.*" (1Sm 13:14). Saul

CAPÍTULO 4 - A REFORMA DE JOSIAS: IMPOSIÇÃO DO MONOTEÍSMO | 185

ainda continuou rei e teve vitórias contra os filisteus, mas Samuel já havia escolhido outro para reinar. Só faltava um motivo para enfraquecer Saul e o motivo não podia ser mais torpe. Samuel, falando em nome de Javé disse a Saul para ferir todo o povo de Amaleque (descendentes dos gigantes que já haviam se oposto à marcha dos israelitas no início do êxodo e contra os quais Javé e seus profetas tinham ódio absoluto). *"Vais agora e fere a Amaleque, e destrói totalmente a tudo que tiver, e nada lhe poupes; porém matarás homem e mulher, meninos e crianças de peito, bois e ovelhas, camelos e jumentos."* (1Sm 15:3). Saul vence os amalequitas, mata todo o povo a fio de espada como mandara Javé através de Samuel, mas poupou o rei Agague e ficou com o melhor das ovelhas e dos bois. Javé, o *Senhor dos Exércitos*, ARREPENDEU--SE de ter constituído Saul rei (tudo indica que quem se arrependeu foi Samuel). Só para resumir, Samuel repreendeu Saul, disse que ele não seria mais rei e mandou trazer Agague a sua presença e o despedaçou na frente de todos com sua própria espada. Para a Bíblia Samuel é o herói, mas o que vemos aqui é um sacerdote-vidente, ex-juiz, mortalmente enciumado com a nomeação de um rei para um povo que antes ele controlava através do seu monopólio de falar com Javé. Como se pode reverenciar um homem que mandou matar até crianças de peito, todas inocentes filhas do Criador? Já Saul, caiu em desgraça porque oficiou sacrifícios a Javé (quando essa função era de Samuel) e poupou a vida de um homem, o rei Agague. Depois desses episódios, Saul entrou em guerra contra Davi – o novo escolhido de Samuel – em defesa de seu trono.

Em termos históricos, a queda de Saul se deu pelo choque entre a nova ordem monárquica e a velha ordem tribal. Foi uma transição difícil para um povo de tradição nômade e que começava a se fixar em um território cheio de hostilidades, tanto ambientais quanto político-militares. Pelos textos bíblicos, havia em Israel uma tensão antimonárquica no período de Samuel. Basta uma leitura do canto de Joatão (Jz 9:8-15), que é considerado um dos mais veementes discursos propagandísticos contra a monarquia, bem como de 1Sm 8:11-18, onde o profeta que deu um rei a Israel, alerta justamente para os perigos e desvantagens da constituição de um rei. Segundo estudiosos estes dois textos foram escritos no período deuteronomista, portanto bem depois do fracasso da Monarquia Unida, logo não se trata de um alerta, mas de uma constatação e da busca de uma explicação para a destruição do templo e o cativeiro na Babilônia a partir de 586 a.C. Para os sacerdotes do pós-exílio, as justificativas para que Javé tivesse permitido a queda de Israel e depois, de Judá, foram a idolatria e a adoção da monarquia. Basta lembrar a reclamação de Javé em 1Sm 8:7 acima citada. No fundo a classe sacerdotal sempre foi a classe dominante das tribos hebreias, mas seu poder foi diminuído sobremaneira com a instituição da monarquia.

Quando voltaram do exílio, os sacerdotes chegaram à Palestina como representantes vassalos de Ciro (e depois de Artaxerxes I), para constituírem um estado tributário tampão entre a Pérsia e o Egito, entendendo que a monarquia havia debilitado o regime teocrático tribal, onde Javé governava falando diretamente com seus representantes como Moisés, Josué e Samuel, por exemplo. O debate sobre a monarquia torna evidente mais uma contradição teológica no texto escriturístico. Tanto em 1Sm 8:11-18 como em 10:17-27 tem-se uma argumentação que é, ao mesmo tempo, favorável à unção de um rei e resistente ao regime monárquico. Tanto em 8:7 como em 10:19 é dito ao povo que Javé foi rejeitado pela escolha de um rei, mas na sequência das duas passagens vê-se Samuel e Javé concordando com a coroação de Saul.

DAVI E A CONSOLIDAÇÃO DO ESTADO

Davi, jovem pastor e tocador de harpa da tribo de Judá, foi o escolhido de Samuel para tomar o lugar de Saul. Em seu primeiro encontro com Jônatas, filho de Saul, recebeu subitamente deste, uma contundente declaração de amor *"de toda sua alma"*. Jônatas, além de príncipe herdeiro, era o principal comandante militar de Saul. Davi casou-se com Mical, também filha do rei. Com essa ligação familiar e com o apoio do velho juiz Samuel, começou uma renhida luta pelo poder. Saul percebeu que seu trono estava sob forte ameaça e passou a perseguir Davi que se retirou para o deserto e organizou uma espécie de grupo guerrilheiro. Aí apareceu a primeira demonstração do caráter deste comentado personagem bíblico: Davi ofereceu seus serviços ao rei dos filisteus (o maior inimigo de Israel), e recebeu deste uma cidade – Ziclague (ou Siclaq) – na região do Neguebe, ao sul de Judá. Davi não precisou, aparentemente, fazer mais nada. Os filisteus organizaram grande exército e marcharam contra Saul, que perdeu todos os seus homens e seus três filhos na batalha, jogando-se sobre sua própria espada ao final do combate. Saul foi muito mais um chefe militar que um rei. Passou quase todo seu governo enfrentando os filisteus e defendendo os territórios israelitas. Ao entrar em choque com o velho juiz Samuel, que representava a antiga ordem tribal e tinha o monopólio de falar com *deus*, não resistiu. Tendo seu povo dividido, com a parte sob o comando de Davi passado para o lado dos filisteus, lutou até a morte contra os inimigos de Israel. Os filisteus cortaram sua cabeça e fixaram seu corpo e de seus três filhos nos muros de Bet-Shan (1Sm 31:10).

Mesmo depois dessa desonra feita ao rei de Israel, Davi foi a Hebrom com o apoio dos filisteus e tornou-se rei de Judá (2Sm 2). Dois anos depois, Ishbaal – único filho de Saul que sobreviveu – foi assassinado (por quem?) e então, após muitas manobras políticas, Davi foi aclamado rei de todo o Israel, a princípio como rei vassalo dos filisteus. Depois ele partiu para a conquista de Jerusalém que, nessa época, por volta do ano 1000 a.C., segundo a arqueologia, era apenas uma pequena povoação habitada pelos jebuseus. Segundo Finkelstein e Silberman (2003)[3], somente no final do século VIII foi que Jerusalém (capital de Judá) rompeu seu isolamento e cresceu na esteira do enfraquecimento do reino do norte (Israel) ante o avanço dos exércitos assírios, inicialmente sob a liderança de Tiglat-Pileser III (745-727). Para esses autores, nos séculos X e IX a.C., Jerusalém era uma cidade pobre com área urbana reduzida e sem fortificações significativas. Sua população no século X a.C. (tempo do suposto grande reino de Davi) era em torno de mil habitantes.

As escavações dos anos 70 e 80 do século passado, dirigidas por Ygal Shiloh da Universidade Hebraica de Jerusalém, mostraram que a "cidade de Davi" tratava-se de um pequeno assentamento, sem palácios, templos ou construções mais arrojadas. Ainda segundo Finkelstein e Silberman, 2003, as evidências para um Estado centralizado só surgiriam dois séculos após Salomão, no tempo de Josias (século VII a.C.), quando a população de Jerusalém passou de mil para cerca de quinze mil habitantes, com sua área tendo crescido de 10 ou 12 acres para algo em torno de 150 acres. No final do século VIII a.c., segundo os autores, a arqueologia detectou cerca de 300 assentamentos em Judá, o que – pelas medições – corresponderia a uma população de 120 mil pessoas (p.331), o que dava significância a um Estado, mas insistem que nos séculos X e IX Jerusalém não passava de um pequeno assentamento sem as mínimas condições de ser a capital de um grande império ou mesmo de um reino regional. Citam as escavações do professor Ygal Shiloh nas camadas de Jerusalém relativas às idades do Bronze Recente II-B e do ferro II-A, onde não foram encontradas evidências de um povoamento no século X a.C. No máximo, havia ali um pequeno vilarejo cercado por uns vinte pequenos assentamentos e uma população total do que seria Judá estimada em cinco mil habitantes, o que não permite que se fale em algo como "grande império davídico".

Para **Mário Liverani**, 2005, no século X a.C., Jerusalém era um povoado e Judá uma região pouco habitada. Mesmo durante os séculos IX e VIII a.C., o desenvolvimento foi modesto. O autor estima que a população inteira da região no século VIII a.C. ficava em torno de 110.000 habitantes, próximo, portanto, da estimativa de Finkelstein e Silberman, 2003.

Segundo o historiador **Thomas L. Thompson**, 1999, não há evidência de uma monarquia unida porque não há evidência de uma capital em Jerusalém dos séculos X e IX a.C. Para ele, não há sequer evidências de que uma força política unificada tenha dominado a Palestina naquele período. Mesmo o arqueólogo maximalista **Amihai Mazar**, 2007, reconhece a força do testemunho arqueológico. Ele admite a existência de uma monarquia unificada no antigo Israel, mas seria um estado bem incipiente, muito distante do estado rico e extenso relatado na Bíblia.

A narrativa bíblica, em mais uma de suas contradições, ao mesmo tempo em que exalta a grandeza do reino de Davi, mostra que esse reino foi algo muito acanhado, senão vejamos. O livro de 2Samuel mostra que seu governo era dirigido por um pequeno grupo de funcionários:

> *Reinou, pois, Davi sobre todo o Israel; julgava e fazia justiça a todo o seu povo. Joabe, filho de Zeruia, era*

> *comandante do exército; Josafat, filho de Aitube, era o cronista; Zadoc, filho de Aitube e Aimeleque, filho de Abiatar, eram sacerdotes, e Seraías, era o escriba. Benaia, filho de Joiada, comandava os cereteus e os feleteus [em algumas traduções: guarda real]. Os filhos de Davi eram sacerdotes. [em algumas traduções: seus ministros]. (2Sm 8:15-18).*

Há de se convir que essa era uma estrutura de poder muito pequena para um reino que, segundo a narrativa bíblica, se estendia das fronteiras com o Egito até a Mesopotâmia.

Depois dessa digressão arqueológica, estamos mais preparados para discutir algumas das graves discordâncias entre o texto bíblico e a Ciência História. Segundo o livro de 2Samuel, Davi venceu os filisteus, fez deles povo vassalo de Israel; venceu e subjugou moabitas, amonitas, edomitas, arameus e colocou todos esses povos para lhe pagar tributos. Seu poder se estendia da fronteira com o Egito até o rio Eufrates, onde reis lhe eram tributários. Como vimos, em mais de um século de escavações arqueológicas em toda região Sírio-Palestina, não foi encontrada nenhuma evidência de um grande reino nesse período na vasta área situada entre o Egito e a Mesopotâmia. Até hoje, em se tratando de fontes extrabíblicas, não foi encontrada uma linha sequer sobre Salomão. Sobre Davi, foi descoberta recentemente a Estela de Tell-Dan[4], onde Davi estaria citado de forma indireta pela expressão hebraica *bytdwd* (Casa de Davi), mas não há consenso entre os estudiosos se a palavra chave *dwd* pode ser traduzida unicamente como Davi. Há outras possibilidades de tradução como *"Casa do Amado"* ou simplesmente tratar-se do nome de uma localidade ou ainda, de um epíteto para o nome do *deus* dos israelitas, Yhwh.

Os historiadores se perguntam como um grande reino, que segundo a Bíblia era admirado e invejado pelos reinos de todo o mundo, não foi citado na literatura egípcia, na literatura fenícia e nem nas literaturas assíria e babilônica? As cidades do século X a.C. (Idades do Ferro I-B e II-A) naquela região (Judá) não passavam de pequenos povoados, incluindo a própria Jerusalém. Nela não foram encontrados sequer vestígios das grandes construções atribuídas a Salomão. Para Finkelstein e Silberman, 2003, o grande reino de Davi e Salomão nunca existiu, embora admitam que Davi e Salomão existiram, mas atestam que eles não construíram o grande império narrado na Bíblia[5].

E quanto às construções encontradas em Hasor, Gezer e os estábulos em Meguido, que alguns arqueólogos chegaram a afirmar tratar-se de construções salomônicas, as datações modernas mostraram que foram obras de reis de Israel pelo menos um século depois do tempo de Salomão, provavelmente na dinastia *omríada*, nos governos de Omri e Acab (século IX a.C.). Nesse período a arqueologia oferece substanciosos testemunhos de que Samaria conheceu uma prosperidade considerável que despertou a cobiça do império assírio. Segundo estudiosos esse foi o motivo das posteriores invasões de Tiglat-Pileser III, Salmanaser V e Sargão II (século VIII a.C.), e não um castigo de Javé pela idolatria dos reis e do povo. Vários autores atribuem esse tipo de exaltação mítica do reino davídico-salomônico a um gênero de literatura de engrandecimento nacional, cujo pano de fundo é o exagero sobre os "feitos" dos heróis do passado para construir uma unidade nacional no presente. Em 2Sm 24:9 tem-se um exemplo desse tipo de exagero: ali está escrito que Davi possuía um exército de 1.300.000 homens quando a estimativa da população de Israel dois séculos depois (século VIII) era de 350.000 pessoas e Judá não passava dos 120.000 habitantes no mesmo período. Não é o foco deste livro o aprofundamento em torno do debate hoje travado entre arqueologia e a ortodoxia teológica. Estas breves informações são apenas para fornecer marcadores sobre a pesquisa científica que, no presente, perpassa todo o estudo histórico sobre o antigo Israel, em contraposição às fontes religiosas.

Voltando à narrativa bíblica, Davi nunca foi um exemplo a ser seguido. Ele se aliou aos inimigos de Israel (os filisteus); articulou várias manobras políticas para derrubar o rei Saul e tomar o seu lugar e ainda foi protagonista de um caso de adultério dos mais cruéis da história. Mandou seu principal general, Urias, para uma missão sem volta, e ficou com sua mulher, Betsabá, descumprindo de uma só vez dois mandamentos (2Sm 11:25). É incrível como um homem como Davi possa ser aclamado como um grande servo

CAPÍTULO 4 - A REFORMA DE JOSIAS: IMPOSIÇÃO DO MONOTEÍSMO | 191

de Deus. Se ele existiu, foi com certeza um grande servo de Javé e não de Deus, pois em suas conquistas, assim como Josué, matava sem piedade os vencidos. Os exemplos de seus assassinatos e crimes de guerra estão espalhados em todo o livro de 2Samuel. Basta ver 4:12; 8:5; 8:13; 10:18, dentre outras passagens. Davi também comandou chacinas bem ao gosto do seu *deus* tribal. Em 2Sm 12:26-31 consta a história da guerra contra Rabá. Vejam o que diz o verso 31:

> *Trazendo o povo que havia nela [cidade de Rabá], fê-lo passar a serras, e a picaretas, e a machados de ferro, e em fornos de tijolos; e assim fez a todas as cidades dos filhos de Amom. Voltou Davi com todo o povo para Jerusalém.*

A passagem é tão hedionda que mesmo nas bíblias de estudo, não há comentários de pé de página tentando explicar tamanha atrocidade. Isso é pavoroso. A Bíblia está dizendo que Davi mandou *serrar* as pessoas; matá--las a *golpes de picaretas* e até *queimá-las em fornos de tijolos*. Vejam que o general Joab já havia tomado a cidade (vs. 26), ou seja, já havia vencido o exército de defesa. Aí veio Davi e mandou chacinar a população civil (repetiu isso em várias outras cidades). Em toda a história humana é difícil achar tamanha bestialidade.

No âmbito familiar, teve várias mulheres e muitas concubinas (2Sm 5:13); Seus filhos praticaram incestos e uns mataram outros. Um deles, Absalão, fez sexo explicito com as concubinas do seu pai:

> *Armaram, pois, para Absalão uma tenda no eirado, e ali, à vista de todo o Israel, ele coabitou com as concubinas de seu pai. (2Sm 16:22).*

Absalão queria matar seu pai para usurpar o trono. Além das operações militares, o fato de possuir publicamente as amantes do pai, era uma maneira de ferir sua honra de rei. Já na velhice final, quando Davi morava só, com uma jovem e formosa sunamita, que tinha a função de aquecê-lo, teve que enfrentar a rebelião de outro filho, Adonias, que se autoproclamou rei, contra os interesses dos maiorais da corte: o sacerdote Zadoc; o profeta Natan; Betsabá; Benaía; Simei; Reí e os valentes da guarda real. O rei Davi, seguindo os conselhos de Betsabá, mandou ungir Salomão. Mas não foi só Davi que teve problemas com os filhos. Isso vem desde o tempo de Adão, passando por Jacó e agora mais próximo do período que estamos discutindo, os filhos de Eli e do próprio Samuel eram todos de caráter falho, para ser bem ameno na observação. No fim de sua vida, Davi teve que assistir, desolado, a luta mortal entre seus filhos em busca do poder secular.

O MISTERIOSO CENSO DE DAVI

Para ilustrar ainda mais as incoerências, contradições e o caráter sanguinário de Javé, vejam o episódio do censo. Em 2Sm 24:1 está escrito que *"Tornou a ira do Senhor [no original, Yhwh] a acender-se contra os israelitas, e ele incitou a Davi contra eles, dizendo: Vai, levanta o censo de Israel e de Judá."* O General Joab, sem dizer o porquê, discorda, mas a ordem do rei prevalece e o censo é feito. O autor não explica porque o censo era algo tão ruim, que jogava o povo contra o rei. Mais grave: o autor não explica porque Javé, sabendo disso, mandou Davi fazer o censo. Não há explicação sequer sobre o porquê dessa nova e repentina ira do "Senhor" contra os israelitas, pois o capítulo anterior trata simplesmente da escolha dos "Valentes de Davi". Para alguns, isso foi simplesmente obra do profeta de plantão, Gade. Davi fez o censo e Gade apareceu com um recado esdrúxulo de Javé: Davi teria que escolher entre três desgraças: *sete anos de fome; três meses fugindo de seus inimigos;* ou uma *praga de três dias.* Que absurdo! Davi escolheu o castigo com menor duração e Javé mandou a praga que em três dias matou *"setenta mil homens do povo"* (2Sm 24:15). Davi foi mais coerente que Javé e lhe disse: *"...Eu é que pequei, eu é que procedi perversamente; porém estas ovelhas que fizeram? Seja, pois, a tua mão contra mim e contra a casa de meu pai"* (2Sm 24:17). Javé até hoje não respondeu ao pertinente questionamento de Davi. Depois de mais essa matança, desta feita executada por um **anjo da morte**, veio o profeta Gade com a saída de sempre: construir um altar para o "Senhor". Davi comprou uma terra de um jebuseu, edificou um altar e, naturalmente, ofereceu ali os holocaustos para acalmar a ira do seu *deus*. O verso 25 confirma: *"...Assim, o Senhor se tornou favorável para com a terra, e a praga cessou de sobre Israel."*

Até hoje nenhum exegeta se arriscou a explicar porque Davi disse que procedeu "perversamente" simplesmente por ter mandado fazer um censo. Alguns comentadores afirmam que o censo era considerado pelos povos semitas da antiguidade, como uma ofensa ao direto domínio de *deus*. Mas o que eles não explicam é por que o seu próprio *deus* (Yhwh), mesmo sabendo disso, determinou que o recenseamento fosse feito.

Em termos positivos, segundo a Bíblia, Davi centralizou o culto a Javé em Jerusalém e lá instalou a Arca da Aliança – que antes estava no centro religioso de Siló – e tornou o sacerdócio uma função de Estado. O grande rei Davi é considerado pelos cristãos, um homem de Deus, mas nem os mandamentos mais importantes do seu *deus* ele cumpriu.

O REINADO DE SALOMÃO

Em 970 a.C., Davi foi substituído por Salomão em outra sucessão de intrigas, manobras e assassinatos. Depois que se firmou no poder, através de uma operação política que envolveu sua mãe, um sacerdote importante, um profeta e "Valentes do Rei", Salomão agiu como todos os reis déspotas da história. Primeiro, mandou matar seu irmão Adonias. Mandou matar também o grande general Joab, que tanto ajudou o rei Davi em suas conquistas, e exilou o sacerdote Abiatar, deixando Zadoc como sacerdote exclusivo em seu governo. Matou ainda Simei que como Joab, não havia apoiado Adonias, mas ao próprio Salomão (1Rs 1:8). Conclui-se que o "Rei da Sabedoria" mandou liquidar todos os homens de confiança do seu pai e fez uma inversão crucial na estrutura de poder dos israelitas: até então eram os sacerdotes ou profetas que governavam (Moisés, Josué, os Juízes) ou escolhiam os reis (Samuel ungiu a Saul e depois a Davi). Salomão uma vez no trono limitou o poder sacerdotal: exilou o sacerdote Abiatar, que tanto servira a seu pai e ao povo e deu exclusividade da liderança religiosa a Zadoc, o único do alto comando de Davi que permaneceu no poder, mas agora totalmente subordinado ao rei, tanto que não impediu sua idolatria.

De acordo com o Antigo Testamento Salomão foi um rei perdulário que gastava absurdos com a manutenção de uma corte digna das *mil e uma noites* estimada em cerca de quatro mil pessoas (compare 1Rs 4:22-23 com Ne 5:17-18 e faça a conta). Teve 700 mulheres e 300 concubinas. Praticou a idolatria e administrou desrespeitando as tradições tribais, nomeando dignitários estranhos às comunidades locais. Modernizou o exército adotando carros de guerra que não foram utilizados por Davi. Ainda segundo o relato bíblico, edificou grandes palácios e construiu um grandioso templo em Jerusalém; construiu frotas navais, ampliou o exército e o tamanho burocrático do Estado. Tudo isso exigiu muito dinheiro. Resultado: aumentou os tributos, levou os estrangeiros ao trabalho forçado, na verdade um eufemismo para a escravidão dos povos dominados:

> *Quanto a todo povo que restou dos amorreus, heteus, ferezeus, heveus e jebuseus, e que não eram dos filhos de Israel, a seus filhos, que restaram depois deles na terra, os quais os filhos de Israel não puderam destruir totalmente, a esses fez Salomão trabalhadores forçados, até hoje. (1Rs 9:21-22).*

Salomão utilizou farta mão de obra escrava em suas minas e até os próprios israelitas foram forçados a trabalhar de graça para o rei, segundo 1Rs 5:27; 11:28.

Nestas passagens há um versículo que passa despercebido para a maioria dos estudiosos e que representa um indício forte de mais uma contradição bíblica. Trata-se do livro – 1Reis – que apresenta Salomão como rei de uma vasta região que se estendia das proximidades do Nilo até o rio Eufrates onde todos os povos lhe pagavam tributos, mas o verso 16 do capítulo 9 mostra que o Egito era mais forte e seu faraó estava atacando e destruindo cidades no território de Israel. Como explicar isso? O redator do livro de Reis dá uma explicação *sui generis*.

> *Porque faraó, rei do Egito, subira e tomara a Gezer, e a queimara, e matara os cananeus que moravam nela, e com ela dotara sua filha, mulher de Salomão. (1Rs 9:16).*

Duas informações importantes na primeira parte do verso: a) O faraó entrava no reino de Salomão e queimava cidades; b) a cidade de Gezer era habitada por cananeus e não por israelitas. Desse modo este verso deixa claro que a potência que mandava na região era o Egito e que os cananeus ainda comandavam cidades importantes, contrariando o livro de Josué que afirma que eles foram praticamente exterminados. A segunda parte é a explicação do redator deuteronomista. Ele quer nos fazer acreditar que o faraó invadiu Israel só para queimar uma cidade e dar as cinzas a sua filha que estaria casada com Salomão. A história indica que os faraós não casavam suas filhas com estrangeiros.

Como o foco deste livro não é a história do antigo Israel, ficaremos apenas neste destaque, mas, quem quiser aprofundar este debate, deve consultar as obras de Thompson, T. L.; Van Seters, J.; Davis, P.R.; Gottwald, N.K.; Grabbe L.L.; Lanche, N.P.; Liverani, M.; Donner, H; Crüsemann, F.; Finkelstein, I & Silberman, N.A.; e também as obras de maximalistas como Amihai Mazar e o pai da ortodoxia arqueológica, John Bright, principal expoente da escola de W.F. Albrigth, dentre outros. Quem quiser conhecer uma visão heterodoxa, não deve deixar de ler *As chaves de Salomão*, do Dr. Ralph Ellis para quem Salomão era o próprio faraó que incendiou Gezer (Sheshonq I [Sisaque]). Os maximalistas, apesar de procurarem harmonizar as descobertas arqueológicas com os escritos bíblicos, hoje reconhecem que não houve uma "era de ouro" nos tempos dos prováveis governos de Davi e Salomão.

Neste trabalho, apesar de usar os conhecimentos atuais da Ciência História, tomo por base metodológica seguir os relatos bíblicos para, a partir daí, fazer os questionamentos. Nessa linha, embora reconheça que historicamente não há sequer indícios da existência de um grande reino em Judá dos séculos X e IX a.C., analiso o que está em 1Rs 10:14-29, onde é narrada a riqueza de Salomão. Vê-se uma opulência sem par (e sem respaldo na história). São toneladas de ouro e prata, adornando palácios de cedro do Líbano e tronos de marfim. Diz o verso 23: *"Assim o rei Salomão excedeu a todos os reis do mundo, tanto em riqueza como em sabedoria."* Um verdadeiro delírio nacionalista dos redatores deuteronomistas do século VII a.C. que precisavam criar uma ideologia que justificasse a política expansionista de Josias em cima de um passado falseado e violentamente exagerado. Já vimos que no século X a.C. (época de Davi e Salomão), Judá não passava de uma área rural escassamente habitada, com poucos assentamentos e a própria Jerusalém era um povoado de cerca de mil habitantes, sem palácios, sem templo e mesmo sem moradias especiais de possíveis membros da nobreza.

Analisando Salomão a partir do relato bíblico, não é difícil deduzir que a construção do Templo teve um objetivo político bem definido. Depois das conquistas de Davi, Salomão teve um reinado de paz. Poucos conflitos marcaram seu período. Para manter sua legitimidade e continuar cobrando altos tributos da população era preciso uma base ideológica e, naquela época, a única ideologia disponível era a religião. Ao construir um grande templo em Jerusalém e lá colocar a maior relíquia religiosa da nação – a Arca da Aliança – o rei estava assumindo o papel de representante da glória divina em meio ao povo. A Bíblia deixa claro – sem falar explicitamente – que a construção do templo foi um ato político e não de fé. Como? Basta ver o próximo tópico que mostra um Salomão adorando deuses de todos os povos da redondeza, para agradar seu grandioso harém de mil mulheres. Construindo o templo ele agradava aos sacerdotes, que vinham da antiga elite tribal, e conseguia o "respaldo javista" para continuar seu governo déspota, escravista e opulento. Na vida pessoal, como não acreditava em nada daquilo mesmo, se dedicava à luxúria nos ritos sexuais com suas centenas de esposas e concubinas, o que a Bíblia apenas insinua, dizendo que ele acompanhava as esposas quando estas queimavam incenso a seus deuses. Esse é um dos elementos – dentre tantos outros mais palpáveis – que indica que o Pentateuco e a OHDtr foram escritos bem depois do fim da Monarquia Unida. Nesses textos encontramos uma veemente proibição do casamento com estrangeiras. Os sacerdotes javistas sabiam que, na intimidade, as mulheres cananeias, egípcias ou babilônias, conseguiam convencer seus maridos israelitas a praticarem outros ritos religiosos, pois haviam feito isso até com o sábio Salomão, como será visto a seguir.

A IDOLATRIA DE SALOMÃO

A desculpa que o autor do livro de 1Reis dá para o desvio idolátrico de Salomão, é que ele tinha 700 esposas princesas e 300 concubinas e estas mulheres lhe perverteram o coração (11:3).

A Bíblia diz claramente que Salomão cultuou Asherah dos sidônios (fenícios) e Milcon, *deus* dos amonitas e que foi mais longe chegando a edificar santuário para Quemos, divindade moabita e para Moloque (versão de Milcon dos amonitas). *"Assim fez para com todas as suas mulheres estrangeiras, as quais queimavam incenso e sacrificavam a seus deuses."* (1Rs 11:8). O que o redator deixou escapar é uma verdade que a arqueologia já provou: os israelitas são os próprios cananeus em origem. A diferenciação étnica, cultural e religiosa só veio bem depois, a partir do fim da Idade do Bronze. A religião politeísta dos cananeus, sempre foi praticada pela parte deles que se autodenominou "israelitas". Como vamos demonstrar adiante, a própria Bíblia mostra claramente a prática idolátrica recorrente em toda a história do antigo Israel. Aqui mesmo, tem-se um grande rei de Javé – que recebeu honra, poder, glória, riqueza e sabedoria de seu *deus* – adorando outros deuses e até construindo santuários para alguns deles. Destaco, em especial, o culto de Salomão à deusa da fertilidade fenício-cananeia, Asherah, também traduzida como Astarote.

Enfim, apesar de todo o esforço da OHDtr para impor uma cultura Javista, os textos bíblicos têm a qualidade de revelar até coisas que seus autores queriam esconder. Javé era cultuado pelos israelitas, mas não era seu único *deus*. Em toda sua história, desde quando Abraão saiu de Ur, que outros deuses eram adorados: de deuses familiares, até divindades bastante difundidas entre todos os povos do Crescente, como é o caso de Asherah, a consorte de El, depois de Baal e, possivelmente, também de Javé.

A DIVISÃO DA MONARQUIA UNIDA — OS REINOS DE JUDÁ E ISRAEL

Ao fim do governo de Salomão, a concentração de riqueza na classe dominante e o profundo descontentamento causado pela corveia (trabalho forçado); pela escravidão e pelo peso dos tributos, levou à divisão do reino. Como a história é sempre contada do ponto de vista de quem a escreveu e quem escreveu a Obra Histórica Deuteronomista foi a elite do reino de Judá, é óbvio que as 10 tribos do norte que se revoltaram contra os impostos salomônicos, foram apontadas como rebeldes e as duas tribos que constituíram o reino do sul (Judá e Benjamim), tidas como certas. Farei um resumido mapa informativo sobre os reis de Israel e Judá, para depois análisar as reformas religiosas, culminando com a de Josias.

O Reino de Judá, ao sul, foi formado pelas tribos de Judá e Benjamim. Sua existência é aceita entre 931 e 586 a.C. Seu primeiro rei foi Roboão, filho de Salomão.

O Reino de Israel, ao norte, foi formado pelas tribos de Semeão, Naftali, Zebulon, Rubem, Dã, Aser, Gade, Issacar, Efraim e Manassés. Sua existência é anotada entre 931 e 722 a.C. Seu primeiro rei foi Jeroboão I, também filho de Salomão.

REIS DE JUDÁ E ISRAEL

Apresento a seguir as listas dos reis de Judá e Israel. Ao lado de cada monarca, colocarei algumas informações básicas, começando pela classificação que a Bíblia dá a cada um (bom ou mal perante Javé), destacando os que foram assassinados ou derrubados e fechando com a duração de cada governo, alertando que não há consenso entre os estudiosos sobre essas datas. Existem três cronologias principais sobre a história do antigo Israel. Sigo, prioritariamente, a cronologia de Edwin R. Thile, auxiliada pela nova cronologia de Gershon Galil, as quais diferem de forma mais sensível da cronologia pioneira do velho mestre Willian F. Albright. Ao final desses dados encontram-se as indicações das passagens bíblicas correspondentes.

REIS DE JUDÁ, CAPITAL JERUSALÉM
(931-586 A.C.)

1. Roboão. **Mal perante Javé.** Idólatra. (931-913).
   [1Rs 12:1-24; 14:21-30 e 2Cr 10:1-19; 11:1-12; 12:1-16].

2. Abias ou Abião. **Mal perante Javé.** Idólatra. (913-910).
   [1Rs 15:1-8 e 2Cr 13:1-22; 14:10].

3. Asa. <u>Bom perante Javé</u>. Combateu a idolatria, mas fez aliança com a
   Síria provocando o ciúme de javé. (910-869).
   [1Rs 15:1-24 e 2Cr 14:1-15; 15:1-19; 16:1-14].

4. Jeosafá ou Josafat. <u>Fiel a Javé</u>, mas fez alianças com os reis de Israel
   Acab e Acazias, o que provocou o ciúme de Javé. (872-848).
   [1Rs 22:1-52 e 2Cr 16:13-14; 17:1-19; 18:1-34; 19:1-11; 20:1-37].

5. Jeorão ou Jorão. **Mal perante Javé.** Casado com a filha de Acab de Israel.
   Idólatra. Javé lhe fez sair as entranhas. (848-841).
   [2Rs 8:16-24; 22:51 e 2Cr 21:1-20].

6. Acazias/Ocozias. **Mal perante Javé.** Morto por Jeú, profeta e depois rei
   de Israel, que também matou Jorão de Israel. (841-841).
   [2Rs 8:24-26; 9:16-29 e 2Cr 22:1-10].

7. Atalaia. **Mal perante Javé.** Culto a Baal. Assassinada. (841-835).
   [2Rs 11:1-21 e 2Cr 22:10-12; 23:12-21; 24:7].

8. Joás. **Mal perante Javé.** Idólatra. Assassinado. (835-796).
   [2Rs 12:1-21; 13:1 e 2Cr 24:1-27].

9. Amazias. **Mal perante Javé.** Vingativo. Culto aos deuses edomitas.
   Assassinado. (796-767).
   [2Rs 14:1-20 e 2Cr 25:1-28].

10. Uzias ou Ozias/Azarias. <u>Andou com Javé</u>, mas não tirou os "altos".
    Usurpou funções sacerdotais e contraiu lepra. (767-740).
    [2Rs 15:1-7 e 2Cr 26:1-23].

11. Jotão. <u>Andou com Javé</u>, mas o povo permaneceu na idolatria. (740-732).
    [2Rs 15:5-7;32-38 e 2Cr 27:1-9].

12. Acaz. **Mal perante Javé**. Idólatra. Holocaustos e incenso nos "altos". Sacrificou o próprio filho. (732-716). [2Rs 16:1-20 e 2Cr 28:1-27].

13. Ezequias. <u>Bom perante Javé</u>. Rei virtuoso. "Andou nos caminhos do Senhor". Reforma religiosa. Derrotou os assírios de Senaqueribe sem luta. (716-687). [2Rs 18:1-37; 19:1-37; 20:1-21 e 2Cr 28:27; 29:1-36; 30:1-27; 31:2-21; 32:1-33 e Is 38:1-5; 39:1-8].

14. Manassés. **Mal perante Javé**. Reconstruiu os "altos". Culto a Baal e Asherah. Construiu postes-ídolos. (687-643). [2Rs 21:1-18 e 2Cr 33:1-20].

15. Amom. **Mal perante Javé**. Idólatra e impiedoso. Assassinado. (643-641). [2Rs 21:18-26 e 2Cr 33:20-25].

16. Josias. <u>Fiel a Javé</u>. Reforma Deuteronomista. Queimou os ídolos. Destituiu sacerdotes de outros deuses. Derrubou os "altos". Morreu na Batalha de Meguido contra Necao II, faraó do Egito. (640-609). [2Rs 22:1-7; 23:1-30 e 2Cr 34:1-33; 35:1-2].

17. Jeoacaz ou Joacaz. **Mal perante Javé**. Preso no Egito pelo faraó Necao II que transformou Israel em estado tributário do Egito. (609-609). [2Rs 23:34 e 2Cr 36:1-4 e Ez 19:3].

18. Eliaquim. **Mal perante Javé**. Filho de Josias, irmão de Jeoacaz, foi colocado no trono pelo faraó Neco (Necao II) que mudou seu nome para **Jeoaquim**. Depois que a Babilônia – no reinado de Nabucodonosor – venceu o Egito, Jeoaquim se tornou rei vassalo da Babilônia. Revoltou-se e foi deposto e assassinado pelos babilônios. (609-598). [2Rs 23:34-36; 24:1-37 e 2Cr 36:4-8 e Jr 22:18-19; 26:23].

19. Joaquim. **Mal perante Javé**. Último rei de Judá. Levado cativo para a Babilônia por Nabucodonosor, junto com as elites judaicas e os utensílios da casa do "Senhor" (598-597).

20. Zedequias ou Matanias. **Mal perante Javé**. Rei nomeado por Nabucodonosor. Governou por onze anos. No final se negou a pagar tributos.

Mataram seus filhos e lhe tiraram os olhos. Levado cativo para a Babilônia. Destruição de Jerusalém e do 1º Templo. (597-586).
[2Rs 24:6-17; 1Cr 3:16-17 2Cr 36:8-10 Jr 22:24-30; 29:2].

REIS DE ISRAEL, PRIMEIRA CAPITAL, SIQUÉM, DEPOIS, SAMARIA (931-722 A.C.)

1. Jeroboão I. **Mal perante Javé.** Edificou **Siquém,** primeira capital do reino do Norte. Idólatra. Incenso a outros deuses. Outros centros de culto: Betel e Dã: bezerros de ouro. (931-910).
   [1Rs 12:12-33; 14:1-20].

2. Nadab ou Nadabe. **Mal perante Javé.** Assassinado. (910-909).
   [1Rs 15:25-31].

3. Baasa. **Mal perante Javé.** Cruel. Exterminou a linhagem de Jeroboão I (909-886).
   [1Rs 15:20-34; 16:1-13 e 2Cr 16:4-5].

4. Elat ou Elá/Elah. **Mal perante Javé.** Governou dois anos, cometeu pecados. Assassinado com toda sua família, por Zimri. (886-885).
   [1Rs 16:6-14].

5. Zimri. **Não buscou o "Senhor".** Governou só sete dias. Suicidou-se. (885-885).
   [1Rs 16:8-20].

6. Omri [e Tibni]. **Mal perante Javé.** Construiu **Samaria,** 2ª capital do reino do norte. Edificou palácios e prédios administrativos. (885-874).
   [1Rs 16:15-28; 20:34 e Mq 6:16].

7. Acab. **Mal perante Javé.** Casou-se com Jezabel de Tiro. Adorava Baal e Asherah (Astarote). Foi também grande construtor. Fez alianças vantajosas com os fenícios. Tempo do profeta Elias. (874-853).
   [1Rs 16:28-34; 18:1-46; 20:1-43; 21:1-29; 22:37-40; 2Rs 9:26 e 2Cr 18:1-34].

8. Acazias ou Ocozias. **Mal perante Javé.** Filho de Jezabel. Adorava Baal. (853-852).
   [1Rs 22:52-54; 2Rs 1:1-18].

9. Jorão ou Jeorão. **Mal perante Javé**, mas tirou as colunas de Baal. Assassinado por Jeú. (852-841).
   [2Rs 3:1-27; 8:16-29; 9:14-25].

10. Jeú. Seguiu a Javé, mas não inteiramente. Ungido por Eliseu. Comandou um golpe de Estado e matou Jorão (matou também o rei Acazias de Judá). Destruiu os postes-ídolos de Asherah e eliminou os adoradores de Baal, mas deixou os bezerros de ouro de Betel e Dã. Governante cruel, apoiado pela Síria (841-814).
    [1Rs 19:16 e 2Rs 9:1-37; 10:1-36 / 1Rs 12:28-29 = bezerros de ouro Betel/Dã].

11. Jeoacaz ou Joacaz. **Mal perante Javé**. Idólatra. (814-798).
    [2Rs 10:35; 13:1-9].

12. Jeoás ou Joás. **Mal perante Javé**. Mas obtém importantes vitórias. (798-782).
    [2Rs 13:9-25;14:8-16 e 2Cr 25:17-24].

13. Jeroboão II. **Mal perante Javé**. Idólatra. Não observou a lei. (782.753).
    [2Rs 14:23-29].

14. Zacarias. **Mal perante Javé**. Assassinado. (753-753).
    [2Rs 15:8-11].

15. Salum. **Mal perante Javé**. Só governou um mês. Assassinado. (752-752).
    [2Rs 15:10-16].

16. Menaém. **Mal perante Javé**. Cortou mulheres grávidas pelo meio. (752-742).
    [2Rs 15:17-22].

17. Pacaías ou Faceías. **Mal perante Javé**. Idólatra. Assassinado. (742-740).
    [2Rs 15:22-26].

18. Peca. **Mal perante Javé**. Assassinado. (740-732).
    [2Rs 15:25-31 e Is 7:1-9; 8:1-7].

19. Oséias, filho de Elá. **Mal perante Javé**, mas menos mal que os outros. Deposto. No seu governo o rei da Assíria, Sargão II (722-705) tomou Samaria, destruiu o reino de Israel e deportou cerca de 27 mil pessoas. (732-722).
    [2Rs 17:1-23].

Destas sintéticas listas, pode-se deduzir que Javé não tinha a fidelidade do seu "povo escolhido". Dos dezenove reis de Israel, somente um não foi diretamente classificado como "**mal perante Javé**": Jeú, que seguiu Javé em parte, atacando violentamente o culto a Baal e Asherah, mas manteve a adoração aos bezerros de ouro que Jeroboão I havia colocado em Betel e Dã, dois centros religiosos criados como alternativas à Jerusalém. Jeú chegou ao governo matando o rei Jorão de Israel (matou também o rei Acazias de Judá). Em nome do combate ao culto de Baal/Asherah, cometeu muitas crueldades para com o povo. Na verdade foi um agente do rei Hazael de Aram, como atesta a estela de Tell-Dan, e depois se tornou um facilitador dos interesses assírios na região.

Os outros dezoito reis, todos foram enquadrados na classificação "**mal perante Javé**". Foram idólatras. Cultuaram Baal e Asherah e outros deuses cananeus e fenícios. Construíram lugares altos para esses cultos, onde sacrificaram e queimaram incenso a outras divindades. Observando pelo ângulo histórico, o que se vê é um povo que nunca deixou o politeísmo dominante na região. Um povo que cultuava Javé, mas juntamente com o culto a outros deuses, sendo que o javismo era defendido por uma minoria, chefiada em cada momento por um ou dois profetas. Como o livro de Reis, que narra a história dos reinos de Judá e Israel, foi escrito pelo deuteronomista no século VII a.C, os reis que seguiam os costumes politeístas da época, foram classificados como "maus" e os que combateram o politeísmo e a idolatria, foram considerados "bons".

Com esse tipo de filtro, deixaram de transmitir muitas informações do ponto de vista histórico, que só agora estão sendo trazidas à tona. Por exemplo: o rei Acab, esposo de Jezabel de Tiro, é tido pela Bíblia como o pior rei de Israel[6], pois seguia sua esposa fenícia no culto a Baal. A arqueologia descobriu que no seu governo, o reino de Israel conheceu grande desenvolvimento, testemunhado por grandes construções em Hasor, Gezer e Meguido, antes atribuídas erroneamente a Salomão. O governo de Acab, assim como o de toda a dinastia Omríada, tirou muitos frutos da aliança feita com os fenícios, considerada pelo deuteronomista como a desgraça maior de Israel naquela época, justamente pelo prisma de sua visão javista da história: *a Fenícia era de Baal, logo era ruim*. Do ponto de vista econômico, pelo contrário, ter boas relações com a Fenícia era vantajoso para qualquer país do Crescente, pois os fenícios tinham o domínio da navegação e contato com os principais portos do mundo próximo.

Já no reino de Judá, dos vinte reis, tivemos cinco classificados pela Bíblia como "fiéis ao Senhor", embora com ressalvas. São eles: Asa, Josafat, Uzias, Ezequias e Josias. Destes, os que tiveram um volume menor de restrições em suas relações com *deus* foram, Josafat, Ezequias e Josias, sendo que este último, objeto deste capítulo, é o grande astro da OHDtr.

No mesmo livro em que fala da glória do reino unificado de Israel (livro de Reis), o autor mostra que no governo de Roboão, sucessor imediato do grande rei Salomão, um faraó do Egito – neste caso é dado o nome – Sisaque (**Sheshonq I**), marchou sobre Jerusalém *"e tomou os tesouros da Casa do Senhor e os tesouros da casa do rei; tomou tudo."* (1Rs 14:26). Como a Bíblia não diz que Roboão foi derrubado ou morto, o significado claro é de que ele se tornou um governante vassalo do Egito. Lembremo-nos que ainda no tempo de Salomão, um faraó do Egito (provavelmente o mesmo) passou por Judá e foi incendiar Gezer, no território de Israel. Para a história, Judá e Israel nunca foram grandes reinos e nunca constituíram um império. Os impérios da região eram o Egito de um lado e Assíria e Babilônia de outro. Roboão, do ponto de vista do autor da OHDtr, *fez o que era mal diante do Senhor*, pois entregou-se à idolatria. Essa foi a justificativa dada para a derrota e humilhação sofridas diante dos egípcios. Mas há, por traz dessa versão bíblica, fatos históricos importantes que só agora começam a emergir, como os levantados por Ralph Ellis (2004).

O sucessor de Roboão foi seu filho Abias, que também *fez o que era mal perante deus*. Foi sucedido no trono pelo seu filho **Asa**, que reinou 41 (quarenta e um anos) sobre Judá, a partir de Jerusalém. Asa foi o primeiro rei, depois da divisão, a fazer o que se convencionou chamar (com relação ao antigo Israel) de reforma religiosa que, como foi visto, era simplesmente o uso do poder de estado para forçar o culto único a Javé.

Asa acabou com os *prostitutos sagrados* e todos os ídolos feitos pelos antepassados e chegou a depor sua mãe da condição de grande dama, por ela ser uma fiel da deusa da fertilidade.

> *Porque tirou da terra os prostitutos-cultuais e removeu todos os ídolos que seus pais fizeram, e até a Maaca, sua mãe, depôs da dignidade de rainha-mãe, porquanto ela havia feito a Asherah uma abominável imagem; pois Asa destruiu essa imagem e a queimou no vale de Cedrom. (1Rs 15:12-13).*

Nesta narrativa do governo de Asa, o texto bíblico revela algumas questões interessantes, que vêm corroborar com as atuais descobertas arqueológicas: o profundo e recorrente antagonismo entre Judá e Israel. *"Houve guerra entre Asa e Baasa, rei de Israel, todos os seus dias."* Ora, *os dias de Asa* foram 41 anos! O texto paralelo de 2Cr 16:12s critica Asa por este ter feito aliança com o rei da Síria para derrotar Baasa. A crítica vem de Javé, que ficou enciumado pelo fato do rei de Judá não ter buscado a ele – Javé – mas a um rei vizinho. Por isso, no final da vida, o vitorioso Asa teria adoecido dos pés.

Com relação à sua intervenção no processo religioso, o livro de 1Reis (15:14) destaca que, embora Asa tenha acabado com os ídolos e postes-ídolos, ele não acabou com os chamados *lugares altos*. E o que eram esses *lugares altos*? Eram outeiros, pequenas colinas, onde o povo sacrificava e queimava incenso a outros deuses. Essa breve observação do texto bíblico mostra que a reforma de Asa foi parcial. Ele destruiu os ídolos, mas não teve coragem e força para destruir *os altos*, deixando assim uma válvula de escape para os costumes politeístas da população. Outra observação importante, é que a idolatria no período monárquico era uma prática costumeira no palácio real, pois Maaca, mãe do rei Asa fazia, ela mesma, imagens de Asherah.

Josafat, filho de Asa, assumiu o trono aos 35 anos de idade e governou por 25 anos. Continuou a política religiosa do pai e foi mais além, acabando com os lugares altos e dando prosseguimento à perseguição ao culto de Asherah, tratada em muitas passagens pelo nome que os tradutores deram a seu símbolo: *poste-ídolo*. Estruturou o que se podia chamar de sistema judiciário de então, nomeando juízes, dentre os levitas e os cabeças das tribos, nas cidades de Judá. Construiu fortalezas e cidades armazéns. Andava no caminho do "Senhor", mas fez aliança com o "perigoso" rei Acab de Israel e por isso foi repreendido pelo profeta Jeú [que depois matou o rei Jeorão (neto de Acab) e usurpou o trono de Israel]. Josafat aliou-se depois ao filho e sucessor de Acab, Acazias, que era idólatra como o pai. Dessa aliança veio a construção conjunta de uma frota naval, mas Javé, enraivecido com essa aproximação com o rei israelita, destruiu os navios que iam em busca de ouro em Tarsis, provavelmente na Península Ibérica. Fica claro que **Javé era agora o *deus* de apenas duas tribos**: Judá e Benjamin, que habitavam o reino de Judá. As dez tribos do reino de Israel, ao norte são aqui tratadas como inimigas.

De Josafat até Ezequias o reino de Judá teve uma sequência de reis que não andaram no caminho de Javé. Nesse período apenas **Uzias**, grande engenheiro e construtor, *fez o que era bom aos olhos do Senhor*, mas não eliminou os altos onde o povo continuava queimando incenso e sacrificando aos ídolos (2Rs 15:1-7). Uzias governou por 27 anos (em outra cronologia seu reinado teria durado 52 anos). O que se deduz das informações que o livro de 2Reis nos oferece sobre o período de Uzias é que, mesmo depois das reformas de Asa e Josafat, os lugares altos e as práticas idólatras politeístas continuavam acontecendo em pleno século VIII a.C. Uzias, no fim da vida, foi ele mesmo queimar incenso no altar de Javé, o que era função exclusiva do sacerdote e por isso, segundo a Bíblia, foi acometido de lepra.

Ezequias, 13º rei da Casa de Davi, andou nos caminhos do "Senhor" e foi considerado pela Bíblia como um dos grandes reis de Judá. As três informações contidas em 2Rs 18:3-6, de que ele *combateu a idolatria; recolocou os sacerdotes levitas em suas funções* e *voltou a celebrar a páscoa*, nos dizem muito mais do que está escrito. Fica claro que apesar das reformas de Asa, Josafat e Uzias, a idolatria ainda continuava forte em Judá, no início do século VII a.C., pois foi necessário o combate do Estado contra sua prática, sempre recorrente no meio dos israelitas; a reintegração dos levitas às suas funções sacerdotais mostra que não havia uma continuidade desse sacerdócio; e a informação mais grave: que a Páscoa estava sendo restaurada. Isso indica que não havia uma continuidade nessa celebração, contrariando uma determinação capital de Javé em Êxodo 12:14, onde ele prescreveu que a Páscoa fosse praticada eternamente: "*Este dia vos será por memorial, e o* *celebrareis como solenidade ao Senhor; nas vossas gerações o celebrareis por estatuto perpétuo."* Por sua fidelidade a Javé, Ezequias foi agraciado com grandes milagres, destaque para a ação de um anjo da morte enviado por Javé que matou em uma noite 180.000 soldados do rei assírio Senaqueribe, quando este fazia um cerco a Jerusalém.

Josias. Depois das reformas de Asa, Josafat, Uzias e Ezequias, finalmente chegamos a Josias, cuja reforma religiosa foi a mais significativa de todo o antigo Israel e, para muitos estudiosos, o marco inicial do seu monoteísmo. Embora na Torah (Pentateuco), desde o livro de Gênesis, vê-se Javé lutando para se impor como *deus* dos israelitas, o próprio conjunto da Torah e OHDtr mostram claramente, que a prática politeísta sempre esteve presente no meio daquele povo. Arqueólogos modernos como Israel Finkelstein, pela absoluta falta de testemunhos escritos em hebraico antes do século VIII a.C., defendem que tanto o Pentateuco como a OHDtr foram escritos – colocados no papiro e no pergaminho – no final do século VIII e, principalmente no século VII a.C.

> *Dessa forma, direcionaremos o foco para Judá, no final do século VIII e século VII a.C., quando esse processo literário começou de verdade, e discutiremos que muito do Pentateuco é criação tardia do final do período monárquico, defendendo a ideologia e as necessidades do reino de Judá e, como tal, intimamente relacionado à história deuteronomista. E nos alinharemos com os estudiosos que argumentam que a história deuteronomista foi compilada em sua parte principal, na época do rei Josias, com a intenção de prover validação ideológica para ambições políticas específicas e reformas religiosas. (FINKELSTEIN & SILBERMAN, 2003, p.29).*

O livro de Deuteronômio, supostamente achado no Templo de Jerusalém durante reparos executados por ordem de Josias a partir do décimo segundo ano do seu reinado, provavelmente em **629 a.C.**, teria sido escrito pelos sacerdotes e escribas de sua corte, como base ideológica, simbólica e propagandística para sua reforma que, como já discutido, era a imposição ao culto exclusivo a Javé. Em **622 a.C.** Josias transformou o livro de Deuteronômio – nessa época chamado de **livro da Lei** (2Rs 22:8) ou **livro da Aliança** (2Rs23:2) – em lei de Estado do reino de Judá, com aprovação em praça pública na presença de todo o povo, o que mostra que a cidade de Jerusalém, como confirma a arqueologia moderna, tinha tamanho modesto nesse período. Segundo Finkelstein & Silberman, 2003, p.388-389, Jerusalém tinha na época de Josias, cerca de 15 mil habitantes, vinte por cento do total da população de Judá.

SITUAÇÃO INTERNACIONAL

A análise do contexto internacional da época é imprescindível para se entender o porquê da importância do reinado josiânico. Desde 722 a.C. que o reino do norte, Israel, havia sido destruído e seu território dominado pelo império assírio, mas a partir de então foi acontecendo um enfraquecimento desse império e um fortalecimento dos medos e babilônicos. Em 612 Nínive, a temível capital assíria caiu para a aliança medo-babilônica e sua última resistência foi derrotada em Haran em 610 a.C.

Josias assumiu o trono em 640 a.C. aos oito anos de idade e reinou por trinta e um anos até 609 a.C. Seu governo, portanto, se deu no período de enfraquecimento e queda do império assírio, que dominava a região do antigo reino de Israel. Com isso, Josias pode expandir seus domínios um pouco mais para o norte, tomando centros religiosos como Betel e cidades, como Samaria, antiga capital do reino do norte. Nesse momento da história, uma centralização religiosa em Jerusalém – a capital – em torno de um único *deus*, ligado pela tradição aos antepassados do povo, dava ao rei as condições de legitimidade para avançar no espaço vazio deixado pelos assírios e fortalecer efetivamente o até então pequeno, pobre e isolado reino de Judá. A OHDtr coloca em Josias as qualidades dos grandes líderes simbólicos do povo israelita como Moisés, Josué, Davi e Salomão, elevando-o acima desses dois últimos:

> *Antes dele não houve rei que lhe fosse semelhante, que se convertesse ao Senhor de todo o seu coração, e de toda sua alma, e de todas as suas forças, segundo toda a lei de Moisés; e depois dele, nunca se levantou outro igual. (2Rs 23:25).*

Como não há evidências de um grande reino na época de Davi e Salomão (século X a.C.), os estudiosos avaliam que Josias retroprojetou a relativa grandeza do seu reinado e sua significativa expansão territorial, para um passado já esquecido, criando assim, na mente coletiva do povo, uma ideia gloriosa de seus antepassados, para forjar o amálgama de uma nação no presente. Vejam agora o que diz o texto bíblico sobre a reforma josiânica, no livro de Reis e nos paralelos contidos no livro de Crônicas.

LIVRO DE 2REIS:

> *23:4 Então o rei ordenou ao sumo sacerdote Hilquias, e aos sacerdotes da segunda ordem, e aos guardas da porta que tirassem do templo do Senhor todos os utensílios que se tinham feito para Baal, e para o poste-ídolo [Asherah], e para todo o exército dos céus, e os queimou fora de Jerusalém, nos campos de Cedrom, e levou as cinzas deles para Betel. (Bíblia de Estudos Almeida).*
>
> *23:5 Também destituiu os sacerdotes que os reis de Judá estabeleceram para incensarem sobre os altos nas cidades de Judá e ao redor de Jerusalém, como também os que incensavam a Baal, ao sol, e à lua, e aos mais planetas, e a todo exército dos céus. (Bíblia de Estudos Almeida).*
>
> *23:6 Retirou do templo de Javé o ídolo Aserá, levando-o para fora de Jerusalém, para o riacho de*

> *Cedrom, e o reduziu a cinzas que foram jogadas na vala comum [sepulturas do povo]. (Bíblia Sagrada, Edição Pastoral).*
>
> *23:7 Demoliu as casas dos prostitutos sagrados que se achavam na Casa do Senhor, e onde as mulheres teciam vestes para Asherá. (Bíblia TEB).*

LIVRO DE 2CRÔNICAS

> *34:3 No oitavo ano do seu reinado, sendo ainda adolescente, começou a buscar o Deus do seu antepassado Davi. E no seu décimo segundo ano de reinado, começou a purificar Judá e Jerusalém dos lugares altos, dos postes sagrados [Aserás] e dos ídolos de madeira e metal. (Bíblia Sagrada, Edição Pastoral).*
>
> *34:4 Por sua ordem, destruíram os altares dos ídolos, e ele próprio destruiu os altares de incenso que estavam sobre os altares, despedaçou os postes sagrados, os ídolos de madeira e metal e, reduzindo-os a pó, espalhou o pó sobre os túmulos de quem lhes havia oferecido sacrifícios. (Bíblia Sagrada, Edição Pastoral).*
>
> *34:5 Queimou nesses altares os ossos dos sacerdotes e, assim, purificou Judá e Jerusalém. (Bíblia Sagrada, Edição Pastoral).*

A professora Ana Luisa Alves Cordeiro, em seu artigo "Asherah, a Deusa Proibida, de 22 de outubro de 2007, publicado em *<http://www.abiblia.org/artigosviewPrint.asp?id=80>* (acesso em 15/06/2010), faz o seguinte comentário sobre a passagem de 2Cr 34:3-4. acima citada

> *[...] além de derrubar, despedaçar e reduzir a pó os altares, Josias manda espalhar este pó sobre o túmulo*

> *dos que ofereciam sacrifício a Baal e Asherah, ou seja,*
> *está explícito que pessoas foram assassinadas.*

O caráter dessa reforma foi moldado pela violência de Estado como instrumento da intolerância religiosa. Sobre os sacerdotes de Baal e Asherah, por exemplo, o livro de 2Reis diz que eles foram *"destituídos"*. A informação de 2Rs 23:16 é que, quando estava destruindo o altar de Betel, *"Josias voltou-se e viu os túmulos que estavam nas montanhas. Então mandou recolher os ossos daqueles túmulos e os queimou sobre o altar."* Até aqui nada de animalesco, apenas um desrespeito aos mortos e uma atitude para profanar (ou purificar) um altar considerado herético, mas o que vem em seguida, à narrativa da ação de Josias contra os ídolos de Samaria, antiga capital do reino de Israel, é estarrecedor:

> *Josias fez desaparecer também todos os templos dos lugares altos, que havia na cidade de Samaria. Esses templos tinham sido construídos pelos reis de Israel para irritar a Javé. Josias fez com eles o mesmo que já havia feito em Betel. Josias imolou sobre os altares, todos os sacerdotes dos lugares altos que aí se encontravam; e, por cima deles, queimou ossos humanos. Depois voltou para Jerusalém. (2Rs 23:19-20, Bíblia Sagrada Edição Pastoral).*

É assombroso o barbarismo que a humanidade já praticou em nome dos deuses. Observem que em alguns pontos da narrativa, consta apenas que foram derrubados templos e altares de outros deuses e deusas e sobre os escombros, queimados ossos humanos, de pessoas já mortas. Mas aqui está claro que os sacerdotes dos lugares altos foram IMOLADOS (sangrados com faca na garganta) e depois foram queimados (oferecidos em HOLO-CAUSTO) com ossos humanos usados como lenha. Tudo isso foi feito para impor um *deus* ciumento, vingativo, cheio de ira e rancor. Mas Josias teve um precedente forte: no século IX a.C., no tempo do rei Acab do reino de Israel, o profeta Elias mandou queimar 450 sacerdotes de Baal, depois de um concurso bizarro para ver quem conseguia pôr fogo em uma fogueira de holocaustos (1Rs 18:22; 40).

Ainda hoje muitos líderes religiosos vivem a enganar o povo, pregando que a reforma josiânica se limitou a destruir os ídolos de madeira e de fundição, seus altares e seus lugares altos, escondendo que essa reforma também destruiu pessoas do povo e sacerdotes que professavam outros cultos. Os abomináveis sacrifícios humanos ainda estavam presentes entre os israelitas do século VII a.C., mostrando o caráter violento de suas tribos e do seu *deus*, Javé. No vazio de poder deixado pelo enfraquecimento do império assírio, Josias iniciou primeiro um processo de violência interna contra seu próprio povo, para depois, com a legitimação dada pelo "Livro da Lei" (proto Deuteronômio), ampliar a base tributária para fortalecer o Estado e partir para a expansão territorial, conquistando áreas do antigo reino de Israel.

Dando continuidade à passagem que fala da queima dos ossos dos sacerdotes de Baal/Asherah (2Cr 34:5), o cronista mostra que a mesma violência aconteceu em outras cidades de Judá e até em cidades do antigo reino de Israel.

> *34:6 O mesmo fez nas cidades de Manassés, de Efraim e de Simeão, até Naftali, por todos os lados no meio das suas ruínas. (Bíblia de Estudos Almeida).*
>
> *34:7 Tendo derribado os altares, os postes-ídolos e as imagens de escultura, até reduzi-los a pó, e tendo despedaçado todos os altares do incenso em toda a terra de Israel, então, voltou para Jerusalém. (Bíblia de Estudos Almeida).*

É importante destacar que Asherah era cultuada em Judá e Israel. Em se tratando da monarquia, esse culto remonta aos tempos de Salomão. Um pouco depois a mãe do rei Asa, de Judá, fazia imagens dela no palácio real. Séculos à frente Josias mandou despedaçar os postes-ídolos que estavam dentro do templo de Javé em Jerusalém e, antes, o rei Acab mandara fazer postes ídolos no reino de Israel. Deuteronômio confirma essa prática de colocar Asherah no templo de Javé, pois faz a seguinte proibição:

16:21-22 Não plante um poste sagrado ou árvore junto a um altar que você tenha feito para Javé seu Deus, nem levante uma estela, porque Javé seu Deus a odeia. (Bíblia Sagrada, Edição Pastoral).

Ora, sabe-se que *poste sagrado*; *poste ídolo*; árvore sagrada ou árvore junto ao altar além de *estelas* são referências à deusa da fertilidade Asherah. A proibição de Deuteronômio que, obviamente trata de desvios no culto dos israelitas, é específica contra uma divindade feminina. Na volta do exílio babilônico, os novos líderes religiosos dos israelitas que deram redação final ao que é hoje a Bíblia Hebraica, atribuíram às deusas a queda de Israel e Judá (essas deusas teriam pervertido o "espírito dos reis e do povo" através das mulheres estrangeiras dos israelitas). Baal foi combatido, mas em seu lugar ficou outra entidade masculina – Javé – que, inclusive, se adonou de suas "características". No lugar de Asherah, nada ficou. A presença do feminino no sagrado do judaísmo começou a ser eliminada no reinado de Josias.

Asherah, não há como esconder, a não ser que se rasgue a Bíblia, era uma divindade tão importante para os israelitas quanto Javé. Se olhada pelo que está escrito, conclui-se que, para o povo, ela era até mais importante, pois de 40 reis que existiram nos reinos de Judá e Israel, só **dois** em Israel e **cinco** em Judá andaram (mais ou menos) nos caminhos de Javé. Os outros **trinta e três**, cultuaram deuses e deusas estrangeiros, com destaque para a continuidade do culto de Asherah. A Bíblia narra em 2Reis 23:15 que Josias, quando destruiu o altar de Betel – centro religioso que não ficava em Judá, mas em Israel – queimou o poste sagrado, o que prova, mais uma vez, que Asherah era adorada tanto no sul, quanto no norte e era adorada no mesmo altar de Javé, o que corrobora com a inscrição em cerâmica encontrada em *Kuntillet 'Ajrud*, onde ela aparece como consorte do *deus* Javé.

Finkelstein e Silberman, 2003, p. 387-388, atestam que em escavações feitas em cidades do reino de Judá, especialmente na Jerusalém da época de Josias, foram encontradas inúmeras estatuetas da deusa Asherah nas residências. Ou seja, o Estado destruiu os lugares altos, derribou os altares, mas o povo guardou seus *santos* em casa. Usando apenas a Bíblia como fonte, não há como negar a importância de Asherah para os antigos israelitas. Buscando o reforço da fonte arqueológica, essa informação é substancialmente reforçada.

Mas vejam quanta riqueza de informações essas passagens contêm. Começando pelo livro de 2Reis. Em 23:4 fica bem claro que ainda na época de Josias, no templo de Javé, havia utensílios cúlticos para Baal, *deus* fenício-cananeu, rival de Javé, e para sua consorte, a deusa da fertilidade Asherah, traduzida em muitas passagens – nunca é demais repetir – como poste-ídolo ou tronco sagrado, pelo fato de seu símbolo ser um tronco de árvore (deusa da natureza). A influência da religião assíria é também comprovada aqui, pois no templo de Javé também se encontravam os utensílios para o culto de "*todo o exército dos céus*", que eram (ver Dt 4:19) o Sol, a Lua, as estrelas e os errantes (os planetas).

PROSTITUTOS SAGRADOS

Outra informação importante é que havia prostituição sagrada nas casas de culto do antigo Israel. Josias demoliu as casas dos *prostitutos sagrados* (que em algumas traduções aparecem como "*prostitutos cultuais*" ou "*rapazes escandalosos*"), que viviam no templo junto com mulheres que teciam vestes para Asherah. Isso é uma exclusividade dos israelitas, pois a história registra a ação de *prostitutas sagradas*, que se tornaram célebres no período helenista, sendo uma marca da cultura grega, mas aqui, em Judá e Israel, vemos a presença no templo de *prostitutos sagrados*, e a Bíblia não explica suas funções, o que faz desse assunto um bom tema para pesquisas acadêmicas presentes e futuras. A explicação que pode ser tirada *a priori* é baseada na comparação com a prostituição sagrada em outros países. A presença de *prostitutas sagradas* se dava quando o *deus* era masculino. Havia na Grécia antiga estátuas de deuses com falos de mármore onde essas ninfetas se entregavam sexualmente para, no êxtase, receberem os oráculos "divinos". Em outras situações, as chamadas "*esposas de deus*" atendiam aos homens que procuravam ajuda espiritual nos templos. A presença de *prostitutos sagrados* em Judá e Israel denota que a divindade adorada nesses templos era feminina, o que aumenta a importância de Asherah na história do antigo Israel. Não se sabe se os prostitutos sagrados alcançavam o êxtase com as estátuas de Asherah ou com piedosas fiéis que vinham consultar oráculos no Templo. Esse assunto continua sendo um enigma e, ao mesmo tempo, um tabu.

CONSULTA A ORÁCULOS

Não se pode deixar de notar que mesmo Josias, um grande rei da Casa de Davi, consultava uma vidente, a profetisa Hulda, o que mostra que as práticas espirituais dessa época eram bem semelhantes ao conjunto das práticas pagãs de todo o Crescente: as pessoas falavam com os deuses através de oráculos. A Bíblia não fala especificamente se a reforma alcançou a profetisa Hulda, mas os outros videntes e adivinhos encontraram a morte...

> *Josias eliminou também os necromantes, os adivinhos, os deuses domésticos, os ídolos e todas as abominações que se viam no país de Judá e em Jerusalém, para cumprir as palavras da lei escritas no livro que o sacerdote Helcias encontrou no Templo de Javé.* (2Rs 23:24).

Um último comentário sobre o livro "achado" pelo sacerdote Helcias. Quando analisei o livro de Josué, por várias vezes levantei a hipótese de que no tempo dos acontecimentos ali narrados, ainda não havia a Torah, tão grande eram as transgressões aos chamados dez mandamentos. Isso parece se confirmar nos livros de Reis e Crônicas, onde a lei é referida como o que está escrito no livro achado (ou escrito) por Helcias, que seria o livro de Deuteronômio, a partir do qual, segundo muitos estudiosos, foram escritos os outros livros da Torah, em pleno século VII a.C. A passagem narrada em 2Rs 23:24 parece confirmar essa assertiva.

A MORTE DE JOSIAS.

A última resistência assíria, como visto acima, caiu em 610 a.C. em Haran, mas houve uma tentativa de recuperar essa cidade em 609 a.C.

O faraó Necao II (Neco em algumas traduções), marchou na direção de Haran para ajudar os assírios. Josias reuniu suas tropas e foi interceptá-lo em Meguido. O relato bíblico é que houve uma batalha, Josias foi ferido e morto e seu corpo levado para Jerusalém, onde foi enterrado ao lado de seus pais, sendo muito pranteado por todo o seu povo. Depois da morte de Josias, o povo de Judá aclamou seu filho, Joacaz, rei de Judá.

> *No seu tempo [de Josias], o faraó Necao, rei do Egito, subiu para se encontrar com o rei da Assíria, junto ao rio Eufrates. O rei Josias marchou contra ele, mas, na primeira batalha em Meguido, Necao o matou. Os servos de Josias transportaram seu corpo num carro, o levaram de Meguido para Jerusalém, e o enterraram no seu túmulo. [...]. (2Rs 23:29-30).*

Os estudiosos não encontraram, até agora, testemunhos arqueológicos dessa batalha. A opinião mais aceita é que não houve batalha alguma. Teria havido um debate sobre as condições de vassalagem do reino de Judá, ao que Josias teria se oposto e por isso foi morto. Mas isso é uma controvérsia até agora sem solução. O que se destaca aqui é uma estranha coincidência entre o *deus* do faraó e o *deus* de Josias, de acordo com a narrativa paralela de 2Crônicas.

> *Tempos depois de Josias ter restaurado o Templo, Necao, rei do Egito foi guerrear em Carquemis, à margem do rio Eufrates. Josias saiu para enfrentá-lo. Então Necao mandou-lhe mensageiros com este recado: "Não se intrometa em meus assuntos, rei de Judá. Não vim lutar contra você. Eu estou em guerra contra outra dinastia. Deus me mandou fazer isto imediatamente. Não queira atrapalhar a ação de Deus. Ele está comigo, senão, ele acabará com você!" Josias, porém, não desistiu de atacá-lo, pois estava decidido a guerrear. E não deu atenção ao que Necao lhe dizia*

> *em nome de Deus. E foi guerrear com ele no vale de Meguido. Os atiradores acertaram flechas no rei Josias, que disse aos ajudantes: "Tirem-me do combate, porque estou gravemente ferido." Os ajudantes tiraram Josias do carro, o puseram em outro e o levaram para Jerusalém, onde ele morreu. Foi enterrado no túmulo dos seus antepassados, e todo o Judá e Jerusalém fizeram luto por ele." (2Cr 35:20-24. Grifei).*

Vamos à análise da passagem acima. O recado do faraó a Josias é uma faca de dois gumes nas mãos dos exegetas judeus e cristãos. Estes últimos nada comentam sobre esta enigmática passagem nos pés de página de suas bíblias. É realmente difícil, senão vejamos. Diz o faraó a Josias: *"Deus me mandou fazer isto imediatamente. Não queira atrapalhar a ação de Deus. Ele está comigo, senão, ele acabará com você!"*. O faraó está falando de que *deus*? A impressão que passa é que ele está se referindo ao mesmo *deus* de Josias. E a Bíblia (neste caso, o redator deuteronomista) parece concordar com isso quando diz (no vs. 22) que Josias *"não deu atenção ao que Necao lhe dizia em nome de Deus."* A história seguinte confirma que o faraó estava certo, pois Josias quis atrapalhar o faraó e foi morto! E o redator deuteronomista nem pôde dizer que era por que Josias *"era mal perante Javé"*. Pelo contrário, Josias foi o rei que mais seguiu a lei de Javé. A saída foi fazer uma redação circular, onde se tem a impressão que o *deus* referido pelo faraó é o mesmo *deus* do povo de Judá e Israel e que, por Josias não ter acolhido o recado que ele – *deus* – lhe mandou via faraó, teve seu fim decretado exatamente como predisse Necao II. No original hebraico a palavra que foi traduzida como *"deus"* em 2Cr 35:22 está grafada como Elohim (MID L@) que era uma das maneiras como os antigos hebreus se referiam a seu *deus*. Ou seja, o faraó não citou nenhuma divindade egípcia, mas a própria divindade dos antigos israelitas.

Qualquer que seja a interpretação dessa passagem, o resultado é desastroso para a teologia judaica.

a. Se o *deus* do faraó é um *deus* só dos egípcios, então a Bíblia está admitindo que Javé é mais fraco que o *deus* do faraó e isso é uma contradição, pois, de acordo com o livro de Êxodo, Javé já havia vencido os deuses do Egito por ocasião da libertação dos hebreus.

b. Se o *deus* citado pelo faraó é o mesmo *deus* de Josias, como sugere essa passagem de 2Crônicas, significa que esse *deus* – no caso Javé – não é exclusivo dos hebreus, mas, por incrível que pareça, é também um *deus* do povo idólatra do Egito.

c. E, em decorrência da hipótese anterior – que estaríamos tratando do mesmo *deus* – Josias ainda assim sai diminuído, pois esse *deus* manda um recado pra ele através do seu inimigo, o faraó.

Os acontecimentos a seguir narrados em 2Crônicas 36, apenas confirmam o que a história, baseada nos registros egípcios e assírios, já informaram. A região de Israel era tributária da Assíria e a região de Judá era tributária do Egito. Isto está claramente escrito na passagem que a seguir, onde encontra-se o faraó Necao II botando e tirando reis em Judá; levando um rei da Casa de Davi cativo para o Egito e até mudando o nome de um dos seus reis vassalos. Vejam o próprio texto bíblico.

> *O rei do Egito tirou Joacaz de Jerusalém e impôs ao país um tributo de três toneladas e meia de prata, e trinta e quatro quilos de ouro. Depois o rei do Egito colocou Eliaquim, irmão de Joacaz, como rei de Judá e Jerusalém, mudando o nome dele para Joaquim. Quanto a Joacaz, o faraó Necao o prendeu e levou para o Egito. (2Cr 36:3-4).*

A conclusão plausível é que a história de Judá, Israel, Egito, Assíria, Aram e Babilônia caminharam efetivamente sem o concurso dos deuses. Os impérios do Egito e da região mesopotâmica eram os mais fortes, tanto no período da Monarquia Unida quanto no tempo dos reinos divididos. Judá e Israel não passavam de estados tributários, assim como os outros estados ou cidades-estado cananeias e fenícias. Por mais que o redator deuteronomista tente passar a ideia de um grande reino nos tempos de Davi e Salomão e depois, no tempo de Josias, o próprio texto da OHDtr deixa claro que Judá e Israel eram estados vassalos das potências da época, com Judá, pela proximidade, sempre mais ligado ao Egito e Israel, também pela vizinhança, mais ligado à Assíria. Quando Babilônia, aliada aos medos, destruiu o império assírio, ficou com suas possessões, como o antigo reino de Israel e depois com o reino de Judá, transportando sua elite cativa para a pátria de Abraão. Isso é história.

Voltando à reforma de Josias, o que muitos estudiosos acreditam, é que foi com ela que o monoteísmo começou a se firmar entre os israelitas. Logo depois veio o cativeiro na Babilônia e, quando da volta sob a proteção dos reis persas Ciro e Artaxerxes I, os líderes Zorobabel, Esdras e Neemias, assumiram o controle político e religioso da nação e elaboraram – especialmente os dois últimos – a redação final da Tanakh, a Bíblia Hebraica. Esdras, que veio comandando o segundo grupo que deixou a Pérsia, promoveu uma renovação da submissão à lei mosaica e chegou a pregar o divórcio com as esposas pagãs. Muitos especialistas atribuem a ele a redação não só de Esdras, Neemias e Crônicas, mas toda uma edição dos textos sagrados dos israelitas formando o que seria a base da Tanakh atual.

Quando foram achados os Manuscritos do Mar Morto, seus textos mais antigos foram datados como dos séculos III e II a.C. Com base nesse grandioso testemunho escrito, hoje temos certeza que, pelo menos a partir dessa época, a redação da Bíblia Hebraica passou a expressar o seu conteúdo corrente nos dias atuais.

FINALMENTE, O "MONOTEÍSMO FORÇADO" É IMPLANTADO EM ISRAEL

Vimos exaustivamente que o politeísmo sempre foi praticado em Israel, inclusive pelo grande rei Salomão. A reforma de Josias foi o verdadeiro início do monoteísmo (forçado) entre os israelitas. Elias bem que tentou matando aqueles 450 profetas de Baal e Asherah, mas devem ter sobrado alguns, pois o culto das divindades fenício-cananeias não morreu no século IX a.C. Josias, antes do exílio, resgatou (ou produziu) o livro de Deuteronômio e as gerações pós-exílicas nele se firmaram. O trabalho de Esdras e Neemias teve tanto sucesso, que no período Intertestamentário, mais precisamente no período da dinastia Hasmoniana, a predominância foi a exclusividade de culto a Javé. Esse monoteísmo forçado pelo Estado e por elites religiosas, inspirado na reforma de Josias, atravessou todo o período grego, passou pelo romano e foi até a expulsão dos judeus de Jerusalém em 135 d.C., quando a cidade de Davi teve seu nome mudado (pelo imperador Adriano) de Jerusalém para *Aelia Capitolina* e a Judeia passou a se chamar Síria-Palestina.

Quando Jesus nasceu, entre 7 e 4 a.C., o judaísmo já estava firmado na Judeia e seu culto era praticado no templo em Jerusalém e as leituras dos livros sagrados podiam ser feitas nas sinagogas montadas inclusive no estrangeiro, onde houvesse uma comunidade judaica. Isso se deve não apenas a Esdras e Neemias, como pensam alguns, mas a Josias, principalmente, que destruiu os *Baalins* e *Asheras* e derribou os lugares altos e imolou e queimou em fogueira de ossos humanos, os sacerdotes dessas divindades e legou para a posteridade nacional o livro de Deuteronômio.

Assim o monoteísmo foi finalmente implantado em Judá. Asa, Josafat, Uzias e Ezequias foram precursores, mas foi Josias quem realmente impôs o culto único a Javé, à custa de ferro (imolações) e fogo (holocaustos), bem ao gosto do *Senhor dos Exércitos*. Na época de Josias, a presença da principal divindade feminina dos israelitas – Asherah – foi eliminada. Suas árvores sagradas foram retiradas para sempre do altar de Javé. A religião se masculinizou e o sagrado feminino foi para os porões sombrios onde ficam os derrotados da história, seja ela política ou religiosa.

Jesus não atacou os lugares altos nem imolou ou queimou os que praticavam outros cultos e nunca ofereceu sangue e gordura (crua ou queimada) a seu Deus. A grande reforma religiosa feita por Jesus, começou com um grande sermão celebrado em um alto, o Monte das Oliveiras. Foi uma reforma feita pela Palavra e não pela espada. Jesus não matou um ser humano sequer e até repreendeu Pedro que tentou defendê-lo com sua lâmina de ferro.

Para os judeus, afirmar que Javé é Jesus soa como um sacrilégio: como Javé, *deus*, poderia ter sido pendurado num madeiro (entre dois ladrões), na morte mais desonrosa da época, amaldiçoada pelo próprio texto da Torah? – Perguntariam eles. No mérito, concordo com os judeus (Jesus não é Javé), mas inverto a ordem do questionamento: *como Jesus poderia ter assassinado milhões de pessoas, dentre elas crianças, idosos e mulheres grávidas?* Sob esse ponto de vista, afirmar que Jesus é Javé soa para mim como um sacrilégio, o maior dos sacrilégios!

NOTAS DO CAPÍTULO 4

1. Siló – Importante centro religioso da época dos Juízes. Pertencia ao território da tribo de Efraim (Js 18:1;19:51; Jz 21:19; 1Sm 1:3; 3:21). Foi destruído pelos filisteus com o consentimento de Javé, conforme se deduz de Jr 7:12, provavelmente depois da morte de Saul. A destruição do Santuário de Siló é também atestada pela arqueologia.

2. Um capacitor é um componente formado por duas placas ou superfícies condutoras de eletricidade, separadas por um isolante. Ele é capaz de acumular cargas elétricas e se for tocado por alguém que esteja fazendo terra (em contato com o solo) produz um choque proporcional ao seu tamanho e capacidade de acumulação. Em Ex 25:10-11, vemos que a Arca era feita de madeira de acácia (o isolante, chamado hoje de dielétrico); e coberta de ouro por dentro e por fora (as placas condutoras, hoje chamadas de eletrodos). Os querubins de ouro colocados na tampa (propiciatório) da Arca faziam as funções dos terminais. Um capacitor com o tamanho da Arca descrita na Bíblia se fosse carregado de algum modo, teria carga suficiente para eletrocutar quem a tocasse no lugar "errado". Quanto à possível radioatividade, não há outros elementos que não a informação bíblica do aparecimento de tumores em quem dela se aproximasse de forma despreparada. É bom lembrar que quando Moisés construiu a Arca no deserto, nomeou uma tribo específica para cuidar dela – os levitas – que vestiam uma roupa especial considerada traje sacerdotal pela crença popular, mas que poderia ser simplesmente um traje isolante para evitar os possíveis choques (e contaminação radioativa) do capacitor "divino".

3. Em 2001 o arqueólogo **Israel Finkelstein** e o historiador **Neil Asher Silberman** lançaram o livro ***The Bible Unearthed: Archaeology's New Vision of Ancient Israel and the Origin of its Sacred Texts***. (*A Bíblia Desenterrada: uma nova visão arqueológica do Antigo Israel e da origem de seus textos sagrados*), que no Brasil foi publicado com o título "A Bíblia Não Tinha Razão" [São Paulo:

A Girafa, 2003]. Nele os autores apresentam uma abordagem nova, de linha minimalista, da história do antigo Israel, contrariando o núcleo da narrativa bíblica, com base, principalmente, nas descobertas arqueológicas dos últimos 100 anos.

4. Nas escavações conduzidas pelo arqueólogo israelense Avraham Biran em julho de 1993, no distrito de Tell-Dan ao norte de Israel, foi achado um fragmento de uma estela de basalto com inscrições em aramaico. A estela foi datada do século IX a.C. Um ano depois foram achados, nas proximidades, dois outros fragmentos que se encaixavam mais ou menos no primeiro. A junção dos fragmentos resultou num texto inteligível que trata de uma proclamação do rei Hazael da região de Aram, cuja capital era Damasco, que narra sua vitória sobre dois reis israelitas: Jorão de Israel e Acozias de Judá. Hazael também divulga que instituiu Jeú como rei de Israel. Esta estela é um dos mais importantes testemunhos arqueológicos de parte do texto bíblico, pois sua narrativa confirma, em linhas gerais, o que se encontra nos capítulos 8 e 9 de 2Rs. O grande interesse dessa descoberta se deve à palavra *bytdwd*, que pode ser traduzida como *Casa de Davi*. Se isso for confirmado teremos a primeira e – até agora – única referência extrabíblica ao rei Davi, o que atestaria sua existência, mas não o seu império grandioso, como descrito na Bíblia.

5. Hoje só há uma teoria que pode corroborar a existência de um grande reino Davídico-Salomônico. É a teoria lançada no livro *"As Chaves de Salomão"* do Dr. Ralph Lewis (São Paulo: Madras, 2004), que fundamenta uma audaciosa tese de que a história de Israel é eminentemente egípcia e que Davi foi o mesmo faraó **Psusennes II** (ou Pausenes II) e Salomão, ninguém menos que o faraó **Sheshonq I**. Esses dois faraós constituíram um grande império que se estendia do Egito, passando por Judá e Israel e indo até as fronteiras do reino de Aram. Quem quiser aprofundar essa discussão aconselho a leitura do livro citado.

6. *"Levantou um altar a Baal, na casa de Baal que edificara em Samaria. Também Acab fez um poste-ídolo, de maneira que cometeu mais abominações para irritar Javé, Deus de Israel, do que todos os reis de Israel que vieram antes dele."* (1Rs 16:32-33).

Capítulo 5

O DIABO NA TRADIÇÃO JUDAICO-CRISTÃ

Por isso, festejai, ó céus, e vós, os que nele habitais. Ai da terra e do mar, pois o diabo desceu até vós, cheio de grande cólera, sabendo que pouco tempo lhe resta. (Estranha festa no céu comemorando a expulsão do diabo para a Terra, Ap 12:12).

A discussão sobre uma entidade do mal, dotada de poderes capazes de por o "homem a perder", não se origina da chamada tradição judaico-cristã. É algo bem mais antigo que perpassa a mente dos nossos ancestrais desde a mais longínqua pré-história. Só que nesse passado remoto, todas as entidades sobrenaturais eram consideradas deuses – havia deuses bons e deuses maus, mas todos deuses. O dualismo, ou seja, a separação entre um *deus* representante do bem e uma entidade – o diabo – representante do mal, só veio acontecer bem depois da invenção da escrita e tomou consistência definitiva com a afirmação do cristianismo nos primeiros séculos de nossa Era.

O Antigo Testamento é regido por uma visão *monista* do divino. Nele não há uma personificação independente do mal em relação a *deus*. O *deus* do Antigo Testamento é absoluto: ele faz o bem e faz o mal, de acordo com seu *infalível* julgamento. Tem-se aí a chamada "soberania absoluta de *deus*".

Não há necessidade de outro ser espiritual para fazer o mal, com autonomia em relação a *deus*. Javé é exclusivo! Não há o dualismo que separa radicalmente o bem do mal como no cristianismo. Assim, Satã é uma figura desnecessária nesse contexto, pois o bem e o mal são obras de Javé, que dá a graça e o castigo; que faz brotar a vida e dita a morte; que faz sorrir a uns e chorar a outros.

Satanás é muito pouco citado no Antigo Testamento como entidade sobrenatural. Destaco três passagens onde ele é citado diretamente, como um título (acusador, opositor), ou como um nome próprio. Cada citação está relacionada a um contexto e a um significado que predominava na época e na região em que o dado livro foi escrito. Para alguns estudiosos algumas dessas citações de Satanás são interpolações da época dos manuscritos que chegaram até nós, a maioria pós-recensão rabínica do século II d.C, como o *Códex Sinaiticus* e o *Códice Vaticanus*, ambos do século IV d.C.

1 Cr 21:1-2. **Satanás** é colocado como *adversário* de Israel. A Bíblia de Estudo Almeida apresenta uma bem estruturada nota a essa passagem (21:1), que reproduzo: ["Enquanto aqui se fala de Satanás, o texto paralelo e anterior de 2Sm 24:1 diz: *Tornou a ira do Senhor a acender-se contra os israelitas.* Essa mudança visa evitar que o mal seja atribuído diretamente a Deus"]. Isso corrobora com a tese de muitos estudiosos acerca das interpolações incluindo o nome "Satanás" na Tanakh. Aqui ele (Satanás) teria sido inserido para tirar de *deus* a responsabilidade pela ira contra Israel. Voltarei à análise deste verso no capítulo oito.

Jó 1:6-12. Aqui o nome **Satanás** parece designar um ser angélico explícito da corte divina, um filho de *deus* que pede para a divindade tirar tudo de Jó para ver se ainda assim ele será fiel em sua adoração. O anjo Satanás é apresentado aqui como o *acusador* do homem, e de certa maneira, o opositor de *deus* – pede que *deus* faça com Jó o contrário do que vinha fazendo.

Zc 3:1-2. **Satanás** é apresentado como um *opositor* ao "Anjo de Deus", dentro do significado da palavra judaica "satan". Para muitos estudiosos, este texto se refere a acontecimentos históricos das épocas de Esdras e Neemias.

Em síntese, nas três citações acima, Satanás aparece como *adversário*, *acusador* ou *opositor*, exatamente o significado que tem a palavra hebraica "satan". Além dessas passagens, as outras citações de Satanás no AT se restringem a Jó 2:1-7.

Comentarei ainda mais duas narrativas que a posterior hermenêutica cristã relacionou com o anjo caído de Ap 12. Elas foram usadas pelos Pais da Igreja para dar substância à teoria do diabo no contexto do cristianismo. O curioso é que nelas não há citação explícita e nem mesmo implícita de Satanás.

Is 14:12. Tem-se uma referência ao rei da Babilônia que era comparado à "Estrela da Manhã", o planeta Vênus, cuja luminosidade cai quando o Sol chega trazendo os raios fulgurantes do novo dia. A interpretação dos judeus é que o rei da Babilônia era como a luz de Vênus: nada, se comparada com a luz do Sol (simbolicamente Javé). Essa passagem também é uma reminiscência do conhecimento ancestral sobre a queda dos anjos (seres extraterrestres caídos, descidos dos céus).

Ez 28:11-19. Texto obscuro de Ezequiel, mas que se refere explicitamente ao rei de Tiro, que é comparado simbolicamente a um Querubim da guarda celestial que pecou e por isso **foi lançado fora do "monte de Deus"**. A hermenêutica cristã posterior vinculou este texto com o dragão (anjo caído) de Ap 12, o que deu origem à mitologia do diabo como sendo um ser de origem divina, o que é necessário para justificar sua existência, pois se não tivesse poder celeste, como poderia continuar desafiando Deus permanentemente? Com relação ao texto em si, não precisa ser um exegeta para ver que essa passagem é uma "lamentação" do profeta contra o rei de Tiro, Fenícia, que se envaideceu com seu grande comércio e se afastou de seu *deus*. Entretanto, a linguagem de Ezequiel parece basear-se em Isaías 14:12-23 e, seu simbolismo atesta que o profeta conhecia a tradição da queda dos anjos (codificada na queda de Vênus) e a estava relacionando com a queda do rei de Tiro.

Nessa etapa da teologia judaica, o mal era mera consequência da desobediência do homem e quem castigava era o próprio *deus*. Não havia, pois, necessidade de um "agente específico do mal", no caso Satanás. Nos textos do Pentateuco que se referem a fatos do segundo milênio a.C., a concepção de *deus* ainda era de uma entidade humanoide que se cansava, se irritava, se arrependia, matava e mandava matar (ver capítulos sobre Gênesis, Êxodo e

Josué). Com um *deus* assim, o diabo era perfeitamente desnecessário. Depois o conceito de *deus* foi se aprimorando e nos livros mais recentes do Antigo Testamento, o dualismo ganhou peso (ainda que de modo implícito). Os israelitas não aceitavam mais atribuir o mal a Javé. Surgiu a necessidade de atribuir o mal a outra entidade. Satanás deixou, então, de ser um título (adversário, acusador) para ser um nome próprio. Mas mesmo assim o monismo Javista permaneceu muito forte entre os judeus, até os dias de hoje.

O DUALISMO E A NECESSIDADE DO LIVRE ARBÍTRIO

O dualismo entre o bem e o mal só ficou bem definido no cristianismo. O Deus de Jesus é o Deus do amor, da misericórdia e do perdão. Esse conceito de Deus não se coaduna com o conceito dos antigos hebreus. O Deus de Jesus não era o *deus* da guerra, das chacinas e dos sacrifícios. Ele não podia ser o responsável pelo mal. Aqui, a figura do diabo é essencial para a construção teológica. E o dualismo se fez verdade e habitou entre nós! Mas o Deus dos cristãos continua sendo o criador do universo, aí incluído tudo o que existe e nesse tudo, está também o mal. Como resolver esse impasse? Aqui o livre arbítrio se fez verdade e habitou entre nós! Sem a teoria do livre arbítrio o atual edifício teológico cristão não se sustenta. O Deus cristão não é responsável pelo mal. O mal é uma livre escolha feita pelos seres humanos, que depois, vão prestar contas num tribunal divino. Se não houvesse a teoria do livre arbítrio, pela qual os homens podem contrariar a vontade de Deus e pecar, Deus seria o responsável por todo o mal na Terra e aí qual seria a vantagem de segui-lo? Que diferença haveria entre Ele e o diabo?

Pode-se resumir a concepção do diabo na Bíblia Judaica e no Novo Testamento do seguinte modo: No monismo do AT, as "funções" do diabo são executadas pelo próprio *deus*. No sentido de que as funções do mal, assim como as do bem, eram da exclusiva responsabilidade de *deus* no âmbito do seu poder absoluto. No NT, predomina a visão dualista que vem da influência grega, principalmente de Platão (428-348 a.C), que por usa vez bebeu na fonte do dualismo persa de Zoroastro[1] (aproximadamente 630-553 a.C.).

Nessa visão é necessária a existência de uma entidade espiritual independente que se oponha a *deus* e cuja existência se destine apenas à prática e indução do mal! Assim, a teologia cristã é toda ela construída em cima do binômio Deus-diabo. Vejam que eu digo "teologia cristã" – aquela que foi construída pelos Pais da Igreja e aprimorada pelos teólogos que lhes seguiram – e não "teologia do Cristo" que é outra, bem diferente.

Para alguns comentadores heterodoxos, a demonologia criada pelos Pais do cristianismo coloca o diabo como irmão gêmeo de Deus – no sentido de ter tanto poder quanto Ele – pois quando saiu do céu levou um terço dos anjos consigo (Ap 12:3-4; 9) e até hoje não foi detido, embora represente tudo o que é contrário aos desígnios do Senhor. Para confrontar essa assertiva existe uma possibilidade: Deus é quem mantém a existência do diabo, para testar a fé dos homens e/ou colocá-los à prova. Se não for isso, resta a hipótese de que Ele não tem poder suficiente para eliminá-lo e aí cai a tese do monoteísmo.

Para importantes pensadores do nosso tempo, o antigo monismo Javista dos hebreus tem fundamento positivo. Segundo o Ph.D. Joseph Murphy, ministro protestante e autor do best-seller *O Poder do subconsciente*, só há um poder: o poder absoluto que criou e recria constantemente o universo.

> *Existe um Único Poder e, quando ele é usado de maneira construtiva, harmoniosa e pacífica, as pessoas o chamam de Deus, Alá, Brahma, bem-aventurança ou felicidade. Quando usamos esse Poder de maneira ignorante, estúpida, maliciosa, ele recebe o nome de satã, devorador, diabo, insanidade, medo, ignorância, superstição, doença. (MURPHY, 2006, pg. 234).*

Comungam desse pensamento mestres da estirpe de Huberto Rohden, Pietro Ubaldi, Deepak Chopra, dentre outros. Talvez por isso que tanto a bênção como a maldição podem tornar-se realidade e o dito popular "a palavra tem poder" é comprovado a cada dia. Ainda segundo o Dr. Joseph Murphy, *"O Poder é um só, e o mal só existe porque é um movimento do pensamento."* (id. ibid., pg. 239).

A ideia de um único poder é bem visível no Antigo Testamento, onde *deus* exercia tanto as funções boas da divindade, quanto aquelas que hoje são atribuídas ao demônio.

Em **Deuteronômio 32:39** encontra-se essa informação de forma irretocável:

> *Vede, agora, que Eu Sou, Eu somente, e mais nenhum deus além de mim; eu mato e eu faço viver; eu firo e eu saro; e não há quem possa livrar alguém da minha mão.*

Isaías 45:7 diz explicitamente isso quando informa as palavras de Javé:

> *Eu formo a luz e crio as trevas; asseguro o bem estar e crio a desgraça: sim eu, Iahweh, faço tudo isto. (Cf. Is 45:5-6).*

No livro de Êxodo 4:11, encontra-se:

> *Quem fez a boca do homem? Ou quem faz o mudo, ou o surdo, ou o que vê, ou o cego? Não sou eu, o Senhor?*

A teologia judaica está dizendo que só existe um poder: Javé. Ele faz o bem e faz o mal, de acordo com seu senso de justiça. Nesse contexto teológico não há lugar para uma entidade como o demônio. Para pensadores contemporâneos, como os citados acima, a *Força* é uma só. Quem determina se ela vai ser usada para o bem ou para o mal é a qualidade moral do protagonista. Em outras palavras, se há amor ou ódio em seu coração.

O Deus de Jesus é o Deus do amor – "o lado luminoso da Força". O *deus* de grande parte do Antigo Testamento é o *deus* da ira e da vingança – numa linguagem de *Star Wars*, "o lado sombrio da Força". Mas pelo caráter de biblioteca com multiplicidade de autores, encontra-se também no Antigo Testamento, em meio a uma multidão de barbáries, ações generosas de Javé, o que confirma o caráter monista da divindade dos antigos israelitas.

A necessidade de uma entidade espiritual especializada unicamente em fazer o mal, tornou-se o único caminho – na visão de uma pedagogia repressiva – para fazer um povo extremamente ligado à matéria, se voltar um pouco para o lado espiritual. Se não tiver medo do inferno – acreditam muitos teólogos – o homem nunca vai buscar sua evolução espiritual ou, em outras palavras, uma aproximação com Deus. Podemos afirmar que se fosse provado que o diabo não existe, as igrejas correriam o risco de ficarem vazias! O cristianismo – o criado pelos Pais da Igreja – não sobrevive fora do dualismo. Ele precisa de dois deuses: um do bem e outro do mal. E se alimenta do conflito entre esses dois símbolos opostos. Os loquazes sacerdotes modernos vivem a afirmar, com a faca do radicalismo verbal entre os dentes, que Deus é "todo poderoso e único", mas invocam constantemente o diabo como ameaça àqueles que se negam a seguir os "mandamentos divinos" e reconhecem no diabo poder suficiente para que não seja atingido decisivamente pela mão de Deus. Como se vê, a existência do diabo faz não fechar a equação monoteísta.

OS NOMES DO DIABO

O que é *"demônio"*; *"satanás"*; *"diabo"* e *"lúcifer"*? Esses nomes representam a mesma entidade? Falam do mesmo conceito? No imaginário popular, no chamado "senso comum" pode-se dizer que sim, mas há diferenças etimológicas e conceituais que são importantes conhecer para o clareamento da discussão que estamos empreendendo.

Comecemos pelo elástico conceito de **demônio**. Essa palavra vem do grego (transliterado) *daimon* e do latim tardio *daemoniu*, que significa seres incorpóreos bons e maus; gênio inspirador bom ou mau, espíritos humanos bons e maus, bem de acordo com a visão monista da divindade que tinha poder absoluto para fazer o bem e o mal. Tanto que São Justino (100-165), mártir cristão e estudioso da filosofia grega, em sua primeira *"Apologia da Religião Cristã"*[2], usava a frase "demônios maus", dando a entender que ele reconhecia a existência de "demônios bons". Isso demonstra, que ainda no século II d.C., essa palavra representava apenas "espíritos" não necessariamente maléficos. A associação da palavra demônio exclusivamente com espíritos maus, vem de um desenvolvimento teológico posterior.

Satanás, do latim *satanas*, significa "aquele que arma ciladas". É uma extensão de **Satã**, do latim *satan*, do grego *satán*, do hebraico *satan* que significa **adversário, opositor, acusador**. Na tradição judaica era um anjo de Javé que advogava junto a ele a colocação dos homens à prova, acusando-os (ver Jó 1:6-12). Essa palavra passou a significar especificamente "espírito do mal", quando o livro do Apocalipse (aproximadamente do ano 95 de nossa Era) narrou a expulsão de um dragão do céu que levou consigo um exército de anjos (1/3 do total), passando a ser o "adversário de Deus" e o perseguidor dos homens. Mas Jesus, em Mt 16:23, chama o apóstolo Pedro de Satanás. Ora, seria Pedro o próprio Satanás? Todo o contexto dos Evangelhos indica que não. Jesus usa a palavra Satanás com o significado que ela tinha em seu tempo, como um **opositor**, pois Pedro estava se colocando contra a morte sacrificial de Jesus e, portanto, se opondo ao plano salvático de Deus. A passagem deixa claro que Jesus usa a palavra Satanás como um símbolo e não como um nome próprio, afinal se Pedro fosse Satanás, como Jesus poderia mandá-lo edificar sua Igreja (Mt 16:18)?

Diabo. Os demônios representam um conjunto de seres espirituais, mas a concepção humana exige que todo conjunto ou conselho tenha um chefe. Assim, para chefe dos demônios, foi escolhido o diabo. Essa palavra vem do grego *dia-bolos* e do latim ecl. *diabolu*. Pode ser traduzida como aquele que desune em contraposição ao grego *sin-bolos*, aquele que une. Na literatura teológica tem o significado de *acusador, caluniador, questionador,* ou simplesmente chefe dos demônios.

Lúcifer é uma criação de São Jerônimo (348-420). Os chamados Padres da Igreja, do século I ao século IV de nossa Era, foram mestres na arte de interpretar o Antigo Testamento sob a ótica da missão de Jesus. Assim, Jerônimo tomou Isaías 14:12 e criou Lúcifer, o adversário de Deus. Observem o que diz Is 14:12:

> *Como é que você caiu do céu, estrela da manhã, filho da aurora? Como é que você foi jogado por terra, agressor das nações?*

Isaías está admoestando o rei da Babilônia. Numa linguagem simbólica ele o compara ao planeta Vênus, adorado como símbolo do divino em todo o Crescente. Isaías, fazendo um paralelo com o fenômeno da "queda" de Vênus, que desaparece no horizonte ao raiar do dia, diz que a "estrela da manhã" caiu do céu. Isso conjugado ao verso 15: *"Contudo, serás precipitado para o reino dos mortos, no mais profundo do abismo"*, fez com que Jerônimo associasse essa passagem com Apocalipse 12 onde o dragão (diabo, Satanás) é expulso do céu pelo arcanjo Miguel e precipitado na Terra. Como Isaías se refere à queda da "estrela da manhã" que era conhecida como a portadora da luz, Jerônimo, em sua tradução para o latim, a definiu como *lux + fere* = lúcifer = portador da luz. E completando a associação com Ap 12, ele identifica esse portador da luz (estrela da manhã, planeta Vênus) como sendo o anjo caído, o dragão expulso do céu. Para os judeus essa passagem é uma alegoria ao desaparecimento de Vênus diante da insurgência da manhã. A estrela que é super brilhante à noite (nas trevas) quando vem a luz do dia, ela desaparece e literalmente "cai no horizonte". Essa imagem significaria a pequenez da "luz da Babilônia" diante da majestade da luz de Javé, aqui simbolicamente representado pela luz do Sol. Assim como Ez 28:11-19 se refere ao rei de Tiro, onde fala literalmente do comércio que era o forte dos fenícios, Is 14:12-23 se refere ao rei da Babilônia. Foi a hermenêutica forçada de Jerônimo que viu no planeta Vênus o anjo caído que ele batizou de Lúcifer. Mas não se pode deixar de notar que as duas passagens – de Isaías e Ezequiel – deixam claro que havia entre os profetas o conhecimento de uma tradição que informava que em algum momento, anjos foram expulsos do céu e precipitados na Terra. Eles usavam elementos simbólicos dessa tradição para suas lamentações contra os reis de sua região.

O erro de Jerônimo: o portador da luz é Cristo e não Satanás

Falei acima em "interpretação forçada" de Jerônimo, porque no mesmo livro de onde ele associou o dragão expulso do céu com a "estrela da manhã" portadora da luz – livro de Apocalipse – está escrito que o portador da luz é o próprio Jesus. Em Apocalipse 22:16 está escrito *in verbis*:

> *Eu, Jesus, enviei o meu anjo para vos testificar estas coisas às igrejas. Eu sou a Raiz e a Geração de Davi, a brilhante Estrela da Manhã.*

Jesus, por algum motivo (conhecido hoje apenas por algumas escolas iniciáticas) sempre se associava ao planeta Vênus (estrela d'Alva). Em Ap 2:28, ele diz:

> *Assim como também recebi de meu Pai, dar-lhe-ei ainda a estrela da manhã.*

Em 2Pedro, no capítulo 1, verso 19, referindo-se a Jesus, diz:

> *Temos, assim, tanto mais confirmada a palavra profética, e fazeis bem em atendê-la, como a candeia que brilha em lugar tenebroso, até que o dia clareie e a estrela da alva nasça em vosso coração.*

Não há nenhuma dúvida que o próprio Jesus se associava à estrela d'alva e seus apóstolos reconheciam e faziam eco a essa associação. Jerônimo, na ânsia de implantar o dualismo no seio do cristianismo, "não observou" que o portador da luz – lúcifer – era o próprio Jesus, que em Ap 22:16 se autodenominou de "*a brilhante Estrela da manhã*" e em Ap 2:28, prometeu para a humanidade a mesma estrela da manhã, ou seja, o planeta Vênus, o segundo mais próximo do Sol e o corpo celeste mais brilhante no firmamento depois do Sol e da Lua, possível futura morada da humanidade segundo esse versículo do Novo Testamento. Mesmo Jesus tendo se dado o título de estrela da manhã (a "estrela" portadora da luz), o criador da Vulgata deu o nome de lúcifer a ninguém menos que o símbolo da escuridão, Satanás. Jerônimo errou de modo brutal: ainda que tudo seja simbolismo, **o diabo não pode ser representado como o *portador da luz***, pois ele significa o mal e as trevas. Em todo o Novo Testamento a luz está relacionada com o Cristo (ver 2Co 4:6). Desde os episódios do seu nascimento, Jesus está relacionado com uma estrela (Mt 2:2). Mas agora não dá mais para mudar. O nome Lúcifer (portador da luz) ficou irremediavelmente ligado à imagem de Satanás. Jerônimo contrariou frontalmente as Escrituras e deu o título que deveria ser do Cristo, ao *adversário*. Ele não deve ter lido João 8:12:

> *Falou-lhes, pois, Jesus outra vez, dizendo: Eu sou a luz do mundo; quem me segue não andará em trevas, mas terá a luz da vida.*

Os anjos caídos

Na tradição do cristianismo, o tema dos anjos caídos é muito forte, não só nos apócrifos, como também na própria literatura canônica. Como já visto acima, Satanás é um anjo caído. Fazia parte da corte celeste, mas por inveja e orgulho, foi expulso de lá pelo arcanjo Miguel. E quando caiu na Terra trouxe consigo um terço dos anjos do céu. Esse episódio pode ser encontrado na Bíblia através de uma visão conjunta (e um tanto forçada) de Is 14:12-23; Ez 28:11-19 e Ap 12, confrontados com Zc 3:1-2. Essas leituras deixam claro, que tanto no Antigo como no Novo Testamentos, há uma tradição sobre a queda de anjos na Terra. E essa queda foi maléfica para o nosso mundo, pois os caídos – liderados por Lúcifer, na linguagem de Jerônimo – trouxeram o mal e multiplicaram a luxúria e o culto à matéria.

A professora Elizabeth Clare Prophet, estudiosa de temas espirituais, autora de Best Sellers como *"Os anos ocultos de Jesus"*; *"A Alquimia de Saint Germain"* e *"Reencarnação: o elo perdido do cristianismo"* lançou em 1997 nos Estados Unidos, um consistente trabalho intitulado *"Anjos Caídos: por que a Igreja ocultou o Livro de Enoque e suas impressionantes revelações"* (publicado no Brasil pela Editora Nova Era, 2002). Nele Prophet apresenta para o grande público o Livro de Enoque e outro apócrifo chamado O Livro dos Segredos de Enoque. Com introdução e notas, ela defende uma tese inusitada de que os Vigilantes estão até hoje perseguindo a humanidade, servindo a três deuses: o poder, o dinheiro e a luxúria, praticando um único culto: o culto à personalidade. Baseada em Enoque a Professora Prophet nos diz que esses seres são desprovidos da centelha divina. Não sentem remorso pelo mal que praticam e a vida dos filhos de Deus para eles não tem a menor importância. João Batista e Jesus os teriam enfrentado e foram mortos por eles.

Entrando na polêmica da possibilidade dos anjos assumirem corpos humanos e viverem entre nós, diz a Professora Prophet: *"...existem realmente anjos caídos, eles encarnaram na Terra e corromperam as almas do seu povo"*. Ela defende a tese de que os anjos caídos (Vigilantes e Nefilim) *"continuaram a encarnar na Terra ininterruptamente durante pelo menos meio milhão de anos"* (PROPHET, 2002, p.14). E vai mais além, falando da natureza de suas ações entre nós:

> *Assim, estou preparada para provar que eles convivem conosco hoje, ocupando posições de poder na Igreja e no Estado, como pessoas importantes em assuntos de guerra e finanças, nos bancos e nos conselhos políticos que determinam o destino atual da humanidade por meio do controle populacional e da engenharia genética, do controle da energia e das commodities, da educação e da mídia, de estratégias ideológicas e psicopolíticas de dividir para conquistar.*
>
> *(...) os anjos caídos encarnados, personagens principais da profecia de Enoque, têm sido, desde o princípio, os destruidores dos sonhos de Deus e do homem. Eles transformam em escárnio os melhores esforços dos corações mais nobres e colocam em movimento as espirais da degeneração e da morte nas civilizações ocidental e oriental. Todos os seus atos podem e devem ser revertidos pelos julgamentos do Filho de Deus – o verdadeiro e justo – e pela Luz que habita no interior dos seus seguidores. (PROPHET, 2002, p.15)*

Prophet destaca que "*o tema principal do Livro de Enoque é o julgamento final destes anjos caídos, os Vigilantes, e da sua progênie, os espíritos do mal*" pelo Eleito. No capítulo 8 tratarei com mais detalhes do Livro de Enoque. Aqui, a abordagem visa dar conhecimento ao leitor de mais esta vertente sobre a origem e natureza do mal na Terra.

Quanto à polêmica se os anjos podiam deixar sua forma espiritual e caminhar entre nós em corpos de carne e sangue, o Antigo Testamento está cheio de exemplos de anjos que andavam na Terra com corpos físicos humanos. Basta ver a luta de Jacó com um anjo; o acolhimento de anjos na casa de Ló, quando os sodomitas os queriam possuir sexualmente, dentre outros exemplos. Para muitos estudiosos, os alertas de Enoque são bem reais e hoje, a ciência começa a investigar um conjunto de seres que vivem unicamente para praticar o mal, sem remorso, sem medo, sem compaixão – os chamados *psicopatas*. Ciência e religião estão muito próximas de chegarem a um ponto comum acerca deste tema.

A ideia da queda dos anjos e sua relação com demônios (seres malignos) estão presentes inclusive em sites evangélicos. Em artigo assinado por Márcio C. Rossi Bettecher (http://soudamissionaria.blogspot.com/2007/08/afinal-o--diabo-existe-ou-no.html, acesso em 01/07/2011), o autor questiona a tese do Padre Quevedo de que o diabo não existe e escreve:

> *Minha conclusão não é reafirmar que o diabo e os demônios existem. Basta uma leitura séria do NT para verificar que esses anjos caídos, afastados da glória celeste, existem e estão entre nós procurando afastar a quem possam do reino celeste e afastar-nos da comunhão com Deus.*

Para ele, o diabo e os demônios são anjos caídos. Enoque não escreveria melhor! Deixo claro, porém, que para mim há uma separação entre esses conceitos. O diabo não passa de um arquétipo, um símbolo. O mal em si está no movimento negativo da mente do homem, como já destacado acima e como continuar discutindo adiante. Mas seres malignos (que podem ser chamados de demônios), esses existem e deles tratarei mais amiúde no próximo capítulo. Repito, a existência do diabo como entidade espiritual independente e contrária a Deus, vai de encontro ao axioma fundamental do monoteísmo, que afirma só existir Um poder no universo.

As diversas visões sobre o julgamento final

Numa visão kardecista, esses espíritos malignos não mais encarnarão aqui (provavelmente irão para planetas mais atrasados), juntamente com outros espíritos humanos de menor estatura evolucionária e o nosso mundo se tornará um espaço de realização da felicidade humana, para a continuação da jornada evolutiva a partir de um novo patamar. Para católicos e protestantes, Jesus voltará para o julgamento final, onde os maus serão mandados para o inferno (e lá ficarão eternamente) e os bons, para o céu, junto com os anjos do Senhor, também para todo o sempre. Apesar de diferenças profundas de abordagem e conteúdo, tanto enoqueanos quanto espíritas, católicos, protestantes e testemunhas de Jeová concordam que haverá um julgamento e ele será presidido por um enviado de Deus ou pelo próprio Deus (o Eleito para os enoqueanos; Jesus para os cristãos, Jeová para as testemunhas). Já o kardecismo vê esse julgamento como a mudança do estágio de evolução espiritual do planeta, que passaria de um patamar de expiação para regeneração, primeiro degrau na escala dos "mundos felizes". Para uns tantos, os bons irão para o céu. Para outros, os maus é que serão expulsos e só então haverá paz para aqueles que herdarem a Terra, que se converterá numa espécie de paraíso.

A LITERATURA SETIANA
E O DEUS DO ANTIGO TESTAMENTO

O grande heresiologista do século II, Irineu de Lião (130-203), em sua obra máxima, "Contra as Heresias" escrita por volta do ano 180, nos legou um conjunto de importantes informações sobre as diversas correntes que disputavam a confiança dos fiéis no nascedouro do cristianismo. Na primeira seção dessa obra, Irineu ataca líderes gnósticos e o que ele chama de *seitas* e discute o teor de suas supostas heresias. Dentre as seitas atacadas, três trabalhavam com categorias enoqueanas: os ofitas, os Setianos (Livro I, 30:1-15) e os Cainitas (Livro I, 31:1). Os ofitas (do grego *ofis* = serpente) eram crentes gnósticos chamados de "povo-cobra". Para eles, Javé – o demiurgo que criou o mundo material – era uma entidade do mal e assim seus inimigos, como a serpente, deveriam ser admirados. Já os setianos eram gnósticos de diversos matizes que se diziam da tradição de Seth.

O gnosticismo é um termo muito amplo que se reporta a toda uma escola de pensamento místico que se firmou nos primeiros séculos da Era Comum e defendia que a salvação viria do Conhecimento (Gnose) e da consequente comunhão com Deus. Para Irineu, o pai de todos os gnósticos foi Simão, o Mago, místico do século I citado por Lucas em Atos 8:9-13; 18-23. O gnosticismo se expandiu rapidamente. Pode-se dizer que já no século I existiam várias doutrinas gnósticas e com muitas diferenças entre si. Neste Trabalho vamos nos reportar ao que os estudiosos chamam de *gnosticismo setiano*, porque é nesse campo que se situa o Livro de Enoque. Seth foi o terceiro filho de Adão. Depois do primeiro fratricídio, Abel foi morto e Caim banido. Os descendentes de Seth são, portanto, a "geração de luz" que recomeçou a humanidade. Dentre os textos considerados setianos, além do Livro de Enoque, destaco o Evangelho Apócrifo de João, encontrado em Nag Hammadi no Egito, em 1945 e o Evangelho Apócrifo de Judas, que só foi divulgado para o mundo moderno no ano de 2006. Na literatura canônica duas Cartas são nitidamente setianas, baseadas no livro de Enoque. São elas as Cartas de Judas e 2Pedro. A Carta de 2Pedro é reconhecidamente baseada na Carta de Judas que cita explicitamente o livro de Enoque. Tratarei delas na Conclusão.

A Igreja, desde os seus primórdios, sabia da existência do Evangelho de Judas, pois ele foi citado por Irineu em sua obra "Contra as Heresias" na passagem que ele ataca os *cainitas* – uma seita que defendia personagens proscritos da Bíblia como Caim, Esaú, Coré, os sodomitas e Judas Iscariotes. Abaixo o texto de Irineu:

> *31:1 – Cainitas. Outros ainda dizem que Caim deriva da Potência Suprema e que Esaú, Coré, os sodomitas e semelhantes eram todos da mesma raça dela; motivo pelo qual, mesmo combatidos pelo Criador, nenhum deles sofreu algum dano, porque Sofia atraiu a si tudo o que lhe era próprio. Dizem que Judas, o traidor, sabia exatamente todas estas coisas e por ser o único dos discípulos que conhecia a verdade, cumpriu o mistério da traição e por meio dele foram destruídas todas as coisas celestes e terrestres. E apresentam, à confirmação, um escrito produzido por eles, que intitulam Evangelho de Judas.*

Irineu (ainda em Contra as Heresias), sem citar diretamente o nome de Enoque, faz referências explícitas ao conteúdo do seu livro. Ele cita o anúncio de Enoque sobre o julgamento dos anjos caídos e cita Azazyel como o *"ainda poderoso anjo caído"* que seria a fonte de poder de magos gnósticos que ele – Irineu – combatia. A conclusão é que os textos setianos circulavam livremente no século II, até na Gália.

Mas se voltarmos nossa atenção para outros Pais da Igreja, alguns contemporâneos de Irineu, veremos que o Livro de Enoque era aceito por muitos e adotado como fonte por outros. Justino Mártir (100-165), já alertava a humanidade contra os Vigilantes citados por Enoque. Vide sua II Apologia. Taciano (110-172) e Lactânio (260-330), apologistas cristãos, defendiam a tese da encarnação física dos Vigilantes (anjos caídos), baseados no Livro de Enoque. Tertuliano (160-230) chegou a chamar o Livro de Enoque de Escritura Sagrada. Clemente de Alexandria (150-220) fala dos anjos caídos como o tema se acha colocado no Livro de Enoque, sem questioná-lo. Orígenes (186-255), discípulo de Clemente, se referia a Enoque como Profeta.

Mas o não acatamento do Livro (de Enoque) por Irineu teve consequências drásticas para seu reconhecimento entre os cristãos. Júlio Africano (200-245) foi um dos Pais da Igreja que atacou frontalmente o Livro de Enoque. A questão central do ataque é que, para Enoque, os Vigilantes caíram por seu desejo de luxúria, o que exigia que eles encarnassem em corpos físicos ou que tivessem descido em carne, nesse caso vindo de outro planeta, o que, naquele tempo, significava "ter vindo em carne dos céus". Júlio não ficou com nenhuma dessas hipóteses. Ele interpretou Gn 6:2-4 da seguinte forma: os "filhos de Deus" seriam os filhos de Seth (a geração de luz). E as "filhas dos homens" seriam as filhas de Caim. Para ele os anjos eram incorpóreos e não podiam ter relações com mulheres terrenas. Quanto à "incorporiedade", só uma observação: Júlio Africano parece não ter lido a passagem em que Jacó lutou com um anjo uma noite inteira!

São Jerônimo, Doutor da Igreja, considera a obra de Enoque apócrifa e vai mais além: diz que ela serviu de base para a doutrina herética de Mani – o pai do Maniqueísmo. O curioso é que Jerônimo, ao cristalizar a figura do diabo no cristianismo, consolidou por dentro da doutrina oficial, o maniqueísmo que ele combatia por fora. Crisóstomo (346-407) e Filástrio no final do Século IV, também atacaram o Livro de Enoque, combatendo a ideia de que os Vigilantes caíram por luxúria. Mas a pá de cal na literatura enoqueana veio pelas mãos de outro Doutor da Igreja: Santo Agostinho (354-430). Em sua obra "A Cidade de Deus", ele reconhece a existência do Livro de Enoque por que este foi citado pela Epístola de Judas, mas diz que a antiguidade do livro deixou suspeitas; que era impossível determinar sua autenticidade e que se tratava de um apócrifo. Confirmou a versão de Júlio Africano de que Gn 6:2-4 referia-se aos filhos de Seth e às filhas de Caim e autenticou a tese da ortodoxia de que os anjos podiam até pecar, mas por orgulho e inveja (como Lúcifer), nunca por luxúria. Ele não acreditava na encarnação física de anjos caídos. Assim, a partir do século V o Livro de Enoque foi retirado de circulação e só voltou a ser lido pela humanidade em 1821, pela tradução do Dr. Richard Laurence.

POR QUE A LITERATURA SAGRADA SETIANA FOI RETIRADA DA BÍBLIA?

Aqui está o motivo de minha abordagem dos assuntos acima expostos. A **literatura setiana** (representada principalmente pelo Livro de Enoque; Evangelho Apócrifo de João; Evangelho Apócrifo de Judas e livro dos Jubileus) foi totalmente proscrita das bíblias judaica e cristã. Por que isso aconteceu, se esses livros eram estudados e respeitados pelos fiéis dos primeiros séculos de nossa Era? A resposta é que esses livros traziam verdades incômodas. O Livro de Enoque revelava que os Vigilantes (anjos demoníacos que possuíram mulheres da Terra e geraram os gigantes exterminados em parte pelo dilúvio), não desapareceram de todo e ainda se encontravam encarnados na Terra e sua progênie era responsável pelo mal em nosso mundo. O livro dos Jubileus, outro apócrifo corrente no século II, confirma o livro de Enoque. Os Evangelhos apócrifos de João e Judas revelavam que o que se conhecia como *"deus* criador" – no caso, Javé – era, na verdade, uma entidade inferior, *pai da morte* e *da mentira* e que o verdadeiro Deus era o Deus do amor. Fica claro então, porque esses livros foram queimados e destruídos. Só não desapareceram totalmente por que a Providência não permitiu e algumas pessoas os esconderam, os enterraram, os guardaram em potes de barro dentro de cavernas e assim eles chegaram até nós.

Opiniões de estudiosos sobre o Deus do Antigo Testamento

O mestre indiano, Dr. Deepak Chopra, autor de Best-sellers como "A Cura Quântica" e "Como Conhecer Deus", nesta última obra, considerada por especialistas como obra de uma mente brilhante, nos diz:

> *Os novos reinos são repletos de pensamentos elevados, poesia e amor, como o Novo Testamento. Os reinos antigos são primordiais, como partes do Antigo Testamento. São governados por emoção bruta, instinto, poder e sobrevivência.* (CHOPRA, 2001, p.33).

Deepak Chopra fala dos estágios da percepção de Deus pelos seres humanos em suas diversas etapas de compreensão espiritual, que seriam sete:

1. perigo, ameaça, sobrevivência;
2. luta, competição, poder;
3. paz, calma e reflexão;
4. insight, compreensão e perdão;
5. aspiração, criatividade, descoberta;
6. reverência, compaixão e amor;
7. unidade ilimitada [com o divino].

> *Se você acredita em um Deus punitivo, vingativo – claramente relacionado a lutar ou fugir –, não verá a realidade dos ensinamentos de Buda sobre o Nirvana. Se você acredita no Deus de amor visualizado por Jesus – enraizado na reação visionária –, não verá a realidade do mito grego em que Saturno, o pai origi-*

nal de todos os deuses, devorou todos os seus filhos.
Toda versão de Deus é em parte máscara, em parte
realidade. O infinito só pode revelar uma parte de si
mesmo a cada vez. (CHOPRA, 2001, p. 39).

Essas curtas passagens da obra do Dr. Deepak Chopra mostram que os antigos hebreus, quando conceberam seu *deus* Javé, estavam nos estágios UM e DOIS da percepção humana do divino. Deus para eles estava ligado a *perigo, ameaça sobrevivência, competição, luta e poder.* Não era, portanto, o Deus verdadeiro, mas a ideia que tribos nômades do deserto – tribos não só de pastores, mas de saqueadores também – tinham de Deus naquela época remota. Basta ler Êxodo e Josué para se perceber que aquela entidade apresentada como "Deus todo poderoso", era – como dizia a literatura setiana – uma entidade do mal que estava enganando os homens. Na verdade, ela desempenhava mais as funções negativas que as positivas daquilo que se pode esperar do *Poder Único.* O capítulo 8 deste livro mostra como Jesus se levantou contra essa entidade e como esse fato causou sua morte.

O DEBATE ENTRE PASTORES, PADRE E O DEMÔNIO

Como ilustração para este capítulo, que discute um tema de capital importância para a teologia cristã, abordarei um episódio pitoresco, mas com alguns questionamentos deveras instigantes. Encontra-se na internet um artigo de duas páginas do padre Caio Fábio D'Araújo Filho, sob o título **"A IGREJA FALA MAIS DO DIABO DO QUE DE JESUS".** Reproduzo aqui alguns trechos, para reflexão dos leitores.

Hoje, dia 26 de agosto de 2004, eu vi o programa Super Pop, de Luciana Gimenez, na Rede TV.

Quando cheguei já estava rolando um papo no qual um pastor garantia que podia curar qualquer gay que desejasse deixar de se sentir gay. Ele levou consigo dois ex-gays.

> *Faziam parte do grupo de debatedores pessoas de grupos bem distintos, todos caricatos, incluindo o pobre e patético padre Quevedo.*
>
> *Entre esses, havia uma figura vestida de Zorro, só que de vermelho, e com um chapéu na cabeça. Ele se apresentou como Bispo Toninho do Diabo.*
>
> *Todos falaram, discutiram, tiveram derrames de ignorância, expuseram-se ao ridículo [...].*
>
> *E o diabo calado!*
>
> *De súbito deram a palavra ao diabo. Ele se apresentou e se disse irmão gêmeo de "Deus".* **O irmão que desceu.** *Citou o "façamos o homem à nossa imagem e semelhança", e garantiu que fez parte do grupo do criador.*
>
> *Foi quando um pastor de pescoço largo entrou na parada. Disse que o diabo era concorrente. Outro pastor se levantou e tentou ridicularizar o Bispo Toninho do Diabo. E o diabo ouvindo.*
>
> *Lá pelas tantas o diabo sai com esta:* **"Se eu fosse cobrar pelo uso do meu nome, a igreja de vocês tava falida. Vocês não sabem viver sem mim"** *[...].* *(Grifei).*

Trata-se, evidentemente, de uma situação folclórica apresentada em um programa de variedades na televisão. É fato que o cidadão que se apresentou como bispo do diabo – usando um linguajar bem popular – tirou *uma onda* com o padre e os pastores presentes, mas não se pode dizer que ele falou besteira. Quando ele afirmou que *fez parte do grupo de Deus*, ele só repetiu o ensinamento da Bíblia Hebraica, que afirma que Satanás era um anjo da corte divina (Jó 1:6-12). Quando ele disse que era *"o irmão gêmeo de Deus, o irmão que desceu"*, tinha base em Gênesis, e Apocalipse. O primeiro dá pistas de que no céu havia mais de um *deus* (Elohim) como indica, por exemplo, a seguinte passagem: *"Eia, desçamos e confundamos ali a sua língua..."* (Gn 11:7); o segundo diz que esse anjo era muito poderoso, pois foi preciso uma batalha, liderada pelo arcanjo Miguel, para expulsá-lo do céu (Ap 12:7-9).

E quando, por fim, o "bispo" Toninho disse que sem o diabo as igrejas não subsistem, também estava fundamentado. O Deus do cristianismo é o Deus só do bem. Como o mal continua existindo no mundo, a única explicação possível – dentro da lógica formal – é a existência de uma entidade poderosa, oposta a Deus e especializada em fazer o mal: o diabo. Uma entidade que pode ser considerada uma divindade do mal, pois faz tudo contrário à vontade de Deus e não é detido por Este. Foi isso que quis dizer o folclórico bispo do diabo, quando afirmou que era *"irmão gêmeo de Deus"*, ou seja, era o chamado "lado negativo da Força", na ótica do monismo; ou um *deus* do mal, na ótica do dualismo.

Esse episódio mostra a fragilidade teológica de muitos dos que se colocam como intermediários entre Deus e os homens: um cidadão vestido de palhaço, "representando" a figura arquetípica do diabo, fez calar "líderes" religiosos, que não tiveram sequer, profundidade histórica para discutir a evolução do conceito do diabo do judaísmo para o cristianismo e as contribuições das religiões pagãs e da mitologia para a cristalização desse conceito nas religiões modernas. Não souberam nem abordar as diferenças do conceito do mal no monismo e no dualismo e assim, tiveram que calar ante a discreta participação de um gozador que se dizia representar Satanás no hilário debate televisivo.

A ETERNA LUTA ENTRE A LUZ E AS TREVAS

A verdadeira batalha entre o bem e o mal é travada diariamente na mente humana. E o homem tem liberdade para escolher seu caminho, mas o Poder Supremo tende para a paz e para o belo, logo, os arautos da guerra e da imundície têm contas a ajustar. Cada um é responsável pelos seus atos e por eles serão exaltados ou cobrados. Isso é chamado de *"lei do Carma"* pelos kardecistas. Jesus a enunciava do seguinte modo (Mt 5:26): *"Em verdade te digo, que não sairás dali* [prisão das encarnações] *enquanto não pagares o último centavo.*" Os grandes mestres de todas as religiões dizem que o mal só pode nos atingir, se nós permitirmos que ele nos alcance. Se estivermos moralmente fortes, com amor no coração e fé na graça de Deus, não há Satanás, demônio, diabo, lúcifer, Baal ou belzebu que possa nos atingir. Essas figuras arquetípicas se formam em nossa mente – individual e/ou coletiva –, elas não são reais. **A única realidade é Deus!** É por isso que Paulo, inspirado pelo Mestre Nazareno, nos diz em Filipenses 4:8:

> *Finalmente, irmãos, tudo o que é verdadeiro, tudo o que é respeitável, tudo o que é justo, tudo o que é puro, tudo o que é amável, tudo o que é de boa fama, se alguma virtude há e se algum louvor existe, seja isso que ocupe o vosso pensamento.*

Se admitirmos a existência do diabo – como persona independente, especializada em fazer o mal – estaremos admitindo mais uma divindade o que resultaria no fim do monoteísmo, fato que forçaria a Igreja a reabilitar Mani e dar crédito a Zoroastro (profetas do Dualismo). O homem é cocriador do universo, porque foi feito à imagem e semelhança de Deus. Jesus disse, *"Tudo quanto em oração pedirdes, crede que recebestes e assim será convosco"* (Mc 11:24). A Escritura nos diz que a mente do homem tem poder: se o homem *crer* que já recebeu a graça, assim será! E isso acontece porque a mente do homem está ligada à mente de Deus, que por sua vez está ligada a tudo no universo. Esse é um conhecimento místico que o cristianismo perdeu ao longo dos séculos, mas João deixou em seu Evangelho uma *chave* para lembrar aos homens do objetivo último das religiões – a comunhão com o Pai. Em Jo 15:10, Jesus pergunta: *"não crês que estou no Pai e que o Pai está em mim..."* E em Jo 17:21 Ele afirma: *"a fim de que todos sejam um; e como és tu, ó Pai, em mim e eu em ti, também sejam eles em nós."* Muitos exegetas interpretam a primeira passagem como Jesus se dizendo o próprio Deus, mas na segunda passagem o Mestre diz claramente que todos nós podemos ser "um" com ele e o Pai. Jesus afirma que nós, assim como Ele, podemos ser *um com o Pai.* Se podemos, nossa mente tem poder. Portanto, se o homem pensar no mal, o mal acontecerá, mas se pensar no bem, o bem prevalecerá.

Quando Paulo diz para ocuparmos nossa mente com tudo que há de bom, ele está revelando o *Grande Segredo* (que virou *best seller* recentemente, mas que há milhares de anos já fazia parte do conhecimento dos sábios de Deus). Quando as mentes de todos os homens e mulheres da Terra estiverem vibrando uníssonas na frequência do amor, o *diabo* não terá mais espaço para atuar entre nós, pois seu campo de batalha são os nossos maus pensamentos! O diabo chafurda na lama das mentes que se acham sujas, mas se estas se tornarem limpas, o diabo não poderá entrar, pois sua "existência" depende do movimento negativo da mente do homem.

QUAIS OS ATRIBUTOS DE DEUS?

Muitos estudiosos já propuseram conceitos de Deus, mas mesmo os melhores, ficaram distantes de uma definição aproximada. No passado remoto, na Idade do Bronze e no início da Idade do Ferro, a definição de Deus girava em torno do poder que a natureza tinha para causar fertilidade ou fome; saúde ou doenças; tempo bom ou tempestades, além de vitórias ou derrotas nas guerras. As definições mais recentes de Deus tratam de um ser imaterial que é onipresente, onisciente e onipotente; que representa a justiça e é a expressão viva do amor em seu mais alto grau. Essa definição envolve conceitos poderosos como *poder*, *justiça* e *amor*, além de trazer implícito um sentido de unidade com tudo o que existe, sendo esse "tudo" resultante da mesma e primeira *causa*. Várias religiões, doutrinas e sistemas filosóficos nos dias de hoje adotam, com pequenas variações, esse conceito de Deus. Allan Kardec (1804-1869) apresenta uma excelente síntese sobre o tema no Livro dos Espíritos, da Pergunta nº 01 à Pergunta nº 16. Reproduzo abaixo a nº 01 e a nº 13:

> *1 – **Que é Deus?***
>
> ***Resposta**: Deus é a Inteligência suprema, causa primeira de todas as coisas.*
>
> *[...]*
>
> *13 – **Quando dizemos que Deus é eterno, infinito, imutável, imaterial, único, todo-poderoso, sobera-***

namente justo e bom, não temos uma ideia completa de seus atributos?

Resposta: Do vosso ponto de vista, sim, porque credes tudo abraçar. Mas sabeis bem que há coisas acima da inteligência do homem mais inteligente, e para as quais vossa linguagem limitada às vossas ideias e às vossas sensações, não tem expressão adequada. A razão vos diz, com efeito, que Deus deve ter essas perfeições no supremo grau, porque se o tivesse uma só de menos ou não fosse de um grau infinito, ele não seria superior a tudo e, por conseguinte, não seria Deus. Por estar acima de todas as coisas, Deus não deve suportar nenhuma vicissitude e não ter nenhuma das imperfeições que a imaginação pode conceber. (KARDEC, 2007, pp. 45; 47-48)

É bom explicar que as respostas expressas no Livro dos Espíritos são atribuídas a espíritos iluminados, que as expressaram através de um médio. Os comentários próprios de Allan Kardec aparecem após determinadas respostas, como um complemento oriundo de sua compreensão pessoal. Nesta passagem ele faz o seguinte comentário, que apresento em parte:

*Deus é **eterno**; se ele tivesse tido um começo, teria saído do nada ou teria sido criado, ele mesmo, por um ser anterior [...].*

*Deus é **imutável**; se estivesse sujeito às mudanças; as leis que regem o universo não teriam nenhuma estabilidade.*

*Deus é **imaterial**; [...] de outro modo ele não seria imutável, porque estaria sujeito às transformações da matéria.*

Deus é único; se houvesse vários deuses, não haveria (...) unidade de poder no ordenamento do universo.

> *Deus é **todo-poderoso**; porque é único. Se não tivesse o soberano poder, haveria alguma coisa mais poderosa ou tão poderosa quanto ele [...].*
>
> *Deus é **soberanamente justo e bom**. A sabedoria providencial das leis divinas [...] não permite duvidar da sua justiça nem da sua bondade. (KARDEC, 2007, p. 48)*

Esses conceitos expressos por Kardec são, na verdade, sincréticos. São o que nossa compreensão e linguagem atuais nos permitem elaborar. Esses atributos de Deus não eram percebidos pelos habitantes do Egito, da Palestina (Canaã) ou da Mesopotâmia nos dois milênios imediatamente anteriores à Era Comum. Naquele tempo, uma entidade mais ligada à violência, era mais facilmente aceita como *deus*, dada a incompreensão humana acerca dos fenômenos naturais e o estágio quase selvagem de luta pela sobrevivência. Neste livro não aprofundarei a evolução do conceito do divino ao longo da pré-história e da história do homem, desde os cultos da fertilidade da mãe-terra, passando pela reverência aos céus, astros e estrelas, até a chegada dos deuses específicos para a guerra, o amor, a colheita, o trovão, a morte, etc. O que quero caracterizar é que em pleno século XXI, quando a imensa maioria das religiões da Terra admite que Deus é amor e não ira, Javé ainda é aceito como o "Deus único do universo", por um simples dogma que ninguém (até agora) teve a coragem de denunciar.

MANI, EMBORA CONSIDERADO HEREGE, DELIMITOU O ESPAÇO DA TEOLOGIA

Abordo neste capítulo dois símbolos capitais da religiosidade (Deus e o diabo) e da *psique* humana (bem e mal). Com todas as críticas que se possa fazer ao Maniqueísmo, toda a construção teológica ocidental foi erigida sobre os pilares da luta entre o bem e o mal! Esses dois polos, bem definidos da dualidade de nossas religiões e de nossa psicologia, se acham dispostos na fria (e encoberta) luta entre o AT e o NT. Javé mostrou a face do mal nas chacinas e destruições que protagonizou. Jesus apresentou a outra face. Para os gnósticos, Javé não era Deus. Era uma divindade menor, de um nível semelhante ao mundo que supostamente teria criado. Jesus desceu das alturas e apresentou um Deus diferente, que ele chamava de Pai. Seus discípulos e seguidores, como o apóstolo Paulo, afirmaram que com Cristo *"se revoga a anterior ordenança, por sua fraqueza e inutilidade"* (Hb 7:18); *"pois a lei* [Torah], *nunca aperfeiçoou coisa alguma"* (Hb 7:19). Para Paulo, a *Promessa* feita por Deus a Abraão (descendência=Cristo) era maior que a lei (Rm 4:13; Gl 3:17-18). E a lei foi promulgada por anjos – entregue a Moisés por um mediador (At 7:53; Gl 3:19, Hb 2:2). Paulo afirmou inúmeras vezes que Jesus veio para livrar a humanidade dos erros da lei de Moisés. Jesus lutou bravamente contra os representantes dessa lei, os *"sepulcros caiados"*, que se juntaram aos próceres do Império Romano para matá-lo.

Jesus, o Eleito, e João Batista, o precursor – ambos *filhos da luz* – travaram o bom combate contra os filhos das trevas. E então, apenas pelas citações feitas nos Evangelhos de trechos escolhidos da Torah, de alguns salmos e profetas, os Pais da Igreja atestaram toda a Bíblia Hebraica, cuja doutrina foi negada por Jesus e por Paulo.

Do ponto de vista dos cristãos, Cristo é Deus ou, pelo menos, enviado de Deus, que esteve encarnado na Terra na personalidade de Jesus. Ele foi recebido com carinho e respeito pelas camadas mais humildes do povo judeu, mas enfrentou uma dura oposição dos *maiorais* da lei, que chegaram a acusá-lo de fazer exorcismos por meio do príncipe dos demônios, Belzebu (Baalzebud = senhor do estrume ou das moscas), como está escrito em Mc 3:22; Mt 12:24 e Lc 11:15. Por várias vezes esses maiorais tentaram matá-lo, até que conseguiram que o governo romano O crucificasse. Cristo sendo Deus ou enviado de Deus, só poderia ter como inimigo os seres malignos. Logo, os que o levaram à morte no madeiro estavam a serviço de quem? A resposta, nos limites da teologia cristã, só pode ser uma: estavam a serviço do diabo. Mas sendo o diabo *um símbolo do mal*, a quem concretamente interessava tirar a vida de um homem que só fazia o bem (curava doentes, expelia espíritos malignos, pregava o amor e era a própria essência da luz)? Somente aos *praticantes de iniquidades*, os quais Enoque denunciou como descendentes dos "anjos caídos" que ele chamava de "Vigilantes".

"Satanás" ou "diabo", mais que possíveis nomes próprios, são sinônimos do mal. A existência de um ser especializado em fazer mal, com poderes capazes de desafiar Deus é polêmica até dentro das igrejas que vivem do binômio Deus-diabo. Vimos que para mestres como o Dr. Joseph Murphy, o bem e o mal estão dentro do homem. Quem determina o vencedor é o movimento da mente. Se os pensamentos são bons, Deus prevalece. Se forem maus, o diabo se manifesta. Aí reside a importância (da parte positiva) das religiões, quando pregam o amor ao próximo, a paz e a fé no Poder Supremo. Se esses preceitos forem seguidos, Satanás estará morto, ou pelo menos entrará em coma!

Mas nós sabemos que existem (pois convivemos com eles) seres aparentemente humanos, contudo capazes das maiores atrocidades. Hoje eles são chamados de *psicopatas* ou *sociopatas* (tema do próximo capítulo), mas os mestres e profetas da antiguidade os chamavam de *malignos*. Eles não surgiram no século XX, quando as pesquisas acerca da *psicopatia* começaram. Para Enoque, eles estão aqui há milhares de anos e são descendentes dos "anjos" que caíram na Terra, uns expulsos do céu (de outro mundo) pelo arcanjo Miguel e outros vindos pelo desejo de luxúria. Segundo ele, são esses seres (progênie dos Vigilantes) que potencializam a manifestação na Terra da parte negativa da mente humana, gerando desigualdades, injustiças e violência. Eles atraem os espíritos mais fracos para suas hostes, oferecendo os prazeres imediatos deste mundo, aumentando a criminalidade, a imundície e a dor.

Como é grande e complexo esse tema. Não é sem motivo que em muitas igrejas se fala mais do diabo do que de Deus. Mas seguindo o que foi prescrito pelo *Apóstolo dos Gentios* em Filipenses 4:8, o diabo não poderá entrar em nossas vidas, simplesmente porque ele não passa da manifestação de maus pensamentos.

Por que isso não é explicado ao povo, pelo menos no âmbito do cristianismo? A resposta é simples: as estruturas religiosas precisam do espectro de Satanás, em virtude de atuarem nos estritos limites do Maniqueísmo, que no passado tanto combateram! Infelizmente *Deus* e o *diabo* são as duas bases de sustentação de um edifício religioso que se diz monoteísta e que, portanto, deveria estar assentado sobre uma única pilastra – o Poder de Deus, criador do universo, diante do qual não existe outro poder!

NOTAS DO CAPÍTULO 5

1. Zoroastro (forma grega do nome persa Zaratustra) foi um profeta que viveu entre o final do século VII e meados do século VI a.C. (aproximadamente entre 630 e 553 a.C.), na região onde hoje se encontra o nordeste do Iran. Ele reformou completamente o antigo sistema religioso persa, então baseado num politeísmo assentado nas forças da natureza, dando-lhe uma base ética e moral. É o pai da primeira religião dualista da história, onde o bem era advindo de uma entidade (Aura-Mazda) e o mal era obra de outra (Ahriman ou Angro-Mainyu). Para ele o mal tinha uma origem própria, não vindo da divindade benévola. Seu pensamento se espalhou por todo o Iran e depois influenciou o mundo grego. Quando Alexandre, a partir de 330 a.C. conquistou o mundo conhecido, a influência do pensamento Zoroastriano cresceu ainda mais e influenciou o mundo judaico e por essa via, o cristianismo, que adotou integralmente sua concepção dualista entre o bem e o mal. O Zoroastrismo influenciou depois outro Profeta persa, Mani (216-276 d.C.), cuja doutrina deu origem à palavra maniqueísmo – redução da realidade a dois polos: um bom (Deus, Luz, Espírito) e outro mal (diabo, trevas, matéria) – que depois, no século VI de nossa era, veio a influenciar também o Islã.

2. Ver texto integral da *Primeira Apologia de São Justino*, com introdução e notas de *Roque Frangiotti* e tradução de *Ivo Storniolo* e *Euclides M. Balancin* em: <http://www.monergismo.com/textos/apologetica/Justino_de_Roma_IApologia.pdf>.

   Ver conjunto de textos de São Justino online em inglês em: <http://earlychristianwritings.com/justin.html>.

Capítulo 6

A PROGÊNIE DOS VIGILANTES E OS PSICOPATAS

Também a Gabriel o Senhor disse: vai até os rancorosos e perversos, os filhos da fornicação; e extermina-os do meio dos homens, eles que são a progênie dos Vigilantes. (1Enoque, 10:13).

Hoje é de domínio público a existência de seres, entre os humanos, que pouco têm de humano. A psicologia e psiquiatria modernas os chamam de *sociopatas* ou portadores de *transtorno de personalidade antissocial (TPAS)*, mas o nome mais conhecido para essa anormalidade é, sem dúvida, *psicopatia*. Para alguns estudiosos esses três termos não são necessariamente sinônimos. Por isso, vamos nos concentrar na *psicopatia*, pois ela, sem dúvida, gera um comportamento antissocial e está diretamente ligada ao objeto deste Trabalho.

A literatura, o cinema, as novelas, o teatro e a crônica policial, estão a todo instante mostrando a ação desses *monstros*, que chocam as pessoas. Durante muito tempo, a humanidade não estudou com afinco essa distorção de comportamento e de essência. Dizia-se tratar simplesmente de pessoas más, ou com inspiração satânica, mas ninguém cogitava que poderia ser uma anomalia genética e espiritual com origem ainda não totalmente desvendada pela ciência, mas já apontada em escritos muito antigos, como o Livro de Enoque e os próprios textos canônicos da Bíblia.

Quem primeiro estudou de modo sistemático esse tema, foi o psiquiatra americano Hervey M. Cleckley, pesquisador do Medical College da Georgia, EUA. Em 1941 ele publicou o livro The Mask of Sanity (A Máscara da Sanidade), onde descreveu cientificamente as características principais dos psicopatas (enfermos da *psique*): são seres envolventes à primeira vista, mas no fundo são egocêntricos, desonestos, mentirosos ao extremo, sem sentimento de culpa, sem empatia, se divertem com o sofrimento alheio, não sabem o que é medo e não aprendem com a dor. Possuem ainda comportamento impulsivo/criminoso, voltado para a promiscuidade sexual, a prática de trapaças, golpes, furtos e, em alguns casos, até para assassinatos em série. Estão em todos os lugares do planeta e em todas as classes sociais. Por onde passam provocam danos de intensidade significativa, tanto no sentido material, como no emocional e moral. Se fôssemos defini-los com uma linguagem religiosa, diríamos que eles são demônios encarnados em corpos humanos.

Em julho de 2006, em sua edição de nº 228, com uma tiragem de mais de 394 mil exemplares, a revista Super Interessante, da Editora Abril, publicou uma matéria de capa com o sugestivo título: *"PSICOPATA. Cuidado: tem um ao seu lado".* Abaixo desse título, encontrava-se a seguinte chamada: *"Eles são charmosos, inteligentes, bem-sucedidos... estão em todos os lugares. Há 5 milhões de psicopatas no Brasil e, às vezes, eles são quem você menos espera."*

A reportagem, assinada por Leandro Narloch, usando uma linguagem juvenil com pitadas de humor *cult* característico da Super Interessante, teve por base quatro obras de consagrados especialistas internacionais sobre o assunto: **The Psychopath – Emotion and the Brain**, do neurocientista James Blair e outros, EUA, 2006; **Without Conscience**, do psicólogo canadense Dr. Robert D. Hare, EUA, 1993; **Snakes in Suits – when psychopaths go to work**, também do Dr. Robert D. Hare em coautoria com Paul Babiak, EUA, 2006 e **The Sociopath Next Door**, da Dra. Marthab Stout, EUA, 2005, todos sem edição no Brasil.

A reportagem baseou-se também em depoimentos pontuais e pesquisas de psiquiatras, psicólogos, neuropsiquiatras e neurologistas do Brasil e dos

Estados Unidos, como o psiquiatra Antônio de Pádua Serafim do HC de São Paulo; o psicólogo americano Joe Newman; a psiquiatra forense Hilda Morana; o neuropsiquiatra Ricardo de Oliveira Sousa e o neurologista Jorge Moll Neto, pesquisadores do Instituto Nacional de Distúrbios Neurológicos dos EUA, dentre outros.

Na página 45 da edição citada, encontra-se uma primeira descrição das características comuns aos psicopatas:

> *[...] uma total ausência de compaixão, nenhuma culpa pelo que fazem, ou medo de serem pegos, além de inteligência acima da média e habilidade para manipular quem está em volta. A gente costuma chamar pessoas assim de monstros, gênios malignos ou coisa que o valha. Mas para a Organização Mundial de Saúde (OMS), eles têm uma doença, ou melhor, deficiência. O nome mais conhecido é psicopatia, mas também se usam os termos sociopatia e transtorno de personalidade antissocial.*

Muitos pensam que todo psicopata é um *serial killer*, mas a maioria não comete assassinatos. Diz a reportagem, ainda na página 45: "*Eles andam pela sociedade como predadores sociais, rachando famílias, se aproveitando de pessoas vulneráveis e deixando carteiras vazias por onde passam.*" A matéria segue apresentando outras características dos psicopatas: "*reincidem três vezes mais que os criminosos comuns*"; "*não aprendem com as punições*"; "*tratam pessoas como coisas*"; "*não conseguem identificar emoções nas pessoas pelo fato de não possuírem emoções*". Os estudos científicos citados na reportagem mostram que os psicopatas não têm sequer as reações físicas do medo. Colocados em simulações de situações de risco, não alteraram sequer os batimentos cardíacos e não ativaram as partes correspondentes do cérebro. Aqui os cientistas começam a descobrir que há uma diferença fisiológica (e não só psíquica como pensavam antes) entre esse tipo de ser e os humanos normais. A matéria informa que outros três estudos provaram que os psicopatas não sentem nojo e têm dificuldade de reconhecer qualquer emoção na voz das pessoas. *"Como daltônicos não conseguem ver cores, psicopatas são incapazes de enxergar emoções"* (p.48). O que eles sentem se localiza na área das protoemoções: principalmente prazer e euforia.

DIFERENÇAS NO DNA

Com o subtítulo *"Cérebros em curto"* a reportagem diz o seguinte, em sua página 49:

> *[...] o problema central dos psicopatas é que eles não conseguem sentir emoções. Mas porque isso acontece? 'A crença de que tudo é causado por famílias instáveis ou condições sociais pobres, nos faz fingir que o problema não existe', afirma [o Dr. Robert] Hare."*
>
> *Para a neurologia a coisa é mais objetiva: **os circuitos do cérebro de um psicopata são fisicamente diferentes dos de uma pessoa normal**. (Grifei).*

Para fundamentar essa afirmação, a revista cita (dentre outras) uma pesquisa feita pelo neuropsiquiatra Ricardo de Oliveira Souza e pelo neurologista Jorge Moll Neto, do Instituto Nacional de Distúrbios Neurológicos dos EUA. Em síntese, eles colocaram pessoas normais e psicopatas, separadamente, diante de uma mesma situação e os psicopatas ativaram muito menos a parte do cérebro que normalmente ficaria mais ativa naquelas situações. Diz a matéria: *"Agora resta saber se essas deficiências vêm escritas no DNA ou se surgem depois do nascimento."* Na sequência, vem uma resposta: *"Hoje se sabe que boa parte da estrutura cerebral, se forma durante a vida, sobretudo na infância. Mas cientistas buscam uma causa genética, porque a psicopatia parece surgir independentemente do contexto ou da educação."*[1]

A ciência começa também a estudar os dois grupos mais "visíveis" em que se dividem os psicopatas: os que matam e os que só trapaceiam, mentem e roubam. A matéria nos diz que: *"mesmo quem defende uma origem 100% genética para a psicopatia, não descarta a importância do ambiente"*. Ou seja, o indivíduo já nasce com a tendência (por indução genética), mas o meio vai definir se ele vai se tornar um assassino em série; apenas um trapaceiro contumaz ou algo entre esses dois extremos.

A matéria destaca que há estatísticas que apontam de um a três por cento da população com esse distúrbio. Eles estão na política, nas grandes corporações empresariais, nas igrejas, nas polícias, nos tribunais. E quando os *maiorais* desses seres chegam ao poder de Estado, as consequências são dilatadas exponencialmente. Basta citar um exemplo: Adolf Hitler.

A ciência ainda não tem explicação para muita coisa no universo dos psicopatas. Por exemplo: como eles aparecem em todos os países, em todas as classes sociais. Às vezes, na mesma família, tem-se um irmão normal e um psicopata. Como se explica então que a possível origem genética selecione um ou outro em cada tronco familiar? Qual seria o critério dessa seleção? É aqui que entra a componente espiritual (que ainda está fora do paradigma científico vigente). As perguntas não respondidas sobre a psicopatia provam que a ciência ainda está no começo do seu estudo sobre o tema. Há muito mais perguntas que respostas, mas o importante é que o problema já se acha identificado e suas características principais, bem definidas. Hoje existem grandes centros de pesquisa "de olho nos psicopatas". Em breve mais descobertas virão à tona. Mas o que nos diz o segmento religioso-espiritual?

O Livro de Enoque

Veremos agora como o Livro de Enoque e vários livros do Antigo e do Novo Testamentos, definem esses seres que hoje chamamos de psicopatas. São nestas Escrituras, que encontramos hipóteses para explicar porque em meio a uma "única" humanidade, convivem dois tipos de pessoas, com diferenças já provadas no funcionamento dos seus cérebros.

Segundo o Livro de Enoque (1-36, o Livro dos Vigilantes), esses seres são a progênie – a descendência – de anjos caídos que vieram para Terra em tempos imemoriais (por dois motivos diferentes). Esses seres coabitaram com mulheres da Terra e geraram seres híbridos, que seriam "os varões de grande fama na antiguidade". "Deus" teria enviado o dilúvio para destruir essa raça que estava pervertendo a Terra, mas ela não desapareceu totalmente. Sua semente teria sobrevivido à elevação das águas e se espalhado por todo o Globo. Hoje são conhecidos como psicopatas. Jesus os chamava de *"raça de víboras"*, e a ciência moderna começa a se dedicar ao desvendamento de seus mistérios, com pesquisas sistemáticas em grandes universidades do mundo.

Poucos hoje em dia, mesmo entre os estudiosos das religiões, conhecem o Livro de Enoque. A história desse livro se perde na noite dos tempos. Voltemos ao momento da Criação narrada no livro de Gênesis. Adão e Eva são criados por *deus*. Coabitam e geram dois filhos Caim e Abel. Por ciúme e inveja Caim mata Abel. Caim é expulso da comunidade de Adão e vai habitar a oriente do Éden. Adão voltou a coabitar *"com sua mulher"* e assim **Seth** foi gerado, dando início à chamada "geração setiana" que vai até Noé. Os nove patriarcas setianos são: Seth, Enos, Cainã, Maalalel, Jarede, Enoque, Matusalém, Lameque e Noé (Gn 5:1-31). Enoque é a sétima geração a partir de Adão.

A Tanakh (a Bíblia Hebraica, o Antigo Testamento Cristão) dá pistas de uma relação especial de Enoque com Deus. Todos os outros patriarcas são citados do mesmo modo – quantos anos tinham quando geraram o primeiro descendente; quantos anos viveram depois disso e com quantos anos morreram –, mas sobre Enoque, foram acrescentadas informações adicionais em dois versos: o 22 diz: *"Andou Enoque com Deus"*. O 24 foi mais além: *"Andou Enoque com Deus e já não era, porque Deus o tomou para si"*. Nenhum outro patriarca setiano – nem o próprio Seth – teve essa regalia no texto. Outra singularidade de Enoque é que ele viveu apenas 365 anos, enquanto seis dos nove descendentes diretos de Adão viveram mais de 900 anos. Menos que isso, além do próprio Enoque, só Maalalel (895) e Lameque (777). O número 365 é o número de dias do ano solar. É sintomático que o único dos setianos que *"andou com Deus"* esteja diretamente relacionado com o sol. Quem tiver ouvidos, ouça.

O verso 24, numa linguagem típica das antigas religiões de mistério, nos diz que Enoque *"já não era"* porque havia sido tomado por Deus. Para alguns, teria morrido. Para outros, é a explicação do *"andou com Deus"*, ou seja, Deus teria alterado sua condição humana, tanto que ele (Enoque) *"já não era"* o mesmo desta escala vibratória do universo. Para o apóstolo Paulo, Enoque foi arrebatado em vida para o céu:

> *Pela fé, Enoque foi transladado para não ver a morte; não foi achado porque Deus o transladara. Pois, antes de sua transladação, obteve testemunho de haver agradado a Deus. (Hb 11:5).*

Segundo a Bíblia, somente dois homens não conheceram a morte, tendo sido arrebatados vivos para o céu: Enoque, nos tempos imemoriais dos primeiros descendentes de Adão (Gn 5:24) e Elias nos tempos dos reis Acab e Acazias (2 Rs 2:11).

Com todas essas credenciais, Enoque era muito respeitado entre os antigos hebreus e entre os primeiros cristãos. Um livro a ele atribuído circulava abertamente entre os judeus dos séculos II e I a.C. (talvez antes) e entre os cristãos dos séculos I a IV d.C. Mas algo aconteceu que ele não entrou no Cânon da Bíblia Judaica e, por extensão, ficou fora do Cânon da Bíblia Cristã. A maioria dos Pais da Igreja, a partir do século II da Era Comum considerou o Livro de Enoque, uma publicação herege (com honrosas exceções como Orígenes). Por que isso aconteceu?

O SUMIÇO E REAPARECIMENTO DO LIVRO DE ENOQUE

A partir do século IV, quando o cristianismo passou a ser a religião do Império Romano, houve uma centralização doutrinária – iniciada no Concílio de Niceia – que expurgou muitos livros que até então eram utilizados pela Igreja. O apologista cristão Filástrios (bispo de Brescia, Itália do final do século IV) foi um dos primeiros a condenar o Livro de Enoque como heresia. Depois outros apologistas cristãos fizeram o mesmo. O certo é que o livro sumiu! Ficou desaparecido por mais de 1300 anos!

Em 1773, sob os ventos inspiradores do Iluminismo, o explorador escocês James Bruce (uma espécie de Indiana Jones do século XVIII) saiu pelo mundo em busca do Livro de Enoque – conhecido por nome pelos estudiosos, pois é citado em muitos apócrifos e **até na canônica Epístola de Judas** (Novo Testamento). Ele encontrou o Livro na Etiópia onde a Igreja

Cristã Etíope o guardava com *status* de Escritura. De lá ele trouxe três cópias para a Escócia e Inglaterra. Somente em 1821, quase meio século depois da (re)descoberta, o Livro de Enoque foi traduzido para uma língua ocidental moderna – no caso, o inglês – pelo Dr, Richard Laurence, professor de hebraico da Universidade de Oxford.

DE QUE TRATA O LIVRO DE ENOQUE

Qual o tema do Livro de Enoque? E por que muitos homens poderosos se voltaram contra ele? O Livro trata da queda dos anjos que, por luxúria, pelo desejo de prazer carnal com as mulheres humanas, resolveram "cair" na Terra para possuírem fisicamente *"as filhas dos homens"* e com elas gerarem seres híbridos, uma raça de gigantes ou "homens de grande estatura". Esses *"anjos caídos"* seriam os Vigilantes, cuja semente maligna existiria até hoje na Terra. Esse livro trata de um futuro julgamento dos Vigilantes, que será presidido pelo *Eleito* – que na interpretação dos primeiros cristãos, seria o próprio Jesus. O dilúvio foi uma tentativa de Deus para exterminar da Terra a *semente* do mal – o DNA dos Vigilantes – mas essa semente sobreviveu e formou a progênie desses seres que ao longo dos séculos, se infiltrou nos altos postos da política e da religião, promoveu as guerras e a maioria das desgraças que acometeram a raça humana. Segundo Enoque, somente com a volta do *Eleito* e o julgamento final desses seres malignos, a Terra poderá ter paz.

A maioria dos Pais da Igreja defendia que a queda dos anjos se deu por *orgulho* e *inveja* e não por *luxúria*. Eles se baseavam em Isaías 14:12-20 e Ezequiel 28:11-19. Para eles, os anjos eram de natureza totalmente espiritual e não poderiam ter relações carnais com mulheres terrenas. A saída encontrada para interpretar Gn 6:2-4 foi dizer que os *"filhos de Deus"* ali citados eram os filhos de Seth e *"as filhas dos homens"* eram as filhas de Caim. A interpretação enoqueana da queda dos anjos pela luxúria foi um dos motivos que eles alegaram para destruir o Livro de Enoque, mas existe outro. Eles levantaram a hipótese de que Enoque conhecia o princípio da reencarnação. E é certo que aqueles que assumiram o poder na Igreja a partir do século IV abandonaram essa crença. Há uma teoria de que os Vigilantes estavam no comando das igrejas e dos estados cristãos durante o período da romanização e por toda a Idade Média. O resultado foi que o livro de Enoque foi jogado na vala comum dos escritos heréticos.

Como já informado no capítulo 5, a Professora Elisabeth Clare Prophet publicou *"Anjos Caídos: por que a Igreja ocultou o Livro de Enoque e suas impressionantes revelações"*, no ano de 1997, nos EUA. Clare Prophet, baseada em outros estudiosos da literatura enoqueana, diz que o Livro de Enoque trata de duas quedas de anjos. Uma foi realmente pelo orgulho e pela inveja, como defendem os Pais da Igreja. Essa queda é aquela oriunda da rebelião comandada por um querubim – Satanás, o acusador – que queria destronar Deus e foi expulso do céu pelo arcanjo Miguel. Satanás perdeu a batalha, mas trouxe consigo um terço dos anjos. Vejam que eles não desceram por vontade própria. Eles foram expulsos do céu. Esses anjos caídos pelo orgulho e pela inveja são os **Nefilim** e sua progênie também ainda estaria na Terra, colaborando (e disputando) com os Vigilantes. Estes últimos, como já abordado, teriam vindo para cá, por vontade própria, pelo sentimento de lascívia que desenvolveram por nossas mulheres. Eram seres espirituais, mas moralmente ainda apresentavam falhas horrendas e foram dominados pelo desejo de prazer carnal, que só se realiza através de um corpo físico. Assim, eles decidiram encarnar em nosso planeta, para coabitarem com "as filhas dos homens" (alguns teriam descido em corpo). Tinham a aparência humana, mas uma mente muito mais desenvolvida e sem a chama divina em seus espíritos rebeldes. Essa informação está na Bíblia. O livro de Gênesis, fala sumariamente dessa descida e desse cruzamento físico entre os "filhos de Deus" e "as filhas dos homens", que teria gerado uma raça de gigantes e de "heróis da antiguidade" na citada passagem de Gn 6:2-4. Enoque chamou esses "filhos de Deus" ou "anjos caídos" de Vigilantes (em algumas traduções, Guardiões). A professora Prophet defende a tese de que foram os descendentes dos Vigilantes – ou pessoas por eles influenciadas – os que, ao longo dos séculos, procuraram ocultar o Livro de Enoque, para que a humanidade não desse conta que esses seres satânicos continuavam a habitar entre nós, evitando a paz e ampliando o culto ao materialismo, ao consumismo e à luxúria, tão comuns nos dias de hoje.

Pode parecer "teoria da conspiração", mas a realidade aponta para isso. Figuras importantes no mundo da economia, da política, da religião, da ciência e da propaganda, são dotadas de grandiosa inteligência, mas "inexplicavelmente" o mundo que elas têm construído é o da guerra, do desperdício, da desigualdade, da luxúria e do agnosticismo. Essas figuras poderosas, presentes em todos os países da Terra, influenciam um número incontável de seres humanos para a prática do mal e o consequente afastamento de Deus. Cristo os chamava de *lobos em pele de cordeiro*" (Mt 7:15). Apresentam-se como paladinos do bem e da justiça (muitos falam até em nome de Jesus, outros, da democracia, bem comum, etc.), mas são verdadeiras *víboras* de veneno poderoso. Quando vão bombardear um país dizem estar agindo para proteger as pessoas e a democracia, mas no fundo buscam o controle estratégico de fontes de energia e outras riquezas e quantos vão morrer por isso, não lhes interessa. Vidas – para eles – são apenas números. Enquadram-se no perfil do que a psicologia moderna define como "psicopatas". Seres sem brilho nos olhos, sem compaixão, capazes de fazer todo tipo de maldade sem o mínimo remorso e com o máximo de dissimulação, baseados em uma fisiologia e psiquismo completamente diferentes dos seres humanos normais. Qualquer semelhança com personagens históricos ou pessoas que você conheça, não é mera coincidência.

Não se pode afirmar – nem descartar – que a progênie dos Vigilantes ainda está entre nós, mas as figuras descritas acima, essas existem de fato e estão em todos os níveis da sociedade perseguindo as pessoas de bem. Desde o *armador de ciladas* nos ambientes de trabalho, passando pelo clássico *serial killer* (assassino em série), até homens com poderes para influenciar o destino da humanidade. Existe um aglomerado de seres na Terra subindo escadas formadas por cadáveres de corpos e honras humanas. Ao longo da história, eles têm levado vantagem sobre os filhos da luz. Basta ver quantos santos foram martirizados; quantas pessoas piedosas foram marginalizadas; quantos homens de boa vontade foram mortos, inclusive, moralmente. Sendo eles progênie ou não dos Vigilantes e Nefilim, a Terra está cheia desses "agentes do mal" (diferentes fisiologicamente da raça humana), que precisam ser combatidos, antes que a destruição moral da civilização se estabeleça e com ela, a própria destruição do planeta. Jesus alertou fortemente acerca desse perigo – patrocinado pelo que Ele chamava também de *"raça de víboras"* (Mt 12:34; 23:33) – mas até agora, sua mensagem, neste particular, não foi sequer percebida. Vejam que Jesus se referia a uma **raça** e não a uma seita ou grupo social. Essa *"raça de víboras"* também foi atacada por João Batista (Mt 3:7; Lc 3:7) como se diferenciada fosse em relação aos humanos normais. E uma das características marcantes dos integrantes dessa *raça*, era o disfarce, por isso Jesus os chamou ainda de *"sepulcros caiados"* (Mt 23:27) – brancos por fora e imundos por dentro. Resta, além do bom combate a ser travado, a esperança pregada na profecia enoqueana: um dia o *Eleito* voltará para julgar os Vigilantes e Nefilim (os malignos, os ímpios) e trazer paz aos homens de boa vontade, que guardam a centelha divina dentro de si.

OS DIVERSOS LIVROS DE ENOQUE

A literatura escriturística atribuída a Enoque (ou à sua inspiração) é dividida em três obras (não me refiro à chamada literatura enoqueana, que é mais ampla). Essas obras são:

a. O Livro de Enoque (ou 1Enoque);
b. O Livro dos Segredos de Enoque (ou 2Enoque);
c. 3 Enoque.

O mais antigo, cujas cópias foram encontradas nas cavernas de Qumran, junto com os demais Manuscritos do Mar Morto, é o Livro de Enoque, ou 1Enoque. Ele foi dividido em capítulos, com pequenas diferenças entre as diversas traduções. Aqui seguimos a classificação em 108 capítulos, de acordo com a tradução para o inglês do Dr. Richard Laurence. Partindo desse ponto, estudiosos assim dividiram 1 Enoque:

- Livro dos Vigilantes (1 – 36);
- Livro das Parábolas ou Comparações de Enoque (37 – 71);
- Livro dos Luminares Celestes ou Livro Astronômico (72 – 82);
- Livro das Visões dos Sonhos ou Livro dos Sonhos (83 – 90);
- A Epístola de Enoque (91 – 108).

O Livro **2Enoque**, ou o *Livro dos Segredos de Enoque* é de origem judia e atualmente só existe uma cópia do manuscrito, em eslovaco antigo. Trata da jornada de Enoque pelos dez céus, ao final da qual ele é transformado por Deus no anjo Metraton. Enoque fala ainda de Matusalém e Melquisedeque.

Do Livro **3Enoque** só existem manuscritos em hebraico. É do século 5 ou 6 d.C. Assinado pelo rabi Ismael, que narra seu encontro com Enoque nas moradas celestiais e as maravilhas celestes.

LIVRO DE 1ENOQUE: TEXTO E COMENTÁRIOS

O tema deste capítulo nos remete, inexoravelmente, ao Livro de Enoque, ou **1 Enoque**, especialmente os capítulos de 1 a 36, também chamado de Livro dos Vigilantes (In: PROPHET, 2002, pp. 105-134). É desse trecho que tirarei alguns excertos, para depois fazer a ligação dos Vigilantes com os psicopatas, uma das chaves para a compreensão do porquê de tanta maldade e tanta dor no mundo em todos os tempos.

1ENOQUE, CAPÍTULO 1

> *3 Por causa deles [os Vigilantes] falei e conversei com aquele que sairá de sua habitação, o Santo e Poderoso, o Deus do mundo:*
>
> *4 Que no futuro pisará o Monte Sinai, surgindo com suas hostes e manifestando-se na força do seu poder celestial.*
>
> *5 Todos sentirão medo e os Vigilantes ficarão apavorados.*
>
> *6 Grandes tremores deles se apoderarão até os limites da terra. As montanhas elevadas serão sacudidas e os morros altos empurrados para baixo, dissolvendo-se como favo de mel ao fogo. A terra ficará submersa e todas as coisas que nela existem perecerão; e o julgamento será para todos, até para os justos.*

Enoque profetiza os dias finais, com a descida do "Santo Poderoso", que virá com suas hostes e fará tremer os Vigilantes. A Terra vai passar por grande tribulação e todos serão julgados. Essa temática foi totalmente absorvida pelo cristianismo. Muitos, no século XIX – quando o Livro de Enoque foi traduzido para o inglês – achavam que se tratava de um escrito dos séculos II ou III d.C., devido à imensa coincidência de seu conteúdo com temas cristãos. Mas a descoberta de fragmentos desse livro entre os Manuscritos do Mar Morto, datados dos séculos III e II a.C., provam que foram os escritores cristãos que usaram o Livro de Enoque como fonte. A ideia da grande tribulação e da vinda de Jesus com grande glória e miríades de anjos, para o julgamento final não é, como se pensava, uma ideia original do cristianismo. As profecias de Enoque já anunciavam a mesma coisa, bem antes do começo da Era Cristã.

1ENOQUE, CAPÍTULO 2

> *1 Vede, o Senhor vem com milhares de seus santos, para fazer juízo contra todos e para fazer convictos todos os ímpios, acerca de todas as obras ímpias que impiamente praticaram, e de todas as palavras duras que ímpios pecadores contra ele proferiram.*

Esta passagem do Livro de Enoque é citada textualmente na Epístola de Judas, Novo Testamento, versos 14 e 15, que reproduzirei a seguir, nas traduções respectivas da Bíblia de Estudo Almeida e Bíblia de Jerusalém. Observem que em algumas traduções do Livro de Enoque, essa passagem se encontra em 1:9 e não em 2:1 como aqui.

Epístola de Judas (Bíblia de Estudo Almeida)

> *14 Quanto a estes foi que também profetizou Enoque, o sétimo depois de Adão, dizendo: "Eis que veio o Senhor entre suas santas miríades, (15) para exercer juízo contra todos e para fazer convictos todos os ímpios, acerca de todas as obras ímpias que impiamente pra-*

> *ticaram e acerca de todas as palavras insolentes que proferiram contra ele".*

Epístola de Judas (Bíblia de Jerusalém)

14 A respeito deles profetizou Henoc, o sétimo dos patriarcas a contar de Adão, quando disse: "Eis que o Senhor veio com as suas santas milícias (15) exercer o julgamento sobre todos os homens e arguir todos os ímpios de todas as obras de impiedade que praticaram e de todas as palavras duras que proferiram contra ele os pecadores ímpios".

Observa-se que Judas (o irmão de Jesus, não o Iscariotes) cita textualmente um trecho do Livro de Enoque. Esse fato fez com que muitos, dentre os Pais da Igreja, tivessem dado autoridade canônica a esse livro. Destaco Orígenes, Clemente de Alexandria, Justino Mártir, Tertuliano e, num primeiro momento, até Irineu. Como outros apologistas cristãos negavam canonicidade ao Livro de Enoque, a Carta de Judas quase não foi aceita no cânon. A saída dos teólogos foi afirmar que a citação de 1 Enoque 2:1 (em algumas traduções 1:9), foi canonizada pelo Espírito Santo, que consentiu que ela constasse de um texto sagrado.

O certo é que o Livro de Enoque existe, é anterior à Era Cristã e está citado positivamente em um texto canônico (a Epístola de Judas). Se os cristãos consideram a Bíblia como inspirada por Deus, não podem desconsiderar o Livro de Enoque, pois este encontra-se citado textualmente nela, logo, está atestado pela Palavra de Deus.

1ENOQUE, CAPÍTULO 6

> *Os eleitos possuirão luz, alegria e paz e herdarão a terra.*

Cito este verso para mostrar a semelhança com um trecho do Sermão do Monte de Jesus (*"Bem-aventurados os mansos, porque herdarão a terra"* Mt 5:5).

1Enoque, capítulo 7

1 Quando naqueles dias os filhos dos homens se multiplicaram, suas filhas nasceram elegantes e belas.

2 E quando os anjos, os filhos do céu, contemplaram-nas, ficaram enamorados, dizendo uns aos outros: Vamos, escolhamos para nós esposas entre a progênie dos homens para com elas gerarmos crianças.

3 Então Samyaza, seu líder, lhes disse: Temo que talvez não possais realizar esta tarefa;

4 E que sozinho sofrerei as consequências de um crime vergonhoso.

5 Mas eles lhes responderam: Nós todos juramos;

6 E nos ligamos por execrações mútuas, para que não modifiquemos nossa intenção de executar o que resolvemos.

7 Fizeram juntos este juramento e se uniram em execrações mútuas. Eram ao todo duzentos, que desceram sobre Ardis, no topo do monte Armon.

10 Tomaram esposas, cada um escolhendo a sua. Aproximaram-se delas e com elas coabitaram, ensinando-lhes feitiçaria, encantamento e as propriedades das raízes e árvores.

11 As mulheres deram origem a gigantes. 12 (...) Eles comeram tudo que havia sido produzido pelo trabalho dos homens até que se tornou impossível alimentá-los.

13 Quando se voltaram contra os homens para devorá-los.

Este é o capítulo crucial do Livro de Enoque. Aqui é narrada a queda dos anjos, liderados por Samyaza, pela luxúria, pelo desejo de relação carnal com as mulheres da Terra. Samyaza duvida que os outros aceitem arcar com as consequências dessa descida. Eles não só aceitam como fazem um pacto de mútua execração, ou seja, juntos sofrerão o que vier em contrário, sob pena de morte ao traidor.

Os anjos caídos coabitaram com mulheres da Terra e geraram uma raça híbrida: os gigantes (informação, como visto acima, confirmada pela Bíblia). Estes se multiplicaram e passaram a consumir todo o alimento produzido, quando então, vem a notícia bizarra de que começaram a devorar os próprios homens, que clamaram a Deus. A existência de gigantes na antiguidade está narrada também nos mitos de várias civilizações. Mitos repletos de estórias de heróis gerados pelo cruzamento de "deuses" com mulheres humanas, com nomes dos mais diversos: *ogros, ciclopes, semideuses* e mesmo *gigantes*. Isso atesta que uma tradição bem antiga dava conta da existência desses seres meio humanos, meio extraterrestres, confirmando o que diz a Bíblia na passagem acima citada. Ainda na Bíblia encontram-se outras passagens atestando que os gigantes ainda existiam nos tempos de Moisés e até no tempo de Davi, século X a.C. (Ver Nm 13:28-33; Dt 2:10-11; 2Sm 21:15-22). Nessas passagens há referências explícitas aos gigantes e filhos dos gigantes, que pertenciam a exércitos de inimigos dos israelitas. Na passagem de 2Sm 15-22, encontra-se a descrição de um gigante com seis dedos em cada uma das mãos e nos dois pés. Eram seres tão grandes que os espias de Moisés (em Nm 13:30-33) se achavam como gafanhotos quando comparados com eles. É importante destacar que trata-se do período pós-diluviano (tempos de Moisés e de Davi) e a Bíblia informa que ainda havia gigantes sobre a Terra. Isso atesta que a semente dos Vigilantes sobreviveu e, portanto, há possibilidade real de que ela ainda esteja entre os humanos até os dias de hoje.

1ENOQUE, CAPÍTULO 8

> *1 Além disso, Azazyel ensinou os homens a fabricar espadas, facas, e escudos, ensinou-os a produzir espelhos, braceletes e ornamentos para as mulheres, a utilizar a pintura para embelezar as sobrancelhas e pedras de todos os tipos e valores, a manusear toda sorte de corantes, fazendo todas essas coisas para alterar o mundo.*

> *2 A impiedade aumentou, a fornicação multiplicou--se, e eles transgrediram e corromperam todos os seus caminhos.*

Azazyel era um dos comandantes das falanges de Samyaza. Aqui Enoque diz o que muitos cientistas suspeitam: que a manipulação dos metais e outras tecnologias utilizadas nos tempos antigos, foram ensinadas aos homens por extraterrestres ou, como dizem os livros sagrados e as tradições de todos os povos, por "filhos do céu"; "filhos do trovão"; "filhos de Deus" ou "anjos". O capítulo 8 continua narrando como os outros comandantes do poderoso Samyaza ensinaram aos homens os encantamentos, a observação das estrelas, dos signos, os movimentos da Lua. Mas os homens estavam sendo destruídos e o verso 8 diz: *"E os homens sendo destruídos clamaram e sua voz chegou até os céus".*

1ENOQUE, CAPÍTULO 10

> *1 Então, o Altíssimo, o Grande e Santo falou,*
>
> *2 E enviou Arsayalalyur ao filho de Lameque*
>
> *3 Dizendo: Fala-lhe em meu nome que se esconda.*
>
> *4 Explica a ele sobre a consumação que deverá em breve ocorrer, pois toda a terra perecerá. As águas de um dilúvio cobrirão a terra e todas as coisas que nela habitam serão destruídas.*
>
> *13 Também a Gabriel o Senhor disse: vai até os rancorosos e perversos, os filhos da fornicação; e extermina--os do meio dos homens, eles que são a progênie dos Vigilantes.*

No fim do capítulo 9, os homens que estavam sendo literalmente devorados pela raça híbrida dos gigantes e desorganizados pelas iniquidades dos demais descendentes dos Vigilantes, clamaram aos céus o os anjos levaram seu clamor a Deus.

Deus mandou o dilúvio, para destruir a semente (DNA) dos Vigilantes, mas quis salvar a semente (DNA) dos humanos e por isso mandou um anjo falar com o filho de Lameque, Noé, para que este se preparasse para escapar com os seus.

No verso 13 Deus é bem explícito em sua ordem ao arcanjo Gabriel. Ele manda exterminar da face da Terra a progênie dos Vigilantes, seres que ele qualifica como *"rancorosos, perversos, filhos da fornicação"*.

Nos versos de 23 a 29 do capítulo 10, Enoque fala da nova Terra, de modo muito semelhante a que segmentos Cristãos e Testemunhas de Jeová de hoje, falam do paraíso que será construído aqui após o julgamento final e a expulsão dos maus do planeta. Enoque diz que essa nova Terra surgirá depois que *todos os opressores desaparecerem da face da terra* e que *todos os atos malignos sejam destruídos*. Destaco alguns desses versos:

> *22 Justiça e retidão deverão renascer eternamente em regozijo.*
>
> *23 E então todos os santos darão graças e viverão até gerarem mil filhos, enquanto o período de sua juventude e seus sabás completar-se-ão em paz. Naqueles dias a terra inteira será cultivada em justiça, repleta de árvores e de bênçãos, todas as árvores de deleite serão nela plantadas.*
>
> *27 A terra será purificada de toda corrupção, crime e punição e de todo sofrimento. Não mais enviarei um dilúvio.*
>
> *28 Naqueles dias abrirei os tesouros de bênçãos celestiais para que sejam derramados sobre a terra e todas as obras e trabalhos dos homens.*
>
> *29 Paz e equidade seguirão os filhos dos homens durante todos os dias do mundo, em todas as gerações.*

Enoque deixa bem claro que esse paraíso só será implantado neste mundo material, após a expulsão dos ímpios, ou seja, dos descendentes dos Vigilantes. O ser humano normal erra, peca, se arrepende, torna errar, aprende com o erro, evolui. O Vigilante (ou psicopata) não se arrepende, não aprende com o erro, erra por prazer e não muda de atitude. É por isso que Enoque diz que para a nova Terra subsistir, a progênie dos Vigilantes tem que ser expulsa daqui. Para os Cristãos, os maus irão para o inferno, o que é a mesma coisa. Para os kardecistas, os espíritos atrasados serão expulsos para mundos menos evoluídos, o que também é a mesma coisa. Ou seja, só haverá uma Terra sem dor, sem sofrimento, quando a semente do mal for retirada do planeta, seja para o inferno, seja para um planeta mais atrasado.

1ENOQUE, CAPÍTULO 15

1. Então, dirigindo-se a mim, Ele falou: Escuta sem temor, ó Enoque, escriba da justiça. Aproxima-te e escuta a minha voz. Vai e dize aos Vigilantes do céu, que te enviaram para rogar por eles. Dize-lhes que eles é que deviam rezar pelos homens e não o contrário.

2. Por que deixastes a santidade dos céus elevados, que dura para a eternidade, e vos deitastes com as mulheres, corrompendo-vos com as filhas dos homens, tomando-as como esposas, agindo como os filhos da terra e gerando uma raça ímpia.

3. Vos, sendo espirituais, santos e possuidores da vida eterna, vós vos tornastes impuros, engendrastes na carne; buscastes a luxúria no sangue dos homens e fizeste como os que são carnais.

8. Agora os gigantes, nascidos do espírito e da carne, serão chamados espíritos malignos sob a terra e ela será sua habitação. Espíritos do mal serão por eles gerados, pois sua fundação e origens emanam dos Vigilantes...

9 Os espíritos dos gigantes serão como as nuvens que trazem opressão, flagelo, guerra e corrupção à terra.

A cobrança de Deus é clara: os Vigilantes eram seres espirituais, buscaram a luxúria e agiram como os seres carnais. O cruzamento do seu DNA (sua semente) com o das mulheres humanas, gerou uma raça diferente, que trouxe *"opressão, flagelo, guerra e corrupção à terra"*. No dia do julgamento eles irão tremer. O Eleito virá para estabelecer a paz, que só se firmará sem a presença deles em nosso mundo.

1ENOQUE, CAPÍTULO 19

> *1. Então disse Uriel: Eis os anjos que coabitaram com as mulheres e que designaram seus líderes.*
>
> *2. E sendo numerosos em aparência, fizeram os homens errarem, oferecendo sacrifícios aos demônios como a deuses.*

Nesta passagem, há algo de muito significativo. Os anjos caídos vindos dos céus (de outros mundos; de outras moradas da casa do Pai, para usar a linguagem de Jesus), estavam bem mais adiantados tecnologicamente que os humanos. Mas moralmente ainda rastejavam. Eles deixaram "os céus" pelos prazeres carnais da Terra. Essa junção de inteligência, conhecimento tecnológico aliados a um baixo nível moral, leva à busca do poder, do culto à própria personalidade, tudo como forma de permitir a realização dos baixos instintos carnais. Assim é que nós vemos varias civilizações da antiguidade, com avanços espetaculares na arquitetura, agricultura, medicina, astronomia, etc., mas no plano religioso, fazendo sacrifícios a demônios, a seres nitidamente descritos como "do mal". Basta ver o que acontecia no Egito e na Mesopotâmia, para se ter uma ideia daquela realidade. Enoque revela que foram os Vigilantes, com seu poder de influência, que levaram os homens a adorar demônios (espíritos malignos) como se deuses fossem. A entidade chamada Javé como descrita na Torah se enquadra perfeitamente em um culto estimulado pelos Vigilantes ou Nefilim. É óbvio que depois, a evolução religiosa dos judeus os fez – mesmo mantendo o nome Javé – mudar sua concepção de divindade, principalmente a partir do ministério dos profetas messiânicos. Não obstante o xenofobismo ainda existente entre os judeus, ele (Javé) não é mais cultuado como senhor da guerra e dos sacrifícios. E os testemunhas de Jeová, ao adotarem o cristianismo, demonstram que adoram o Deus verdadeiro, o Deus do Amor, embora o chamem pelo tradicional nome de Jeová.

Os redatores do Antigo e do Novo Testamentos conheciam os Vigilantes e os Nefilim (e sua descendência). As páginas de toda a Bíblia representam um conjunto complexo de narrativas da eterna luta entre os filhos das trevas e os filhos da luz. Em muitos momentos da história, essa semente do mal esteve infiltrada na própria Igreja, com consequências nefastas para a vida da humanidade. Mas no meio de tanta maldade, brilha muita luz. A professora Prophet faz um importante alerta aos estudantes da Bíblia, indicando que os mesmos devem observar que:

> *[...] há, no Antigo Testamento, várias designações diferentes para a semente dos vigilantes: os termos "maligno", "ímpio", "descrente", "o inimigo", "obreiros da iniquidade", "malfeitores", "praticantes do mal", "homens maus", "poderosos", "gigantes", "filhos de gigantes"...são alguns dos mais comuns.*
>
> *No Novo Testamento as expressões incluem "serpentes", "geração de víboras", "príncipes deste mundo", "governantes das trevas deste mundo" e a singular "malignos".*
>
> *[...] Quando o leitor encontrar esses termos pode estar certo de que os profetas, os patriarcas, os ungidos de Deus e o próprio Cristo estavam denunciando especificamente a geração da semente dos bandidos e dos sem deus – os Vigilantes, sua progênie e os Nefilim. (PROPHET, 2002, p. 279).*

No capítulo 8 deste Livro evidenciarei o combate travado por Jesus contra essa *raça de víboras*, mas o importante aqui é levantar os meios para que essa semente maligna seja identificada nos dias de hoje. As características – já vistas – são as mesmas, tanto faz tratar-se dos *anjos caídos* como dos atuais *psicopatas*. A dificuldade de desmascará-los é imensa e sempre foi assim. Eles são mestres da simulação. Jesus disse bem: são verdadeiros *lobos em pele de cordeiro*. Segundo os estudos mais recentes eles podem chegar a 3% da população. Mas a quantidade de pessoas que eles conseguem influenciar é que é o grande problema. Como disse Jesus, a porta da perdição é bem larga (Mt. 7:13) Os *malignos* têm muito poder, justamente porque não possuem princípios ou limites (como os deuses da mitologia grega, por exemplo, que se originaram de tradições e lembranças de tempos imemoriais, quando os próprios anjos caídos viviam sobre a Terra). Hoje eles dominam o *capital* mundial e, através disso, manipulam grande parte do poder político. Mas como posso afirmar que são os maus que estão dominando? Por uma frase de sabedoria do Mestre Jesus: *"pelos frutos os conhecereis"*. Ora que tipo de sociedade existe hoje? É fácil de responder: consumismo, luxúria, violência e deterioração de valores morais e espirituais. Então parece bastante lógico que quem governa os destinos da humanidade hoje, os *príncipes deste mundo*, não estão do lado da luz, pois os frutos por eles gerados não são bons! Infelizmente a grande maioria dos líderes religiosos não está preparada para enfrentar essa situação, com o agravante de que uma parte deles (de acordo com a teoria dos 3%) é formada pelos próprios Vigilantes.

Assim como no passado eles esconderam o Livro de Enoque que denunciava sua existência em nosso meio, hoje eles continuam subornando e cooptando os mais fracos de espírito e matando os que não se rendem ao mal.

VIGILANTES E PSICOPATAS

A ligação dos Vigilantes com os psicopatas é total. No passado eles não eram chamados assim porque não existia psicologia, psiquiatria e muito menos neurologia ou engenharia genética. Somente com estes avanços científicos a humanidade começou a descobrir que existem entre nós pessoas com forma humana, mas coração de pedra e cérebro sem emoção ou empatia. Enoque há milênios atrás já nos informava que esses seres diferentes de nós eram a semente (descendência genética) de seres vindos "dos céus". Para religiosos, "anjos caídos", para estudiosos agnósticos, seres de outros mundos mais adiantados, que para cá vieram porque seus níveis vibracionais atrasados não se coadunavam com os mundos de paz e harmonia em que viviam.

É difícil detectar psicopatas em nossa vida cotidiana, mais difícil ainda é detectá-los nos postos mais elevados da sociedade, aí incluídos a política, o mundo jurídico, a religião, a ciência, a propaganda, as forças armadas, as grandes corporações transnacionais, dentre outras instituições. Eles estão por aí. Sempre estiveram. São de diversos tipos, como já visto (desde simples trapaceiros, passando por assassinos sanguinários, juízes vendedores de sentenças, até governantes perversos e imorais). Em todas as épocas houve assassinos em série. Em todas as épocas houve governantes que chegaram ao poder para promover guerras externas ou perseguir seus próprios povos; em todas as épocas houve líderes religiosos que levaram seus fiéis ao engano e até ao suicídio em massa. Esses seres não têm a centelha divina dentro de si, em seu lugar existe a capacidade de matar a outrem sem o menor remorso e de destruir a vida de pessoas por puro prazer. Eles cultuam outra trindade – o **dinheiro**, o **poder** e a **luxúria** – e têm sido vitoriosos até aqui, mas a reação dos filhos da luz – as pessoas de bem – já se faz sentir, a começar pelo aprimoramento das instituições.

Enoque nos mostrou o perigo que os Vigilantes e Nefilim representam para os "filhos de Deus", mas nos acalentou com uma esperança, que é a mesma pregada pelo cristianismo: a vinda do *Eleito* para expulsá-los, extinguindo suas sementes da face do planeta (o que impediria a vinda de espíritos afins a esses corpos diferenciados, preparados para receber o mal), criando assim as condições para a edificação de um mundo feliz (Ver 1 Enoque 2:1, citado por Judas 14,15; cf. Mt 13:41, 49; 16:27; 24:31).

Antes de grandes centros de pesquisa dedicarem-se ao estudo da *psicopatia*, de forma interdisciplinar, as ideias aqui defendidas – a existência entre nós da progênie de seres com características não humanas – seria considerada mera especulação teológica, polêmica até dentro das igrejas. Com os últimos avanços da ciência na área da engenharia genética e dos estudos da mente e do cérebro, pode-se entender as características elencadas por Enoque para o que ele chamava de Vigilantes, pois elas são as mesmas que os especialistas apresentam hoje para os *psicopatas*.

A RAÇA DOS GIGANTES

Apesar de denunciar a raça dos gigantes, o Livro de Enoque não é um tratado racista. Ele alerta para um evento cosmológico: a descida ao nosso planeta de seres "vindos do céu" que, ao cruzarem com mulheres da Terra, geraram uma raça diferente, de seres cheios de impiedade por natureza. Quando os cientistas comparam a mente, as reações, o comportamento e a personalidade de um assassino serial com as características de uma pessoa normal, eles atestam que não há conserto, porque não há remorso, culpa, compaixão. Mesmo os que defendem que a psicopatia pode ser tratada, reconhecem que – até agora – não existe cura, mas apenas a possibilidade de controle para evitar a prática de crimes mais graves. Para Enoque, a semente desses "anjos caídos" se espalhou pela Terra e nela vai permanecer até a vinda do *Eleito*.

A ciência moderna não reconhece (ainda) os psicopatas como uma raça e a teoria de que estes são a progênie dos Vigilantes citados por Enoque é de minha autoria, lançada em primeira mão nesta obra. Estamos, pois, dando os primeiros passos num continente epistemológico ainda pouco explorado, quase que totalmente desconhecido. Essas observações são necessárias porque as expressões enoqueanas como "*raça de gigantes*" ou as de Jesus como "*raça de víboras*", bem como as modernas descobertas de diferenças fisiológicas entre os cérebros dos psicopatas e dos seres humanos normais, podem levar à conclusão de que o Livro de Enoque visa discriminar uma raça que sequer está determinada como tal. Estamos diante de outro paradigma: não estamos tratando de outra raça da mesma espécie humana, mas de uma *semente* vinda do "lixo" genético e espiritual de outros orbes.

Hoje não há provas de que as teorias proféticas de Enoque são corretas, mas também não há provas do contrário. Sabe-se que há seres voltados unicamente para a prática do mal agindo neste mundo em todos os momentos de sua história. E somente agora, nas últimas décadas, é que começam a estudá-los de forma organizada, com as ferramentas da ciência moderna. Esses estudos recentes, comparados aos escritos antigos, permitem a formulação de hipóteses como a que levanto aqui: Os Vigilantes denunciados por Enoque estão presentes no mundo moderno, praticando malignidades em todos os países, nas mais diversas atividades desenvolvidas pelo homem. Os antigos os chamavam de *malignos*. Os cientistas modernos os chamam de *psicopatas* ou *sociopatas*. Os defensores da justiça e da ética os chamam de *tiranos corruptos*. Os moralistas os rotulam de *libertinos*. Eles são tudo isso e muito mais. Se existisse uma deidade do mal, esses seres seriam seus agentes na Terra. Quem já assistiu na mídia a entrevista de um psicopata depois de um crime, entende o que estou falando aqui. A falta de remorso; a total ausência de piedade e empatia; a frieza que exala até pelo olhar, assusta as pessoas de bem. E o mais grave: os mais importantes dentre eles (os líderes de diversos setores), não se deixam detectar. São mestres da simulação, pela qual manipulam pessoas, organizações e Estados.

Dominam setores da política, da religião, da economia, da mídia e da guerra. Com tanto poder, eles impõem nossa maneira de pensar, nossa maneira de vestir, nossa alimentação e até nossa pauta de diversões e nos tornam descrentes dos valores positivos. Como deuses gregos, ditam limites à sociedade, quando eles não têm limite algum. A riqueza dos 5% mais ricos do mundo é um insulto à justiça. E nesse pequeno percentual se encontra o *Príncipe deste Mundo*, com seus principais *ministros*. Observem que o sistema capitalista é o oposto do sistema de comunidade descrito no início do livro de Atos[2].

NOTAS DO CAPÍTULO 6

1. No livro de Apocalipse, último do Novo Testamento, atribuído ao apóstolo João, há uma referência à *besta fera*, que aparecerá no final dos tempos, junto com o *falso profeta*. Está escrito que nos tempos finais, ninguém poderá comprar ou vender sem a marca da *besta*, que seria o número 666. Curiosamente, os códigos de barras, sem os quais ninguém hoje em dia pode comprar ou vender (quase nada), possuem o número 666 bem destacado em seus traços.

Neles, o número 6 é representado por dois traços finos paralelos. Eles estão presentes em todas as codificações que atualmente estão no mercado – no começo, no meio e no fim de cada código – para dividir as informações de: *início da leitura – produto/preço – fim de leitura.*

2. *"...Ninguém considerava exclusivamente sua nem uma das coisas que possuía; tudo, porém, lhes era comum."* (At 4:32).

Capítulo 7

PAULO ROMPE COM A TORAH!

O aguilhão da morte é o pecado e a força do pecado é a lei. (Paulo falando sobre a Torah em 1Co 15:56).

Paulo era o nome romano de Saulo ou Saul (de Tarso). Um judeu da tribo de Benjamim, da seita dos fariseus, com cidadania romana que, antes da sua conversão, perseguia os cristãos justamente por estes se recusarem a cumprir a lei (de Moisés), a qual ele passou a combater pelo resto de sua vida.

Tarso era a capital da província romana da Cilícia (hoje Turquia). Na época do nascimento de Saulo (entre os anos 5 e 10 do século I d.C.), Tarso era um importante centro comercial e cultural da Ásia Menor. Filho de homem livre Saulo teve direito à cidadania romana por nascimento (At 22:25-28), mas era judeu por descendência direta. Ele mesmo se apresentava: "*circuncidado ao oitavo dia, da linhagem de Israel, da tribo de Benjamim, hebreu de hebreus; quanto à lei, fariseu.*" (Fl 3:5). E confessava ter molestado a nascente religião pelo seu zelo para com a lei: "*Quanto ao zelo, perseguidor da Igreja; quanto à justiça que há na lei, irrepreensível.*" (Fl 3:6, cf. 1 Co 15:9). Em Rm 11:1 e em 2Co 11:22 ele reafirma ser israelita e em At 22:3, depois de reafirmar que é judeu, nascido em Tarso na Cilícia, informa que passou boa parte de sua juventude em Jerusalém onde estudou com o sábio fariseu, o rabino Gamaliel (também citado em At 5:34). Mas nada indica que Paulo conheceu Jesus vivo. A citação de 2Co 5:16 não é aceita pela imensa maioria dos estudiosos como uma prova – ou mesmo uma indicação – de que os dois se conheceram em carne.

Paulo era um homem especial. Tinha dupla nacionalidade (judeu-romano), falava o hebraico (e naturalmente, o aramaico), além de se expressar bem em grego, a língua franca na Europa, Oriente Médio e Ásia Menor. Tinha algum tipo de formação militar, pois recebia missões do Sinédrio para prender cristãos, inclusive fora do território judeu e pelo que é narrado no livro de Atos, era também um grande orador. Foi esse homem que o Jesus celestial escolheu para propagar sua doutrina pelo mundo, especialmente entre os não judeus, uma vez que estes rejeitaram o próprio Jesus e continuaram rejeitando sua mensagem após o sacrifício na cruz, de forma ainda mais violenta. Por várias vezes os judeus tentaram assassinar Paulo. Em At 11:24-27, ainda no início de sua missão, ele narra as violências e dificuldades que enfrentara para pregar o Cristo como a graça de Deus. Até então ele havia sofrido cinco açoites, três fustigações com vara, um apedrejamento, três naufrágios, mais vigílias, fadiga, frio, fome, sede, jejum e nudez. Os judeus o perseguiram durante todo o seu ministério, em qualquer lugar do mundo que ele se encontrasse. Paulo travou mais que um "bom combate", ele dedicou sua vida à tarefa de **fundar o cristianismo** que, sem ele, caminhava para ser mais uma seita judaica – como a dos fariseus, saduceus, essênios e outras – apenas com o diferencial da crença de que Jesus era o messias previsto pelos profetas, mas mantendo as duras e humanas regras da lei mosaica. Paulo foi por outro caminho. Ele rompeu com a lei e, ao pregar Jesus ressuscitado, fundou uma nova religião!

Ao longo dos séculos muitos estudiosos tentaram conciliar Paulo com a lei, citando exemplos isolados como a circuncisão de Timóteo (At 16:3); a purificação no templo (At 21:26) e alguns trechos de discursos feitos em condições bem específicas para plateias majoritariamente judaicas. Mas o vigor da oposição de Paulo à lei é tão grande, tão decidido, tão eloquente que negar isso é como querer "tapar o sol com uma peneira". Hoje existem incontáveis artigos, dissertações e teses, além de outros trabalhos de pesquisa e livros de correntes judaizantes, defendendo que Paulo, mesmo depois da conversão, continuou um "zeloso guardião da lei". Só na internet o leitor vai encontrar centenas, senão milhares desses escritos. Reservo-me aqui o direito de discordar frontalmente dessa assertiva e indo mais além, de levantar uma hipótese inusitada sobre o porquê da intransigente oposição desse apóstolo à Torah. Nunca é demais lembrar que em At 15:21, os discípulos ligados a Tiago chegaram a dizer que receberam denúncias de que Paulo incentivava os judeus que viviam em meio aos gentios a apostatarem a lei de Moisés (ver também At 21:27-32).

Os *maiorais da lei*, que por várias vezes planejaram matar Jesus e o entregaram para a crucificação romana, são os mesmos que tentaram de todas as formas impedir que Paulo pregasse a *Boa Nova*, não só na Judeia, mas em toda a extensão do Mediterrâneo. Ele conseguiu escapar várias vezes da morte por ser cidadão romano – além do imponderável de sua fé. Usando como fontes apenas o Livro de Atos e Cartas Paulinas, vamos deixar bem claro a acidez do ódio dos judeus para com esse Apóstolo temporão. É algo que ultrapassa a questão religiosa e nos chama a atenção para algum segredo ainda oculto na identidade espiritual desses judeus, que Jesus conhecia e deve ter contado a Paulo na estrada de "Damasco".

A AUTORIA DAS CARTAS PAULINAS

O Novo Testamento é composto de 27 livros: 4 Evangelhos; 21 Cartas; o livro de Atos dos Apóstolos e o livro da Revelação (Apocalipse). Das 21 Cartas, 14 são atribuídas a Paulo. Isso representa 66% das Cartas e mais de 51% do total de livros do Novo Testamento. Demonstração clara da importância de Paulo para a fundação do cristianismo.

Há nos meios acadêmicos um grande debate sobre a autoria desses escritos. Até hoje ninguém encontrou um autógrafo (manuscrito original) de um desses livros sequer. Os manuscritos mais antigos hoje em poder da Igreja, museus e instituições de pesquisa, são do século IV d.C. – o *Códice Vaticanus* e o *Códex Sinaiticus* – ambos escritos em grego, a língua do Novo Testamento. Não há, portanto, como atestar a autoria desses livros. Os Evangelhos foram atribuídos a **Mateus** e **João** (que eram apóstolos); a **Marcos** (que trabalhou com Pedro) e a **Lucas** (que trabalhou com Paulo). Paulo se tornou um recém-convertido nos primórdios do cristianismo. Ele disse ter tido uma audição do próprio Jesus, que mudou sua vida. Especializou-se em pregar o Evangelho aos incircuncisos (não judeus) a quem chamava de *gentios*. Fez pelo menos três viagens missionárias pelo Mediterrâneo e escreveu inúmeras Cartas às nascentes comunidades cristãs (muitas das quais não estão na Bíblia). As 14 Cartas atribuídas a Paulo e consideradas inspiradas por Deus quando do estabelecimento do Cânon da Bíblia Cristã (no século IV d.C.), são as seguintes:

1. Romanos;
2. I Coríntios
3. II Coríntios
4. Gálatas
5. Filipenses
6. I Tessalonicenses
7. Filemon

***

8. Hebreus
9. Efésios
10. Colossenses
11. II Tessalonicenses
12. I Timóteo
13. II Timóteo
14. Tito

O que diz a Crítica Textual é que são totalmente aceitas como de Paulo as sete primeiras. Sobre elas há a concordância de estudiosos de diversas correntes de pensamento. Em *Hebreus* não é mencionado o nome do autor[1] e o estilo é mais rebuscado que nas demais epístolas atribuídas ao Apóstolo dos gentios. Por isso, alguns autores questionam a autoria paulina, mas o conteúdo doutrinário é todo ele peculiar à pregação de Paulo. Alguns acham que foi escrito por um discípulo seu, talvez Apolo[2]. Clemente de Alexandria afirmava que Paulo escreveu *Hebreus* em hebraico e Lucas traduziu para o grego, daí a diferença de estilo e vocabulário. O que é consenso é que *Hebreus* é da escola paulina. Por tudo isso, muitos estudiosos consideram Hebreus como uma Carta autêntica de Paulo. Assim, para a maioria dos estudiosos, existem oito Cartas aceitas como paulinas.

Efésios, Colossenses e 2 Tessalonicenses têm sua autoria questionada por muitos estudiosos. Já 1 Timóteo, 2 Timóteo e Tito são tidas efetivamente como *não paulinas*. Além da linguagem diversa, tratam de fatos do fim do século I quando Paulo já estava morto.

Tem-se então seis Cartas com autoria questionada: Efésios, Colossenses, 2Tessalonicenses, 1 e 2 Timóteo e Tito, embora somente as Cartas pastorais – 1 e 2 Timóteo e Tito – são tidas pela grande maioria dos estudiosos como não escritas por Paulo, mas por discípulos que acrescentaram suas impressões pessoais. Para efeito do assunto tratado neste capítulo, vou utilizar apenas as sete Cartas que consensualmente são aceitas como de Paulo, mais Hebreus que todos admitem pelo menos ser da escola paulina. Assim trabalharei neste capítulo com as oito primeiras Cartas da lista acima, além do livro de Atos dos Apóstolos que, a partir do seu capítulo 13 se torna na verdade o livro dos Atos de Paulo. O porquê dessa atitude – já que as 14 Cartas atribuídas a Paulo fazem parte do cânon – é que Paulo recebeu sua missão diretamente do espírito de Jesus e é preciso o máximo de rigor para saber o que verdadeiramente foi escrito (ou ditado) por ele, pois sua fala vem diretamente da mensagem que recebeu do Cristo celestial (ou, como preferem alguns, *do Mestre já em seu corpo imperecível*)! E é Paulo quem nos diz isso com todas as letras em Gálatas 1:1: *"Paulo, apóstolo, não da parte de homens, nem por intermédio de homem algum, mas por Jesus Cristo e por Deus Pai, que o ressuscitou dentre os mortos."*

O QUE NO DISCURSO DE PAULO MAIS REVOLTAVA OS LÍDERES JUDEUS?

A ação que mais colocou Paulo sob risco de morte, não foi sua afirmação de que Jesus era o messias previsto pelos profetas e a própria realização da promessa feita por Deus a Abraão. O que por várias vezes quase levou Paulo à morte – por apedrejamento ou emboscada[3] – foi sua crítica radical e avassaladora à Torah e, a afirmação de que Jesus representava o fim da lei! A citação a seguir, escrita em uma de suas Cartas, deve ter sido pronunciada em muitos de seus discursos e isso deu motivo para que os *maiorais da lei* – os Vigilantes de Javé – instigassem a ira de uma parte dos devotos contra ele: *Porque Cristo é o fim da lei, para justificar todo aquele que crê.* (Rm 10:4).

O Livro de Atos e o ministério de Paulo

As informações que chegaram até nós sobre a crítica paulina à Torah começam no livro atribuído a Lucas, que dá sequência a seu Evangelho: o livro *Os Atos dos Apóstolos*. No início desse escrito Paulo é conivente com o apedrejamento de Estevão, o primeiro mártir cristão (7:58, 60) e apresentado como um perseguidor que assolava a Igreja, arrastando pessoas de dentro de suas casas e de lá para os cárceres (8:3). Depois tem a audição de Jesus no caminho para "Damasco" (para onde estava indo prender cristãos) e se converteu total e completamente (9:1-19). Aí ocorreu algo que não está escrito na literatura canônica, mas salta de suas entrelinhas: Jesus contou para Paulo alguma coisa sobre Javé e sua lei. **Algo tão grave que fez de Paulo – até então um fariseu exemplar e fidelíssimo guardião da lei[4] – o maior inimigo que a lei mosaica** já teve nos últimos dois mil anos! O que Jesus teria falado secretamente para Paulo?

A partir do capítulo 9 do livro de Atos, Paulo se torna um prosélito para os cristãos. Antes ele era conhecido como um feroz perseguidor da nascente Igreja. Teve a audição do Cristo, ficou cego pela luz do Messias, se converteu, foi curado e saiu pregando o Evangelho, primeiro na sinagoga de Damasco, onde foi hostilizado pelos seus antigos camaradas judeus que queriam matá-lo (vs. 23), pois ele que tinha ido para lá com a missão de prender o "povo do Caminho" estava agora fazendo apologia do sacrifício de Cristo na cruz, *escândalo para os judeus e loucura para os gregos.* A coisa ficou tão perigosa que ele teve que fugir pelas muralhas da cidade dentro de um cesto (vs.25). Depois – ainda segundo Atos – viajou para Jerusalém onde falava abertamente sobre Jesus. Novamente planejaram sua morte e os irmãos o levaram para Cesareia e depois para Tarso. Após um tempo (talvez três anos), foi procurado por Barnabé e empreendeu sua primeira viagem missionária, para Psídia, Panfília e Licaônia (Ásia menor, próximo a Cilícia e ao sul da Galácia). De lá saiu do ambiente restrito das sinagogas judaicas e foi pregar para os gentios[5], mas a todo lugar que ia havia judeus que questionavam sua pregação e o ameaçavam de morte.

A fibra de Paulo impressionou missionários de todos os tempos. Ele acabara de mudar "da água para o vinho", mas a cada violência dos seus antigos partidários (fariseus) se fortalecia em fé naquele a quem antes combatia. Não tardou e seu trabalho começou a chegar ao conhecimento dos apóstolos. Aconteceu, então, o primeiro embate de Paulo contra o principal sinal da lei mosaica: a circuncisão. Antes da análise do capítulo 15 de Atos, que trata do Concílio de Jerusalém (que discutiu esse assunto), vou reproduzir At 13:39 para mostrar onde começou a batalha final entre a fé na graça de Deus e a crença nos holocaustos da lei.

> *e, por meio dele [Cristo], todo o que crê é justificado [perdoado] de todas as coisas das quais vós não pudestes ser justificados pela lei de Moisés. (At 13:39).*

Qual é o contexto? Paulo está em sua primeira viagem missionária. Ele está pregando em uma sinagoga de Antioquia da Psídia na Ásia Menor, hoje Turquia. (não confundir com Antioquia, cidade da província romana da Síria). Estão presentes judeus e gentios. Paulo faz um grande discurso (At 13:14-41) e, pela primeira vez, coloca publicamente Cristo acima da lei de Moisés.

Os judeus passaram a assumir uma atitude de beligerância extrema para com Paulo, pois ele era um fariseu que agora minimizava as regras da lei e enaltecia quem para eles – judeus – foi um falso profeta, morto como um proscrito entre dois ladrões. Uma morte abominável para os israelitas, pois em Deuteronômio 21:23 está escrito: "*o que for pendurado no madeiro é uma maldição de Deus.*" (cf. Gl 3.13).

Essa primeira viagem foi extremamente atribulada e mostra o grau de ódio de uma parte dos judeus contra a mensagem do Cristo e, obviamente, contra seus mensageiros. Em Antioquia de Psídia, os judeus instigaram os *maiorais* da cidade e estes expulsaram Paulo e Barnabé. Em Icônio, os judeus incitaram os ânimos dos gentios para apedrejarem os dois apóstolos, que fugiram para Listra. Nessa cidade, Paulo e Barnabé foram instrumentos de uma cura e a população local os tomou como deuses, mas aí chegaram os judeus vindos de Antioquia e Icônio e promoveram o apedrejamento de Paulo, que foi jogado para fora dos limites da cidade como morto (14:19). Os discípulos o recolheram e no dia seguinte ele foi para Derbe. Como se vê, a divergência era muito profunda. Estava bem acima do simples debate teológico. Uma parte dos judeus queria a todo custo tirar a vida de Paulo, como havia feito com Jesus. Repito: há algo por trás desse ódio que até agora não foi explicado.

A EXEGESE HETERODOXA DA ANIMOSIDADE BRUTAL CONTRA PAULO

Vamos analisar a ação odiosa e persistente dos líderes judeus no sentido de acabar com a vida de Paulo, que pregava o Cristo ressuscitado, ainda no contexto narrativo de Atos. Quando aconteceu a conversão de Paulo, havia passado pouco tempo da crucificação. Os apóstolos ainda estavam vivos. Paulo, inclusive, se reuniu com Pedro, João e Tiago, que tinham por base Jerusalém. Ainda viviam também os que mandaram matar Jesus. O sangue do Mestre ainda estava nas pedras da estrada para o Gólgota, mas a guerra contra a Verdade ainda não estava terminada. Eles haviam matado o líder – queriam agora apagá-lo da história (isso era uma prática contumaz dos javistas. Vale lembrar que quando Javé mandou matar todos os amalequitas, disse a Moisés que eles seriam riscados da história [Ex 17:14]). Paulo protagonizou de forma inusitada a transição entre esses dois períodos: o tempo da luta contra o Jesus vivo que o levou a morte na cruz e o tempo da luta contra a doutrina do Jesus morto, que objetivava destruir a "seita" que se organizava em seu nome. Paulo lutou nessas duas trincheiras com igual intensidade e paixão. No primeiro momento, um irrepreensível e radical guardião da lei, guerreiro contra a mensagem do Cristo. No segundo, o maior apologista cristão da história!

É por isso que Paulo precisava ser destruído. Os fariseus o considera-vam um traidor! E não um traidor qualquer, mas um que queria fazer do líder messiânico recentemente crucificado, um Deus. Isso era simplesmente inaceitável para a mentalidade judaica, além de mexer diretamente no bolso do Sinédrio, pois se Jesus fosse considerado uma divindade, os sacerdotes de Javé seriam demitidos. Nessa tensa relação do cristianismo original com os fariseus reside a chave para um *segredo* acerca de um aspecto desconhecido da missão do Cristo na Terra. Mas antes, quando falo "mentalidade judaica" não me refiro à ideologia de todos os judeus, assentada na Torah, na lite-ratura rabínica e nas tradições das seitas zelosas. Refiro-me à ideologia do setor dominante da sociedade judaica, o que é bem mais restrito. O povo em si, ia ao encontro de Jesus e se maravilhava com sua doutrina de amor e de vida plena, obviamente que motivado também pelas curas. O povo aceitava Jesus e foi o amor e o respeito do povo por Ele, que impediu, em mais de uma oportunidade, que os líderes judeus o matassem. Isto está claramente descrito nos Evangelhos canônicos.

Deixando bem claro: quando faço referência à "mentalidade judaica" estou tratando do programa *político-religioso* e *econômico* de uma parte desses líderes – incrustada entre fariseus, saduceus, escribas, anciãos e sa-cerdotes – que sabiam quem era Jesus e sentiam-se ameaçados por Ele. A doutrina do amor e do desprendimento do Cristo colocava em risco tanto a estrutura econômica do Sinédrio, baseada nos sacrifícios e purificações no Templo (que geravam ofertas), como o seu monopólio da ligação com Deus. Era justamente isso que dava prestígio político à classe sacerdotal, garantindo seus privilégios junto ao invasor romano, em detrimento de seu próprio povo. Jesus sabia disso e sabia mais. Por isso foi seguido e vi-giado em toda sua vida pública e, por fim, O mataram. Fizeram o mesmo com Paulo. Como Lucas escreveu sua obra em dois tomos, um Evangelho e o Livro de Atos, nota-se com mais clareza nesses dois livros, os paralelos dos combates travados por Jesus e Paulo contra esses "doutores da lei" que, muito tempo antes, tiveram sua existência profetizada por Enoque como progênie dos Vigilantes ou Guardiões dos Céus. Esse era um aspecto ainda hoje desconhecido da missão de Cristo na Terra: combater a descendência desses *anjos caídos*, singularizados na expressão *"príncipe deste mundo"*[6] ou tratados coletivamente como *"raça de víboras"*[7].

CRESCE O ÓDIO CONTRA PAULO

Já foi visto que logo após a conversão de Saulo/Paulo, quando pregou Cristo pela primeira vez na sinagoga de Damasco, os judeus[8] tentaram assassiná-lo e ele teve que praticar uma fuga humilhante num cesto descido às pressas pela muralha. Na primeira estada em Jerusalém como cristão, teve que fugir para não morrer. E que em sua primeira viagem missionária, os judeus atentaram contra sua vida em Antioquia de Psídia, Icônio e o apedrejaram em Listra.

Depois de sua 3ª viagem missionária e sua longa estada em Éfeso – Onde Priscila e Àquila lhe falaram sobre Apolo – Paulo desceu para Jerusalém. A sequência de acontecimentos a seguir se assemelha muito à descida final de Jesus a Jerusalém, na semana da páscoa e de sua crucificação. Aqui chamo a atenção do leitor de um modo especial, para que estude os paralelos entre os ministérios de Jesus e Paulo na chamada cidade santa de Jerusalém, onde o ódio de um grupo de judeus é o fio condutor das duas histórias.

Atos 21:17-26 narra a chegada de Paulo a Jerusalém. Seria a última vez que ele veria a cidade. Lucas conta que os irmãos o receberam com alegria e no dia seguinte o levaram para encontrar Tiago (o irmão do Senhor) e todos os presbíteros. Tiago era o chefe da Igreja em Jerusalém e era da linha judaizante, o que fica claro no verso 20, onde os de sua parte informam a Paulo, com alegria que, *"dezenas de milhares há entre os judeus que creram, e todos são zelosos da lei."* O conteúdo do vs. 21 mostra que eles sabiam da fama de Paulo de ser um apóstata da lei em suas pregações aos judeus dispersos em outras nações. Para que Paulo não corra riscos, eles rogam para que ele vá ao templo, com quatro homens recém-convertidos e lá faça os ritos de purificação e pague a oferta necessária. Paulo obedece, mas antes de findar os sete dias previstos para a purificação, judeus vindos da Ásia, que conheciam o teor da pregação de Paulo por lá, instigaram o povo e assim o agarraram. Ele é levado para fora da cidade onde começa a ser espancado. Chega o comandante da guarda romana e os judeus suspendem a execução.

O comandante mandou colocar Paulo sob ferros, mas quando o estavam retirando do local, dizem os vs. 35s *"Ao chegar às escadas, foi preciso que os soldados o carregassem, por causa da violência da multidão, pois a massa do povo o seguia gritando: Mata-o."* Paulo fala em grego com o comandante e pede permissão para se dirigir à multidão. Depois de certificar-se que Paulo não é o egípcio que havia liderado uma revolta com quatro mil sicários contra a dominação romana, o comandante lhe concede a palavra e ele, do alto da escada, fala em hebraico ao povo, que parou para escutá-lo falar na língua pátria. Ele se apresenta como judeu nascido em Tarso na Cilícia, mas educado em Jerusalém aos pés do sábio fariseu Gamaliel. Depois de um longo discurso (At 22:1-21), onde ele afirmou que em êxtase no Templo, viu e ouviu Jesus mandá-lo pregar aos gentios, houve grande clamor para tirar-lhe a vida:

> *Ouviram-no até essa palavra e, então, gritaram, dizendo: Tira tal homem da terra, porque não convém que ele viva. (At 22:22).*

Lucas conta que a multidão esbravejava e sacudia suas capas, levantando poeira do chão, no que deveria ser um espetáculo de horror e ódio de uma massa instigada para matar! Observem que tudo começou com a chegada de um grupo de judeus vindos da Ásia, que inflamou o povo, dizendo que Paulo era um apóstata da lei de Moisés. O comandante levou Paulo à fortaleza e só não o açoitou porque este reivindicou sua cidadania romana. No dia seguinte Paulo foi conduzido perante o Sinédrio – o Conselho supremo dos judeus, presidido pelo sumo sacerdote – e quando começou a falar, informando que andava diante de Deus, o sumo sacerdote Ananias mandou que lhe batessem na boca. O clima de hostilidade contra ele era igual ou maior que o sofrido por Jesus. Ele só não foi massacrado ali porque usou de um ardil: sabendo que o Sinédrio era composto de fariseus e saduceus e que os saduceus não acreditavam na ressurreição, se apresentou como fariseu filho de fariseu e disse que estava sendo julgado por causa da crença na ressurreição dos mortos. Isso causou uma divisão no Conselho o que gerou um tumulto e fez com que o comandante levasse Paulo de volta à fortaleza.

A PRIMEIRA GREVE DE FOME DA HISTÓRIA

No dia seguinte os judeus se reuniram e juraram (sob anátema) que não haveriam de comer nem beber enquanto não matassem Paulo (At 23:12). Fizeram então uma combinação sórdida com os sacerdotes para que estes pedissem ao comandante que mandasse Paulo de volta ao Sinédrio para interrogatório, quando armariam uma cilada e matariam o apóstolo. Um sobrinho de Paulo o avisou e o comandante resolveu mandar o prisioneiro--problema para o governador Félix em Cesareia. A vontade dos judeus de assassinar Paulo era tão forte, que o comandante destacou grande escolta: *"duzentos soldados, setenta de cavalaria e duzentos lanceiros para irem até Cesareia."* (At 23:23).

Foram chamados à presença do governador Félix, judeus do Sinédrio para acusar Paulo em uma audiência oficial. Félix não chegou a um veredito. Nesse ínterim é substituído por Festo, que promove nova audiência onde Paulo, temendo ser condenado, apela para Cesar, por ser cidadão romano. Festo leva Paulo à presença do rei fantoche Agripa, conhecedor da cultura judaica, que não vê crime no apóstolo, mas este já havia apelado para o julgamento do Imperador. Paulo é enviado a Roma, em uma viagem cheia de perigos. Enfrenta um naufrágio. Sobrevive. Chega à capital do Império e como não havia nenhum documento acusatório contra ele, foi mantido em prisão domiciliar em casa por ele alugada, onde entra em contato com judeus, cristãos, gentios e começa a pregar. O livro de Atos termina (28:30-31) informando que Paulo passou dois anos preso em sua casa, pregando abertamente a Boa Nova de Jesus.

A partir daí, há muita especulação e pouca informação. Estudiosos concordam que Paulo foi martirizado em Roma, no governo de Nero, entre os anos 66 e 68 d.C. Observem que em toda sua missão cristã, ele foi violentamente perseguido pelos judeus. Cada um dos seus dias nesse ministério foi uma luta para continuar vivo. Depois de sua última ida a Jerusalém, viveu de prisão em prisão, até sua morte, possivelmente sacrificial. Os mesmos que instigaram o povo a libertar Barrabás e condenar Jesus, fizeram até greve de fome para matar Paulo. Jesus, que não era cidadão romano, mas simplesmente judeu – povo dominado e sem direitos – não teve como chegar a Roma para se defender e pregar sua mensagem: foi crucificado ali mesmo em Jerusalém. Paulo, trabalhando com a proteção de sua fé no Cristo ressuscitado e ostentando cidadania romana de nascença, durou mais chegando até a última instância de julgamento, mas teve o mesmo fim.

O ódio da progênie dos Vigilantes contra a Verdade atingiu até o zeloso Tiago, o Justo, irmão de Jesus, que praticava um cristianismo como seita judaica, guardando os preceitos da lei de Moisés. O historiador judeu do século I, Flávio Josefo, atesta o martírio de Tiago, promovido pelos judeus, mesmo sendo ele um praticante da lei. Eles queriam extirpar qualquer vestígio de Jesus do meio da nação, da religiosidade, da cultura e da história judaicas.

A minoria elitista dos judeus, que criou a teoria do "povo escolhido", perseguiu e levou à morte o Messias enviado por Deus. Ela perseguiu e matou os apóstolos. Instigou o povo contra a luz representada pela mensagem do Nazareno. Tinha influência e poder sobre o povo, mas não era o povo! Onde não se encontrava presente nenhum representante da *raça de víboras*, o povo judeu caminhava com Jesus, se assentava para ouvi-lo, se maravilhava com suas curas e sua pregação. Os gentios também se encantavam com a Boa Nova, pois o Deus de Jesus é o Deus de todos os povos. Javé é o *deus* apenas dos judeus circuncidados.

Fica claro que a teoria do "povo escolhido" foi uma criação das elites judaicas para sua afirmação nacional, num cenário mundial em que cada povo tinha seu próprio *deus*. Nesse contexto, os judeus são o "povo escolhido" por Javé, o *Senhor dos Exércitos* e o *deus* das tribos dos antigos israelitas. Já o Deus pregado por Jesus não é exclusivo de um só povo. Daí o violento choque entre os sacerdotes da entidade Javé e a mensagem do Cristo propagada por Paulo. Jesus e Paulo sabiam quem era Javé e o que representava sua lei e enfrentaram a mentira da elite sacerdotal de sua época, pagando com suas vidas pela ousadia de pregar a luz em meio às trevas.

As Cartas como instrumentos da luta contra a lei

Vamos agora ver a luta que Paulo empreendeu contra a Torah em suas Cartas, que representam outro conjunto de fontes sobre sua vida missionária de disseminador da Boa Nova de Jesus. É um combate corajoso, feroz e decidido. Não se trata de crítica pontual a este ou aquele aspecto da lei. É uma declaração de incompatibilidade entre o Evangelho do Cristo e a lei de Moisés. Isso tudo deixa evidente que foi muito grave o que o Jesus celestial falou a Paulo sobre a Torah e sobre Javé no caminho de "Damasco"[9]. As ações de Paulo pós-caminho de "Damasco" deixam transparecer que Jesus contou-lhe algo sobre a verdadeira identidade dos *maiorais da lei*, que estavam incrustados principalmente entre os fariseus e seus escribas. Atentem bem que Paulo passa a tratá-los como inimigos e a recíproca é verdadeira. Uma leitura despretensiosa dos Evangelhos vai mostrar que, antes do Paulo convertido, o próprio Cristo tratava os fariseus e escribas como inimigos. Ele se alterava quando debatia com eles, a quem chamava de *hipócritas, sepulcros caiados* ou pelo enigmático epíteto: *raça de víboras*.

Uma observação de metodologia interpretativa

Há um aspecto metodológico que precisa ser observado com muito cuidado neste estudo. Para a maioria dos "operadores" da Bíblia – pregadores das diversas denominações – quando qualquer personagem bíblico se refere a Deus (Yhwh [Javé] ou Adonai [meu Senhor] no AT / *Kyrios* [Senhor] ou *Theos* [Deus] no **NT**), está se referindo ao Deus único, o Deus universal, o Pai de Jesus e, não é assim! O *Senhor dos Exércitos* dos antigos israelitas não se trata da mesma divindade invocada por Paulo, quando ele fala de Deus. É dessa confusão que surgem os principais erros de interpretação. É o desconhecimento do processo de produção da biblioteca canônica. Como visto na Introdução, a Bíblia é um conjunto de livros escrito ao longo de séculos, por pessoas diferentes, de culturas diferentes e de visões e níveis (intelectuais e espirituais) diferenciados. Assim, quando Paulo se refere a Deus, mesmo tratando de alguma passagem do Antigo Testamento, ele se refere ao Deus único do universo e não a Javé de Temã. Como ele não explica isso diretamente – até porque estava no "olho do furacão" sob permanente perseguição da elite farisaica – muitos pensam que ele se referia a Javé, atestando-o, mas uma exegese simples vai constatar que ele está o tempo todo negando a lei ditada por Javé a Moisés. Fica claro para o observador mais atento que quando Paulo fala "Deus" ele está se referindo ao Deus de Jesus e não ao *deus* das antigas tribos nômades de Israel. Essa confusão, no entanto, foi benéfica para ele no sentido de salvar a sua vida, pois quando ele falava bem de Deus os judeus julgavam que ele se referia a Javé (Yhwh) e ficavam confusos.

CARTA AOS ROMANOS: O BOM (E DURO) COMBATE CONTRA OS VIGILANTES

Romanos é a mais extensa das Cartas de Paulo. Foi endereçada aos cristãos que viviam em Roma. Sua datação é aceita em torno do ano 55, mesmo período em que escreveu a polêmica Carta aos Gálatas que, alias, tem a mesma linha doutrinária. A pequena Igreja então existente em Roma estava enfrentando uma divisão entre crentes de origem judaica e crentes vindos do paganismo. O teor central da Carta pode ser expresso em quatro teses:

a. A revelação da graça de Deus em Jesus, o Cristo;

b. A incapacidade da lei de Moisés para justificar (e, portanto, salvar) o pecador;

c. A justificação pela fé e não pelas obras da lei;

d. O caráter espiritual da mensagem de Jesus versus o caráter carnal da lei mosaica.

As teses "b" e "c" são as que ele trabalha com maior veemência. Ele deixa clara a incapacidade da lei, diante da fé em Cristo, que carrega em si a graça de Deus (do Deus de todo o universo e não do *deus* só dos israelitas).

Na tese "a" ele desenvolve a ideia que Jesus é fruto da promessa de Deus a Abraão, quando não havia a lei. Jesus é a singularização da descendência e, a graça divina que nele se manifestou é para todos: judeus e gentios. Para sustentar a tese "d" Paulo se apega fortemente ao dualismo que opõe o "espiritual" (Cristo) ao "carnal" (lei). Mas o âmago do seu combate é contra a entidade que ditou a lei e sua progênie, que naquela época e lugar (século I d.C., Palestina) estava encarnada em grande parte entre os fariseus, saduceus e seus escribas, que faziam o papel de Vigilantes da lei. Os mesmos Vigilantes que conspiraram antes contra a vida do Senhor. Jesus escolheu bem quando chamou Paulo para a missão. Nenhum outro apóstolo fez o que ele fez pelo cristianismo. Podem acusá-lo até de ter criado uma teologia própria – isso realmente é passível de discussão – mas sem ele, o cristianismo seria apenas mais uma seita (provavelmente proscrita) do judaísmo.

A partir deste ponto, vou trabalhar do seguinte modo: reproduzirei um trecho da Carta em análise e depois farei um comentário.

> *Mas judeu é aquele que o é interiormente, e circuncisão a que é do coração, no espírito, não segundo a letra, e cujo louvor não procede dos homens, mas de Deus. (Rm 2:29).*

Paulo ataca a circuncisão da carne preconizada por Javé e escrita na lei de Moisés. Ele afirma que a circuncisão (sinal da aliança) deve estar no coração, no espírito. O teor do discurso questionava se havia alguma vantagem do judeu sobre o grego pelo fato do primeiro ter a lei de Moisés. Ele conclui que tanto o judeu como o grego vivem sob o pecado (Rm 3:9) e nos versos de 13 a 18, Paulo usa uma linguagem nitidamente enoqueana – usada também por Jesus em algumas passagens dos Evangelhos – para atacar um grupo especial de pessoas, membros da elite judaica. Vejam justamente os versos 13 e 18:

> *A garganta deles é sepulcro aberto; com a língua, urdem engano, veneno de víbora está nos seus lábios. (Rm 3:13).*
>
> *Não há temor de Deus diante de seus olhos. (Rm 3:18).*

Observem que primeiro Paulo ataca a circuncisão da carne. Depois ele elimina a suposta superioridade do judeu sobre o grego, o que, aliás, já tinha feito em Rm 2:11 quando disse: "...*para com Deus* não há acepção de pessoas." (ao contrário de Javé para quem só os judeus são especiais). Agora, em Rm 3:13-18 ele denuncia pessoas, que podemos reputar demoníacas. Repito, ele não está falando de todos os judeus, no meio dos quais havia muitas almas piedosas e de coração puro. Ele se referia aos que Enoque chamava de Vigilantes (ou Guardiões), uma raça de "anjos caídos", a mesma *"raça de víboras"* que perseguiu e crucificou Jesus e cuja descendência existe até hoje, ocupando postos de poder em todo o planeta, sem o brilho da luz divina nos olhos, como psicopatas, a praticarem o mal. Leiam Romanos 3:13-18 e vejam se a descrição não é aterradora.

> *Visto que ninguém será justificado diante dele [Deus] por obras da lei, em razão de que pela lei vem o pleno conhecimento do pecado. (Rm 3:20).*

Aqui Paulo inicia o ataque teológico à lei de Moisés. Além de apontar sua incapacidade de justificar (tornar justo, perdoar) o pecador, a lei é que trouxe *"o pleno conhecimento do pecado"*. Isso é um paralelo pouco estudado com o *fruto da árvore do conhecimento do bem e do mal* que, quando comida pelo homem, o levou ao pecado.

> *Mas agora, sem lei, se manifestou a justiça de deus testemunhada pela lei e pelos profetas; (Rm 3:21).*

Tem-se uma aparente – mas apenas aparente – incoerência de Paulo. Ele está afirmando que a Justiça de Deus (que para ele é Cristo) não precisou da lei para se manifestar, mas foi testemunhada por essa mesma lei (Torah) e pelos Profetas. E ele está certo. Jesus veio pela graça de Deus e não pela lei de Moisés, mas a lei de Moisés e os Profetas deram testemunho d'Ele. Para Paulo, a promessa de descendência feita por Deus a Abraão se cumpriu com Jesus. Essa promessa está em Gênesis, primeiro livro da Torah (que é a lei dos judeus). Muito tempo depois o profeta Isaías anunciou a vinda do Messias e o próprio Jesus declarou ser Ele o cumprimento dessa profecia (Lc 4:16-21).

> *Justiça de Deus mediante a fé em Jesus Cristo, para todos e sobre todos os que creem; porque não há distinção. (Rm 3:22).*
>
> *Pois todos pecaram e carecem da glória de Deus, (Rm 3:23).*
>
> *Sendo justificados gratuitamente, por sua graça, mediante a redenção que há em Cristo Jesus (Rm 3:24).*

Acima ele confirma a doutrina que disse ter recebido diretamente do Cristo celestial: Todos são pecadores: não só os gregos, mas também os judeus. E a justificação vem mediante Jesus e não pela lei (Torah). A Carta aos Romanos – a maior e mais densa do Apóstolo – juntamente com a Carta aos Gálatas, são as que mais veementemente retratam a chamada "luta contra os da circuncisão". As comunidades cristãs em Roma e na Galácia estavam sofrendo forte pressão dos "judaizantes", aqueles judeus convertidos ao cristianismo, mas que viam Jesus apenas como messias anunciado pelo judaísmo profético e não como aquele que concretizou a Nova Aliança, radicalmente diferente da primeira. Para eles, a salvação só aconteceria se o convertido cumprisse os preceitos da lei de Moisés. Paulo investe contra essa orientação que, para ele, causava divisão na Igreja e encobria o verdadeiro papel de Cristo e o significado do seu sacrifício na cruz. Pode-se dizer que a Epístola aos Romanos representa o marco fundador do cristianismo como religião independente e não apenas como seita do judaísmo.

> *Concluímos, pois, que o homem é justificado pela fé, sem as observâncias das obras da lei. (Rm 3:28).*
>
> *Ou, acaso ele é Deus só dos judeus? Não é também dos gentios? É certo que também dos gentios. (Rm 3:29).*

No verso 28 ele reafirma que o mais importante para a justificação é a fé, não sendo necessária a observância da lei (Torah). Já no verso 29 **o enfrentamento é diretamente com Javé**. Paulo fala do seu Deus e pergunta: "...*acaso ele é Deus* só dos ju*deus?*" E reponde: "É certo que também dos gentios." Não há como buscar outra interpretação. Paulo está se referindo a outro Deus, diferente de Javé, já que este é claramente o *deus* "só dos judeus".

> *Com efeito, não foi em virtude da lei que a promessa de herdar o mundo foi feita a Abraão ou a sua posteridade, mas em virtude da justiça da fé. (Rm 4:13).*

> *Porque, se a herança é reservada aos observadores da lei, a fé já não tem razão de ser e a promessa fica sem valor. (Rm 4:14).*

> *Porquanto a lei produz a ira; e onde não existe lei, não há transgressão. (Rm 4:15).*

> *Logo, é pela fé que alguém se torna herdeiro, portanto, gratuitamente; e a promessa é assegurada a toda posteridade de Abraão, que é o pai de todos nós. (Rm 4:16).*

Tem-se aí uma abordagem teológica da maior relevância. Paulo separa muito bem a Promessa feita a Abraão da lei dada a Moisés. A Promessa foi feita num tempo em que a lei (Torah) ainda não existia. Ela, portanto, *"não foi feita em virtude da lei"*. Se a herança é para os observadores da lei (como os fariseus, por exemplo), a *"promessa fica sem valor"*. E então Paulo radicaliza e abre sua boca em verdade: *"Porquanto a lei produz ira"*, logo, "é pela fé que alguém se torna herdeiro" da Promessa feita a Abraão. Fica bem claro agora porque os judeus queriam, a qualquer custo, matar esse homem.

> *De fato, até a lei o mal estava no mundo, Mas o mal não é imputado quando não há lei. (Rm 5:13).*

Algumas traduções colocam *"Até ao regime da lei havia pecado no mundo..."*. Paulo dá a impressão que o regime da lei (Torah) havia acabado, mas isso parece incoerente, pois ele sabia que a lei (Torah) estava em pleno vigor. Os judeus, mesmo sob o domínio político dos romanos, tinham liberdade para praticar sua religião. Mas Paulo estava mesmo anunciado o **fim do regime da lei**, suplantado pelo sacrifício do Cordeiro, que trouxe a justificação pela fé. Confrontar com 4:15 onde o Apóstolo diz *"...onde não* *existe lei, não há transgressão"*. De algum modo Paulo tenta dizer que a lei dos judeus trouxe o mal e que só Cristo tira o pecado do mundo. Isso é rompimento. Isso é antagonismo. Se ele recebeu essa mensagem diretamente do espírito de Jesus, é Jesus quem está dizendo tudo isso sobre a lei e sobre Javé, pela boca de Paulo.

> *Sobreveio a lei para que abundasse o pecado. Mas onde abundou o pecado, superabundou a graça, (Rm 5:20).*
>
> *a fim de que, como o pecado reinou pela morte, assim também reinasse a graça pela justiça para a vida eterna, mediante Jesus Cristo, nosso Senhor. (Rm 5:21).*
>
> *O pecado já não vos dominará, porque agora não estais mais sob a lei, e sim sob a graça. (Rm 6:14).*
>
> *Então? Havemos de pecar, pelo fato de não estarmos sob a lei, mas sob a graça? De modo algum. (Rm 6:15).*

Aqui tem-se uma sequência demolidora, que denominamos *investida decisiva* pela derrocada da lei. Esta sequência teve início em Rm 3:20 – 4:15 e vai ter um desfecho explicativo em Gl 3:19 (que será comentado adiante). Acima, nas duas primeiras citações, Paulo insiste em relacionar a lei com o pecado e liga lei e pecado ao império da morte. Em oposição, ele afirma que a graça reina pela justiça e relaciona essa justiça com Jesus Cristo. Em 6:14 ele livra os fiéis do fardo da culpa pelo não cumprimento da lei *"porque agora não estais mais sob a lei, e sim sob a graça"*. Em 6:15 afirma decididamente que, deixar a lei pela graça de modo algum é pecado. Falando claramente, sem rodeios, o que ele quer dizer com deixar a lei pela graça? Ele está dizendo para que deixem o judaísmo, personificado nos preceitos da lei (Torah) e entrem para o cristianismo, personificado na Boa Nova anunciada por Jesus. É isso que Paulo diz com todas as letras nesta eloquente peça teológica que é sua Carta aos Romanos. A cada passagem fica mais compreensível a fúria dos *Vigilantes da lei* contra a vida de Paulo. A tentativa dos cristãos judaizantes de conciliar a Torah com a Boa Nova anunciada por Jesus foi enfrentada com veemência pelo Apóstolo temporão, que via nisso as digitais do inimigo para dividir a Igreja nascente.

> *Assim, meus irmãos também vós estais mortos para a lei, pelo sacrifício do corpo de Cristo, para pertencerdes a outrem, àquele que ressuscitou dentre os mortos, a fim de que demos frutos para Deus. (Rm 7:4).*
>
> *De fato, quando estávamos na carne, as paixões pecaminosas despertadas pela lei operavam em nossos membros, a fim de frutificarmos para a morte. (Rm 7:5).*
>
> *Agora, mortos para essa lei que nos mantinha sujeitos, dela nos temos libertado, e nosso serviço realiza-se conforme a renovação do Espírito e não mais sob a autoridade envelhecida da letra. (Rm 7:6).*
>
> *Que diremos, então? Que a lei é pecado? De modo algum. Mas eu não conheci o pecado senão pela lei. Porque não teria ideia da concupiscência, se a lei não dissesse: Não cobiçarás [Ex 20:17]. (Rm 7:7).*
>
> *Foi o pecado, portanto, que, aproveitando-se da ocasião que lhe foi dada pelo preceito, excitou em mim todas as concupiscências; porque, sem a lei, o pecado estava morto. (Rm 7: 8).*
>
> *Quando eu estava sem lei, eu vivia; mas, sobrevindo o preceito, o pecado recobrou vida, e eu morri. (Rm 7:9).*

Paulo era muito corajoso! Mesmo sabendo o que enfrentava e os riscos que corria, nunca deixou de ser incisivo. E como a luta não acabou, outros correm risco parecido dois mil anos depois, quando tentam fazer, de forma clara e aberta, as mesmas denúncias feitas por Paulo e antes, por Jesus. <u>Paulo está dizendo que a lei de Moisés é a lei do pecado e da morte</u>. Não há muito que comentar, está escrito. Ele disse com todas as letras. A dúvida possível é saber se ele falou a verdade quando disse que recebeu essa mensagem diretamente de Jesus. Quando formos analisar a luta do próprio Jesus –

narrada nos Evangelhos – poderemos, exegeticamente, emitir uma opinião. No momento, tem-se como premissa que Paulo disse a verdade, quando afirmou o encontro com o Cristo celestial na estrada de "Damasco". Assim considerando, tem-se aqui as palavras de Jesus saídas pela boca de Paulo!

A sequência que vem a seguir – Rm 7:12-26 – é complexa por que Paulo usa uma linguagem mística e trata ao mesmo tempo da lei do verdadeiro Deus (espiritual) e da lei de Javé (carnal), causando uma confusão aos menos atentos. E em meio às referências a essas duas leis, ele se coloca como verdadeiro ser humano, no "eterno" movimento pendular entre as coisas do espírito e as coisas da matéria (entre Deus e o diabo), mas no começo do capítulo 8 ele sintetiza e simplifica sua análise gnóstica:

> *A lei do espírito de vida me libertou, em Jesus Cristo, da lei do pecado e da morte. (Rm 8:2).*

Ele deixa claro que trata de duas leis distintas (e antagônicas). Insisto nisso porque muitos que defendem que Paulo elogiava a lei, afirmam que em Rm 7:12, por exemplo, ele estaria se referindo à Torah. Ora, basta ler os capítulos que antecedem 7:12, bem como os seguintes, para ter claro que o Apóstolo considera a lei de Moisés, um conjunto de preceitos carnais e que levam a morte, não só espiritual, mas física também. A vida dele foi um exemplo disso: quando ainda era Saulo, assistiu e consentiu o assassinato de Estevão e de tantos outros cristãos. Em 8:7 Paulo escreveu: "*Por isso, o pendor da carne é inimizade contra Deus, pois não está sujeito a lei de Deus, nem mesmo pode estar.*" Neste verso, indubitavelmente ele se refere à lei do Deus verdadeiro, para usar sua linguagem, do Deus que ressuscitou Jesus dentre os mortos.

Em Rm 8:6 Paulo faz uma revelação sublime, de natureza iniciática: "*Porque o pendor da carne dá para a morte, mas o do espírito, para a vida e paz.*" Em outras palavras, o corpo é matéria e, portanto, mortal. O espírito é energia [vida eterna] e paz. O espírito é amor. Para Paulo a lei de Moisés é um conjunto de preceitos para administrar a carne e, o Evangelho do Cristo, um caminho para nossa relação com Deus, que habita dentro de nós. Vejam isso nas palavras do Apóstolo:

> *E se habita em vós o Espírito daquele que ressuscitou a Jesus dentre os mortos, esse mesmo que ressuscitou a Cristo Jesus dentre os mortos vivificará também o vosso corpo mortal, por meio do seu Espírito, que em vós habita. (Rm 8:11).*

O apóstolo insiste que pelo fato de estarmos encarnados num corpo físico (que ele chama de carnal), estamos sujeitos ao pecado, mas se descobrirmos (tomarmos conhecimento) de que Deus (o que ressuscitou Jesus) habita dentro de nós, estaremos vivificados (porque o *Espírito de Verdade* é eterno) e aí, não precisaremos de preceitos de leis humanas, de mutilações no pênis, nem de sacrifícios de sangue e gordura. Através da mensagem do Cristo descobrimos que Deus é amor e habita dentro de nós. A religião é a saga dessa descoberta. É a grande peregrinação de busca do grande tesouro. Procuramos em montanhas, desertos, grutas, cachoeiras e lugares santos, para, no fim da jornada, nos encontrarmos com nós mesmos e descobrirmos que o grande tesouro (Deus), habita dentro de nós (1 Co 3:16; 6:19). Aqui reside o Segredo! Na coluna que sobrou no Templo de Delfos, na Grécia, estava escrito: *"conhece-te a ti mesmo"*.

> *Que diremos, pois? Que os gentios, que não buscavam a justificação, vieram a alcançá-la, todavia a que decorre da fé; (Rm 9:30).*
>
> *e Israel, que buscava uma lei que desse justificação, não a encontrou. (Rm 9:31).*
>
> *Por quê? Porque não decorreu da fé, e sim como que das obras. Tropeçaram na pedra de tropeço. (Rm 9:32).*
>
> *Como está escrito: 'Eis que ponho em Sião uma pedra de tropeço e rocha de escândalo, e aquele que nela crê não será confundido.' (Rm 9:33).*

Mais uma vez Paulo afirma a superioridade da fé sobre as obras da lei. E opõe novamente judeus a gentios. Os gentios que não buscavam a justificação (se tornarem justos, sem pecados), a alcançaram, mas pela fé (em

Cristo). Os israelitas que buscavam essa justificação através de uma lei, não a encontraram. Ele deixa claro que não encontraram porque a busca não se fazia pela fé, mas como que pelas obras da lei. E aí, numa citação ambígua de Isaías 8:14 e 28:16, afirma que **os judeus** tropeçaram justamente em Jesus, no sentido de que o consideraram um escândalo (morto no humilhante sacrifício da cruz) e não acreditaram nele. A luz esteve no meio deles e eles a rejeitaram. Paulo chamava o pequeno grupo da elite judaica a quem combatia, indistintamente de "**judeus**". Novamente faço um destaque sobre a metodologia linguística de Paulo. O povo judeu (principalmente a grande maioria dos que habitavam as áreas rurais) via luz em Jesus e o seguia. Quem o rejeitou foram os Guardiões da lei ou os Vigilantes de Javé e estes tinham influência sobre o povo e assim como acusaram Jesus de ter parte com o demônio, acusaram Paulo de apóstata da lei.

> *Porque o fim da lei é Cristo, para justificar todo aquele que crê. (Rm 10:4).*

Essa afirmação marca o cisma definitivo, a separação final: o regime da lei (de Moisés-Javé) termina com a chegada do Cristo que traz a Lei do Deus-Pai, que é **a Lei do amor**. Existem interpretações dos judaizantes que fazem a seguinte leitura desse versículo: a finalidade da lei é Cristo, mas isto está fora do contexto do conjunto da Carta aos Romanos que aponta para esse desfecho tão bem escrito em 10:4: "*...o fim da lei é Cristo, para justificar todo aquele que crê.*" Toda a argumentação de Paulo se assenta na superioridade da justificação (salvação) pela fé sobre a tentativa de justificação pelas obras da lei. Aqui ele finaliza: "*o fim da lei é Cristo*", não no sentido moderno de *finalidade*, mas no sentido de término do regime da lei mosaica-javista, em função da chegada do Cristo Jesus, enviado pelo Deus-Pai de todo o universo. Paulo diz que com a chegada do Cristo, os preceitos da lei (mosaica) estão superados. A lei da qual não se pode mudar nem um jota, nem um til, é a Lei de Deus.

> *A ninguém fiqueis devendo coisa alguma, a não ser o amor recíproco; porque aquele que ama o seu próximo cumpriu toda a lei. (Rm 13:8).*

Pois isto: Não adulterarás, não matarás, não furtarás, não cobiçarás, e, se há outro qualquer mandamento, tudo nesta palavra se resume: Amarás o teu próximo como a ti mesmo. (Rm 13:9).

O amor não pratica o mal contra o próximo; de sorte que o cumprimento da lei é o amor [caridade em algumas traduções]. (Rm 13:10).

Neste ponto encerro meus breves comentários sobre a Carta aos Romanos. Paulo fala com maestria da **lei do amor** pregada por Jesus (Ver Mt 22:39-40, Lc 10:27-28, Jo 13:34-35; 15:12) e, afirma categoricamente, que se a pessoa amar ao seu próximo, cumprirá toda a lei, porque *"o amor não pratica mal contra o próximo"*. Quem tiver amor, cumpre tanto a lei de Moisés (seus mandamentos citados em 13:9) como cumpre a Lei do Deus de Jesus. Este é o grande ensinamento desta Carta. Enquanto Javé era o *Senhor dos Exércitos*, Jesus recusou a liderança da revolta dos zelotes e mandou Pedro embainhar a espada no episódio de sua prisão. Enquanto Javé comandava a chacina contra os inimigos de Israel (seres humanos como nós), Jesus mandava orar pelos inimigos. Enquanto Javé matava e mandava matar (homens, mulheres, crianças e animais), Jesus devolvia à vida quem já estava nos primeiros estágios da morte. O que vimos até aqui nos impede de relacionar Javé com Jesus. Para Paulo são entidades irreconciliáveis. Para ele uma é a morte e a outra é a vida. E quem disse isso a ele não foi o mestre fariseu Gamaliel, mas o Cristo espiritual.

CARTA AOS GÁLATAS

Passo agora a analisar a Carta aos Gálatas. Uma das mais ríspidas do apóstolo. Ela se desenvolve no mesmo contexto que a Carta aos Romanos, que é o da luta contra os "cristãos" judaizantes. Aqueles que queriam que os seguidores de Jesus continuassem cumprindo os preceitos da lei, como a circuncisão, e questionavam a autoridade de Paulo por este não ter convivido com Jesus, como os demais apóstolos. Paulo deveria saber de algo terrível sobre a lei de Moisés e sobre Javé que o fez ser tão implacável com a Torah. Arriscando a todo instante sua vida, para desvencilhar o nascente cristianismo do velho judaísmo, o ex-fariseu, afirmava nas sinagogas e praças do Oriente Médio, da Ásia Menor e Europa, que a lei de Moisés era fonte do pecado e da morte.

A Galácia (citada em Atos apenas duas vezes: 16:6 e 18:23) ficava na região central da atual Turquia, Ásia Menor. Na época de Paulo estava sob domínio romano. Galácia era o nome de uma região, não de uma cidade específica. Os novos crentes conquistados por Paulo formaram ali pequenas comunidades, com maioria, senão totalidade, de gentios. Pelo que se presume da introdução da Carta, os gálatas abraçaram a nova fé com alegria, mas estavam deixando-se levar pela influência de outros "irmãos", que apresentavam outro evangelho, misturado com a lei. Paulo se irritou profundamente e fez sair faíscas das letras do seu escrito. Ele chamava os judaizantes de *"falsos irmãos"*, que se intrometeram na comunidade com o fim de *"espreitar a nossa liberdade que temos em Cristo Jesus"* para *"reduzir-nos à escravidão"* (2:4), que para ele era estar sob o rol dos mais de seiscentos preceitos da lei.

PAULO, OS ANJOS E A TEORIA DE ENOQUE

Paulo começa sua Carta aos Gálatas, apresentando-se como apóstolo *"...não da parte dos homens, nem por intermédio de homem algum, mas por Jesus Cristo e por Deus Pai que o ressuscitou dentre os mortos."* (1:1). Em seguida, repreendeu os gálatas por sua inconstância na fé e diz que mesmo que um anjo vindo do céu pregue um evangelho que vá além do que ele tem pregado, que não aceitem (1:8). Isto é por demais significativo. **Paulo está dizendo que do céu pode descer um anjo que venha pregar algo contrário ao Evangelho de Cristo**. É bom lembrar que nesta mesma Carta, em 3:19 ele afirma que a lei não veio de Deus, mas de anjos, pela mão de um mediador. Ele claramente está afirmando que a entidade conhecida como Javé era no máximo um anjo, pois foi Javé quem deu a lei a Moisés. Mas há outro problema. Havia dois tipos de anjos: os fiéis a Deus e os caídos. Paulo afirma o tempo todo que a lei dada a Moises é fonte do pecado e da morte, então ele está dizendo que o anjo mediador que deu essa lei, era um anjo caído. Isso explicaria o porquê de tanta maldade, tanta ira, tanta morte, tanto sangue, tudo saído das determinações javistas. Seria Javé um Nefilim? Seria esse o segredo contado por Jesus a Paulo na estrada de "Damasco"? Vamos continuar nossa busca reproduzindo às palavras do Apóstolo.

> *Faço-vos, porém, saber, irmãos, que o evangelho por mim anunciado não é segundo o homem, (Gl 1:11).*
>
> *porque eu não o recebi, nem o aprendi de homem algum, mas mediante revelação de Jesus Cristo. (Gl 1:12).*

Paulo começou sua Carta aos Gálatas, como já dito, anunciando-se apóstolo escolhido por Jesus e por Deus Pai (1:1). Aqui ele reafirma que o Evangelho por ele pregado *"não é segundo o homem"*, mas uma revelação do próprio Cristo. A insistência de que não recebeu a doutrina de homem algum tem dois alvos. Primeiro: com relação aos outros apóstolos, que eram considerados superiores a Paulo por terem convivido com Jesus; segundo: com relação aos cristãos judaizantes, pois para ele a lei mosaica era um conjunto de preceitos humanos. Ele demarca desde o início desta epístola que trabalha com uma mensagem espiritual, divina, em oposição a qualquer outra doutrina carnal, humana.

> *Decorridos três anos, então, subi a Jerusalém para avistar-me com Cefas e permaneci com ele quinze dias. (Gl 1:18).*
>
> *E não vi outro dos apóstolos, senão Tiago, o irmão do Senhor. (Gl 1:19).*

Com essa informação, que parece fora do contexto da mensagem que a Carta passava, Paulo está se justificando como alguém com acesso aos apóstolos. Provando que era aceito por eles, sua autoridade de anunciador do Evangelho estava autenticada. É importante destacar que em 1:19 Paulo confirma que o Tiago, chefe da Igreja em Jerusalém, era irmão de Jesus.

> *e, quando conheceram a graça que me foi dada, Tiago, Cefas e João, que eram reputados colunas, me estenderam a mim e a Barnabé, a destra de comunhão, a fim de que nós fôssemos para os gentios, e eles, para a circuncisão. (Gl 2:9).*

Em 2:9 Paulo reafirma sua aprovação pelos *Colunas* da Igreja (Tiago, Pedro e "João") e esclarece que a missão foi dividida. Ele iria para os gentios e os outros apóstolos, ficariam com os da circuncisão (os judeus praticantes da lei). Com as premissas apresentadas até aqui (recebeu a doutrina do próprio Cristo e a aprovação dos *Colunas* da Igreja), ele está qualificado para admoestar os gálatas por sua inconstância na fé em Cristo e até para ir mais longe, condenando a lei.

> *Sabemos, contudo, que ninguém se justifica pela prática da lei, mas somente pela fé em Jesus Cristo. Também nós cremos em Jesus Cristo, e tiramos assim a nossa justificação da fé em Cristo, e não pela prática da lei, pois pela prática da lei, nenhum homem será justificado. (Gl 2:16).*

Depois de uma esmerada preparação, o apóstolo fala abertamente sobre o teor de sua mensagem: pelas práticas da lei (Torah) nenhum homem será salvo (justificado), mas somente pela fé em Cristo. Isso atingia frontalmente a tese dos judaizantes. Para o Deus de Jesus a lei não servia para justiçar nenhum homem!

> *Na realidade, pela fé eu morri para a lei, a fim de viver para Deus. Estou pregado à cruz de Cristo. (Gl 2:19).*

Pela fé em Cristo, ele se declara morto para lei, a fim de viver para Deus (o Deus Pai de Jesus) e, metaforicamente, se considera pregado à cruz de Cristo, o que era um escândalo para os judeus (especialmente para a elite que escreveu a lei e seus sacerdotes de todos os tempos). Ele deixa claro que não há meio termo; não há como servir *a dois senhores*. Por isso ele morre para a lei e, numa construção brilhante, se declara vivo para Deus, dizendo-se pregado à cruz, que significava morte. A morte da carne e libertação do espírito. Esse é o sentido mais profundo desse verso.

> *Não menosprezo a graça de Deus; mas, em verdade, se a justiça se obtém pela lei, Cristo morreu em vão. (Gl 2:21).*

Se o cumprimento dos preceitos da lei fosse suficiente para libertar o homem, o sacrifício da cruz não seria necessário. Como o sacrifício da cruz ocorreu e um ser iluminado como Jesus foi suspenso no madeiro, é por que Deus sabia que a lei era insuficiente para o alcance da justiça.

> *Apenas isto quero saber de vós: recebestes o Espírito pelas práticas da lei ou pela aceitação da fé? (Gl 3:2).*
>
> *Aquele que vos dá o Espírito e realiza milagres entre vós, acaso o faz pela prática da lei, ou pela aceitação da fé? (Gl 3:5).*

Quando Paulo se refere a "receber o Espírito" ele trata dos dons divinos que os apóstolos podiam transmitir aos convertidos e que lhes foram dados e ensinados por Jesus. Esses dons (profecia, cura, línguas, etc.) geravam sinais que causavam impacto profundo nas pessoas que recebiam a palavra. Aqui Paulo faz uma pergunta chave aos gálatas, que estavam se deixando levar pelos judaizantes. É óbvio que a resposta só poderia ser "pela aceitação da fé".

> *Todos os que se apoiam nas práticas legais estão sob um regime de maldição, pois está escrito: Maldito aquele que não cumpre todas as prescrições do livro da lei. (Gl 3.10).*

A inteligência inspirada de Paulo começa a se manifestar. Todo judeu sabia (e no fundo, sabe até hoje) que ninguém cumpre à risca os mais de 600 preceitos da lei. E se deixar de cumprir pelo menos um, já está sob a maldição prescrita por Deuteronômio 27:26. Assim todos que se diziam estar apoiados na lei, estavam sob maldição. Quem (e de que maneira) poderia libertá-los de tal praga? Mais adiante ele responderá.

> *Que ninguém é justificado pela lei perante Deus é evidente, porque o justo viverá pela fé. (Gl 3:11).*

Com grande conhecimento das Escrituras Judaicas, assim como Jesus, Paulo busca na lei argumentos pontuais para atacar a própria lei, como neste caso onde ele faz uma referência clara a Habacuque 2:4. Lá está escrito que *"o justo viverá pela fé"* como se fosse escrito pelo próprio Paulo.

> *Ora, a lei não provém da fé e sim do cumprimento: quem observar estes preceitos viverá por eles. (Gl 3:12).*

> *"Quem observar estes preceitos viverá por eles", será escravo deles e, ainda estará sob maldição a partir do dia que descumprir um só que seja.*

> *Cristo remiu-nos da maldição da lei, fazendo-se por nós maldição, pois está escrito: Maldito todo aquele que é suspenso no madeiro. (Gl 3:13).*

Aqui Paulo lança luzes sobre o que falou em 3:10. A Torah dizia que era maldito quem não cumprisse toda a lei (Dt 27:26). Os cristãos, especialmente os prosélitos, não cumpriam a lei, logo eram amaldiçoados. Paulo afirma que Cristo remiu-nos dessa maldição fazendo-se ele próprio maldito, pois foi suspenso num madeiro e, portanto, amaldiçoado por outro preceito da lei de Moisés (Dt 21:23). Este verso é uma das mais belas composições literárias de Paulo a adornar um conteúdo de extraordinário brilhantismo teológico. É importante confrontá-lo com Rm 8:3 *"O que era impossível à lei, visto que a carne a tornava impotente, Deus o fez. Enviando, por causa do pecado, o seu próprio filho numa carne semelhante à do pecado, condenou o pecado na carne."* Como? Com o sacrifício do corpo físico de Jesus, que como disse Paulo em Gl 4:4, era humano, nascido de mulher segundo a lei (que rege a carne). Jesus "venceu o mundo", mas seu corpo provou da morte, pois a carne é mortal (pela própria lei de Deus). Morrendo como amaldiçoado (do ponto de vista dos judeus), Jesus nos livrou da maldição da lei. E como acreditar nisso? Somente pela fé. Pela análise histórica superficial Jesus foi derrotado e a aliança Roma-Sinédrio foi vencedora. Mas levando-se em conta o tamanho alcançado pelo cristianismo em comparação com o baixo crescimento do judaísmo, vê-se que a morte sacrificial de Jesus realmente libertou, ao longo dos últimos dois mil anos, bilhões de pessoas do jugo da lei. Nesse contexto, Ele é um vencedor, inclusive no sentido histórico, se considerarmos que sua morte na cruz representa muito mais um começo que um fim.

> *Ora, as promessas foram feitas a Abraão e ao seu descendente. Não diz: E aos descendentes como se falando de muitos, porém como de um só. E ao teu descendente que é Cristo. (Gl 3:16).*

As promessas feitas a Abraão pelo Deus todo Poderoso (lembrando que a divindade que falou com Abraão apresentou- se como El-Shaddai e não como Javé), falavam de *"sua semente"*, uma palavra no singular, mas com sentido coletivo. Paulo singulariza ainda mais a promessa na pessoa de Jesus, como o *descendente* por excelência. Paulo cita várias vezes Abraão em suas Cartas, sempre em confronto com Moisés e sua lei. Jesus é fruto da promessa de Deus a Abraão e não da lei dada por anjos a Moisés. Isso vai ficar claro nas próximas citações.

> *Afirmo, portanto: a lei, que veio quatrocentos e trinta anos mais tarde, não pode anular o testamento feito por Deus em boa e devida forma e não pode tornar sem efeito a promessa. (Gl 3:17).*
>
> *Porque, se a herança se obtivesse pela lei, já não proveria da promessa. Ora, pela promessa é que Deus deu seu favor a Abraão. (Gl 3:18).*

Aqui Paulo é explícito na oposição que vê entre a Promessa e a lei. O espaço de 430 anos que ele se refere é o tempo que teria durado a estada dos israelitas no Egito, segundo Ex 12:40-41 (cf. Gn 15:13). É o espaço de tempo que separa Abraão de Moisés ou, em outras palavras, o tempo que separa a Promessa da lei. Para ele a lei, que veio quatro séculos depois da Promessa (feita por Deus a Abraão), não podia tornar sem efeito essa Promessa que, na visão dele – Paulo – se cumpria com a encarnação de Jesus.

> *Qual é pois, a razão de ser da lei? Foi adicionada por causa das transgressões, até que viesse o descendente a quem se fez a promessa, e foi promulgada por meio de anjos, pela mão de um mediador [intermediário]. (Gl 3:19).*
>
> *Ora, o mediador não é um, mas Deus é um. (Gl 3:20).*

A afirmação de Paulo aqui é a mais grave de todo o Novo Testamento. Até hoje, as pessoas – e os líderes religiosos – pensam que Javé é o mesmo Deus de Jesus. Por conseguinte, aceitam a Bíblia Hebraica (o Antigo Testamento) como verdade divina. Nessa linha, acreditam que foi Deus quem ditou a Torah (o Pentateuco, a lei) para Moisés, na aparição no Monte Sinai. O que nos diz Paulo? Que a lei foi escrita para frear as transgressões daquele povo bárbaro, que cometia todo tipo de atrocidades e que precisava de regras humanas muito duras. Mas essa lei só teria validade até a chegada do descendente – que para ele era Jesus. A partir do advento do Cristo, o povo estava liberto do jugo daquela lei. O grave é que Paulo afirma o que é lógico para os observadores mais atentos: a lei veio por meio de anjos, através de um intermediário, um mediador. A lei não veio através de Deus. "*Ora, o mediador não é um, mas Deus é um*", diz o verso 3:20.

Gênesis e Êxodo apresentam várias teofanias, que misturam anjos com *deus*. A passagem da sarça ardente no capítulo 3 de Êxodo, por exemplo, é ambígua. No verso 2 é um anjo, no verso 4 já não é mais um anjo e sim *deus*. Os exegetas católicos e evangélicos afirmam que onde aparece anjo em passagens como essa no Antigo Testamento é sobre Deus que o texto está falando. Paulo diz que não. Ele, que conversou com o Jesus espiritual, nos diz que foi um anjo e não Deus quem deu a lei a Moisés.

> *Vindo, porém, a plenitude do tempo, Deus enviou seu Filho, nascido de mulher, nascido sob a lei, (Gl 4:4).*
>
> *para resgatar os que estavam sob a lei, a fim de que recebêssemos a adoção de filhos. (Gl 4:5).*
>
> *E, porque vós sois filhos, enviou Deus ao nosso coração o espírito de seu filho, que clama: Aba, Pai! (Gl 4:6).*
>
> *De sorte que já não és escravo, porém filho; e, sendo filho, também herdeiro por Deus. (Gl 4:7).*

Paulo, didaticamente, vai construindo uma conclusão para sua tese. "A plenitude do tempo" é interpretada como o período que começou com a vinda de Jesus (e que muitos entendem que continua até hoje). Ele reafirma a natureza humana da encarnação de Jesus: "*nascido de mulher, nascido sob a lei*" (da carne). E insiste que Jesus liberta da escravidão da lei mosaica que, para ele, se confundia com a escravidão do pecado. Por último, nos versos 6 e 7 ele proclama que todos são filhos e, portanto, herdeiros diretos de Deus. Vejam que ele fala aos gálatas, comunidade de gentios.

> *Para a liberdade foi que Cristo nos libertou. Permanecei, pois, firmes e não vos submetais, de novo, a jugo de escravidão. (Gl 5:1).*
>
> *Eu, Paulo, vos digo que, se vos deixardes circuncidar, Cristo de nada vos aproveitará. (Gl 5:2).*
>
> *De novo, testifico a todo homem que se deixa circuncidar que está obrigado a guardar toda a lei. (Gl 5:3).*
>
> *De Cristo vos desligastes, vós que procurais justificar-vos na lei; da graça decaístes. (Gl 5:4).*
>
> *Porque nós, pelo Espírito, aguardamos a esperança da justiça que provém da fé. (Gl 5:5).*

> *Porque, em Cristo Jesus, nem a circuncisão, nem a in-*
> *circuncisão têm valor algum, mas a fé que atua pelo*
> *amor. (Gl 5:6).*

Nesta passagem Paulo afirma categoricamente que é preciso escolher **a lei ou Cristo**. Os preceitos da lei não incluem a fé em Jesus, logo, ser escravo da lei é negar o Cristo de Deus. Cristo veio libertar o povo do jugo da lei. Paulo joga pesado contra a circuncisão, principal preceito ditado por Javé ainda nos tempos de Abraão (Gn 17:9-14). Ele diz que quem se circuncidar em nada será aproveitado pelo Cristo, pois a circuncisão é o compromisso primeiro para o cumprimento de toda a lei e isso desliga a pessoa de Cristo e a faz decair da Graça. *"Porque pelo Espírito, aguardamos a esperança da justiça que provém da fé."* A circuncisão ou a incircuncisão de nada valem para Jesus, mas a *"fé que atua pelo amor"*. Aqui, no capítulo 5 de Gálatas, Paulo não deixa dúvida: o cristianismo é totalmente incompatível com a lei de Moisés. Os líderes cristãos sabem disso, mas até agora – quando o cristianismo é mais forte – não tiveram a coragem de romper com a Torah, coisa que Paulo fez no tempo em que o poder romano (imperial) e o poder do Sinédrio (local) estavam unidos e atuando com extrema violência contra a doutrina do Cristo.

PRIMEIRA CARTA AOS CORÍNTIOS

Esta é uma das grandes epístolas do apóstolo dos gentios. No epistolário ela se classifica entre as "Cartas Maiores", juntamente com Romanos, 2Coríntios, Gálatas e Tessalonicenses (1+2). No capítulo 13 encontra-se o mais belo hino teológico sobre o amor de toda a literatura canônica, senão de toda a literatura mundial. Quem quer entender por que João, em sua primeira Carta, disse que *Deus é amor*, deve ler o capítulo 13 de 1Co. São apenas 13 versos do mais sublime bálsamo espiritual. Muitos já ouviram trechos desse capítulo cantado em verso e prosa até por artistas de nossa época: *"Ainda que eu falasse a língua dos homens e dos anjos, se não tiver amor..."* (Renato Russo). De toda sua lista de dons espirituais, Paulo afirma que nada se compara ao Amor. E ele tem razão. Onde há amor verdadeiro (aquele que é paciente, benigno, que não arde em ciúmes, não se ufana, não se ensoberbece [1Co 13:4]), há luz, paz e alegria. Onde há amor verdadeiro, não há ódio, inveja, vingança, guerra, pecado. Onde há amor verdadeiro, Deus simplesmente está.

Nesta Carta encontram-se também posições polêmicas sobre a mulher, que precisam ser analisadas por uma exegese cuidadosa e profunda, que utilize as modernas ferramentas do método Histórico-Crítico. Mas aqui me deterei ao foco do Trabalho: a luta de Paulo para afirmar a superioridade da Graça de Deus através de Jesus em relação a lei, cujos preceitos – para ele – são irrelevantes para Cristo:

> *A circuncisão, em si, não é nada; a incircuncisão também nada é, mas vale é guardar as ordenanças de Deus. (1Co 7:19).*

Para Paulo não havia necessidade de uma mutilação física para ser considerado povo de Deus. Mas a importância deste verso é que ele deixa claro, que o Deus de Paulo não é Javé. Vejamos: Javé ordenou a circuncisão (Gn 17:10). Paulo diz que a circuncisão é nada e que o importante é seguir as ordenanças de Deus, logo esse Deus a quem ele se refere não pode ser Javé, pois este ordenou a circuncisão e a colocou como marca do seu povo. Para os judeus ortodoxos de hoje, as palavras de Paulo são palavras de Satã. Nada a estranhar, pois seus antepassados diziam que Jesus expulsava demônios por meio do príncipe dos demônios (Mc 3:22; Mt 9:34 e 12:24; Lc 11:15). Não há como esconder essas profundas divergências.

> *Para os judeus fiz-me judeu, a fim de ganhar os judeus. Para os que estão debaixo da lei fiz-me como se eu estivesse debaixo da lei, embora o não esteja, a fim de ganhar aqueles que estão debaixo da lei. (1Co 9:20).*
>
> *Para os que não têm lei, fiz-me como se eu não tivesse lei, ainda que eu não esteja isento da lei de Deus – porquanto estou sob a lei de Cristo –, a fim de ganhar os que não têm lei. (1Co 9:21).*

Estes dois versos são esclarecedores para a polêmica levantada por judaizantes que insistem na tese de que Paulo, mesmo depois da conversão, continuou sendo um guardião da lei. Ele deixa claro, sem nenhum falso moralismo, que se comportava como seguidor da lei para ganhar os da lei; como se não tivesse lei, para ganhar os gentios, mas afirma categoricamente que não estava sob o domínio da lei (de Moisés) (vs.20). No vs. 21 ele declara que a lei sob a qual estava era a lei de Cristo (a Lei do Amor). Depois de Romanos e Gálatas, fica bem mais fácil compreender passagens como esta.

> *O aguilhão da morte é o pecado e a força do pecado é a lei. (1Co 15:56).*
>
> *Graças a Deus, que nos dá a vitória por intermédio de Nosso Senhor Jesus Cristo. (1Co 15:57).*

Qual é o contexto desta contundente afirmação? No vs. 50 Paulo afirma que ninguém pode entrar no céu em corpo físico: "*Isto afirmo, irmãos, que a carne e o sangue não podem herdar o reino de Deus, nem a corrupção herdar a incorrupção.*" Ele fala da necessidade do corpo mortal se revestir de imortalidade, para que a morte seja tragada pela vitória. É nesse contexto que ele diz que o aguilhão da morte é o pecado e dispara: "*...a força do pecado é a lei*". Quando ele disse – no vs. 54 – que a **morte foi tragada pela vitória** (ver Is 25:8), fica muito claro quando comparado com a ação de graças do vs. 57: **Cristo é a vitória**. Paulo afirma sem nenhum eufemismo que o pecado (que gera a morte) tem sua força na lei. Em síntese, ele diz que **a lei foi tragada pelo Cristo**. A Velha Aliança com a entidade Javé através de Moisés, foi substituída pela Nova Aliança com Deus Pai (Aba) através de Jesus. Quem quiser entender melhor porque Paulo diz que *a força do pecado é a lei*, é só ler a própria lei (Torah) e depois reler os quatro primeiros capítulos deste livro. Essas leituras mostrarão ao leitor que, a Nova Aliança, não é simplesmente a Velha Aliança renovada, como querem os judaizantes. É uma Nova Aliança completamente diferente da primeira – sem os preceitos da carne – apontada para uma ligação espiritual com Deus através da lei do Amor.

CARTA AOS FILIPENSES

Nessa Carta encontram-se referências mais explícitas à descendência dos anjos caídos (Vigilantes). Em duas passagens Paulo os descreve não como pessoas, mas quase como demônios.

> *Acautelai-vos dos cães! Acautelai-vos dos maus obreiros! Acautelai-vos da falsa circuncisão. (Fl 3:2).*
>
> *Porque nós é que somos a circuncisão, nós que adoramos a Deus no Espírito, e nos gloriamos em Cristo Jesus, e não confiamos na carne. (Fl 3:3).*

No verso 2 Paulo recomenda tomar cuidado com três tipos de seres: os "*cães*", os *maus obreiros* e os *da falsa circuncisão*. Os da "falsa circuncisão" são os cristãos judaizantes e judeus, que faziam apenas a circuncisão da carne, algo externo, que não tocava o espírito. Os "maus obreiros" eram membros da própria comunidade com desvios de caráter. E os "cães" eram uma classe especial, a progênie de seres que vieram de outros mundos (caíram do céu) em tempos imemoriais. Tinham conhecimentos materiais avançados, acumulavam riqueza e poder, mas não tinham *caráter, compaixão, solidariedade e odiavam a luz, a verdade, a justiça e o amor* – tudo que o Cristo representava.

> *[...para ganhar a Cristo] e ser achado nele, não tendo justiça própria que procede da lei, senão a que é mediante a fé em Cristo, a justiça que procede de Deus, baseada na fé. (Fl 3:9).*

Nos versos 7 e 8 (não listados aqui) Paulo fala das perdas que teve na vida para dedicar-se integralmente a Cristo e afirma que tudo que perdeu foi refugo diante do fato de ter encontrado o Senhor. No verso 9 ele repete sua tese de que sua lei é a justiça que procede de Deus mediante a fé em Jesus.

> *Pois muitos andam entre nós, dos quais repetidas vezes, eu vos dizia e, agora, vos digo, até chorando, que são inimigos da cruz de Cristo. (Fl 3:18).*

> *O destino deles é a perdição, o deus deles é o ventre,*
> *e a glória deles está na sua infâmia, visto que só se*
> *preocupam com as coisas terrenas. (Fl 3:19).*

O vs. 19 é mais enfático. Ele diz que o *deus* deles (dos descendentes dos Vigilantes e Nefilim) é o ventre; a gloria é sua infâmia e seu interesse é por coisas terrenas. No livro de Enoque, a descrição dos vigilantes é a mesma. O *deus* deles é o sexo e todo tipo de prazer carnal, como a gula, tudo representado metaforicamente pelo "ventre"; a glória deles é destruição dos filhos da luz (sua infâmia) e o interesse deles, o objetivo maior, são as riquezas e o poder (as coisas terrenas).

CARTA AOS EFÉSIOS

Nessa Carta Paulo apresenta a Igreja como corpo de Cristo e fala da salvação a todos os pecadores – judeus e gentios – por meio do Deus Pai e de seu enviado, Jesus. Novamente ele diz que Jesus aboliu a lei *"na sua carne"*, ou seja, com a "vitória sobre o mundo" e o sacrifício consciente na cruz.

> *Aboliu na sua carne a lei dos mandamentos na forma*
> *de ordenanças, para que dos dois criasse em si um*
> *novo homem, fazendo a paz. (Ef 2:15).*

O contexto é a pregação da união de judeus e gentios em torno de Cristo, que através de seu sacrifício no Gólgota, gerou uma só humanidade, sem barreiras, sem discriminações. A lei carnal foi abolida pelo sacrifício da carne de Jesus, e isso gerou "um novo homem". A passagem indica que os habitantes da Terra formam um só povo, uma só humanidade. Fronteiras, línguas, culturas e religiões, são focos de divisão, mas há um ponto onde todos se encontram e esse ponto é o amor que, segundo Jesus, substitui toda a Lei e os Profetas.

CARTA AOS HEBREUS

Já falei sobre esta Carta quando analisei acima a autoria dos textos atribuídos a Paulo. Viu-se que Hebreus não leva o nome do autor na apresentação, e tem um estilo e vocabulário mais rebuscados que o tradicionalmente reconhecido como paulino. Para muitos estudiosos, Hebreus pode ter sido da autoria de Apolo, discípulo oriundo de Alexandria e "poderoso nas Escrituras". Sobre o que não há dúvidas é que a temática e as teses defendidas nesta Carta, são efetivamente paulinas! A redação pode ter sido de outrem, mas as notas parecem ter sido tomadas diretamente de Paulo.

O Capítulo 7 dessa Epístola contém informações que estão muito além do conhecimento ortodoxo (e científico) de hoje. É um capítulo extraordinário, que compara o sacerdócio de Cristo com o sacerdócio dos levitas. Aqui também Paulo ataca a lei, a quem minimiza perante a graça do Cristo, mas vai além e retoma um personagem citado somente em uma passagem do livro de Gênesis (Gn 14:18-20). Falo de Melquisedeque!

Quem foi Melquisedeque? Em Hb 7:3 Paulo faz uma descrição desse importante sacerdote dos primórdios de Israel: "*Sem pai, sem mãe, sem genealogia; que não teve princípio de dias, nem fim de existência, entretanto, feito semelhante ao filho de Deus, permanece sacerdote para sempre.*" Paulo deixa claro que Melquisedeque era também um filho eterno de Deus.

Gênesis 14:18-20 narra que Melquisedeque, "*sacerdote do Deus Altíssimo*" (El Elyon) e rei de Salém, abençoou Abraão que vinha da matança dos reis (que haviam sequestrado seu sobrinho Ló). E Abraão lhe pagou dízimo de tudo (de todos os despojos da guerra que acabara de vencer). Em Hb 7:7, Paulo destaca a superioridade de Melquisedeque sobre o patriarca dos hebreus: "*Evidentemente, é fora de qualquer dúvida que o inferior é abençoado pelo superior*".

Paulo cita muito os levitas neste capítulo. Como informação, os levitas eram os descendentes de Levi, filho de Jacó. Nos tempos de Moisés, seu irmão Arão que assumiu o sacerdócio, era levita. A partir daí, somente os dessa família (ou tribo) poderiam ser sacerdotes. Nos tempos de Melquisedeque, Levi ainda não tinha nascido, mas como ele era bisneto de Abraão, Paulo diz que ele pagou dízimos a Melquisedeque na pessoa de seu ancestral.

Paulo faz toda essa argumentação porque Jesus não era da tribo escolhida por Moisés para ser a tribo dos sacerdotes (levitas). Jesus era da tribo de Judá. *"Pois é evidente que nosso Senhor procedeu de Judá, tribo à qual Moisés nunca atribuiu sacerdotes"* (Hb 7:14). Para os judeus ele poderia até ser Mestre (Rabi), mas nunca sacerdote. Paulo afirma que Jesus era *sacerdote para sempre segundo a ordem de Melquisedeque* (Hb 6:20; 7:17).

Em Hb 7:11 Paulo afirma que não houve perfeição no sacerdócio Levítico e por isso foi necessário que se levantasse outro sacerdote que não fosse contado segundo a ordem de Arão. No verso 12, ele faz a afirmação decisiva: **"Pois, quando se muda o sacerdócio, necessariamente há também mudança de lei"**. Vejam os vs. 15-19; 22.

> Isto é ainda muito mais evidente, quando, à semelhança de Melquisedeque, se levanta outro sacerdote. (Hb 7:15).
>
> constituído não conforme a lei de mandamento carnal, mas segundo poder de vida indissolúvel. ["mas pela sua imortalidade", em outras traduções]. (Hb 7:16).
>
> Porquanto se testifica: Tu és sacerdote para sempre, segundo a ordem de Melquisedeque. [ver Sl 110,4]. (Hb 7:17).
>
> Portanto, por um lado, se revoga a anterior ordenança [Torah] por causa de sua fraqueza e inutilidade. (Hb 7:18).
>
> Pois a lei [Torah] nunca aperfeiçoou coisa alguma, e, por outro lado, se introduz esperança superior, pela qual nós chegamos a Deus. (Hb 7:19).
>
> Por isso mesmo, Jesus tem se tornado fiador de superior aliança. (Hb 7:22).

Paulo não mede palavras. Diz da *fraqueza* e *inutilidade* da lei de Moisés. Diz mais: que ela *nunca aperfeiçoou coisa alguma*. Jesus é o fiador da Nova Aliança, *superior aliança*, que *"introduz a esperança pela qual nós chegamos a Deus*". Isso é blasfêmia pura para os judeus. Isso é verdade absoluta para os cristãos. Como entender o fato dessas duas religiões permanecerem unidas até hoje, pelo mesmo livro (Torah/Pentateuco) que Paulo chama de fraco, inútil e que nunca aperfeiçoou coisa alguma?

Como visto acima, Jesus não era levita, mas da tribo de Judá, logo, não podia ser sacerdote segundo a lei de Moisés. Isso devia ser questionado pelos judeus que combatiam Jesus e sua doutrina. Paulo se vê obrigado a revelar que Jesus era membro da Ordem de Melquisedeque – uma ordem especialíssima de "sacerdotes para sempre" do Deus Altíssimo. Haveria outros dessa Ordem, além de Melquisedeque e Jesus? Paulo não revelou, mas deixou claro que antes da encarnação do Cristo, já havia pisado na Terra outro sacerdote eterno, sem princípio de dias nem fim de existência. Seria outro Cristo? Seria uma encarnação anterior do Espírito de Jesus? São indagações que fogem do objetivo deste Trabalho. Voltando ao foco, vê-se nestas passagens Paulo fazendo um dos seus mais radicais ataques à velha lei.

No capítulo 8 Paulo desenvolve uma linha de argumentação muito consistente sobre o tema iniciado em 7:22: a superioridade da Nova Aliança sobre a Antiga. Paulo critica veementemente, e até com ironia, os ritos judaicos de culto a Javé, como aspergir sangue no Santo dos Santos do Templo, pelo perdão dos pecados do sumo sacerdote e do povo e diz no vs. 10 que tudo isso não passa de: "*ordenanças da carne, baseadas somente em comidas, e bebidas, e diversas abluções, impostas até o tempo oportuno da reforma*" que, para ele, veio com Jesus. Deste capítulo elucidativo, citarei apenas mais dois versos:

> *Porque, se aquela primeira aliança tivesse sido sem defeito, de maneira alguma estaria sendo buscado lugar para uma segunda. (Hb 8:7).*
>
> *Quando ele diz Nova, torna antiquada a primeira. Ora, aquilo que se torna antiquado e envelhecido, está prestes a desaparecer. (Hb 8:13).*

Na cultura judaica estava incrustada como fóssil na pedra a ideia da aliança de Javé com Abraão, confirmada depois com Moisés através da lei. Paulo, nesta Carta aos Hebreus, não nega essa aliança, que ele chama de "primeira aliança" e a qualifica como "antiquada, envelhecida, prestes a desaparecer". E opõe a essa Antiga Aliança, a Nova Aliança, feita entre Deus e a humanidade (não mais só com os judeus) através de Jesus, o Cristo. No verso 12 ele não foge a seu estilo direto: se a primeira aliança não tivesse defeito, não seria necessária uma segunda. Como a segunda aliança foi feita, isso é uma prova – seguindo a lógica paulina – de que a primeira, de algum modo, não servia.

O capítulo 9 traz uma crítica aos rituais de sacrifícios mosaicos. Afirma que esses sacrifícios tinham que ser repetidos constantemente, ao contrário do sacrifício do Cristo, que aconteceu uma única vez e foi eficaz (contra o pecado). No verso 25 Paulo ironiza a ineficácia dos sacrifícios oferecidos a Javé no Templo de Jerusalém, informando que a cada ano o sumo sacerdote entra no Santo dos Santos com sangue alheio. Paulo deixa claro que o sangue de bodes, bezerros, touros e novilhas, não purificam. Diz ainda que Jesus frequenta Tabernáculo glorioso, não feito por mãos humanas. No Santo dos Santos do Tabernáculo de Javé quem entra é o sumo sacerdote de plantão, que lá vai aspergir sangue de animais e cinzas de novilhas, primeiro para o perdão dos seus próprios pecados e depois, pelo perdão dos pecados do povo, num ritual que tem que se repetir todos os anos, pelos séculos dos séculos. Com Cristo, a coisa mudou: "*Assim também Cristo, tendo-se oferecido uma vez para sempre para tirar os pecados de muitos...*".

No capítulo 10, Paulo continua a contrapor os sacrifícios prescritos na lei de Moisés, que ele considerava carnais e transitórios, ao sacrifício feito por Jesus, que teria natureza espiritual, divina e, portanto, com nuances de eternidade. Vejam alguns versos:

> *Ora, todo sacerdote se apresenta, dia após dia, a exercer o serviço sagrado e a oferecer muitas vezes os mesmos sacrifícios, que nunca jamais podem remover pecados; (Hb 10:11).*

> *Jesus, porém, tendo oferecido, para sempre, um único sacrifício pelos pecados, assentou-se à destra de Deus. (Hb 10:12).*

Depois de romper com a circuncisão, de afirmar que a lei mosaica é fonte de pecado e morte, Paulo ataca, nesta Carta, o método judaico de remissão dos pecados através do sacrifício de sangue e queima de animais. Resquícios de um passado bem mais sombrio, onde as antigas tribos de todo o Oriente Médio, sacrificavam suas próprias crianças para aplacar a ira dos deuses.

O Capítulo 11 traz a mais bela, profunda e inspirada definição de fé. Esse verso mostra que Paulo conhecia a Gnose e os "Mistérios do Reino" que Jesus havia revelado apenas para seus apóstolos em vida. A definição contida neste verso, em toda sua dimensão, fica ao alcance apenas dos iniciados, mas ela é tão bem construída, que permite a qualquer pessoa, ter um rasgo de visão de pelo menos, uma das facetas místicas da fé.

> *Ora, a fé é a certeza de coisas que não se esperam, a convicção dos fatos que não se vêem. (Hb 11:1).*
>
> *Pois, pela fé, os antigos obtiveram bom testemunho. (Hb 11:2).*
>
> *Pela fé, entendemos que foi o universo formado pela palavra de Deus, de maneira que o visível veio a existir das coisas que não aparecem. (Hb 11:3).*

Não há como não lembrar de João, o mais gnóstico dos apóstolos: *"No princípio era o verbo, e o verbo estava com Deus, e o Verbo era Deus."* (Jo 1:1). Não comentarei os versos 1 e 3. Eles falam por si. Qualquer comentário seria pequeno demais diante de tamanha sabedoria! Chamo atenção para a observação constante no verso 2: *"...pela fé, os antigos obtiveram bom testemunho."* Na sequência, o autor parece querer dizer, que Deus se manifesta na história através da fé das pessoas. Ele faz um retrospecto pela história religiosa dos hebreus, de Abel, passando por Enoque, que foi transladado para o céu por Deus, chegando até Noé e indo aos patriarcas Abraão, Isaque, Jacó e José, terminando com Moisés. Nota-se, numa observação mais cuidadosa, que ele não faz apologia desses personagens, mas um elogio direto da própria fé! E isso é típico da teologia Paulina, que tem por base a superioridade da fé sobre os preceitos da lei mosaica, mas também é uma demonstração clara que ele sabia – e dizia abertamente – que quem tem fé, poderá qualquer coisa. Na verdade, ele apenas repetia o Cristo. Nas entrelinhas desta Carta, está um grande segredo guardado a sete chaves pelos iniciados de todos os tempos: **só existe um poder.** Dependendo da maneira como aplicamos nossa fé nesse poder único, estaremos com Deus ou com o diabo. É por isso que Paulo disse em Filipenses 4:8 para que ocupemos nosso pensamento com tudo que é puro, amável e bom. É lamentável ver como os líderes religiosos do cristianismo foram perdendo, ao longo do tempo, as chaves desse conhecimento.

No final da Carta aos Hebreus (13:14) Paulo brinda o leitor com outra pérola mística: *"Na verdade, não temos aqui cidade permanente, mas buscamos a que há de vir."* Santo Agostinho se converteu pelo conteúdo de Hb 13:13-14.

CONCLUSÃO DA ABORDAGEM DAS CARTAS PAULINAS

As Cartas de Paulo abordam aspectos pedagógicos sobre a doutrina e aspectos pastorais acerca da missão de evangelizar, mas seu âmago é a tentativa permanente de mostrar a força espiritual da Nova Aliança, feita com Deus por intermédio de Jesus, o Cristo, e a incapacidade da lei de Moisés de tirar os pecados do mundo. Essas Cartas são fundadoras. A partir delas os Pais da Igreja dos séculos II, III e IV lançaram as bases do cristianismo como religião universal, ação que teve seu impulso definitivo com o apoio do imperador Constantino. A partir do Concílio de Nicéia (325 d.C), menos de três séculos depois da crucificação, o judeu que foi amaldiçoado pelos seus patrícios, sendo suspenso no madeiro entre dois ladrões, na morte mais humilhante de sua época, passava a ser uma divindade, sob cujo altar reis de todo o ocidente dobravam os joelhos!

Buscando uma síntese para resumir tudo o que foi visto neste capítulo, destaco duas sentenças contidas nos versos seguintes:

- *O aguilhão da morte é o pecado e a força do pecado é a lei;* (1 Co 15:56);
- *Porque Cristo é o fim da lei, para justificar todo aquele que crê.* (Rm 10:4).

Paulo fez um enfrentamento duro contra uma casta de judeus que a todo instante tentava tirar-lhe a vida. Sua obra é de valor inestimável para o cristianismo. Logo ele, um fariseu convicto, se tornou o mais cristão dos apóstolos.

Pelos seus escritos, fica claro que Paulo tomou conhecimento, na conversa com o Jesus celestial, da verdadeira identidade de Javé e da existência da progênie dos Vigilantes. Ele tratava com muita reverência a Enoque (Hb 11:5) e alertou a comunidade contra os *"cães"*. Na Carta aos Hebreus Paulo fez uma revelação poderosa (Hb 11:28), só comparável à que Jesus fez no Evangelho segundo João (que será analisada no próximo capítulo e na Conclusão). Creio que a partir deste ponto, muitas questões antes dadas como mortas, começam a se remexer nos túmulos das coisas não cogitadas em nossas mentes.

NOTAS DO CAPÍTULO 7

1. Das 21 Cartas do Novo Testamento, somente em Hebreus e em 1 João, não é mencionado o nome do autor. Com relação a Hebreus, os que questionam a autoria paulina alegam, além da não identificação presente nas outras Cartas, o fato de não constar nela a saudação costumeira. Questionam ainda o brilhantismo da escrita que não se coaduna com a pena de Paulo. Além do mais o estilo diverge, principalmente quanto à conclusão de um pensamento antes de iniciar a abordagem de outro, o que não ocorre nas Cartas consensualmente aceitas como de Paulo. E mais, os estudiosos detectam uma forte influência de Filo, filósofo de Alexandria do século I que não é notada em outros escritos paulinos. Mas reconhecem que a linha doutrinária é toda de Paulo e atribuem a escrita a seu discípulo grego (de Alexandria) **Apolo** (citado em At 18:24-28; 19:1 // 1Co 1:12; 3:4-6; 16:12// Tito 3:13). Ora, Paulo provavelmente só escreveu uma Carta do próprio punho, que seria Filemon. Ele ditava as Cartas (Rm 16:22) e escrevia a saudação final de outras (Gl 6:11 e 1Co 16:21). A linha doutrinária de Hebreus é a de Paulo. Lá encontra-se o cerne de sua tese sobre a superioridade da graça de Cristo (espiritual) sobre a lei de Moisés (carnal).

2. **Apolo** era originalmente um discípulo de João Batista ("...conhecia apenas o batismo de João" At 18:25) natural de Alexandria. Segundo Atos, *"era eloquente e poderoso nas escrituras"* e era forte *"Porque com grandes poderes*

convencia publicamente os judeus, provando por meio das escrituras, que o Cristo é Jesus" (At 18:28). Apolo estava em Corinto, onde foi encontrado por Priscila e Áquila, que lhe expuseram mais sobre o *Caminho* e o ajudaram em sua missão de evangelização pela Acaia (região sul da Grécia, cuja capital era Corinto), escrevendo cartas de apresentação para os discípulos que já estavam trabalhando naquela área. Quando Apolo ainda estava em Corinto, Paulo chegou a Éfeso e lá encontrou doze homens que também eram discípulos de João Batista (At 19:3). Estes fatos mostram que a influência de João Batista se estendia de Alexandria, no norte do Egito, até Éfeso na costa do Mar Egeu e que décadas depois da crucificação de Jesus, ainda havia batistas ativos em regiões distantes da Palestina. O fato a destacar é que Apolo foi descrito nestas passagens como um cristão especial que, *"instruído no caminho do Senhor e fervoroso de espírito, falava e ensinava com precisão a respeito de Jesus"* (At 18:25). **O que foi feito desse homem que** *"com grandes poderes"* **convencia os judeus a respeito de Jesus?** A Bíblia não diz. Todo o movimento protagonizado por João Batista e depois, por seus discípulos, foi também deletado da história do cristianismo primitivo. Os heterodoxos afirmam que, com a Morte de João Batista, Jesus assumiu a dupla função de Messias Real e Sacerdotal e os discípulos de Jesus assumiram a liderança do movimento, incorporando os discípulos de João. Em At 19:1-6, Paulo deixa claro como acontecia esse processo. Em resumo, Paulo disse aos doze batistas de Éfeso: *"...João realizou o batismo de arrependimento, dizendo ao povo que cresse naquele que vinha depois dele, a saber em Jesus (19:4)."* Em seguida os batizou em nome de Jesus (19:5). Os Pais da Igreja que dominaram a doutrina a partir do século II, "sumiram" com os discípulos de João Batista; com Maria Madalena; com Maria mãe de Jesus e, principalmente, com os discípulos de tendência gnóstica. Do mesmo modo Paulo não deu mais nenhuma informação sobre o ministério de Apolo. Mais uma grande lacuna a ser pesquisada!

3. Somente nos capítulos 9 e 14 de Atos encontram-se três intenções de assassinato e um apedrejamento contra Paulo por parte dos judeus (At 9:23; 9:29; 14:5; 14:19). E notem que ele acabara de se converter e estava ainda iniciando sua tarefa missionária.

4 Além de fariseu, Saulo tinha alguma autoridade no Sinédrio – o Conselho Supremo da Religião Judaica –, pois no episódio do apedrejamento de Estevão, depois que este fez uma longa e esclarecedora autodefesa, testemunhas jogaram

suas vestes aos pés do (então) jovem Saulo* (At 7:58), que *"consentia na sua [de Estevão] morte."* (At 7:60).

* Saulo era o nome judeu do Apóstolo dos gentios. Paulo era a versão romana desse nome. O autor de Atos começa narrando a vida de Saulo como perseguidor da Igreja. A mudança de nome ocorre, depois da conversão, quando Saulo empreende sua primeira viagem missionária em território romano (Panfília, Psídia e Licaônia – na Ásia menor, hoje Turquia – tendo antes passado por Chipre), encontra-se em At 13:9 *"...Saulo também chamado de Paulo"* e, a partir de 13:16, Saulo passa a ser chamado unicamente pelo nome romano Paulo. Para alguns estudiosos, uma homenagem ao magistrado romano Sérgio Paulo, senador e antigo pretor de Chipre, a quem Paulo teria convertido embora não haja confirmação disso no texto.

5. Paulo e Barnabé pregavam na sinagoga de Antioquia de Psídia. Os judeus, *"tomados de inveja"* contradiziam o que Paulo falava. Eles disseram então aos judeus que cumpria serem eles os primeiros a receberem a palavra de Deus, mas como a rejeitavam, eles iriam pregar para os gentios (At 13:46). É o início de uma ruptura sem volta. Até aqui os judeus já haviam tentado matar Paulo por quatro vezes e no verso 39 Paulo afirma que Cristo justifica aquele que crê, ao passo que a lei de Moisés não pode fazê-lo. Assim, no capítulo 13, ele assume definitivamente o protagonismo da narrativa de Atos. Em 13:39 começa a santa rebelião paulina contra a lei (carnal) de Moisés.

6. Essa expressão aparece explicitamente três vezes no Evangelho segundo João: 12:31; 14:30; e 16:11 (cf. Cl 2:15; 2Co 4:4; Ef 2:2).

7. A expressão "Raça de víboras" é usada diretamente por Jesus contra fariseus em Mt 12:34 e 23:33. João Batista também a utiliza em Mt 3:7 e Lc 3:7, sendo que Mateus deixa bem claro que o Batizador refere-se a fariseus e saduceus, enquanto Lucas atribui a todos na "multidão".

8. Quando uso a palavra *"judeus"* em um contexto de beligerância contra Cristo, sua mensagem, seus apóstolos e discípulos, não me refiro a todo o povo judeu, mas apenas a **uma parte de seus líderes**, que junto com o poder romano levou Cristo à cruz e, perseguia, prendia, apedrejava ou entregava ao invasor romano os mensageiros do nascente cristianismo. Esse método, de chamar esses líderes genericamente de "judeus", é utilizado em Atos e nas Cartas Paulinas, bem como em várias passagens dos Evangelhos canônicos. Mas uma leitura

mais atenta vai indicar que se refere a uma parte específica da população. O povo judeu, especialmente os mais humildes – a maioria – acorria em massa quando sabia da presença de Jesus em alguma cidade ou vila, para ouvi-lo e para pedir uma graça. Os Evangelhos canônicos narram muitos exemplos de fé absoluta de pessoas do povo judeu, na pessoa de Jesus como o Messias, anunciado pelos profetas ou, pelo menos, como alguém que operava milagres pelo poder de Deus. O problema da oposição a Cristo, não estava, portanto, no meio do povo judeu, mas em uma parte das elites que tinha poder e influência para insuflar as massas contra quem ela acusasse de apóstata da lei.

9. Para muitos estudiosos o que Atos chama de "caminho de Damasco" era na verdade o caminho de Qumran, onde o Sinédrio tinha jurisdição, o que não ocorria com Damasco, cidade da província romana da Síria, que tinha seu governo vassalo independente de Jerusalém. A palavra "Damasco" seria um modo velado de se referir a Qumran. Depois da descoberta do famoso CD (Documento de Damasco)* entre os Manuscritos de Qumran (em 4Q; 5Q e 6Q), muitos especialistas passaram a defender a tese de que os essênios estavam acolhendo cristãos perseguidos pelo Templo. Paulo recebeu uma carta precatória para ir prendê-los na comunidade dos essênios, mas no caminho, ouviu a voz de Jesus e tudo mudou. Paulo foi então, para a sinagoga de Damasco, capital da Síria, não mais para prender cristãos, mas para se anunciar com um deles. Um forte indício é que Atos 9:2 fala em "povo do Caminho" quando se refere aos que Paulo ia prender e "povo do Caminho" era o outro nome dos membros da comunidade de Qumran. Mas isto é matéria para outra pesquisa.

    * O Documento de Damasco foi descoberto em 1896-97 numa antiga Genizá** na cidade do Cairo. Sua primeira publicação data de 1910. Os manuscritos então encontrados são dos séculos X e XII d.C. Os estudiosos julgavam tratar-se de um escrito dos séculos III ou IV d.C., **mas em Qumram, foram achados fragmentos de nove cópias do chamado CD, datando de pelo menos 100 a.C.** ligando definitivamente a nomenclatura "Damasco" a Qumram embora isso não prove que a Damasco citada em Atos 9 não seja efetivamente a capital da Síria, então província romana. O debate permanece.

    ** Genizá ou Genizah é um depósito de documentos hebraicos antigos, desgastados pelo uso e por condições ambientais que, por isso, não poderiam mais ser usados em rituais. Por serem sagrados ou de grande valor histórico, não eram descartados à toa, mas guardados em despensas de sinagogas e depois em mosteiros. A regra era enterrá-los depois de certo tempo. Alguns responsáveis não cumpriram essa obrigação e assim, muitos originais chegaram até nossos dias.

CAPÍTULO 8

A REVELAÇÃO

> *Abrirei minha boca em parábolas; revelarei coisas ocultas desde a criação (Mt 13:35, baseado em Sl 78:2).*
>
> *Uma comida tenho para comer, que vós não conheceis. [...] A minha comida consiste em fazer a vontade daquele que me enviou e realizar a sua obra. (Jo 4: 32;34).*

A vida e atuação públicas de Jesus no século I de nossa era estão narradas – de forma oficial para as igrejas cristãs – nos quatro Evangelhos canônicos: Mateus, Marcos, Lucas e João. Os estudiosos da Bíblia hoje concordam que o primeiro a ser escrito foi Marcos e o último, João. Mateus e Lucas usaram Marcos como base, mas tiveram acesso a outra fonte que não chegou aos nossos dias, chamada de *Evangelho Q*[1]. João parece não ter usado Marcos e muito menos o Evangelho Q. Suas informações vieram de uma fonte diferente, que teria convivido diretamente com Jesus. Hoje não se considera que os Evangelhos tenham sido escritos pelas pessoas que lhes emprestaram os nomes, mas admite-se que membros de suas respectivas comunidades os tenham feito.

O Evangelho de Marcos foi composto antes da destruição de Jerusalém no ano 70 d.C. Alguns autores o situam entre os anos de 65 e 70 d.C., ou um pouco antes. João – o último Evangelho canônico a ser escrito – é, provavelmente, do período que vai de 95 a 100 d.C. Mateus e Lucas datam de um período intermediário, entre 80 e 90 d.C. Marcos, Mateus e Lucas são sinópticos, ou semelhantes. Se colocados lado a lado, facilmente se percebe a coincidência quase geral entre seus versos. João, entretanto, é completamente diferente e nele há capítulos inteiros e longas passagens que não possuem nenhum paralelo com os sinópticos. A conclusão dos estudiosos é que o autor de João teve uma fonte exclusiva, que lhe trouxe informações diretas da vida de Jesus. Segundo minhas pesquisas essa fonte foi Maria Madalena.

Apesar das diferenças entre os sinópticos e João, os quatro Evangelhos oficiais se completam, suprindo parte do vazio biográfico das epístolas, que foram os primeiros escritos sobre Jesus a circular na região do Mediterrâneo Oriental. Esses quatro textos estão entre os escritos mais estudados do planeta, mas a todo instante novas *nuances* de suas mensagens são descobertas. Apesar de estarem sempre à vista de todos é preciso que alguém os revolva, para que (essas novas *nuances*) venham a ser notadas e estudadas.

Assim como tratei de algo que sempre esteve ao alcance de todos no Pentateuco, mas nunca havia sido aprofundado – o fato de que a generalização da escravidão no Egito foi obra do patriarca hebreu José –, o Novo Testamento contém uma informação muito forte, *chocante mesmo*, que ainda não foi enfrentada por nenhum exegeta, teólogo, historiador, hagiógrafo ou comentarista da Bíblia. Proponho-me a discutir essa questão, consciente das consequências que possam advir desse gesto.

Todos sabem que num campo tão vasto e diversificado quanto o das religiões e do sobrenatural, há muita coisa oculta e as revelações são sempre seguidas de um misto de euforia e indignação. Por isso, toda nova descoberta neste campo, além do obrigatório bom senso, tem que ser apresentada com muito respeito e, ao mesmo tempo, com independência e coragem.

O Livro da Revelação (Apocalipse) fala de um rolo escrito por dentro e por fora lacrado com "*sete selos*" que ninguém na Terra era capaz de abrir a não ser o Cordeiro (Ap 5 – 8). Fazendo um paralelo com os grandes segredos da natureza, acredito que a ciência moderna já começou a abrir os seus **sete** *selos*, sete grandes mistérios (e nada acontece sem a permissão de Deus). Arrisco-me a esboçar uma lista:

1. o aproveitamento da energia da fissão nuclear (resultado da descoberta $E=mc^{2)}$; cuja utilização bélica foi expressa na bomba atômica;

2. a fusão nuclear – forma como a energia é gerada nas estrelas (bomba H);

3. a manipulação da força imensurável da antimatéria;

4. a força do supermagnetismo dos buracos negros, das estrelas de nêutrons, das explosões de raios gama e a potência incalculável da energia escura;

5. o código genético dos seres vivos;

6. o chamado Código da Bíblia, onde estaria a vida de toda a humanidade, passada, presente e futura;

7. as múltiplas dimensões do universo (com os instrumentos da física quântica) ou, "as *muitas moradas da casa de meu Pai*" na linguagem mística de Jesus. Algo equivalente aos "planos espirituais" dos kardecistas.

O planeta vive em um momento em que as coisas escondidas estão vindo à tona. Como anunciou o próprio Senhor Jesus: "*Não há coisa oculta que não acabe por se manifestar, nem secreta que não venha a ser descoberta.*" (Lc 8:17. Cf. Mc 4:22 e Mt 10:26). Assim como no campo científico *segredos ocultos desde a criação* começam a ser desvendados, nas religiões mistérios intrigantes estão chegando ao fim para livrar o povo da Terra de **pesados e maléficos fardos**, que representam cativeiro e opressão. Esse era o objetivo da missão de Jesus, muito bem expresso em Lc 4:16-18, onde o Mestre cita Isaías 61:1-2.

> *[16] Indo para Nazaré, onde fora criado, entrou, num sábado, na sinagoga, segundo seu costume, e levantou-se para ler. [17] Então, lhe deram o livro do profeta Isaías, e, abrindo o livro, achou o lugar onde estava escrito: [18] 'O Espírito do Senhor* está sobre mim, pelo que me ungiu para evangelizar os pobres; enviou-me para proclamar libertação aos cativos e*

restauração da vista dos cegos, para pôr em liberdade os oprimidos.' (Lc 4:16-18).

*Senhor é a tradução de Adonai que significa [(meu) Senhor]. No original hebraico (de Isaías) está escrito (אֲדֹנָי יְהוִה), sentido direita para esquerda, que significa (meu Senhor Javé). No original grego do NT temos Kyrios (κύριος). Conclusão: mesmo tendo o tetragrama Yhwh (יְהוִה) no original de Isaías, Jesus o substituiu por Senhor usando do original apenas o termo Adonai (אֲדֹנָי) que significa (meu) Senhor, Kyrios em grego.

Lido esse trecho, Jesus devolveu o livro ao assistente e sentou-se. Os judeus ficaram com os olhos fitos nEle e então, Ele – audaciosamente – falou: "*[...] Hoje se cumpriu a Escritura que acabais de ouvir.*" (Lc 4:21, cf com Lc 18:31; 22:37; 24:44. Na sequência os judeus presentes tentaram matá-lo pela primeira vez, Lc 4:28-29).

O CAMINHO DA DESCOBERTA

Não há dúvidas de que o Javé das tribos nômades do Sinai e da Palestina era um *deus* sanguinário, que exigia a todo instante, holocaustos em sua honra. Um *deus* que comandou diretamente os '*Apirus* (antigos hebreus no tempo do nomadismo) em suas pilhagens e chacinas pela terra de Canaã. Um *deus* de caráter duvidoso que aconselhava vender carne estragada para os estrangeiros (Dt 14:22). Lendo os Evangelhos de Jesus, nunca consegui aceitar que o Pai sempre citado pelo Cristo fosse o mesmo Javé dos antigos Israelitas. Comecei então uma pesquisa intensa, utilizando todo o tempo que sobrava em meio às minhas atividades pessoais, na tentativa de compreender o abismo que separa os dois Testamentos. Como acontece na maioria das pesquisas, terminei descobrindo mais do que esperava no início.

Num primeiro momento, usei um considerável arsenal de fontes secundárias, lastreado principalmente na história e na arqueologia da região do Crescente, relativo ao período que se estende do segundo milênio a.C. até o século I d.C., sem descartar os apócrifos. Depois passei a estudar basicamente a Bíblia Hebraica e o Novo Testamento Cristão – que em minha metodologia representam as fontes primárias. Pelos dois caminhos, enxerguei de modo cristalino que Javé se apresentava sempre ocupado das coisas materiais, apegado a uma ritualística de convenções exteriores, além de arder em atitudes tão primitivas quanto as do povo que dizia guiar. Não foi difícil concluir que Jesus não é Javé. Fui mais além: descobri que quem disse isso, com uma ênfase veemente, foi o próprio Jesus.

O que vou demonstrar agora é estarrecedor, mas é a mais crua realidade extraída – de uma visão não dogmática – das próprias Escrituras. A partir deste ponto não vou citar nenhum autor da chamada "Alta Crítica Bíblica"; nenhum mestre da "Hipótese Documentária"; nenhum especialista no "Método Histórico-Crítico" ou no "Problema Sinóptico". Nem mesmo os apócrifos ou fontes históricas e arqueológicas complementares. Isto o fiz nas etapas anteriores. As citações a partir deste ponto reproduzirão apenas textos da própria Bíblia canônica. Assim, os da ortodoxia hierárquica não poderão condenar o Trabalho a *priori* pela desqualificação das fontes. As conclusões ficarão a cargo de cada leitor. Fora das citações bíblicas, farei apenas um breve apanhado da história do desenvolvimento da Crítica Bíblica, do século XVII até os nossos dias, por ser uma referência necessária.

A Tese aqui defendida pode representar **a segunda e definitiva cisão entre o cristianismo e o judaísmo**. A primeira se deu no Século I, no Concílio de Jerusalém (At 15), quando os primeiros cristãos aprovaram a não exigência da circuncisão para os que aderissem a Cristo[2]. Mas as duas religiões ainda ficaram ligadas pela suposição de que Javé é o mesmo Deus de Jesus. Restando provado que isso não é verdade, haverá a separação definitiva. Os judeus permanecerão com sua crença em seu *deus* nacional, Javé de Temã (Habacuque, 3:3). Os cristãos seguirão seu próprio caminho com Jesus, o Cristo do Deus Pai, o Deus de todo o universo!

A descoberta principal de minha pesquisa se encontra no Evangelho de João, respaldada também nos sinópticos. João será o centro da abordagem. Marcos, Mateus e Lucas confirmarão seus fundamentos. Vou trabalhar, pois, com essas duas fontes textuais: os sinópticos de um lado e João de outro. Mas é em João onde se encontra, com todas as letras, a revelação até agora não detectada ou, pelo menos, ainda não enfrentada.

Paulo, em nossas bíblias, vem depois dos Evangelhos, mas cronologicamente suas Cartas foram escritas antes. Elas são os textos fundadores do cristianismo, por isso tratei primeiro (no capítulo 7) da posição de Paulo. Embora os fatos narrados nos Evangelhos o precedam, apresentei antes a posição de Paulo, para depois mostrar que as afirmações de Jesus nos Evangelhos canônicos, especialmente no de João, foram eloquentemente confirmadas em suas Cartas, o que corrobora sua afirmação de que recebeu instruções diretamente do Cristo celestial. Começo com episódios dos sinópticos, para depois ir a João onde se encontra a revelação definitiva.

Jesus e a lei no Evangelho de Marcos

O Evangelho de Marcos foi o primeiro a ser escrito. É o mais sucinto dos quatro e foi a base de Mateus e Lucas. Destaco a contenda com fariseus e escribas vindos de Jerusalém, quando Jesus chega a Genesaré, narrada no capítulo 7. Vendo que os discípulos de Jesus comiam sem lavar as mãos (uma das mais de 600 determinações da lei judaica), interpelaram o Mestre. Jesus – **que sabia quem eles eram** – teve uma reação aparentemente desproporcional: *"Bem profetizou Isaías a respeito de vós, hipócritas, como está escrito: 'Este povo honra-me com os lábios, mas o seu coração está longe de mim. Em vão me adoram ensinando doutrinas que são preceitos de homens. Negligenciando o mandamento de Deus, guardam a tradição dos homens.' E disse-lhes ainda: Jeitosamente rejeitais o preceito de Deus para guardardes a vossa própria tradição."* (Mc 7:6-9, referência a Is 29:13).

O que Jesus chama de "preceitos de homens" é a lei de Moisés[3]. Observem que Ele, mesmo sendo judeu, se refere a "vossa tradição". Ele não se considera sujeito às normas da lei judaica. Os fariseus lhe fizeram um questionamento normal dentro de sua cultura e Jesus reagiu com rispidez chamando-os de "hipócritas". Por que Jesus reagia de modo tão violento às admoestações farisaicas? Logo Ele que era tão amoroso com o povo e o

Evangelho de Marcos mostra que Ele vivia curando doentes e pregando a Boa Nova principalmente aos pobres das áreas rurais, a quem falava com carinho e compadecimento. Fica claro que Jesus sabia algo acerca de certos fariseus e escribas que Ele não falava abertamente!

Na sequência (vs. 15) Jesus diz: *"Nada há fora do homem que, entrando nele, o possa contaminar, mas o que sai do homem é o que o contamina."* O que Jesus quis dizer foi que para qualquer doença que o homem venha contrair existem as defesas naturais que, na visão científica, hoje chamam de anticorpos. Na visão mística, se o *coração* estiver puro e confiante, a Presença Infinita se manifesta no homem e nenhum alimento poderá contaminá-lo. Mas o que sai do homem, se for algo da classe dos *"maus desígnios"*, isso contamina o espírito que é a verdadeira essência humana. Esta explicação (não nestes exatos termos) Jesus deu aos seus discípulos sem a aspereza com que tratou os fariseus.

O episódio é mais um que ilustra como Jesus abominava os fariseus (ou pelo menos seu núcleo duro) e minimizava os aspectos humanos da lei, que eram os mais venerados pelos membros daquela *zelosa* seita. Estes também abominavam Jesus e a todo instante buscavam encontrar um meio de tirar-lhe a vida. A relação era de guerra, mas o Mestre andava sempre acompanhado de uma multidão. Realizava sinais prodigiosos, principalmente curas e exorcismos e era muito respeitado pelo povo.

JESUS E A LEI EM MATEUS

Vamos agora a Mateus. Já vimos exaustivamente nos capítulos anteriores que os sacrifícios seguidos de holocaustos eram oferecidos a Javé desde os tempos de Caim e Abel, passando por Noé, Abraão, Moisés, Davi, Salomão até o tempo de Jesus, no Segundo Templo. Foi visto também que Jesus se posicionou contra os sacrifícios: *"Mas se vós soubésseis o que significa: 'Misericórdia quero, e não holocaustos', não teríeis condenado inocentes."* (Mt 12:7).

O Evangelho de Mateus apresenta a doutrina de Jesus de uma forma ordenada em unidades discursivas, cinco delas bem longas, ao contrário de Marcos e Lucas onde as falas de Jesus se distribuem ao longo da narrativa, sem a formação de densos discursos.

Numa das mais longas unidades discursivas presentes em Mateus, o Sermão do Monte (Mt 5:3 – 7:27), observa-se Jesus desconstituir a velha lei de Moisés e apresentar uma nova doutrina, radicalmente diferente. Vê-se de modo claro nessa passagem o confronto entre a base da lei mosaica – que era o *"dente por dente, olho por olho"* – e a *Boa Nova* do amor (a Deus e ao próximo) como substrato para o perdão conciliador.

Muitos podem contradizer lembrando que Jesus disse que não veio para mudar a lei, mas para cumpri-la (Jo 5:17). E disse mais, que não se mudará nem um *"j"* nem um *"til"* da lei, até que tudo se cumpra (Jo 5:18). No verso 19 diz ainda o Mestre que aquele que violar *"um destes mandamentos"*, será menor no reino dos céus. Realmente, uma análise superficial poderia nos levar à conclusão de que Jesus foi incoerente. Ele dispara várias críticas consistentes contra a lei de Moisés, mas diz que não veio mudar a lei e sim cumpri-la.

O verso 20 tem a chave. Nele está escrito: *"[...]se a vossa justiça não exceder em muito a dos escribas e fariseus, jamais entrareis no reino dos céus."* Para se fazer qualquer discussão científica tem-se que partir de alguma premissa (algo como um axioma). Neste caso, minha premissa é que Jesus não foi um louco nem um incoerente. Toda a sequência do Sermão do Monte é uma bem estruturada crítica à lei de Moisés. Mas em 5:17-19 Jesus parece destoar de si mesmo e diz que é preciso cumprir a lei. A questão aponta dois caminhos: Ou Jesus é louco, incoerente (o que contraria minha premissa) ou então ele está falando de **duas leis diversas**. No verso 20 Jesus indica o rumo do seu pensamento. Os fariseus eram os maiores defensores da lei mosaica. Mesmo sabendo disso o Mestre afirma que se a justiça das pessoas que o ouviam não fosse bem maior que a dos fariseus, não entrariam no céu. Fica claro que a lei da qual não se pode mudar nem um *"j"* e nem um *"til"*, não é a lei de Moisés (lei humana), mas a Lei de Deus. É essa que se alguém violar um só mandamento será considerado menor no reino dos céus. Como Jesus poderia ter vindo para cumprir na íntegra a lei de Moisés, se todo o Sermão do Monte é uma crítica avassaladora a essa lei? Jesus veio para cumprir na íntegra a Lei de Deus, que é o Amor.

Vou citar dois exemplos do Sermão do Monte, onde o Mestre mostra sua doutrina em confronto com a lei mosaica.

a. *"Ouviste o que foi dito: Olho por olho, dente por dente. Eu, porém, vos digo: não resistais ao perverso; mas, a qualquer que te ferir na face direita, volta-lhe também a outra."* (Mt 5:38-39). Aqui Jesus está atacando o **núcleo** da lei mosaica que se baseava na chamada lei de Talião (*Lex talionis*) expressa no princípio do *olho por olho, dente por dente, mão por mão, pé por pé,* como está literalmente escrito em Ex 21:23-25. Esse princípio estava presente na estrutura jurídica de todo o Crescente. O primeiro Código Legal escrito que chegou até nós, o Código de Hamurabi (1780 a.C.), era todo assentado sobre ele. Os exegetas cristãos chamam eufemisticamente de "vingança proporcional de *deus*". Jesus refutou essa lei. E como foi Javé quem inspirou Moisés a escrevê-la, Jesus refutou Javé! (cf. Lv 24:19-20; Dt 19:21).

b. *"Ouvistes o que foi dito: Amarás o teu próximo e odiarás o teu inimigo. Eu, porém, vos digo: amai os vossos inimigos e orai pelos que vos perseguem."* (Mt 5:43-44). Jesus se refere ao Salmo 139:21-22, onde o salmista, inspirado por Javé, manda odiar os inimigos. O Mestre defende doutrina diametralmente oposta e manda amar e orar pelos inimigos. Ele diz ao povo que se apenas amarem os amigos, nada mais estão fazendo do que fazem os publicanos e gentios. Ele lembra que o Pai celestial faz nascer o Sol e cair a chuva sobre os justos e os injustos e finaliza, no verso 48, com a máxima esclarecedora: *"Portanto, sede vós perfeitos como perfeito é vosso Pai celeste."* Está claro que esse Pai celeste não pode ser Javé, pois as Escrituras inspiradas por Javé acabaram de ser negadas por Jesus. Quando ele diz *"sede vós perfeitos como perfeito é o vosso Pai celeste",* ele se refere ao Deus único do universo, seu Pai, e não a Javé, que defendia a vingança (olho por olho, dente por dente) e o ódio aos inimigos.

c. Por fim, a **Regra de Ouro** (Mt 7:12) e o **Maior Mandamento** (Mt 22:37-40) são ensinamentos nos quais Jesus resume toda a Lei e os Profetas, no ato de amar a Deus e ao próximo.

JESUS E A LEI EM LUCAS: TENTATIVAS DE ASSASSINATO

O Evangelho de Lucas, primeiro tomo da obra atribuída a um médico citado por Paulo em Cl 4:14; Fm 24 e 2Tm 4:11, é rico em narrativas da luta de Jesus contra fariseus, escribas, sacerdotes do Templo e anciãos do povo. Numa palavra, a classe dominante judaica que se aliançou aos invasores romanos, para manter parte dos seus privilégios. Embora Lucas procure diluir um pouco esse confronto, como no episódio da cura do *endemoninhado mudo* (Lc 11:14-23), que Marcos (3:20-30) e Mateus (12:22-32) citam explicitamente fariseus e escribas, enquanto o evangelista médico diz que a blasfêmia contra Jesus veio do meio do povo.

Lucas narra o confronto de Jesus em sua primeira pregação na sinagoga de Nazaré, onde seus conterrâneos o levaram ao cimo do monte da vila, para de lá o precipitarem. Ele fala do enfrentamento do sábado, nos episódios das espigas de milho e da cura do homem da mão ressequida; mostra a relação revolucionária de Jesus com as mulheres, que o assistiam inclusive com suas posses; mostra Jesus enfrentando as tradições do puro e do impuro, do próximo e do não próximo, tão caras à tradição judaica, mas sempre evitando mostrar uma reação mais agressiva de Jesus para com um grupo especial de judeus que vigiava todo o seu ministério. Somente a partir do capítulo 11 é que se encontra neste Evangelho, clara manifestação de aversão profunda do Mestre pelos fariseus e seus escribas.

Jesus havia acabado de contar a parábola da candeia. Um fariseu que ouvia tudo (sempre tinha um por perto), o convidou para comer em sua casa. O fariseu ficou admirado porque Jesus não lavou as mãos antes da refeição.

A reação de Jesus foi, como de outras vezes, aparentemente desproporcional. Foi violenta, mesmo. Notem que o fariseu apenas "admirou-se" da falta de assepsia do Mestre, que descumpria um preceito básico da lei. Vejam alguns versos da resposta de Jesus:

> *O Senhor, porém, lhe disse: Vós, fariseus, limpais o exterior do copo e do prato; mas o vosso interior está cheio de rapina e perversidade. (Lc 11:39).*

> *Ai de vós, fariseus! Porque dais o dízimo da hortelã, da arruda e de todas as hortaliças e desprezais a justiça e o amor de Deus; deveis, porém, fazer estas coisas sem omitir aquelas. (Lc 11:42).*
>
> *Ai de vós, fariseus! Porque gostais da primeira cadeira nas sinagogas e das saudações nas praças. (Lc 11:43).*
>
> *Ai de vós que sois como sepulturas invisíveis, sobre as quais os homens passam sem saber! (Lc 11:44).*

Estavam presentes autoridades que Lucas chama de "intérpretes da lei" (doutores da lei em outras traduções) e estes disseram a Jesus que desse modo Ele os ofendia também. Em vez de Jesus contemporizar, radicalizou o ataque:

> *Ai de vós também, intérpretes da lei! Porque sobrecarregais os homens com fardos superiores às suas forças, mas vós mesmos nem com os dedos os tocais. (Lc 11:46).*
>
> *Ai de vós! Porque edificais os túmulos dos profetas que vossos pais assassinaram. (Lc 11:47).*
>
> *Para que desta geração se peça contas do sangue dos profetas, derramado desde a fundação do mundo; (Lc 11:50).*
>
> *desde o sangue de Abel até ao de Zacarias, que foi assassinado entre o altar e a casa de Deus. Sim, eu vos afirmo, contas serão pedidas a esta geração. (Lc 11:51).*

Analisem comigo. Jesus desferiu essas graves admoestações a partir de uma cobrança de um fariseu, que se admirou por Ele não lavar as mãos antes de comer. Parece uma reação desproporcional, **a não ser que Jesus soubesse algo de muito grave sobre os fariseus, escribas e doutores da lei, que nós não sabemos**. Jesus diz: *"vosso interior está cheio de rapina e perversidade"*. Depois faz uma acusação tão grave quanto enigmática: *"Ai de vós que sois como sepulturas invisíveis, sobre as quais os homens passam sem* *saber!"* E arremata afirmando que os pais dos fariseus (seus antepassados) assassinaram os profetas, desde a fundação do mundo. Isso tudo é de uma gravidade extrema. O verso 50 diz textualmente: *"Para que desta geração se peça contas do sangue dos profetas, derramado desde a fundação do mundo".* Jesus se refere então a uma descendência específica de seres que vinha matando os profetas desde o princípio dos tempos em nosso planeta ou então, está afirmando que os fariseus são a reencarnação dos assassinos dos profetas desde "a fundação do mundo".

JESUS E A LEI EM JOÃO

O Evangelho de João é o mais místico dos quatro e o que mais se aproxima da linguagem gnóstica[4]. Para alguns estudiosos ele só foi aceito no cânon porque é o que mais deífica Jesus e também porque sofreu modificações para esconder o verdadeiro papel (de liderança) exercido por Maria Madalena no nascedouro do cristianismo e na própria comunidade Joanina, que gerou o Livro. Sintomaticamente é o Evangelho que apresenta o maior grau de enfrentamento contra os judeus – especialmente os fariseus e seus escribas. Desde o seu começo ele parece querer dizer algo, como se um grande segredo estivesse atravessado na garganta dos que conviveram diretamente com Jesus e conheceram seus pensamentos mais profundos. Acredita-se que o Proto-Evangelho de João foi escrito por uma fonte primária, ou seja, por alguém que conviveu com o Mestre, devido a certos detalhes da vida de Jesus que não estão em nenhum outro escrito (como o *Noli me tangere,* onde só estavam Jesus e Maria Madalena). Ele foi o último a ser finalizado, por volta do ano 100, e mesmo assim não é uma mera cópia dos sinópticos. Pelo contrário, traz muitas informações originais. Isso o reveste de uma importância especial: alguns dos pensamentos mais reservados de Jesus somente são encontrados no IV Evangelho.

João começa com uma elevadíssima cosmogonia que em muito supera os primeiros versos de Gênesis: *"No princípio era o Verbo, e o Verbo estava com Deus, e o Verbo era Deus."* Depois ele passa direto ao testemunho de João Batista, que aqui é muito mais forte que nos sinópticos. Batista chama

Jesus de "*Cordeiro de Deus*" e diz que não é digno de amarrar suas sandálias. É nesta passagem que o autor de João começa sua contenda com Javé. Em Jo 1:17 está escrito a seguinte afirmação de João Batista:

> *Porque a lei foi dada por intermédio de Moisés; a graça e a verdade vieram por meio de Jesus Cristo.*

Este verso é muito significativo, mas tem passado despercebido pelos estudiosos da Bíblia. Se ele for tomado isoladamente, pode parecer apenas uma força de expressão do evangelista, mas percebe-se que ele é perfeitamente coerente com a linha de pensamento que perpassa todo esse Evangelho. O que está escrito em Jo 1:17 é muito sério. João Batista diz pela pena de João Evangelista, que Moisés nos deu a **lei** (vinda de Javé), mas a **graça** e a **verdade** vieram por meio de Jesus. A construção indica claramente que a lei de Moisés não contém a verdade. A verdade veio por meio de Jesus. Isso é um radical rompimento com a Torah! Os escritos de Paulo partem dessa premissa!

O verso 18, seguindo a linha do verso 17, afirma que a lei de Moisés está distante da verdade: "***Deus nunca foi visto por alguém. O filho unigênito, que está no seio do pai, este o fez conhecer.***" Esta afirmação, ao contrário da anterior (que é genérica) é bastante específica. Ele (João Batista) está chamando Moisés, ou quem quer que tenha escrito o Pentateuco, de desconhecedor da verdade celestial, no mínimo. Em Gênesis está escrito que Abraão recebeu *deus* em sua casa, portanto ele o teria visto. Jacó não só teria visto *deus*, como lutou com ele uma noite inteira (e *deus* não conseguiu vencê-lo). Jacó, quando da primeira vez em Betel, disse ter visto a face de *deus*. O Evangelho de João está a nos dizer que "*Deus nunca foi visto por alguém*" (confirmado por *1Jo 4:12*). Para João Batista (segundo o Evangelho de João) as teofanias citadas na lei de Moisés não são verdadeiras, pois ele afirma claramente – repito – que "*Deus nunca foi visto por alguém.*"[5] Em Mt 11:27, Jesus diz "*... e ninguém conhece o Pai, senão o Filho e aquele a quem o Filho o quiser revelar.*" Então quem era a entidade que se apresentou como *deus* aos patriarcas? Paulo – como visto no capítulo anterior –disse que a lei foi dada a Moisés por um "anjo" e não por Deus. Somente essas passagens já são motivos de sobra para uma investigação mais profunda sobre a identidade de Javé!

Em busca da identidade de Javé

Nos capítulos anteriores deste livro foram vistas as ações de Javé ao longo da história do antigo Israel. Ficou claro que se trata de uma entidade voltada para a *matança*, a *vingança*, a *limpeza étnica* e, portanto, avessa à *vida*, ao *perdão* e à *integração dos povos*. Quem leu pelo menos Êxodo e Josué não tem como aceitar Javé como Deus. Ele pode ser um dos inúmeros deuses cananeus, que escolheu um único povo para si dentre toda a população do planeta. Um povo que nunca lhe foi inteiramente fiel. A história do antigo Israel é toda ela marcada por uma relação tensa entre Javé e seu povo, consubstanciada em alianças rompidas e refeitas e, concretamente, pelo não cumprimento das promessas "divinas".

O que está escrito na Bíblia Hebraica – Antigo Testamento – é a ação de um *deus* em nada diferente dos outros deuses da região, que se comprazia com as guerras, a vingança e a destruição. Um *deus* que adorava se gloriar no sangue dos povos que escolhia como inimigos. Isso não tem nada a ver com o Deus de Jesus.

A Crítica Bíblica

Inúmeros estudiosos, tanto laicos como piedosos cristãos, ao longo dos últimos quinze séculos, vêm se sentindo incomodados com a brutal diferença entre o *deus* do Antigo Testamento e o Deus pregado por Jesus.

O historiador bíblico *Werner H. Schimidt*, em seu livro *Introdução ao Antigo Testamento*, lançado no Brasil pela Editora Sinodal em parceria com a Faculdade Est da Igreja Evangélica de Confissão Luterana no Brasil (1994), fala da falta de unidade do conjunto de livros que compõem o Antigo Testamento. Para ele (e para muitos outros estudiosos) é impossível derivar uma teologia uniforme de um livro tão multiforme e multifacetado como o Antigo Testamento. Ele afirma: "É difícil sistematizar os enunciados do AT, sendo mais difícil ainda fundi-los num só conceito." (p. 349). Mas além da falta de unidade (narrativa e teológica) do AT, o Dr. Schimidt ataca o problema da descontinuidade entre o AT e o NT:

A continuidade entre o AT e o NT apresenta problemas. Na Igreja o AT é um livro estimado, mas também controvertido, e desde cedo foi ao mesmo tempo reconhecido e visto criticamente pela cristandade. A cristandade tem um relacionamento tenso com o AT, marcado por aceitação e negação, concordância e discordância. O AT contém aspectos que podemos assumir incondicionalmente e aspectos que dificilmente podemos reafirmar.

(...)

A comunidade cristã primitiva aceitou o AT naturalmente e o relacionou consigo mesma – movida por três percepções fundamentais: o Deus do AT é o Pai de Jesus; Jesus é o messias prometido, o cristo; e a nova comunidade é o verdadeiro povo eleito de Deus. (SCHIMIDT, 1994, p. 353).

Werner H. Schimidt é um teólogo luterano alemão, Doutor em história da religião do antigo Israel, professor de Antigo Testamento em Viena na Áustria e Bonn na Alemanha. Para ele o problema está na *primeira percepção*. Se o Deus do AT fosse realmente o Pai de Jesus, não haveria descontinuidade com o NT. Notem que a nascente comunidade cristã exibiu logo duas grandes diferenças com o judaísmo: os sacrifícios a Deus acabaram, não porque simbolicamente Jesus os substituiu por sua morte na cruz (isso foi uma justificativa dada pelos Pais da Igreja), mas porque o Cristo não via importância neles para se alcançar a salvação; a circuncisão da carne foi substituída pelo batismo como "sinal de integração na comunidade". Com isso o cristianismo nascente suspendeu os rituais mosaicos e tirou da lei seu caráter de estatuto incontestável sob pena de morte, fazendo de sua negação, seu ponto de partida. O Dr. Schimidt não refuta que o cristianismo seja uma continuidade histórica do judaísmo, mas considera que em termos de conteúdo, representa uma descontinuidade (p. 354).

A Crítica Bíblica elevada começou com Spinoza no século XVII, mas foi no Iluminismo (século XVIII) que ela alcançou um nível de elaboração mais sofisticado. Kant, por exemplo, percebeu que o judaísmo desconhece "a fé em uma vida futura". Na sua visão, a salvação para os judeus está secularizada por expectativas imanentes. Eles ainda esperam um messias que faça de Israel a maior nação do Mundo. Para o cristianismo, a esperança em outra vida, futura e eterna, é a base de sua escatologia. O Messias dos cristãos já veio e o reino que ele anunciou, foi o reino dos céus, que se alcança não pela circuncisão ou pelo cumprimento das regras da lei mosaica, mas pelo amor a Deus e ao próximo. Desse ponto de vista, não há como juntar Javé e Jesus.

Nos tempos de Kant, estavam consolidados no ambiente acadêmico três motivos para a rejeição do Antigo Testamento como obra divina: *o particularismo nacionalista*, que fazia de Javé um *deus* menor, de apenas um povo e não de todo o universo; *o legalismo*, que submetia as pessoas a mais de 600 preceitos humanos, contra os quais Jesus se rebelou; *a imanência* (no sentido do que é inerente ao mundo material), pois os judeus não acreditavam em uma vida futura, mas na gloria material (histórica) de Israel.

Baruch Spinoza (1632-1677) foi um dos grandes racionalistas do século XVII, ao lado de *monstros sagrados* como René Descartes e Gottfried Leibniz. Sua visão de Deus como substância única que a tudo perpassa lhe valeu o epíteto de panteísta. De família judia, oriunda de Portugal, com pai comerciante e de posses consideráveis, foi excomungado da comunidade judaica de Amsterdã, Holanda – cidade onde nasceu e viveu – por ser considerado herege (julho de 1656). Sua obra principal, de publicação póstuma (1677), *Ethica Ordine Geometrico Demonstrata* (Ética demonstrada à maneira dos Geômetras) traz esse conceito de "Deus em tudo e tudo em Deus". Em síntese, as opiniões de Spinoza sobre as Escrituras Judaicas se resumem em três grandes teses: a Bíblia foi escrita por homens inseridos na história e não por Deus; O Pentateuco não foi escrito por Moisés, mas bem depois de sua provável existência; os milagres citados na Bíblia são todos explicados pelas leis naturais que, segundo as próprias Escrituras, são fixas e imutáveis. Spinoza inaugurou o que chamam hoje de "Crítica Bíblica". Ao considerar o Pentateuco uma obra histórica e não sobrenatural, abriu espaço para estudá-lo com os métodos históricos e literários laicos, o que veio evidenciar suas contradições e anacronismos, sem falar no inexplicável gosto pela morte de um *deus* sedento por sangue de pessoas e animais. Spinoza foi um pioneiro na detecção da descontinuidade entre o Antigo e o Novo Testamento. Por suas ideias, escapou por pouco de uma tentativa de assassinato. As posições de Spinoza abriram um largo caminho para o estudo científico das Escrituras. A consideração do Pentateuco como documento humano o tornou passível de estudo crítico, deixando para trás a aceitação simplesmente dogmática.

No século XIX com o desenvolvimento da ciência história, da arqueologia, da linguística e de outros instrumentos de Crítica Textual, dividiu-se a Crítica Bíblica em duas grandes linhas: a Alta Crítica e a Baixa Crítica. A primeira, contemplando o estudo da composição e historicidade (incluindo a crítica das fontes) dos textos bíblicos e a segunda, mais ligada à Crítica Textual, buscando estabelecer uma leitura mais próxima dos originais. Hoje os estudiosos se fixam mais na divisão entre Crítica Histórica e Crítica Literária, ambas altamente complementares. No século XVII, além de Spinoza, pensadores como Thomas Hobbes e Richard Simon também combateram a autoria mosaica do Pentateuco e o caráter sobrenatural das Escrituras. No Século XVIII, o médico francês Jean Astruc (1684-1766) defendeu que a base do Pentateuco foi obra de Moisés, mas a redação que chegou até nós veio cheia de acréscimos posteriores, oriundos de duas fontes distintas. Seus estudos serviram de base para o desenvolvimento da Alta Crítica Bíblica que se estruturou no século XIX e que considerou o Pentateuco como obra humana, multifacetada (textual e teologicamente) e escrita em diversos períodos, por diferentes autores. Destacam-se no nascedouro da Alta Crítica Gottfried Eichhorn (1752-1827) e Wihelm Martin Leberecht de Waette (1780-1849). Seus trabalhos serviram de base para a grande síntese feita por Julius Wellhausen (1844-1918), que fundou a teoria das quatro fontes e decifrou o Pentateuco como obra humana. Embora atualmente haja várias restrições ao chamado *Consenso de Wellhausen*, sua teoria continua sendo referência e ponto de partida para os estudos do Antigo Testamento nos principais centros de pesquisa do mundo.

A POSIÇÃO DA IGREJA SOBRE A CRÍTICA BÍBLICA

A Igreja Católica reagiu a esses estudos humanos das Escrituras. O papa Leão XIII (1810-1903), eleito papa em 1878 condenou o estudo da Bíblia fora do contexto teológico e dos limites dos dogmas católicos, através da Encíclica *Providentissimus Deus*, de 1893. Já o papa Pio XII (1876-1958), eleito papa em 1939, através da Encíclica *"Divino Afflante Espiritu"* de 1943 (50 anos depois da *Providentissimus Deus*), não só deu licença ao estudo secular da Bíblia, o que permitiu muitos avanços nessa área, como exigiu o estudo científico – histórico e linguístico – antes de qualquer interpretação dos textos escriturísticos.

Em 1965, na fase final do Concílio Vaticano II, o Papa Paulo VI, no dia 18 de novembro de 1965, em Roma, promulgou a Constituição Dogmática *Dei Verbum* (Sobre a Revelação divina) que, seguindo a linha estabelecida por Pio XII, manteve a autorização e mesmo a indicação para os estudos científicos dos textos bíblicos. Abaixo, o trecho dessa Constituição que trata da *Interpretação da Sagrada Escritura*:

> *12. Como, porém, Deus na Sagrada Escritura falou por meio dos homens e à maneira humana, o intérprete da Sagrada Escritura, para saber o que Ele quis comunicar-nos, deve investigar com atenção o que os hagiógrafos realmente quiseram significar e que aprouve a Deus manifestar por meio das suas palavras.*
>
> *Para descobrir a intenção dos hagiógrafos, devem ser tidos também em conta, entre outras coisas, os «gêneros literários». Com efeito, a verdade é proposta e expressa de modos diversos, segundo se trata de gêneros históricos, proféticos, poéticos ou outros. Importa, além disso, que o intérprete busque o sentido que o hagiógrafo em determinadas circunstâncias, segundo as condições do seu tempo e da sua cultura, pretendeu exprimir e de fato exprimiu servindo-se dos gêneros literários então usados.*

Com efeito, para entender de modo reto o que o autor sagrado quis afirmar, deve atentar-se convenientemente, quer aos modos nativos de sentir, dizer ou narrar em uso nos tempos do hagiógrafo, quer àqueles que costumavam empregar-se frequentemente nas relações entre os homens de então.

Como se vê, a Igreja hoje indica a necessidade do estudo da Bíblia com o uso das ferramentas do moderno método Histórico-Crítico. O documento papal cita explicitamente a Crítica Textual e a pesquisa histórica como instrumentos para se buscar o trabalho original do hagiógrafo. É óbvio que hoje, a Igreja não teria mais poder para impedir a pesquisa científica da Bíblia, mas a sua permissão oficial para esses estudos, ajuda no sentido de que muitos estudiosos católicos, de reconhecida capacidade acadêmica, sentem-se mais à vontade para o desenvolvimento de suas pesquisas, sob a cobertura de uma autorização papal.

Como toda virada de milênio, o mundo vive uma época apocalíptica. Nesses momentos da história, as mentes humanas sentem-se desafiadas a decifrar mistérios e romper com ditames de ordens estabelecidas. Os selos dos mistérios científicos e religiosos – duas faces da mesma realidade – estão sendo abertos. Os perigos de se fazer descobertas e revelações – mesmo sem Inquisição – ainda são muito significativos, mas nada pode barrar a evolução da humanidade que busca a um só tempo, sua origem e seu destino – o alfa e o ômega – que muitos chamam de Deus. O homem moderno não aceita mais que a concepção de *deus* do segundo milênio antes de Cristo, fundamente sua concepção atual de Deus.

Sempre considerei a doutrina e a prática de Jesus completamente distanciadas da doutrina e prática de Javé. Passei muito tempo procurando em Jesus uma resposta sobre a verdadeira identidade de Javé. Finalmente encontrei. Encontrei num texto que já tinha lido várias vezes e que sempre esteve em minha escrivaninha. Isso me fez lembrar uma fábula oriental popularizada no Brasil pelo *Alquimista* de Paulo Coelho: às vezes precisamos fazer uma grande viagem pelo mundo, para só então descobrir que o tesouro que tanto procurávamos sempre esteve em nosso quintal!

PRECEDENTES DA REVELAÇÃO

No capítulo 8 do Evangelho segundo João há dois episódios tão distintos quanto significativos. A primeira parte (8:1-11) trata da conhecida passagem da "mulher adúltera". A segunda (8:12-59) traz a chocante **revelação** feita pelo próprio Jesus sobre a identidade de Javé.

Para que esta revelação fique bem clara, citarei passagens dos capítulos precedentes, notadamente o 6 e o 7. No capítulo 6 Jesus começa a explicitar que seu Deus não é aquele *deus* do Êxodo. Em Jo 6:31 os judeus estão pedindo um sinal de Jesus para que possam acreditar que ele é o Cristo e dão exemplo de um sinal dado pelo *deus* deles:

> *Nossos pais comeram o maná no deserto, como está escrito: 'Deu-lhes a comer pão do céu'.*

Está bem explicado no livro de Êxodo que foi Javé quem mandou o maná do céu para alimentar o povo que vagava pelo deserto. Vejam a resposta de Jesus em Jo 6:32:

> *[...] Em verdade, em verdade vos digo; não foi Moisés quem vos deu o pão do céu; o verdadeiro pão do céu é meu Pai quem vós dá.*

Na primeira parte do verso (*"não foi Moisés quem vos deu o pão do céu"*), Jesus apenas confirma o livro de Êxodo, onde está escrito que foi Javé (e não Moisés) quem mandou o maná. Mas na segunda parte (*"o verdadeiro pão do céu é MEU PAI quem vós dá"*), o Mestre Nazareno diz duas coisas elucidativas: que o maná não era um pão divino verdadeiro; pois o verdadeiro pão do céu quem dá é o PAI de Jesus. E que o Pai de Jesus não é Javé. Não há como tentar um malabarismo exegético para extrair outro significado desta passagem. Se o PAI de Jesus fosse o mesmo Javé, o pão que Javé deu aos nômades no deserto seria também um pão verdadeiro, pois Deus é imutável. Mas a afirmação de Jesus é objetiva: *o verdadeiro pão do céu é MEU PAI quem vós dá.*

Ainda no capítulo 6, verso 48 Jesus afirma: *"Eu sou o pão da vida"* e no verso 49 ele volta a se referir ao pão dado por Javé: *"Vossos pais comeram o maná no deserto e morreram".* Depois de dizer várias vezes que Ele foi enviado por Deus, Jesus afirma no verso 51: *"Eu sou o pão vivo que desceu do céu".* E mais uma vez, faz alusão ao pão da morte enviado por Javé:

> *Este é o pão que desceu do céu, em nada semelhante àquele que os vossos pais comeram e, contudo, morreram; quem comer este pão viverá eternamente. (Jo 6:58).*

Jesus estava falando na sinagoga de Cafarnaum e seu discurso foi tão duro que muitos dos seus discípulos, criados no seio da cultura judaica, se escandalizaram n'Ele. O verso 60 dá conta disso e o 66 diz que *"muitos dos seus discípulos o abandonaram e já não andavam mais com ele".* A verdade que Jesus apresentava era tão forte para os judeus, que muitos dos que o seguiam não suportaram.

Vejam que Jesus se referia a *"Vossos pais".* Sendo judeu, pela tradição ele deveria dizer *"Nossos pais"* já que os ancestrais eram comuns, mas Ele parecia saber de algo sobre os antigos hebreus e seu *deus* Javé que era chocante demais para que Ele se considerasse um deles.

O capítulo 7 começa informando que Jesus andava pela Galileia porque na Judeia as autoridades o procuravam para matá-lo. A relação era de tensão mortal. Não era uma mera divergência doutrinária. Os guardas do Sinédrio estavam sempre à espreita para prendê-lo. Aproximava-se a festa dos Tabernáculos e Jesus enfrentava um momento difícil, perdendo discípulos por não rebaixar o discurso para um tom mais aceitável. Ele enfrentava até a incredulidade dos próprios irmãos (7:5). Várias vezes, neste capítulo (verso 32, por exemplo), os fariseus e os sacerdotes enviaram guardas para prender Jesus e discutiam entre si afirmando que da Galileia não poderia se levantar um profeta; que o Messias deveria vir da aldeia de Belém, onde teria habitado Davi por volta do século X a.C.

Jesus (que chegou a Jerusalém em oculto) se apresentou no templo como figura messiânica e passou a pregar abertamente coisas fortes como: *"Se alguém tem sede, venha a mim e beba"* (7:37), ou *"Quem crer em mim, como diz a Escritura, do seu interior fluirão rios de água viva"* (7:38). As autoridades judaicas e os fariseus consideravam blasfêmia tais afirmações. A guerra estava declarada. É importante dar destaque ao final do verso 28. Jesus voltou a afirmar que seu Deus é diferente do *deus* dos judeus: *"...aquele que me enviou é verdadeiro, aquele a quem vós não conheceis".* Ora, os judeus conheciam seu *deus*, que era Javé. Seus patriarcas haviam estado face a face com ele, mas Jesus afirmou que o Deus que o enviou "é verdadeiro" e que os judeus não o conheciam.

O Capítulo 8 de João

Como já dito, a primeira parte deste capítulo trata do episódio bastante conhecido da mulher adúltera. Jesus, depois da sua apresentação no Templo como pão da vida e água da salvação foi para o Monte das Oliveiras. De madrugada voltou para o Templo e o povo ia a seu encontro e ele ensinava. Aí vieram os fariseus e trouxeram uma mulher que foi apanhada praticando adultério. E o interrogaram sobre o que fazer com ela, lembrando que a lei de Moisés mandava apedrejar mulheres encontradas naquela situação. Jesus disse que quem estivesse sem pecado, fosse o primeiro a lhe atirar pedra. Todos se retiraram. Jesus disse *"vai e não peques mais".*

O embate decisivo:
A causa secular da morte de Jesus

A segunda parte do capítulo 8 começa no verso 12 com Jesus retomando seu discurso no Templo. Ele estava assumindo sua missão de uma forma ameaçadora para os líderes religiosos judeus: *"Eu sou a luz do mundo; quem me segue não andará nas trevas; pelo contrário, terá a luz da vida".* Os fariseus, obviamente, retrucaram dizendo que Jesus dava testemunho de si mesmo, logo esse testemunho não era verdadeiro. Iniciou-se aí o mais radical e profundo debate entre Jesus, os fariseus e seus escribas.

Jesus começa sua resposta com uma aparente ausência de força argumentativa, dizendo que seu testemunho era verdadeiro porque Ele sabia de onde vinha e para onde iria e os fariseus não sabiam. Mas no verso 17 Jesus mostra sua cultura mística abordando a dualidade universal do Uno e do Verso (que ele traduzia como Pai e Filho e Lao-Tsé, como Eu e Ego). Jesus lembra aos fariseus que segundo sua lei, o testemunho de duas pessoas é verdadeiro. Jesus alega que tem dois testemunhos, o d'Ele próprio e o do Pai que o enviou (18). Os fariseus fizeram, então, a pergunta chave: *"onde está teu pai?"* Respondeu-lhes Jesus: *"Não me conheceis a mim nem a meu Pai, se conhecêsseis a mim, também conheceríeis a meu pai"* (19). Duas observações nesta primeira parte do debate: a) Jesus volta a dizer que os fariseus não conheciam seu Deus a quem Ele chamava de Pai; b) Jesus falava do *gazofilácio*, o lugar onde ficavam os cofres do Templo que recebiam as ofertas do povo. Ele desafiava os fariseus diretamente do coração do poder temporal do judaísmo. Ao fazer isso Ele sabia que estava assinando sua sentença de morte, pois os *"príncipes deste mundo"* (Vigilantes) não vivem sem três coisas: o dinheiro, o poder e os prazeres que os dois primeiros itens proporcionam.

Os versos de 21 a 29 narram outra etapa do debate, ainda travado no Templo. O Mestre Nazareno falava em tom enigmático: *"...vós me procurareis, mas perecereis no vosso pecado; para onde eu vou vós não podeis ir"* (21). Os fariseus pensavam que ele ia suicidar-se e Jesus voltou a revelar sua natureza extraterrestre: *"Vós sois cá de baixo, eu sou lá de cima; vós sois deste mundo, eu não sou deste mundo"* (23). E continuou de modo veemente a proferir o que os fariseus consideravam blasfêmias: *"...Se não credes que EU SOU morrereis nos vossos pecados"* (24). Os fariseus fizeram a segunda pergunta chave: *"Quem és tu?"* Jesus respondeu-lhes com outra pergunta: *"O que é que vos tenho dito desde o princípio?"* Essa pergunta é emblemática. A que princípio Jesus se referia? Seria o início de sua vida pública? Os Evangelhos não mostram que ele tenha se revelado aos fariseus nesse início. Estaria Jesus falando de espírito para espíritos (que são eternos)? Ou estaria dizendo que desde o princípio dos tempos Ele havia se revelado para os ancestrais daqueles fariseus, os anjos caídos: Vigilantes e Nefilim? São possibilidades. No verso 28 Jesus diz em linguagem cifrada que quando ressuscitar, todos saberão *"que EU SOU"*. Os fariseus o repudiavam, mas muitos do povo acreditavam em suas palavras e o viam como um enviado de Deus, um profeta messiânico. Para os que acreditavam n'Ele, Jesus fez uma profecia decisiva: *Conhecereis a verdade e a verdade vos libertará.* (Jo 8:32).

Que verdade seria essa? Que Javé não era seu Deus Pai? Seria algo bem mais grave que isso? Vejam que o Mestre Nazareno está afirmando: "*Conhecereis a verdade...*". Não se trata de uma esperança, mas de uma sentença. E cabia justamente a Ele declarar essa verdade, afinal, quem na Terra teria mais autoridade que Ele para fazer essa revelação?

Os judeus objetaram: "*Somos descendência de Abraão e jamais fomos escravos de alguém; como dizes tu: Sereis livres?*" (33). Jesus replicou: "*Em verdade, em verdade vos digo: todo aquele que comete pecado é escravo do pecado*" (34).

Em seguida Jesus diz – sem deixar nenhuma dúvida – que seu Deus é diferente do *deus* farisaico. É sabido de todo estudioso e mesmo de todo leitor da Bíblia que Jesus chamava seu Deus de Pai. Ele fazia isso para destacar a relação paternal de seu Deus para com a humanidade em contraste com a relação de juiz ciumento e vingativo que Javé mantinha com seu povo. A partir desse ponto Jesus começa a revelar a Verdade:

> *Bem sei que sois descendência de Abraão; contudo, procurais matar-me, porque a minha palavra não está em vós. (Jo 8:37).*
>
> *Eu falo das coisas que vi junto de meu Pai; vós, porém, fazeis o que vistes em vosso pai. (Jo 8:38).*

O Mestre não podia ser mais claro: o seu Deus é diferente do *deus* dos fariseus! Essa declaração fez com que o debate se tornasse mais radicalizado de ambas as partes. Os fariseus eram seguidores da entidade Javé a quem consideravam Deus. Jesus acabara de dizer que servia a outro Deus que não o deles (usando sua terminologia Pai = Deus) e Jesus não estava na segurança da Galileia com seus amigos pescadores. Estava no centro do poder judaico, o Templo de Jerusalém.

No decorrer deste capítulo foi visto que Jesus havia enfrentado a lei de Moisés, (como depois o fez Paulo, com maior veemência ainda). Jesus pregou uma doutrina oposta à lei de Talião que serviu de base para a Torah (Pentateuco) e considerou todos aqueles preceitos criações humanas que só serviam para pesar sobre os ombros dos mais humildes. Mostrou que a salvação vinha pela fé no Deus verdadeiro e em seu enviado e, que essa fé se realizava na vida secular pela prática do amor e não do ódio. Agora veremos Jesus reportando-se diretamente ao patriarca Abraão:

> *Mas agora procurais matar-me, a mim que vos tenho falado a verdade que ouvi de Deus; assim não procedeu Abraão. (Jo 8:40).*

O Mestre está dizendo que Abraão não falou a verdade ou, pelo menos, que não conhecia a verdade e por isso não podia apresentá-la. O debate se inflamou ainda mais. Jesus continuou: *"Vós fazeis as obras do vosso pai".* E os judeus replicaram: *"Nós não somos bastardos, temos um pai, que é Deus"* (41). Jesus respondeu: *"se Deus fosse, de fato, vosso pai, certamente, me havíeis de amar; porque eu vim de Deus e aqui estou; pois não vim de mim mesmo, mas ele me enviou"* (42).

Aqui os judeus começaram a usar a mesma terminologia de Jesus: Pai = Deus. Não se trata mais de uma interpretação. Está explícito que, a parir deste ponto, quando Jesus ou os judeus falarem de "Pai" estarão se referindo a Deus (cada qual ao seu). Em seguida, Jesus mais uma vez deixa claro que seu Deus é diferente do *deus* dos judeus: *"se Deus fosse, de fato, vosso pai, certamente, me havíeis de amar (...)".*

JESUS FINALMENTE REVELA A IDENTIDADE DE JAVÉ

O que vem a seguir é a revelação límpida e direta da identidade de Javé. Vejam que os fariseus haviam acabado de dizer *"temos um pai, que é Deus"* e todos sabem que o *deus* dos fariseus era Javé, (YHWH), o *Senhor dos Exércitos.* Não era Marduk, Baal, Osíris, Hórus ou Seth. Pois bem, vejam o que disse Jesus, o Cristo:

> *Qual a razão porque não compreendeis a minha linguagem? É porque sois incapazes de ouvir a minha palavra. (Jo 8:43).*

> *Vós sois do diabo, <u>que é vosso pai</u>, e quereis satisfa-*
> *zer-lhe os desejos. <u>Ele foi homicida desde o princípio</u>*
> *e jamais se firmou na verdade, porque nele não há*
> *verdade. Quando ele profere mentira, fala do que lhe*
> *é próprio, porque <u>é mentiroso e pai da mentira</u>. (Jo*
> *8:44. Grifei).*
>
> *[...]*
>
> *Quem é de Deus ouve as palavras de Deus; por isso não*
> *me dais ouvidos, porque não sois de Deus. (Jo 8:47).*

Os fariseus haviam acabado de dizer que não eram órfãos e que seu pai era Deus. Jesus diz a eles: "*Vós sois do diabo, que é vosso pai*". Depois enumera qualificativos que se encaixam nas ações de Javé descritas no Pentateuco e na OHDtr. E para não deixar dúvidas, diz para os fariseus: "*não sois de Deus*". Ora os fariseus se consideravam de *deus*, só que seu *deus* era Javé e, usando uma terminologia de Jesus eles disseram, no verso 41, que seu pai era *deus* <u>ao que Jesus retrucou afirmando que o pai deles (o *deus* deles) era o diabo</u> (verso 44).

É muito forte, mas é o que está escrito. É uma afirmação tão dura que apenas sua insinuação, expressa no capitulo 6 verso 58 do Evangelho segundo João, fez com que vários discípulos judeus de Jesus o abandonassem. Mas se observarmos as ações de Javé retratadas no Pentateuco e em diversos outros livros do Antigo Testamento, especialmente nos Profetas Anteriores, vere-mos com clareza uma entidade que matava, mentia, se vingava, massacrava pessoas e animais como nenhum ditador da Terra fez igual.

Enquanto estudava Êxodo, Josué e os demais livros da OHDtr, senti náuseas com tanto sangue de inocentes derramado para glória de uma en-tidade que se dizia Deus. Uma entidade de sacrifícios e holocaustos que não conhecia o perdão e não dava uma segunda chance a ninguém. Punia sempre as "faltas" humanas com a morte. E com mortes cruéis, por meio de <u>serrotes; picaretas; degolas a fio de espada; queima de cidades com a população dentro; queima de pessoas em fornos de tijolos; holocaustos de sacerdotes em altares sobre fogueiras feitas de ossos humanos; câmara de fumaça; corte ao meio de mulheres grávidas; pragas sobre populações indefesas; apedrejamentos</u>

e tantos outros exemplos de requintes de crueldades. A qualquer falta do povo a ordem era a pena de morte.

Além de todo esse barbarismo, sua justiça não era reta: tinha dois pesos e duas medidas! Vejam um exemplo. A sua lei previa pena de morte por apedrejamento para o crime de adultério. Davi cometeu adultério e assassinato e Javé o glorificou. A incoerência maior foi quando ele prometeu, primeiro a Abraão, e depois, a Moisés, uma terra que já era habitada por seres humanos, todos filhos do Deus verdadeiro. E para cumprir parte dessa promessa, conduziu as tropas de Josué num dos mais repugnantes genocídios da história! Outro exemplo: sua orientação era a de matar tudo o que tivesse fôlego e queimar todas as edificações e bens de cidades que cultuavam outros deuses. Mas como os invasores israelitas precisavam de escravos e despojos, a uma cidade que se rendeu ele escravizou (e olhem que os israelitas estavam fugindo de uma escravidão no Egito) e as que resistiram mandou matar seus habitantes e incendiar suas construções, mas em várias delas permitiu que as tropas israelitas ficassem com a prata, o ouro, o bronze, o ferro, os rebanhos e, em alguns casos, as mulheres (ver capitulo 3).

Durante esses dois mil anos, quantos cristãos piedosos não sofreram com esse dilema? Mesmo estando explícito que o Deus de Jesus era do amor e do perdão, havia um dogma de que Javé era o Pai de Jesus ou Ele próprio, o que impedia qualquer debate. Vejam aqui apenas um exemplo – extraído de uma passagem já comentada neste capítulo – da descontinuidade doutrinária entre Javé e Jesus: refiro-me ao caso da mulher adúltera. Jesus não a condenou, apenas disse-lhe *"vai e não peques mais"*. Pela lei de Javé ela seria apedrejada sem misericórdia alguma. Se Jesus fosse Javé ou seu filho e seguidor, teria Ele mesmo atirado a primeira pedra.

Como já foi destacado, a partir de Spinoza, estudiosos começaram a levantar questionamentos acadêmicos sobre a Bíblia, evidenciando suas repetições que indicavam junção pura e simples de textos diversos, além de anacronismos; genealogias em duplicidade; incoerência de citações; interpolações; etc. Mas o que incomodava mesmo a todos, embora quase ninguém tivesse coragem de falar, era o fato de Javé ser o oposto de tudo que Jesus representava.

Ao ler o Novo Testamento, percebe-se pelo menos quatro grandes discordâncias (ou descontinuidades) com o Antigo Testamento: a) O combate à lei de Moisés. Jesus e Paulo se colocavam acima da lei, não por arrogância, mas por não verem nela o dedo do Deus verdadeiro e sim um caminho para a morte; b) a não aceitação da ritualística de sacrifícios no Templo como caminho para a salvação; c) Jesus e Paulo combateram o particularismo judaico que considerava que seu *deus* era apenas deles e sua função era colocar os outros povos aos pés de Israel; d) a radical diferenciação da concepção de Deus, que para Jesus era o Pai, em tudo contrário ao papel de algoz ciumento protagonizado por Javé.

A PRESENÇA DO DEUS PAI EM MEIO AO CAOS DAS CONCEPÇÕES DIVINAS

Sei que a leitura deste livro e, em especial, deste capítulo, vai causar grandes reações, mas peço aos cristãos que depois do primeiro impacto, meditem tomando por base a doutrina pregada por Jesus e tenho certeza que verão com clareza a verdade aqui reapresentada, porque quem a apresentou primeiro foi o próprio Cristo e depois, seu apóstolo internacionalista, Paulo. Aos judeus, peço que não encerrem aqui a leitura deste livro, mas que vejam os próximos parágrafos e a Conclusão, onde comento a evolução teológica do conceito de Deus no judaísmo que, com o passar do tempo, se aproximou do Deus do universo. O Javé a que me refiro em todo o desenrolar deste livro é o *deus* cultuado pelos antigos israelitas. Embora o nome Javé (Yhwh) tenha sido mantido pelos judeus de hoje como a denominação sagrada de Deus, a ideia de Deus entre eles mudou, ainda que essa mudança habite sob o peso de uma tradição milenar.

Os que escreveram a maior parte dos livros da Torah e da Obra Histórica Deuteronomista, **terminaram criando um *deus* à sua imagem e semelhança**, com o objetivo de forjar a unidade de uma nação que vivia sempre sob o jugo de potências estrangeiras. Acredito que hoje a grande maioria dos judeus não segue mais aquele *deus* da pedagogia da morte. Embora eles continuem achando que Jesus foi um falso profeta, e continuem mantendo antigos costumes ligados ao javismo ancestral, sua concepção de Deus está bem mais próxima da concepção que Jesus tinha do Pai: um Deus do amor e não da ira.

Parto da premissa – para mim, irrefutável – que há um só Deus (uma única Força) no universo. Os judeus o chamam de Yhwh (com concepções variando ao longo da história). Jesus o chamava de Pai. A grosso modo pode-se dizer: não é Deus que é diferente, são as concepções que os homens tiveram d'Ele ao longo dos milênios que são diferenciadas. Mas nem tudo, neste campo, se resume a "concepções". Se tornarmos nosso modelo de análise mais complexo, acrescentando a ele a possibilidade da existência de uma dimensão espiritual, onde se acham entidades de luz e outras que ainda caminham nas trevas, a concepção de divindade em um dado momento histórico, pode ter sofrido influência de seres dessa dimensão espiritual. Trabalho com a hipótese de que a concepção de *deus* dos antigos israelitas foi fortemente influenciada por uma entidade espiritual que se apresentou a eles como Javé (Yhwh). Do mesmo modo, Osíris no Egito, Marduk na Assíria e Apolo na Grécia, por exemplo, podem ter em suas origens mais remotas, a influência de entidades espirituais específicas e do mesmo padrão vibracional. Indício disso é que a concepção de Deus dos antigos israelitas era a mesma dos outros povos daquele período: um *deus* com características humanas, especialmente as piores.

HOJE A MAIORIA DOS HUMANOS SEGUE O MESMO DEUS!

Os gregos tinham vários deuses, mas adoravam um Deus sem nome (transcendental), a quem Paulo se referiu quando discursou no Areópago de Atenas, beirando os limites do panteísmo: "*nele vivemos e nele nos movemos*". (At 17:16-34).

Os israelitas cultuavam o Javé dos sacrifícios e da lei de Talião, mas alguns de seus profetas em certos trechos de seus livros, deixaram antever um Deus amoroso, como podem ver em Is 66:9-13a ("...*Como a mãe consola o seu filho, assim eu vou consolar vocês.*"), o que destoa completamente do que está escrito, por exemplo, em Os 13:7-8 (*"Tornei-me para eles como um leão; espreito-os como uma pantera no caminho. Eu ataco como uma ursa à qual roubaram os filhotes; rasgo-lhes o invólucro do coração..."*). A definição de Deus que se encontra em Isaías 66:13 é a antítese da definição de Javé contida em Oséias 13:7-8. Este último representa melhor o conceito de Javé expresso no conjunto da Tanakh, mas o trecho de Isaías indica que Deus Pai sempre se manifestou em todas as realidades, mesmo naquelas dominadas por falsos deuses ou, em outras palavras, por concepções errôneas da divindade.

Esse Deus Pai, o Deus do universo, está em todos os lugares. É inegável que ele também está nas Escrituras Judaicas. Não obstante os genocídios e holocaustos que permeiam o Antigo Testamento consegue-se auscultar o Deus verdadeiro nos Dez Mandamentos; em vários provérbios; no Cântico dos Cânticos, em muitos dos Salmos e em algumas mensagens de profetas posteriores com destaque para passagens especiais do citado profeta Isaías. Em trechos de todos esses livros vislumbra-se um Deus diferente da entidade embriagada com sangue que é Javé. A entidade demoníaca a que Jesus se referiu em João 8:44 é aquela que os fariseus apresentavam ao povo, como meio de gerar medo e submissão, baseados em uma tradição remanescente das idades do Bronze e do Ferro I, onde os deuses produziam secas, fomes e mortandades e comandavam pessoalmente exércitos em batalhas, trucidando inimigos declarados e amigos faltosos, "agregando" pelo terror e não pelo amor!

Hoje, tanto judeus como gregos e a maioria dos demais povos do mundo, cultuam o mesmo Deus, embora com nomes e conotações diferenciadas pelas diversas realidades históricas e culturais. E esse Deus não se coaduna mais com Marduk, Baal, Seth ou Javé dos tempos antigos. Esses nomes representavam concepções do divino de outro período histórico, onde ainda imperava a brutalidade sem limites (a *barbarie*). A concepção de Deus mudou em todo o mundo ao longo dos últimos milênios. Jesus foi muito claro ao separar sua concepção de Deus da concepção dos fariseus que o admoestavam. Ele disse: *"Vosso pai é o diabo"* porque a ideia que eles (fariseus) tinham de Deus era a de uma entidade demoníaca, que se deleitava no sangue das pessoas. Por isso Jesus falou ao povo: *"Conhecereis a verdade e a verdade vos libertará"*!

Um *deus* com as características do Javé dos antigos israelitas servia plenamente aos propósitos de hegemonia dos Vigilantes, que sempre quiseram dominar a Terra como *príncipes deste mundo*. Uma hipótese plausível é que a progênie desses anjos caídos tenha escrito partes da Torah e da OHDtr, descrevendo um *deus* algoz e vingativo, que vagava pelo Oriente Médio e norte da África com a espada da ira nas mãos a golpear a misericórdia, fruto do amor. As reações desproporcionais de Jesus quando debatia com certos fariseus, demonstram que ele sabia da presença no planeta de seres das trevas, que cultuavam um *deus* obscuro. Foi isso que Jesus quis dizer à humanidade. Ele não combateu os judeus, mas os Vigilantes incrustados em suas elites. Ele combateu a **concepção** (vigente na época) de um *deus* vingativo e irado que de modo algum é Deus! Ele mostrou, simplesmente, que o Deus verdadeiro é Amor!

QUEM PRENDEU JESUS E ABREVIOU SUA PRESENÇA FÍSICA NA TERRA?

Quando Jesus foi preso no Getsêmani, Ele disse claramente quem O estava prendendo:

> *Tenho estado todos os dias convosco no templo, e não estendestes as mãos contra mim, mas esta é a vossa hora e o poder das trevas. (Lc 22:53).*

Em outra tradução tem-se: "*...mas esta é a vossa hora e a potestade das trevas*". Potestade significa poder; potência; força. Pode ser entendida como autoridade para fazer o bem ou o mal. Esse termo não era usado para autoridades terrenas, mas para seres espirituais, que podiam ser bons ou maus, mas Jesus qualificou o poder (a potestade) que O estava prendendo como "*das trevas*", logo era um poder demoníaco. E quem veio fisicamente fazer a prisão? Observando os quatro Evangelhos (Mc 14:43; Mt 26:47; Lc 22:52 e Jo 18:03) vê-se que foram *os principais sacerdotes; fariseus; anciãos; escribas*, acompanhados de capitães e guardas do Templo. E a quem serviam essas pessoas? A resposta é cristalina: **serviam a Javé**. Agora relembrando as palavras de Jesus: *esta é a vossa hora e a potestade das trevas*. Não poderia ser mais claro!

NOTAS DO CAPÍTULO 8

1. **Evangelho Q.** "Partindo-se da premissa de que o primeiro Evangelho escrito foi o de Marcos, verifica-se que Mateus e Lucas o usaram como fonte. Mas há muito material em Mateus e Lucas que não está em Marcos. Os especialistas passaram a levantar a hipótese de que Mateus e Lucas usaram, além de Marcos, uma outra fonte com sentenças de Jesus. Assim, em linhas gerais, o Evangelho Q é o material comum a Mateus e Lucas que não está em Marcos, denotando ser de uma fonte independente que deve ter desaparecido no final do século I. A denominação "Q" vem de *Quelle*, que significa *fonte* em alemão..." (F. P. FILHO, Jomar, 2009, p.36).

2. Essa decisão do Concílio de Jerusalém representou um grave rompimento com a marca principal da aliança com Javé. Em Gn 17:10-11 está escrito: "*Esta é a minha aliança, que guardareis entre mim e vós e a tua descendência: todo macho entre vós será circuncidado. Circuncidareis a carne do vosso prepúcio; será isso por sinal de aliança entre mim e vós.*" No verso 13 Javé diz que sua aliança será marcada na carne e será perpétua. No verso 14 vem a proclamação decisiva: "*O incircunciso, que não for circuncidado na carne do prepúcio, essa vida será eliminada do seu povo; quebrou a aliança.*" Assim, quando o Concílio de Jerusalém decidiu aceitar incircuncisos para a fé em Cristo, estava indicando uma desobediência frontal a um preceito inarredável da lei ditada por Javé. Pedro e Tiago, concordando com Paulo, quebraram a aliança em prol da graça de Cristo. Mas outros cristãos judaizantes ainda insistiram que os gentios que aceitassem Cristo como o Messias, procedessem a circuncisão mutilatória. Paulo os enfrentou de forma vigorosa.

3. Quando aqui (e em todo este Livro) me refiro à "lei", estou falando da Torah, que é o Pentateuco das bíblias cristãs, ou seja, os cinco primeiros livros do cânon judaico: Gênesis, Êxodo, Levítico, Números e Deuteronômio. Esses livros, como abordei na Introdução, são atribuídos a Moisés. Hoje a maioria dos teólogos sabe que não há como defender a autoria mosaica, mas alguns mantêm a tese de que a tradição oral da época de Moisés chegou aos tempos da

realeza (século X a.C.) quando esses livros teriam começado a ser escritos. O certo é que os manuscritos encontrados nas cavernas de Qumran nas cercanias do Mar Morto em 1947 provam que, pelo menos no século III antes de Cristo, esses livros já existiam e tinham o mesmo conteúdo constante nas bíblias atuais. Portanto, nos tempos de Jesus – século I d.C. – a Torah (Pentateuco) já estava plenamente consolidada como literatura sagrada e representava a lei para todos os judeus (descendentes dos antigos israelitas). E eles tinham Moisés como seu inconteste autor. Quando Jesus fala da "*lei*" está claramente se referindo à Torah. Quando fala da "*lei e os profetas*", trata da Torah mais os livros proféticos que, juntamente com os *escritos*, especialmente os Salmos, completam a Tanakh, a Bíblia dos judeus.

4. Na introdução ao livro *Apócrifos II: os proscritos da Bíblia*, a professora Maria Helena de Oliveira Tricca, compiladora da série, fala sobre a linguagem gnóstica de João, Atos e Paulo: "As epístolas de Paulo, o Evangelho segundo São João e os Atos dos Apóstolos estão cheios de expressões gnósticas..." Ela apresenta uma extensa lista dessas expressões.

5. Essa passagem de João (também citada no capítulo 7) ressalta mais uma das **contradições** da Torah, que relata varias teofanias, como as listadas no livro de Gênesis, mas afirma categoricamente em Êxodo 33:20 que ninguém pode ver *deus* e continuar vivo.

CONCLUSÃO

> *Quando afiar a minha espada reluzente e tomar a minha aljava, vingar-me-ei dos meus inimigos e darei a paga aos que me odeiam; embriagarei de sangue as minhas flechas, minha espada se saciará de carne, do sangue das vítimas e dos prisioneiros, das cabeças dos chefes inimigos. (Dt 32:41-42).*

As palavras da citação acima, não foram pronunciadas por Nero, o incendiário; Átila, o huno; Gengis Khan, o mongol e nem por Napoleão, o conquistador. As palavras ensandecidas acima foram ditas por Javé. Elas se encaixam perfeitamente na denúncia feita por Jesus no Evangelho segundo João, quando o Mestre Nazareno, arriscando sua própria vida, disse aos fariseus quem era o pai deles (Javé):

> *Vós sóis do diabo, que é vosso pai, e quereis satisfazer-lhe os desejos. Ele foi homicida desde o princípio e jamais se firmou na verdade, porque nele não há verdade. Quando ele profere mentira, fala do que lhe é próprio, porque é mentiroso e pai da mentira. (João 8:44).*

Trata-se de um *deus* com letra minúscula, que vivia embriagado com sangue, muito mais que suas flechas; um *deus* sedento pelo cheiro de carne queimando, fosse animal ou humana. Agora dá para entender com mais clareza o que Jesus disse, nesse mesmo Evangelho, no capítulo 10:

> *Todos quantos vieram antes de mim são ladrões e sal-*
> *teadores; mas as ovelhas não lhes deram ouvido. Eu*
> *sou a porta. Se alguém entrar por mim, será salvo;*
> *entrará, e sairá, e achará pastagem. O ladrão vem so-*
> *mente para roubar, matar e destruir; eu vim para que*
> *as ovelhas tenham vida e a tenham em abundância.*
> *(Jo 10:8-10. Grifei).*

Ora, mas quem veio antes de Jesus? As notas de algumas bíblias dizem que foram os falsos messias, mas quais? Antes de Jesus, são citados – no panorama religioso – os patriarcas, os profetas e o próprio Javé! Não há como fugir dessa verdade. Está escrito. E a comprovação é que todos estes – patriarcas, profetas e Javé – **pilharam**, **mataram** e **destruíram**. Por onde passaram, deixaram um rastro de saques, mortes e dor. A Bíblia não esconde isso, pelo contrário, revela com letras gigantes. Jesus se opôs frontalmente a esses que vieram antes dele, fazendo um contraponto com a morte que eles representavam: "*O ladrão vem somente para roubar, matar e destruir; eu vim para que as ovelhas tenham vida, e a tenham em abundância.*"

VOLTANDO A
1CR 21:1 E 2SM 24:1

No capítulo cinco, onde trato do "diabo na tradição judaico-cristã" há uma relação reveladora entre duas passagens paralelas da Bíblia Hebraica. Relembrando que os livros de Crônicas são reproduções, às vezes literais, dos livros de Samuel e Reis, que lhes são anteriores. Vejam o que diz 2Sm 24:1.

> *Tornou a ira do Senhor a acender-se contra os israe-*
> *litas, e ele incitou a Davi contra eles, dizendo: Vai,*
> *levanta o censo de Israel e de Judá.*

Agora vejam o texto paralelo de 1Cr 21:1.

> *Então, Satanás se levantou contra Israel e incitou a*
> *Davi a levantar o censo de Israel.*

As notas de pé de página das bíblias cristãs reconhecem que o autor de Crônicas colocou o nome *Satanás* no lugar do nome de *Yhwh*. A explicação dada é que já naquela época (da edição do livro de Crônicas) os autores judeus não admitiam mais atribuir o mal a seu *deus*, por isso substituíram "*a ira do Senhor*" de 2Sm 24:1 por *Satanás* de 1Cr 21:1.

Mas depois de tudo que analisamos, não restaria outra hipótese? Não estaria o autor de Crônicas reconhecendo que o irado Javé é o próprio Satanás? Pelo menos foi isso que ele escreveu, mas deve-se levar em conta que a intenção do autor (o que ele quis dizer) é sempre passível de discussão, especialmente quando seu texto vem de tempos antigos. Pode-se considerar, por exemplo, que o nome *Satanás* foi usado no sentido de *o adversário*, significado que a palavra tinha na época. E, realmente, em 2Sm 24:1, Javé está no papel de adversário de Israel. Acontece que esse foi o papel que a teologia judaica veio atribuir a Satanás. Daí surge um novo rol de hipóteses, algumas interligadas. Por exemplo: é plausível que, pelo fato da Bíblia Hebraica ser obra de vários autores, algum seguidor do Deus Pai possa ter usado essa passagem (1Cr 21:1) para denunciar Javé, fato que escapou das recensões (revisões críticas) rabínicas, dando combustível para uma discussão exegética de difícil conclusão. É certo que, se todos os livros da Bíblia possuem o mesmo *status* de escritura inspirada, temos um livro da Bíblia (Crônicas) partindo de outro (2Samuel) dizendo que a *ira de Javé* é o próprio *Satanás*. Embora o significado dessa mudança feita em Crônicas, ainda seja passível de muito debate, não custa relembrar as palavras de Jesus citadas acima: "*todos que vieram antes de mim são ladrões e salteadores*".

QUEM MATOU MAIS, JAVÉ OU O DIABO?

Em julho de 2010, o pesquisador americano Steve Wells publicou o livro ***Drunk With Blood: God's Killings in the Bible*** (Embriagado com Sangue: Assassinatos de Deus na Bíblia), ainda sem edição no Brasil. Nele consta uma estatística estarrecedora: o autor contou quantas pessoas Javé matou, mandou ou deixou matar. Informo ao leitor que os números que apresento aqui exibem diferenças em relação aos números da *obra* citada, pois trabalhei com as tabelas divulgadas nos sites (abaixo relacionados) e corrigi algumas passagens de acordo com as traduções bíblicas disponíveis em português.

Por que Jesus chamou o pai dos fariseus (Javé) de *"homicida desde o princípio"*? Estaria o Mestre Nazareno exagerando em sua denúncia? A tabela a seguir mostra que Jesus tinha razão. Javé está entre os maiores assassinos da história. E ele matou muito mais que os números da citada tabela, pois sua sede por sangue deve ter servido de inspiração para muitos dos grandes massacres já perpetrados contra a humanidade.

Jesus lutou bravamente contra ele e chamava seus seguidores de *raça de víboras* – foi crucificado. Paulo lutou bravamente contra ele e disse que a sua lei era o *aguilhão do pecado* – foi martirizado. Veremos a seguir apenas os assassinatos de Javé que estão registrados numericamente na Bíblia. Somente esses serão suficientes para termos uma noção mais clara da revolta de Jesus e Paulo contra esse *Mestre das Trevas*, que enganou os antigos israelitas, se apresentando como seu *deus*. É bom lembrar o alerta feito no livro de Enoque, onde o profeta *que andou com Deus* diz que os Vigilantes enganaram os homens, fazendo com que adorassem/sacrificassem a demônios como se fossem deuses:

> *E sendo numerosos em aparência, fizeram os homens errarem, oferecendo sacrifícios aos demônios como a deuses. (1Enoque, 19:2).*

Wells só contabilizou as mortes numericamente definidas na Bíblia. Ficaram de fora dessas cifras os milhões que morreram no dilúvio; as vítimas de Sodoma e Gomorra e os que tombaram nas inúmeras chacinas que a Bíblia cita sem dar explicitamente o número dos que perderam a vida. A pesquisa, baseada unicamente na Bíblia, mostra que **Javé matou** (ou deixou matar) **2.460.484** pessoas no AT (o número da tabela orginal é um pouco maior). O autor identificou três mortes atribuídas a *deus* no NT: Ananias e Safira em At 5:1-10 e Herodes em At 12:23. Assim, segundo Wells, o que ele chama de *"deus* da Bíblia" matou 2.460.487 pessoas (esse autor não faz a distinção entre o Deus de Jesus e Javé como faço aqui). Mas o curioso é que Wells pesquisou também quantas pessoas o diabo matou e só encontrou 10 vítimas (os dez filhos de Jó, que Satanás tirou a vida com a permissão de Javé).

Steve Wells apresenta uma estimativa paralela para os mortos nas chacinas e eventos extraordinários, para os quais a Bíblia não fornece o número de vítimas. Aí a coisa é mais estarrecedora ainda. Usando uma projeção bastante acanhada, ele chegou ao incrível número de **24.667.356** pessoas (no AT). Wells criou o site A Bíblia Anotada do Cético, "The Skeptic's Annotated Bíble" (*http://SkepticsAnnotatedBible.com*) e é autor do blog, "A diminuição na incredulidade" (*http://dwindlinginunbelief.blogspot.com*). Neste último, desde 2008, encontra-se a tabela com todos os eventos onde Javé matou, mandou ou deixou matar pessoas, com os respectivos números e referências escriturísticas. Reproduzo a seguir essa tabela (com as correções que destaco abaixo) para que o leitor verifique as informações em sua própria Bíblia. Na primeira coluna de números (que chamo de coluna 1), ele coloca somente as cifras que são explicitadas na Bíblia. Na segunda coluna numérica (coluna 2), ele coloca suas estimativas para os eventos que a Bíblia não apresenta uma contabilidade. Ao final, ele cita a passagem onde o diabo matou, com o consentimento de Javé, os dez filhos de Jó. O leitor, ao conferir passagem por passagem, vai visitar os horrores causados por uma entidade que até hoje é tida como Deus, mas que Jesus revelou ser o *pai da mentira* e *assassino desde o princípio.*

Corrigi as seguintes passagens: na linha 60 (1Sm 6:19), Wells, baseado na versão dos LXX, apresenta um número de 50.070 mortos. Nas traduções mais comuns para o português aparece o número de 70 com o qual fiquei (para coluna 1). Na linha 79 (2Sm 8:5 – 10:18), Wells contabiliza 65.850 mortes, mas nas traduções para o português essa passagem aponta para 80.000 mortes (22.000 em 2Sm 8:5; 18.000 em 8:13 e 40.000 em 10.18). Na linha 73 (1Sm 31:1-6) Wells destaca 4 mortes na coluna 1, mas foram 5. Ele esqueceu o escudeiro. Na linha 84 (2Sm 23:8-39) só encontram-se explicitadas 1.103 mortes (800 no vs. 8; 300 no vs. 18; 3 nos vs. 20-21). Na linha 125 (2Cr 24:20-25) ele destaca uma morte na coluna 1, mas são duas – ele deixou de incluir Joás. Por fim, acrescentei, na linha 126, 20 mil mortes praticadas pelo rei de Judá, Amazias, seguidor de Javé (2Cr 25:11-12). Os 3 mil mortos pelos israelitas que foram dispensados do exército de Amazias (2Cr 25:13), não foram contabilizados, pois não estavam sob as ordens de Javé.

A caracterização de Javé como *deus* da morte – é bom frisar – não é uma descoberta de Steve Wells. Ela está presente em quase todos os livros da Bíblia Hebraica como destacado nos capítulos anteriores. Até nos escritos sapienciais, como os salmos, onde encontram-se vários deles falando de misericórdia e amor, tem-se outros com descrições claras de uma divindade cruel e impiedosa:

> *"O Senhor, à tua direita, no dia da sua ira, esmagará os reis. Ele julga entre as nações; enche-as de cadáveres; esmagará cabeças por toda a terra." (Sl 110:5-6 [Católico 109:5-6], sobre as ações de Javé).*

ASSASSINATOS DE JAVÉ REGISTRADOS NA BÍLBIA. Pesquisa de Steve Wells*

*As correções estão acompanhadas de observações explicativas entre parêntesis.

Evento	Síntese da passagem	Referência bíblica	Nº de mortes definido na Bíblia	Número estimado de mortes
1	Dilúvio e a arca de Noé.	Gn 7:23	-	20.000.000
2	Abraão faz guerra contra quatro reis para resgatar Ló.	Gn 14:17-19	-	1.000
3	Destruição de Sodoma e Gomorra.	Gn 19:24	-	2.000
4	A mulher de Ló.	Gn 19:26	1	1
5	Er, por ser mau aos olhos do "Senhor".	Gn 38:7	1	1
6	Onã, por derramar seu sêmen no chão.	Gn 38:10	1	1
7	Javé mandou sete anos de fome ao mundo.	Gn 41:25-57	-	70.000
8	A 7ª praga no Egito: chuva de pedras.	Ex 9:25	-	300.000
9	A 10ª praga no Egito: Javé matou todos os primogênitos. (Obs.: faltou estimativa para as outras pragas).	Ex 12:29-30	-	500.000
10	Javé afogou o exército egípcio.	Ex 14: 7-28	600	5.000
11	Guerra contra os amalequitas.	Ex 17:13	-	1.000
12	Morte aos adoradores do bezerro de ouro.	Ex 32:27-28	3.000	3.000
13	Javé feriu o povo por causa do bezerro de ouro.	Ex 32:35	-	1.000
14	Javé queimou os filhos de Arão até a morte.	Lv 10:1-3	2	2
15	Um blasfemador é apedrejado até a morte.	Lv 24:10-23	1	1

16	Javé queimou pessoas por reclamarem da sorte.	Nm 11:1	-	100
17	Javé mandou praga sobre quem reclamou da comida.	Nm 11:33	-	10.000
18	Dez espias são mortos por seu relatório honesto.	Nm 14:36-38	10	10
19	Um homem, por tirar lenha no sábado.	Nm 15:32-35	1	1
20	Opositores enterrados vivos com os seus.	Nm 16:29-3	3	9
21	250 queimados até morte por queimarem incenso.	Nm 16:35	250	250
22	Por reclamarem dos assassinatos de Javé.	Nm 16:49	14.700	14.700
23	Massacre do povo de Arade.	Nm 21:1-3	-	3.000
24	Javé mandou serpentes contra o povo.	Nm 21:6	-	100
25	Duplo homicídio de Finéias e massacre de Javé.	Nm 25:1-11	24.002	24.002
26	Massacre dos midianitas. Ódio contra quem poupou as mulheres.	Nm 31:1-35	6	200.000
27	Javé matou lentamente (em 38 anos) o exército israelita.	Dt 2:14-16	-	500.000
28	Javé destruiu os gigantes.	Dt 2:21-22	-	5.000
29	Javé matou rei Sion e todo seu povo (não restou um vivo).	Dt 2:33-34	1	5.000
30	Morte ao rei Ogue e seu povo (60 cidades).	Dt 3:3-6	1	60.000
31	O massacre de Jericó.	Js 6:21	-	1.000
32	Acã e família são apedrejados.	Js 7:10-12; 24-26	1	5
33	O massacre de Ai.	Js 8:1-25	12.000	12.000
34	Javé "parou o sol" para Josué continuar matando.	Js 10:10-11	-	5.000

35	Cinco reis pendurados em árvores.	Js 10:26	5	10.000
36	Josué matou tudo que respirava por ordem de Javé.	Js 10:28-42	7	7.000
37	Jabim, Jababe e o povo de 20 cidades.	Js 11:8-12	2	20.000
38	Anaquim: mais gigantes mortos.	Js 11:20-21	-	5.000
39	Javé entregou cananeus e ferezeus.	Jz 1:4	10.000	10.000
40	O massacre de Jerusalém.	Jz 1:8	-	1.000
41	Cinco massacres, um casamento e carros de ferro.	Jz 9:1-25	-	5.000
42	Javé entregou Cusã-Risataim.	Jz 3:7-10	1	1.000
43	Ehud enviou uma mensagem.	Jz 3:15-52	1	1
44	Javé ofereceu dez mil moabitas.	Jz 3:28-29	10.000	10.000
45	Sangar matou 600 filisteus com um aguilhão.	Jz 3:31	600	600
46	Javé massacrou Sísera e seu exército diante de Barak.	Jz 4:15-16	-	1.000
47	Jael enfiou, covardemente, uma estaca no crânio de Sísera.	Jz 4:18-2	1	1
48	Gideão. Javé colocou a espada de cada homem contra seu companheiro (Obs.: Aqui o número é estimado com base em Jz 7:12).	Jz 7:22	120.000	120.000
49	Cidade massacrada. Mil queimaram em câmara de fumaça por causa de um espírito maligno enviado por Javé.	Jz 9:23-57	1.001	2.000
50	O massacre dos amonitas.	Jz 11:32:33	-	20.000
51	Filha do juiz Jefté.	Jz 11:29-39	1	1
52	42 mil por não passarem no teste.	Jz 12:4-7	42.000	42.000
53	Sansão matou 30 homens para roubar-lhes as roupas.	Jz 14:19	30	30
54	Sansão matou mil homens com uma queixada de burro.	Jz 15:14-15	1.000	1.000
55	Sansão matou três mil em ação suicida.	Jz 16:27-30	3.000	3.000

56	Guerra civil por uma concubina.	Jz 20:1-37	65.100	65.100
57	Dois massacres, 200 virgens roubadas.	Jz 21:10-14	-	4.000
58	Javé matou os filhos de Eli e mais 34 mil israelitas.	1Sm 2:25; 4:11	34.002	34.002
59	Javé os feriu com hemorroidas.	1Sm 5:1-12	-	3.000
60	Mortos por olharem o interior da Arca (Obs.: O número "50 mil" não é explícito em todas as traduções. Wells, com base em traduções antigas, admite 50.070 também na coluna 1).	1Sm 6:19	70	50.070
61	Javé fez cair trovão sobre os filisteus	1Sm 7:10-11	-	1.000
62	Javé acendeu ira em Saul: massacre dos amonitas.	1Sm 16:6-13	-	1.000
63	Jônatas matou vinte.	1Sm 14:12-14	20	20
64	Javé forçou os filisteus a matarem uns aos outros.	1Sm 14:20	-	1.000
65	O genocídio amalequita.	1Sm 15:2-3	-	10.000
66	Samuel despedaçou Agague.	1Sm 15:32-33	1	1
67	Davi matou Golias.	1Sm 17:51; 2Sm 21:19	1	1
68	Davi pagou dote com 200 prepúcios filisteus.	1Sm 18:27	200	200
69	Javé disse para Davi: fere os filisteus.	1Sm 23:2-5	-	10.000
70	Javé matou Nabaal e Davi conseguiu esposa e mais...	1Sm 25:38	1	1
71	Davi e mais um genocídio contra os filisteus.	1Sm 27:8-11	-	60.000
72	Davi passou o dia maltratando ama-lequitas.	1Sm 30:17	-	1.000
73	Morte de Saul, seus três filhos, seu escudeiro e todos os seus homens (Obs.: Wells só admite 4 na coluna 1).	1Sm 31:1-6	5	100
74	Davi mata um mensageiro.	2Sm 1:15	1	1
75	Davi matou Recabe e Baaná. Cortou suas mãos e pés e pendurou os corpos.	2Sm 4:12	2	2

76	Javé ajudou Davi a ferir os filisteus.	2Sm 5:19-25	-	2.000
77	Javé matou Uzá por este ter impedido a queda da Arca.	2Sm 6:6-7; 1Cr 13:9-10	1	1
78	Davi matou os prisioneiros moabitas pelo tamanho e escravizou o restante.	2Sm 8:2	-	667
79	Javé deu a vitória ao "arrastão" sangrento de Davi (Obs. Wells apresenta um número de 65.850 que não consta nas traduções nacionais).	2Sm 8:5 – 10:18	80.000	80.000
80	Davi matou todos os varões de Edom.	2Sm 8:13; 1Rs 11:15-16; 1Cr 18:12; Sl 60:1	15.000	65.000
81	Davi massacrou os amonitas.	2Sm 11:1; 1Cr 20:1	-	1.000
82	Javé matou um bebê.	2Sm 14:18	1	1
83	Sacrifício de sete filhos de Saul para acabar com a fome de três anos.	2Sm 21:1-9	7	3.000
84	Os valentes de Davi. (Wells considera 1.403 na coluna 1)	2Sm 23; 1Cr 11	1.103	3.400
85	Javé mandou fazer censo e matou 70 mil.	2Sm 24:15; 1Cr 21:14	70.000	200.000
86	Salomão matou Adonias, Joab e Simei, fazendo a vontade de Davi.	1Rs 2:13-25; 28-46	3	3
87	Dois profetas e um castigo.	1Rs 13:11-24	1	1
88	Javé matou outra criança: o filho de Jeroboão.	1Rs 14:17	1	1
89	Familiares de Jeroboão.	1Rs 15:29	-	10
90	Família de Baasa e seus amigos.	1Rs 16:11-12	-	20
91	Zimri queimou até a morte.	1Rs 16:18-19	1	1
92	A seca de Elias.	1Rs 17:1 (ver Lc 4:24 / Tg 5:17-19)	-	3.000
93	Elias matou 450 religiosos em concurso de acender fogueira.	1Rs 18:22-40	450	450

94	Javé e a 1ª derrota dos sírios.	1Rs 20:20-21	-	10.000
95	Javé matou cem mil sírios por chamá--lo de deus apenas dos montes.	1Rs 20:28-29	100.000	100.000
96	Javé matou 27 mil sírios com a queda de um muro.	1Rs 20:30	27.000	27.000
97	Javé enviou um leão para matar um homem.	1Rs 20:35-36	1	1
98	Javé matou Acab por não ter matado um rei capturado.	1Rs 20:42; 22:35	1	1
99	Javé queimou 102 homens por pedirem para Elias descer de uma colina.	2Rs 1:10-12	102	102
100	Javé matou o rei Acazias por ter consultado outro deus.	2Rs 1:16-17; 2Cr 2:7-9	1	1
101	Javé enviou dois ursos para rasgar 42 meninos que zombaram de Eliseu.	2Rs 2:23-24	42	42
102	Javé entregou os moabitas.	2Rs 3:18-25	-	5.000
103	Cético é pisoteado até a morte.	2Rs 7:2-20	1	1
104	Outra fome de sete anos.	2Rs 8:1	-	7.000
105	Jorão, rei de Israel foi morto por Jeú (ver morte de Acazias também por Jeú na linha 124).	2Rs 9:24	1	1
106	Jezabel foi atropelada por Jeú e sua carne foi lançada aos cães.	2Rs 9:33-37	1	1
107	Jeú matou os filhos de Acab: 70 cabeças em dois montões.	2Rs 10:6-10	70	70
108	Jeú matou mais familiares de Acab, amigos e sacerdotes.	2Rs 10:11	-	20
109	Jeú matou parentes de Acazias.	2Rs 10:12-14; 2Cr 22:7-9	42	42
110	Jeú matou o resto da família de Acab.	2Rs 10:17	-	20
111	Jeú reuniu seguidores de Baal e depois matou a todos.	2Rs 10:18-25	-	1.000
112	Matã, sacerdote de Baal; Atalaia.	2Rs 11:13:20	2	2

113	Javé enviou leões para comerem os que não o temiam o suficiente.	2Rs 17:25-26	-	10
114	Um anjo de Javé matou 185 mil soldados enquanto dormiam.	2Rs 19:35; Is 37:36	185.000	185.000
115	Javé fez Senaqueribe ser morto por seus filhos.	2Rs 19:37	1	1
116	Josias matou todos os sacerdotes dos lugares altos.	2Rs 23:20	-	100
117	Outra guerra "santa".	1Cr 5:18-22	-	50.000
118	Javé matou meio milhão de soldados de Israel (guerra contra Judá).	2Cr 13:17-18	500.000	500.000
119	Javé matou Jeroboão.	2Cr 13:20	1	1
120	Javé matou 1 milhão de etíopes.	2Cr 14:9-14	1.000.000	1.000.000
121	Javé forçou uma multidão a matar uns aos outros.	2Cr 20:22-25	-	30.000
122	Javé fez as entranhas de Jeorão (de Judá) cair no solo.	2Cr 21:14-19	1	1
123	Javé matou os filhos de Jeorão.	2Cr 22:1	-	3
124	Jeú matou Acazias (de Judá).	2Cr 22:7-9	1	5
125	Joás matou Zacarias. Sírios atacaram Israel e Judá por juízo de Javé (Obs.: Wells não computou a morte de Joás).	2Cr 24:20-25	2	10.000
126	Amazias mata edomitas (Obs.: Wells não computou estes 20 mil, mas Javé estava com Judá. Já os 3 mil citados no verso 13, foram mortos por Israel que não estava com Javé, por isso não foram computados).	2Cr 25:11-12	20.000	20.000
127	Amazias foi morto em Laquis.	2Cr 25:15-27	1	1.000
128	Javé feriu Acaz com os sírios.	2Cr 28:1-5	-	10.000
129	120 mil morreram em Judá por abandonarem Javé.	2Cr 28:6	120.000	120.000
130	A queda de Jerusalém.	2Cr 36:16-17	-	10.000

131	Satanás matou os filhos de Jó com a permissão de Javé.	Jó 1:18-19	10	60
132	Morte do Profeta Ananias.	Jr 28:16-17	1	1
133	A esposa de Ezequiel, o profeta doente de ciúme.	Ez 24:15-18	1	1
TOTAL			**2.460.484**	**24.667.356**

Site: <http://dwindlinginunbelief.blogspot.com>, acesso em 03/03/2011. (Corrigido).

E O DIABO?
QUANTOS ELE MATOU SEGUNDO O AT?

Wells só encontrou dez mortes causadas pelo diabo no Antigo Testamento, que aconteceram com a permissão de Javé (e por isso também estão contabilizadas para ele). Trata-se dos sete filhos e três filhas de Jó. Esse episódio é narrado no livro de Jó 1:1-19. Desse trecho, apresento um resumo:

> *Havia um homem na terra de Uz, cujo nome era Jó; homem íntegro e reto, temente a Deus e que se desvia do mal. Nasceram-lhe sete filhos e três filhas. No dia em que os filhos de Deus vieram apresentar-se perante o Senhor, veio também Satanás entre eles; E disse o Senhor a Satanás: Donde vens? E Satanás respondeu ao Senhor, e disse, de rodear a terra e passear por ela. Perguntou ainda o Senhor a Satanás: Observaste o meu servo Jó? Porque não há ninguém na terra semelhante a ele, homem íntegro e reto, temente a Deus e que se desvia do mal Então Satanás respondeu ao Senhor (...) Estende, porém, a tua mão, e toca tudo o que ele tem, e verás se não blasfema de ti na tua face. E disse o Senhor a Satanás: Eis que tudo quanto ele tem está no teu poder; somente contra ele não estendas a tua mão. E Satanás saiu da presença do Senhor. [...].*

E sucedeu um dia em que seus filhos e suas filhas estavam comendo e bebendo vinho em casa do irmão primogênito, eis, que se levantou grande vento do deserto e deu nos quatro cantos da casa, e caiu sobre os jovens, e eles estão mortos, e só eu escapei para trazer-te a nova.

A pesquisa de Wells tem o mérito da sistematização ordenada das mortes causadas por Javé e pelo diabo na Bíblia. Satanás, que aparece muito pouco no Antigo Testamento, só matou 10 pessoas, enquanto Javé, matou, mandou ou deixou matar **2.460.484** seres humanos, aí incluídos crianças, idosos e mulheres grávidas; escravos, soldados, sacerdotes e reis – estrangeiros e israelitas (as mortes estimadas somam, como já visto, 24.667.356). Javé era uma divindade absoluta, para o bem e para o mal, como ele mesmo disse em **Dt 32:39** (discussão feita no capítulo 5). Já Satanás era um anjo da "corte divina", que foi atormentar Jó com a autorização de Javé. O chefe de Satanás era Javé, que fazia apostas com ele para testar homens bons, como Jó. Quem era o mais maligno dos dois?

Placar das mortes no Antigo Testamento:	
Javé:	2.460.484
Satanás:	10

O ENVIO DE ESPÍRITOS MALIGNOS PARA A TERRA

Até os espíritos malignos mandados para Terra para atormentar os humanos, foram enviados por Javé. A expressão *"espírito maligno"*, no singular ou plural, aparece 14 vezes na Bíblia, distribuída em 13 versículos. Em 7 desses versos localizados no AT os malignos, citados 8 vezes, foram enviados diretamente por Javé. (Jz 9:23; 1Sm 16:14; 1Sm 16:15; 1Sm 16:16; 1Sm 16:23(duas vezes); 1Sm 18:10 e 1Sm 19:9)

A **primeira ocorrência** encontra-se no livro de Juízes, onde Javé manda um espírito mau jogar o povo de Siquém contra Abimeleque.

> *Deus suscitou um **mau espírito** entre Abimeleque e os habitantes de Siquém; e estes se houveram contra Abimeleque. (Jz 9:23).*

As **outras sete ocorrências** (do AT) encontram-se no livro de 1Samuel, às quais citarei por partes.

> *14 Tendo se retirado de Saul o espírito do Senhor, da parte deste um **espírito maligno** o atormentava. 15Então, os servos de Saul lhe disseram: Eis que agora, um **espírito maligno** enviado de Deus, te atormenta. 16Manda, pois, senhor nosso, que teus servos, que estão em tua presença, busquem um homem que saiba tocar harpa; e será que, quando o **espírito maligno**, da parte do Senhor, vier sobre ti, então, ele a dedilhará, e te acharás melhor. (1Sm 16:14-16).*

A Bíblia não poderia ser mais clara. É Javé quem manda um espírito maligno atormentar Saul. Enfatizo: não é Satanás, mas o próprio Javé! Como aceitar um *deus* que manda espíritos malignos atormentar seus filhos? Pela tradição judaico-cristã quem comanda os espíritos malignos é Satanás, que é o chefe dos demônios, mas aqui é Javé que se apresenta como o *Mestre dos Malignos*. Jesus, em todo o seu ministério expulsou espíritos malignos e imundos das pessoas. Ele nunca enviou um para atormentar quem quer que fosse. Em 1Sm 16:23 (**mais duas ocorrências**) tem-se a confirmação do poder exorcista da harpa de Davi, pois quando ele a tocava, o espírito maligno se retirava do corpo do rei (a Bíblia, neste caso, fala claramente de possessão).

> *E sucedia que, quando o **espírito maligno**, da parte de Deus, vinha sobre Saul, Davi tomava a harpa e a dedilhava; então Saul sentia alívio e se achava melhor, e o **espírito maligno** se retirava dele. (1Sm 16:23).*

Na próxima passagem (uma ocorrência), *deus* manda um espírito maligno dominar Saul quando este está com uma lança na mão, na frente de Davi que dispunha apenas de uma harpa.

> *10No dia seguinte apoderou-se dele [Saul] o **mau espírito** de Deus, e teve um acesso de delírio em sua casa. Como nos outros dias, Davi pôs-se a tocar a cítara. Saul, que tinha uma lança na mão, 11arremessou-a contra Davi, dizendo: "vou cravá-lo na parede!" Mas Davi se desviou do golpe por duas vezes. (1Sm 18:10-11).*

Vejamos o início do verso 10 em outra tradução (Bíblia de Estudo Almeida): "*No dia seguinte, um espírito maligno, da parte de Deus, se apossou de Saul...*" Fica claro que a Bíblia revela que Javé é o chefe dos malignos e os utiliza para seus propósitos políticos mesquinhos, como o de derrubar um rei de um estado pobre, pequeno e isolado nas montanhas do sul de Canaã, no longínquo século X antes de Cristo.

A próxima ocorrência é uma repetição de 1Sm 18:10. O *mau espírito* do "Senhor", veio novamente sobre Saul. Estava ele sentado em sua casa, com a lança na mão; Davi tocava a harpa. Saul, então, arremessou-lhe a lança, procurando cravá-lo na parede. Davi esquivou-se e fugiu naquela mesma noite (1Sm 19:9-10). Javé parecia gostar de "*jogos mortais*". Ele já havia mandado antes um espírito maligno se apossar de Saul enquanto Davi tocava harpa e Saul quase o matou. Agora, novamente ele manda um espírito maligno sobre Saul e este, novamente, tentou cravar Davi na parede.

> *9O **espírito maligno**, da parte do Senhor, tornou sobre Saul; estava este assentado em sua casa e tinha na mão a sua lança, enquanto Davi dedilhava o seu instrumento músico. 10Procurou Saul encravar a Davi na Parede, porém ele se desviou do seu golpe, indo a lança ferir a parede; então, fugiu Davi e escapou. (1Sm 19:9-10).*

Espíritos malignos no Novo Testamento

As outras seis vezes em que *"espíritos malignos"* aparecem na Bíblia estão no Novo Testamento (Lc 7:21; Lc 8:2; [At 19:12-16 – quatro vezes]). Eles aparecem em um novo contexto, como causadores de doenças e aflições e sofrem a ação enérgica de Jesus que sempre consegue expulsá-los dos corpos das pessoas possuídas. Em Lucas 7:21 consta que Jesus curou muitos males e doenças e possuídos de espíritos maus: *"Naquela mesma hora, curou Jesus muitos de moléstias, e de flagelos, e de **espíritos malignos**; e deu vista a muitos cegos."* Em Lucas 8:2 encontra-se: *"e também algumas mulheres que haviam sido curadas de **espíritos malignos**..."*. Jesus curava e exorcizava. Esse era seu trabalho diário. A seus discípulos deu instruções de como expulsar os espíritos maus. Em Atos 19:12-16, há uma passagem que envolve a ação do apóstolo Paulo contra os espíritos malignos, que são citados quatro vezes (versos 12, 13, 15 e 16).

> *11Deus fazia milagres extraordinários por intermédio de Paulo, 12de modo que lenços e outros panos que tinham tocado o seu corpo eram levados aos enfermos. E afastavam-se deles as doenças e retiravam-se os **espíritos malignos**. (At 19:11-12).*

Nessa passagem um apóstolo de Jesus expulsa os espíritos malignos. É um contexto completamente diferente do AT, onde Javé, o *deus* dos israelitas, era quem mandava esses espíritos possuírem as pessoas. Na sequência, existem mais referências aos espíritos maus, desta feita eles aparecem debochando de pessoas despreparadas que tentavam expulsá-los, ainda que em nome de Jesus.

> *13Alguns judeus exorcistas que percorriam vários lugares inventaram invocar o nome do Senhor Jesus sobre os que se achavam possessos dos **espíritos malignos**, com as palavras: "Esconjuro-vos por Jesus, a quem Paulo prega." 14Assim procediam os sete filhos*

*de um judeu chamado Cevas, sumo sacerdote, 15mas o **espírito maligno** replicou-lhes: "Conheço Jesus e sei quem é Paulo. Mas vós, quem sóis?" 16Nisto o homem possuído do **espírito maligno**, saltando sobre eles, apoderou-se de dois deles e subjugou-os de tal maneira, que tiveram que fugir daquela casa feridos e com as roupas estraçalhadas. (desnudos, na tradução de Almeida). (At 19:13-16).*

O que se conclui é que os espíritos malignos ou foram enviados por Javé (AT) ou vieram de origem desconhecida e foram rechaçados por Jesus e seus apóstolos (NT). A Bíblia não diz que o diabo enviou espíritos malignos para atormentar o homem. Ela mostra claramente que Javé é o próprio chefe desses espíritos. E aqui não se trata de ter ou não poder sobre essas entidades, pois pode ser argumentado que Javé é o "Senhor" absoluto e tem poder sobre os bons e maus. Isso realmente faz parte dos atributos de Deus, mas observem que Jesus também demonstrou ter poder sobre os malignos, a diferença é que Ele não os mandava possuir e atormentar pessoas, pelo contrário, Jesus os expulsava e libertava as pessoas da possessão. Essas passagens, pouco analisadas pelos exegetas e teólogos, revelam que Javé é, ele próprio, o grande chefe dos espíritos malignos, que serviam bem a seus propósitos menores. Um representante específico do mal (o diabo) era totalmente desnecessário em todo o Antigo Testamento, diante da presença absoluta do *deus* embriagado com sangue, Javé.

MAIS TESTEMUNHOS BÍBLICOS SOBRE O CARÁTER DE JAVÉ

Já foram mostradas atrocidades de toda ordem em livros como Gênesis, Êxodo, Deuteronômio, Josué, Samuel, Reis e Crônicas. Tratar de todo o AT faria deste volume um gigante em páginas, que só cansaria o leitor com repetições, pois os massacres, a ira e as vinganças doentias de Javé, estão por quase todos os livros da Tanakh. Assim, fiz uma análise apenas de alguns (dos mais importantes) livros das Escrituras Judaicas. Mas nesta Conclusão, se faz necessário citar mais algumas passagens de **Levítico, Números, Juízes, Samuel, Reis e Crônicas**. Elas irão completar nosso conhecimento sobre o caráter e a natureza dessa entidade chamada Javé que, por incrível que pareça, ainda é considerada Deus nos dias de hoje.

JAVÉ QUEIMA OS FILHOS DE ARÃO ATÉ A MORTE

Javé adorava sacrifícios humanos. Geralmente ele mandava os israelitas matarem povos inteiros e, às vezes, mandava reis assírios, arameus e babilônios matarem israelitas. Em outras situações ele pessoalmente sacrificava as pessoas. Levítico conta um desses sacrifícios:

> *1Nadabe e Abiú, filhos de Arão, tomaram cada um o seu incensário, e puseram neles fogo, e sobre este, incenso, e trouxeram fogo estranho perante a face do Senhor, o que lhes não ordenara. 2Então, saiu fogo de diante do Senhor e os consumiu; e morreram perante o Senhor. (Lv 10:1-2).*

Arão era nada menos que o irmão de Moisés e pai do sacerdócio hebreu. Depois de ver seus filhos queimados pelo "Senhor", por terem levado incenso em "fogo estranho" que o "Senhor" não pedira, foi proibido por Moisés de assanhar os cabelos e rasgar as vestes (mostrar indignação), do contrário morreria também.

MOISÉS SE ENCHE DE CÓLERA PORQUE MULHERES E MENINOS FORAM POUPADOS

Veja a seguir um retrato-síntese da índole javista representada pela atitude de seu maior líder na Terra, Moisés. O texto bíblico fala por si:

> *1Disse o Senhor a Moisés: 2Vinga os filhos de Israel dos midianitas; depois serás recolhido ao teu povo.*

3Falou, pois, Moisés ao povo, dizendo: Armai alguns de vós para a guerra, e que saiam contra os midianitas, para fazerem a vingança do Senhor contra eles. (...) 6Mandou-os Moisés à guerra, de cada tribo mil, a estes e a Finéias, filho do sacerdote Eleazar, o qual levava consigo os utensílios sagrados, a saber, as trombetas para o toque de rebate. 7Pelejaram contra os midianitas, como o Senhor ordenara a Moisés, 8e mataram todo homem feito. Mataram, além dos que já haviam sido mortos, os reis dos midianitas, Evi, Requém, Zur, Hur e Reba, cinco reis dos midianitas; também Balaão, filho de Beor, mataram à espada. 9Porém os filhos de Israel levaram presas as mulheres dos midianitas e as suas crianças; também levaram todos os seus animais, e todo o seu gado, e todos os seus bens. 10Queimaram-lhes todas as cidades e todos os seus acampamentos. (Nm 31:1-10).

Em seguida, os guerreiros de Israel trouxeram a Moisés e ao sacerdote Eleazar e a todo o povo, os prisioneiros de guerra e os despojos. Lembremo-nos que eles pouparam as mulheres e crianças. Agora vejam como reagiu Moisés a essa atitude de misericórdia dos seus soldados.

13Moisés, e Eleazar, o sacerdote, e todos os príncipes da congregação saíram a recebê-los fora do arraial. 14Indignou-se Moisés contra os oficiais do exército, capitães dos milhares e capitães das centenas, que vinham do serviço de guerra. 15Disse-lhes Moisés: Deixastes viver todas as mulheres? 16Eis que estas, por conselho de Balaão, fizeram prevaricar os filhos de Israel contra o Senhor, no caso de Peor, pelo que houve praga entre a congregação do Senhor. 17AGORA, POIS, MATAI, DENTRE AS CRIANÇAS, TODAS AS DO SEXO MASCULINO; E MATAI TODA MULHER QUE COABITOU COM

ALGUM HOMEM, DEITANDO-SE COM ELE. 18Porém todas as meninas, e as jovens que não coabitaram com algum homem, deitando-se com ele, deixai-as viver para vós outros. (Nm 31:13-18. Grifei).

Moisés, o representante direto de Javé na Terra, se enche de cólera porque os soldados pouparam a vida das mulheres e das crianças. Para ele as mulheres tinham que ser punidas, pois levaram os homens de Israel a adorar outros deuses. Mas isso era uma simples desculpa. Se fosse esse o real motivo, ele não mandaria matar as crianças do sexo masculino, que eram inocentes até do seu doentio ponto de vista. Aqui está embutida uma questão de gênero que se confunde com a sede de sangue de Javé. A mulher é considerada por Moisés como simples objeto sexual do homem. Ele só poupa as meninas e as jovens virgens. As que já haviam coabitado com homem não serviam e deveriam ser descartadas. Sobre as meninas – que iriam crescer e virar mulheres – e as jovens virgens, disse Moisés: *"deixai-as viver para vós outros"*, ou seja, foram dadas aos soldados como um despojo de guerra qualquer. Quanto aos homens, foram todos mortos e suas cidades queimadas.

E sabem quem eram os midianitas? Eram descendentes de Midiã, filho de Abraão e sua segunda mulher, Quetura (Gn 25:2). Midiã era, portanto, irmão por parte de pai de Isaque e de Ismael. A Bíblia junta midianitas e ismaelitas, no episódio da venda de José (Gn 37:28;36). E bem depois dessa época, no tempo dos Juízes, há outra confirmação de que os midianitas eram ismaelitas: Gideão, ao comemorar a vitória sobre os midianitas, fez o seguinte pedido a seus soldados e oficiais: *"Tenho um pedido a vos fazer: que cada um de vós me dê as argolas do vosso despojo. Os inimigos, que eram ismaelitas, usavam argolas de ouro."* (Jz 8:24).

Os ismaelitas eram os descendentes de Ismael, filho de Abraão com a escrava egípcia Agar, que foi expulsa para o deserto a pedido da esposa oficial do patriarca, Sara. Eram, portanto, primos dos israelitas (estes descendentes diretos de Isaque, via Jacó). Lembremo-nos que Javé prometeu a Ismael uma grande descendência e uma grande nação (Gn 21:13; 18). E Ismael habitou no deserto de Parã (Gn 21:21), região provavelmente contígua à terra onde, por muito tempo, habitaram os nômades midianitas. Provavelmente aí ocorreu a mistura dos dois povos. De qualquer modo, tanto midianitas quanto ismaelitas eram primos dos israelitas e mesmo assim, Moisés e, depois Gideão, os massacraram por ordem de Javé.

A INVENÇÃO DA CÂMARA DE GÁS (NA ÉPOCA, FUMAÇA)

O episódio narrado abaixo trata do enfrentamento de Abimeleque contra o povo de Siquém, que se revoltara contra ele, por ser ele um usurpador que, para tornar-se rei, matou seus setenta irmãos em cima de uma pedra ritual. Abimeleque era filho do juiz Gideão com uma concubina de Siquém. Gideão foi um grande juiz israelita, que havia vencido os midianitas com a ajuda de Javé, tendo matado 120 mil deste povo em uma batalha atípica onde usou apenas 300 homens do seu numeroso exército. Abimeleque, herdeiro das qualidades bélicas de Gideão, depois de matar todo o povo da cidade, descobriu que ainda existiam pessoas vivas sob uma torre e aí veio a invenção macabra.

45Todo aquele dia pelejou Abimeleque contra a cidade [Siquém] e a tomou. Matou o povo que nela havia, assolou-a e a semeou de sal. 46Tendo ouvido isto todos os cidadãos da Torre de Siquém, entraram na fortaleza subterrânea, no templo de El-Berit. 47Contou-se a Abimeleque que todos os cidadão da Torre de Siquém se haviam congregado. 48Então, subiu ele ao monte Salmon, ele e todo o seu povo; Abimeleque tomou de um machado, e cortou uma ramada de árvore, e a levantou, e pô-la ao ombro, e disse ao povo que com ele estava: O que me vistes fazer, fazei-o também vós, depressa. 49Assim, cada um de todo o povo cortou a sua ramada, e seguiram Abimeleque, e as puseram em cima da fortaleza subterrânea, e queimaram sobre todos os da Torre de Siquém, de maneira que morreram todos, uns mil homens e mulheres. (Jz 9:45-49).

MORTE DE UM MILHÃO DE ETÍOPES E A PILHAGEM DE GRANDE DESPOJO

Já vimos à exaustão o caráter saqueador dos antigos israelitas que aparecem nas Cartas de Amarna como *'Apirus* que viviam a infernizar as cidades-estado cananeias desde o século XIII a.C. O livro 2Crônicas 14 mostra em uma sangrenta passagem, essa característica do "povo escolhido" e a face terrorista de Javé, num massacre de pelo menos um milhão de etíopes. Aqui, o agente terrestre de Javé é o rei Asa, de Judá. Aquele que mandou queimar os postes-ídolos de Asherah.

> *9Zerá, o etíope, saiu contra eles, com um exército de um milhão de homens e trezentos carros, e chegou até Meressa. 10Então, Asa saiu contra ele; e ordenaram a batalha no vale de Zefatá, perto de Maressa. (...) 12O Senhor feriu os etíopes diante de Asa e diante de Judá; e eles fugiram. 13Asa e o povo que estava com ele os perseguiram até Gerar; e caíram os etíopes sem restar nenhum sequer; porque foram destroçados diante do Senhor e diante do seu exército, e levaram dali mui grande despojo. 14Feriram todas as cidades ao redor de Gerar, POR QUE O TERROR DO SENHOR AS HAVIA INVADIDO; e saquearam todas as cidades, porque nelas havia muita presa. 15Também feriram as tendas dos donos de gado, levaram ovelhas em abundância e camelos e voltaram a Jerusalém. (2Cr 14:9-15. Grifei).*

A Bíblia tem o mérito, repito sempre, de não esconder as mazelas de seus personagens. Aqui está claro que os saques feitos nas cidades ao redor de Gerar, depois que um milhão de etíopes foram mortos, não tinha nenhuma motivação religiosa. Eles saquearam todas as cidades *"porque nelas havia muita presa"* (vs. 14). E é a própria Bíblia quem diz que o TERROR DO SENHOR havia invadido essas pobres cidades. A passagem mostra que, mesmo no período da Monarquia, os israelitas ainda mantinham os costumes das tribos de saqueadores, que matavam povos inteiros para ficar com suas posses.

PASSAGENS BIZARRAS

Há também fatos que seriam pitorescos se não fossem bizarros. Em 1Sm encontram-se duas passagens *sui generis*. A primeira está no capítulo 5, quando os filisteus venceram os israelitas e levaram a Arca da Aliança. Imaginem qual foi a vingança do Senhor? Ele os feriu com hemorróidas nas *partes secretas*:

> *A mão do Senhor pesava sobre os habitantes de Azot; ele os devastou e os feriu de hemorroidas na cidade e no seu território. (1Sm 5:6).*

A segunda, está em 1Sm 18:27. Saul queria entregar Davi nas mãos dos filisteus e para isso prometeu dar sua filha Micol em casamento, mas exigiu um dote no mínimo incomum: 100 prepúcios de filisteus:

> *Antes que expirasse o termo fixado, Davi partiu com seus homens; matou duzentos filisteus e trouxe os seus prepúcios, entregando-os integralmente ao rei, para se tornar seu genro. Saul deu-lhe por mulher sua filha Micol. (1Sm 18:27).*

Sem dúvida, esse foi o dote mais sangrento da história. Esse é o homem que se tornaria o decantado rei Davi. O mandamento *"não matarás"* parece que não era do conhecimento dos israelitas do século X a.C., o que corrobora com a tese de estudiosos da atualidade de que o Tetrateuco (Gênesis, Êxodo, Levítico e Números) foi escrito a partir do século VIII a.C., e Deuteronômio concluído no século VII a.C., no tempo de Josias. Davi viveu séculos depois de Moisés. Se a lei mosaica já existisse, em escrita, como se justifica tanta violação dos seus preceitos mais elevados, como o *"não matarás"*? Davi quer se casar e, para isso vai "bem ali" na Filisteia, como quem vai dar um passeio e mata 200 filisteus para tirar seus prepúcios. Hoje em dia quando um assassino em série mata dez ou vinte pessoas, é um escândalo que nos deixa a todos chocados. Imaginem um homem que mata 200, sem estar em situação de guerra, só para trazer um dote de peles dos pênis dos sacrificados?

O ANJO DA MORTE

No livro 2Reis, tem-se um anjo do "Senhor" usando sua espada sedenta de sangue, agindo na calada da noite contra o exército assírio que fazia cerco a Jerusalém no tempo do rei Ezequias.

> *35Então, naquela mesma noite, saiu o anjo do Senhor e feriu, no arraial dos assírios, cento e oitenta e cinco mil; e quando se levantaram os restantes pela manhã, eis que todos estes eram cadáveres. 36Retirou-se, pois, Senaqueribe, rei da Assíria, e se foi; voltou e ficou em Nínive. (2Rs 19:35-36).*

Para finalizar esta síntese, vejam dois exemplos elucidativos. Javé aceitava de bom grado os votos mais esdrúxulos de seus representantes entre os homens. Quando Moisés vagava pelo deserto, o rei de Arade se levantou contra Israel:

> *2Então, Israel fez voto ao Senhor, dizendo: se de fato, entregares este povo nas minhas mãos, destruirei totalmente as suas cidades. 3Ouviu, pois, O Senhor a voz de Israel e lhe entregou os cananeus. Os israelitas os destruíram totalmente, a eles e a suas cidades; e aquele lugar se chamou Horna. (Nm 21:2-3).*

Que *deus* é esse que concorda com essa proposta assassina? É o mesmo que concordou com outro voto que redundou em mais um sacrifício humano. No livro de Juízes, capítulo 11, se encontra uma situação parecida com a de Nm 21:2-3. Jefté, grande juiz israelita, está em guerra contra o país de Amom:

> *30 Fez Jefté um voto ao Senhor e disse: se, com efeito, me entregares os filhos de Amom nas minhas mãos, 31a quem primeiro da porta da minha casa me sair ao encontro, voltando eu vitorioso dos filhos de Amom, esse será do Senhor, e eu o oferecerei em holocausto. (Jz 11:30-31).*

Aqui fica bem evidente – embora muitos teólogos teimem em negar – que os sacrifícios humanos eram praticados pelos antigos israelitas, ainda que em escala menor que os sacrifícios de animais. O sacrifício humano aparece em situações muito especiais, que envolvem pedidos de vitórias impossíveis, por exemplo. E Javé imediatamente concede os pedidos, demonstrando uma ânsia pelo holocausto humano que lhe será oferecido. O final da história foi a vitória completa do juiz israelita, e...

> *34 Vindo, pois, Jefté a Mispa, a sua casa, saiu-lhe a filha ao seu encontro, com adufes e com danças; e era ela filha única; não tinha ele outro filho nem filha. 35Quando a viu, rasgou as suas vestes e disse: Ah! Filha minha, tu me prostras por completo; tu passaste a ser a causa de minha calamidade, porquanto fiz voto ao Senhor e não tornarei atrás. (Jz 11:34-35).*

Javé não interferiu para salvar a vida da filha de Jefté e ela foi sacrificada. O cheiro de sua carne queimada serviu de paga pela vitória concedida.

Com essas breves passagens completa-se o levantamento sobre o caráter de Javé. O mais grave é que, ainda hoje, em várias partes do mundo, há populações que cultuam deuses que exigem sacrifícios de sangue. Na Índia existem cultos onde os sacerdotes jogam sangue nos quatro cantos do altar e derramam o excedente aos pés do mesmo, igualzinho aos rituais de perdão de pecados prescritos no livro de Levítico. Indícios fortes de que populações humildes dos nossos dias continuam sendo enganadas por falsos deuses.

SATANÁS FOI EXPULSO DO CÉU OU FOI JAVÉ QUEM CAIU?

No capítulo cinco deste livro, que trata do tema "demônio", demonstrei que no AT não existe nenhuma informação de que Satanás, que participava da corte de Javé segundo o livro de Jó, tenha sido expulso do céu e descido para a Terra. A queda de Satanás entrou para nossa cultura religiosa por causa de uma interpretação da narrativa da queda de um dragão em Apocalipse 12, onde o nome de Satanás parece ter sido interpolado ou usado como um símbolo do mau. Essa passagem tem a ver com os anjos caídos do livro de Enoque e não com o Satanás do livro de Jó. Como não temos nenhum autógrafo (manuscrito primevo/original) do livro de Apocalipse, não podemos confirmar se a palavra Satanás foi acrescentada depois. O certo é que a teologia cristã foi obrigada a dar a Satanás o *status* de uma entidade do mal separada de Deus, porque o Deus de Jesus é do bem e não poderia ser responsabilizado pela maldade no mundo, como Javé, que era absoluto. Vejam a gravidade deste problema teológico.

As evidências levantadas por esta pesquisa indicam a possibilidade de que foi Javé quem caiu. Ele próprio seria um anjo caído. Uma entidade que desceu de um mundo mais adiantado, justamente por seus graves defeitos morais, e escolheu algumas tribos nômades dos desertos do Sinai e do sul da Palestina para serem seus agentes em uma história de sangue, violência e injustiça. Segundo o livro de Enoque, não desceu só um anjo, mas duzentos. E eles cruzaram com mulheres da Terra e deram origem a uma raça de gigantes, cuja progênie, com DNA diferenciado em relação aos humanos normais, os torna imunes à culpa e à piedade, tendo seu prazer centrado no mal. São seres dessa estirpe que, ao longo da penosa história da humanidade, vêm manchando o chão do planeta com sangue, muito sangue!

Para algumas correntes gnósticas, foi Javé quem tentou Cristo no deserto (Mt 4:1-11; Lc 4:1-13) pedindo para que o filho do Deus verdadeiro transformasse pedras em pão, em vão; depois levou o Cristo para o alto do pináculo do templo e sugeriu que ele se jogasse para tentar a Deus, em vão; por fim o levou a um penhasco e mostrou- lhe os reinos do mundo e sua glória e prometeu dar- lhe tudo, se o Cristo o adorasse, ao que o Mestre respondeu que somente a Deus se deve adorar e o "diabo" retirou-se.

Será muito difícil para bilhões de pessoas, que foram levadas a crer que Javé é o Deus do universo, compreenderem que ele é exatamente o oposto disso (entendendo-se que Javé é uma ideia errônea de Deus): uma entidade centrada na ira, no ciúme e na vingança. Uma entidade que mandava aqueles rudes pastores de Canaã matar "tudo que tivesse fôlego", sem poupar sequer crianças de colo ou mulheres grávidas, que foram serradas ao meio para sua enlouquecida glória.

Jesus é o símbolo oposto. O Sermão do Monte e toda a sua vida pública foram um desafio permanente à lei de Javé. Quando a lei mandava apedrejar ele mandava viver e se redimir, dando mais uma chance. E em seu momento de maior irritação, contra os mercadores do templo, ele não usou seu poder para matar um ser humano sequer, mas apenas derrubou as bancas de negócios que profanavam a casa de oração. Se quisesse a guerra, poderia aceitar a liderança do movimento Zelote e teria milhares de voluntários judeus a seu comando, para ser aclamado *Rex Iudaerum* e enfrentar Roma, mas ele veio para pregar o amor.

OS CRIMES COMETIDOS EM NOME DO ESPÍRITO DO CRISTO.

O cristianismo se originou no berço do judaísmo Javista e isso causou um grande problema teológico. O fato de Jesus ser judeu, aliado às suas citações das Escrituras Judaicas, gerou uma compreensível confusão nos primeiros Pais da Igreja, que entenderam ser o *deus dos sacrifícios* do Antigo Testamento o mesmo Deus de Jesus, a quem Ele chamava de Pai. Embora totalmente incompatíveis, as doutrinas do *Senhor dos Exércitos* e a de Jesus foram juntadas a martelo, por exercícios exegéticos, às vezes, extravagantes. O *deus* dos antigos israelitas era só dos israelitas, o Deus de Jesus não fazia distinção entre judeu e gentio. A lei de Javé era o *dente por dente, olho por olho.* A lei de Jesus era o *amor e o perdão.* A lei de Javé era marcada pela pena de morte. A lei de Jesus trocava a morte pela vida e pela sempre presente possibilidade de reconciliação com o Pai. Mesmo com essas gritantes diferenças, continuaram (e continuam) afirmando que Jesus e Javé são um.

Quando o cristianismo se tornou religião oficial do Império romano, no final do século IV, a ganância dos homens passou a prevalecer ante a mensagem original do Cristo. Com a proteção militar e política do Império, os líderes cristãos, em várias partes do mundo, passaram a perseguir os seguidores de outras crenças, de forma tão ou mais cruel do que haviam sido perseguidos até pouco tempo atrás. Assim, em nome de Jesus, os cristãos perseguiram os judeus, destruíram a biblioteca da Escola de Alexandria e **apedrejaram e esquartejaram Hipácia** (última grande sábia daquela Escola) no começo do século V; promoveram cruzadas sanguinárias na Terra Santa entre os séculos XI e XIII; massacraram os Cátaros no Languedoc francês no século XIII e impuseram uma sangrenta Inquisição que durou quase seiscentos anos, de 1231 até 1821, que trouxe de volta os hediondos sacrifícios humanos típicos da Canaã das idades do Bronze e do Ferro I, mas piores que estes, pois os antigos israelitas imolavam suas vítimas (cortavam-lhes os pescoços) antes dos holocaustos. Na fogueira da Inquisição, as pessoas eram queimadas vivas, em nome de Jesus.

A Igreja que foi construída em nome de Jesus o soterrou e aqui não podemos deixar de recordar Friedrich Nietzsche, em Vontade de Potência parte I, 420: *"Toda Igreja é a pedra rolada sobre o sepulcro de um Homem-Deus; ela procura, pela força, impedi-lo de ressuscitar."* Fatos aterrorizantes como o assassinato dos maniqueus e o massacre dos huguenots na fatídica *Noite de são Bartolomeu,* mais as cruzadas e a própria Inquisição, mostraram a face maligna daqueles que se diziam representar Jesus Cristo na Terra. Lendo os Evangelhos vê-se que esses massacres nada tiveram a ver com Jesus.

Desse modo, o enviado do Pai, encarnado em um homem simples, um *tekton,* mestre construtor (carpinteiro na maioria das traduções) que curava, exorcizava e pregava o amor e a vida em abundância principalmente aos mais humildes, foi usado para justificar a fome de poder temporal dos novos líderes religiosos. Esses acontecimentos históricos provaram que as "elites", sob qualquer divindade, são as mesmas em injustiça e crueldade. Segundo o pensamento Enoqueano, os Vigilantes se apoderaram de postos chaves na hierarquia do cristianismo e a mensagem de amor e perdão do Cristo foi enterrada sob as fogueiras onde crepitavam os corpos dos considerados hereges.

É fato histórico que tanto os antigos israelitas, seguidores de Javé, como muitos cristãos, ditos seguidores de Jesus, praticaram a intolerância religiosa e fizeram tudo aquilo que desagrada a Deus. Autoproclamados representantes do Altíssimo tiraram suor, sangue e dinheiro de uma massa de fiéis desprotegidos, para manter poder, privilégios e riquezas. Infelizmente isso acontece até os dias de hoje!

O EXTERMÍNIO DOS CÁTAROS

O massacre dos cátaros representou o maior genocídio promovido pela Igreja Católica na Europa. O Dr. Albrey Burl, conhecido por suas pesquisas sobre círculos de pedra, como Stonehenge, lançou um livro sobre a Cruzada Albigense que se tornou referência no assunto. Trata-se de *"Hereges de Deus: a cruzada dos cátaros e albigenses"* (2003).

Nele há um meticuloso estudo dos acontecimentos que se estendem de 1208 a 1244 e suas consequências posteriores, até 1328, na região do Languedoc, sudoeste da França. Os cátaros (os puros) eram uma seita cristã que não reconhecia a autoridade do Papa e tinha uma visão singular de Deus e do próprio cristianismo. Para eles, o *deus* que criou o mundo físico, era uma entidade do mal, por isso o mundo era cheio de maldades. O verdadeiro Deus era espiritual e era a esse que Jesus e Maria Madalena seguiam. Isso era considerado uma grande heresia, mas o verdadeiro temor de Roma era que a independência com relação ao Papa se espalhasse por toda a Europa. Então, foi tomada a decisão de acabar com a heresia. E como se acaba com uma heresia? Para a Igreja da época a resposta foi: *acabando com os hereges.*

A região do Languedoc, segundo lendas cristãs, foi o lugar para onde Maria Madalena e José de Arimateia foram depois da morte de Jesus. O certo é que nessa região há mais monumentos e igrejas dedicadas à Madalena que em qualquer outro lugar do mundo. No Languedoc do século XIII, as mulheres tinham uma participação social e política bem mais efetiva que as mulheres do restante do continente europeu. Segundo estudiosos, isso era um reflexo direto da possibilidade de o cristianismo ter sido introduzido ali por uma mulher.

Na introdução da edição brasileira de *Hereges de Deus*, assinada por Marcos Torrigo, há uma informação que acho fundamental reproduzir aqui com grifo meu:

> *Poucas vezes na história, a Igreja Católica mostrou sua face temporal e corrupta com tanta ênfase como na Cruzada Albigense. Nela, um exército de 30 mil homens marchou contra o pacífico sul da França, o Languedoc. Assim Bèziers, Narbonne, Carcassone e Toulouse foram atacadas. A guerra durou 40 anos, matando mulheres, crianças e até mesmo católicos fiéis ao Papa.*
>
> *Perguntaram ao prelado do Papa Arnaud Amaury como distinguir os católicos dos hereges, e ele respondeu: "**Matem todos. Deus reconhecerá os seus**". [...] Literalmente, quem foi encontrado pela Cruzada foi passado na espada ou queimado. (BURL, 2003, p.11).*

O Papa era Inocêncio III e a justificativa para essa Cruzada em pleno território europeu serviu de base para a Inquisição que viria logo depois: *queimar o corpo dos hereges para salvar suas almas.*

O nome Albigense vem da cidade de Albi, ao norte do Languedoc. Albi forma um losango com Carcassone no centro-sul; Bèziers a leste e Toulouse a oeste. As crueldades perpetradas no passado pelos antigos israelitas de Javé voltaram a ser executadas, desta vez pelos sacerdotes que se diziam de Cristo.

O CRISTIANISMO JAVISTA

A ação da Igreja na Idade Média seguiu a Javé e não a Jesus. O Mestre Nazareno sempre tratou as mulheres com dignidade. Ele foi seguido em todo seu ministério por um grupo de mulheres da Galileia; tinha mulheres entre seu discipulado; conversou com uma samaritana, o que encerrava dois significados importantes para os costumes da época: era mulher e era da região de Samaria, onde as influências mágicas da Mesopotâmia eram muito fortes (as mulheres samaritanas eram consideradas feiticeiras pelos habitantes da Judeia). Jesus ainda se deixou tocar por uma "pecadora da cidade" (Lc 7) e ao final de sua missão permitiu que uma mulher (talvez a mesma) fosse a primeira testemunha de sua ressurreição. Dele não poderia vir algo como a "caça às bruxas". O massacre de mulheres na Idade Média tem uma origem bem definida: vem de um preceito javista que está explícito em Ex 22:18: "*A feiticeira não deixarás viver.*" Como a Bíblia Cristã inclui a Bíblia Hebraica como testemunho da Antiga Aliança, os chefes da Igreja Medieval podiam escolher a que *deus* servir. Escolheram Javé, o *deus* dos holocaustos, enquanto Jesus foi colocado em um plano secundário, porque não metia medo no povo. Para manter a massa prisioneira, era necessário ameaçá-la com a ira brutal de Javé, de um lado, e com um deus do mal (o diabo) de outro.

Foi nesse contexto que os monges beneditinos Heinrich Kraemer e James Spreenger escreveram um dos livros mais odiosos da Terra: o *Malleus Maleficarum* (O Martelo das Bruxas de 1487) que por mais de 200 anos ajudou a condenar mais de 50 mil mulheres à morte na fogueira, pela acusação comum de prática de feitiçaria. Modernas pesquisas históricas demonstram que foi Kraemer quem escreveu o livro. Motivado por suas decepções sexuais passou a odiar as mulheres e chegou a falsificar a aprovação de mestres da Universidade de Colônia (Alemanha), para publicar seu repugnante livro. O nome de Spreenger – acadêmico conceituado daquela Universidade – teria sido acrescentado para dar credibilidade ao livro, que se baseou no citado verso de Ex 22:18. E assim, durante mais de dois séculos, tivemos sacerdotes cristãos queimando mulheres por ordem de um preceito de Javé o que, para eles, não era nenhum absurdo uma vez que, pela doutrina da trindade, Jesus era o mesmo Javé, logo os preceitos de Javé (AT) deveriam ser também os preceitos de Jesus (NT), mesmo que separados por gritantes contradições.

A REVELAÇÃO DE PAULO

Em Hebreus 11:23-29, Paulo fala da fé de Moisés. Especificamente em Hb 11:28 ele não mede palavras para definir aquele que feriu os primogênitos do Egito:

> Pela fé [Moisés], celebrou a páscoa e o derramamento de sangue, para que o exterminador não tocasse nos primogênitos dos israelitas. (Grifei).

Quem é esse exterminador? Paulo se refere à história narrada em Ex 12:21-30. Vejam o que diz Ex 12:23:

> Por que o Senhor [Yhwh] passará para ferir os egípcios; quando vir, porém, o sangue na verga da porta e em ambas as ombreiras, passará o Senhor [Yhwh] aquela porta e não permitirá ao destruidor que entre em vossas casas, para vos ferir. (Grifei).

A Bíblia deixa claro que Javé pessoalmente andava de casa em casa no Egito, acompanhado do **destruidor** (Paulo chama de *exterminador*), que matou naquela noite mais de 500 mil crianças inocentes. Pelo que está escrito, não resta dúvida de que ele próprio, Javé, foi o grande exterminador dos primogênitos, pois era o mandante e o guia pessoal do misterioso e **psicopata** assassino executor.

Para Enoque a descendência físico-espiritual de anjos caídos estava espalhada na Terra pré-diluviana. Para estudiosos como a professora Clare Prophet, essa descendência continua aqui, especialmente nos altos escalões da sociedade. Para mim ela está, dentre outros, naqueles que a ciência moderna chama de *psicopatas*. Seres que, infelizmente, não possuem um *número* visível na testa para alertar os filhos da luz, mas Enoque, Jesus, Paulo e a Comunidade Joanina deixaram a chave para revelar seus segredos a partir de um número (citado em Apocalipse) e a ciência em breve vai usar esse **número** para desvendar suas assinaturas genéticas.

A ESPERANÇA DE UMA NOVA ETAPA PARA AS RELIGIÕES NA TERRA

O Papa não manda mais queimar ninguém em fogueiras e os israelenses não oferecem mais sacrifícios de sangue a seu *deus*. O judaísmo moderno está presente em quase todos os países, convivendo harmonicamente com outras crenças, com formas litúrgicas mais espiritualizadas, sem os holocaustos do passado. É claro que em todas as religiões persistem frações mais radicais e ainda existem judeus que julgam que seu *deus* é exclusivo de Israel e vai jogar todas as nações do mundo a seus pés. Mas esses são minoria, como os fariseus eram minoria entre os judeus no tempo de Jesus. Eram os fariseus e sacerdotes que queriam matar Jesus; o povo judeu, pelo contrário, o amava e o seguia, onde quer que Ele fosse.

Estamos num momento de busca de comunhão, onde vemos com clareza que só existe um Deus e ele não pode ser exclusivo de um único povo, senão ele não seria Deus. Ele não pode ser da ira, da mentira e da vingança. Ele é do Amor, da Verdade e da Justiça. Ele é do judeu, do grego, do russo, do americano, do europeu, do brasileiro, do chinês, do Sistema Solar, da Via Láctea e de todo o Universo, onde funcionam suas leis imutáveis que Isac Newton (com a Mecânica Clássica), Albert Einstein (com a Relatividade) e Niels Bohr, Wener Heisenberg e Erwin Schrödinger (com a Física Quântica) começaram a nos revelar! O mais é mera disputa pelo poder secular com disfarce de questão religiosa!

Entendo que todos os povos do mundo devem fazer uma reflexão isenta (isso é quase impossível, mas o "quase" traz em si uma esperança) acerca da doutrina e não dos nomes. No fundo, no fundo, não se trata de Javé, Marduk, Zeus ou Alá, assim como não se trata de Jesus, Buda, Krihsna ou Maomé. Não é o rótulo nominal, mas a essência. Trata-se de quem pregou a justiça e fez o bem movido pelo combustível do amor e pela graça reconstrutora do perdão, que desarma as violências futuras!

Por que uma Nova Aliança?

Porque, se aquela primeira aliança tivesse sido sem defeito, de maneira alguma estaria sendo buscado lugar para uma segunda. (Hb 8:7).

Jesus lutou para nos livrar desse indevido fardo javista (fruto da Velha Aliança). Ele acusou os fariseus de colocarem esse peso absurdo sobre o povo, quando eles nada carregavam. Hoje – dois mil anos depois – chegou o momento de todos nós (cristãos, judeus, adeptos de outras crenças e ateus) fazermos a escolha! Há dois caminhos a seguir: HOLOCAUSTO ou MISERICÓRDIA. Personalizando em dois grandes símbolos da *psique* humana: *vingança* ou *perdão*. A sorte está lançada! Que a vitória seja da **Luz** e não das trevas; da **Paz** e não da guerra; do **Bem** e não do mal; da **vida** e não da morte; do **Amor** e não do ódio. Reduzindo aos dois arquétipos do nosso universo religioso, <u>que a vitória seja de **Deus** e não do diabo</u>!

A identidade secreta de Javé está revelada. *"Ele foi homicida desde o princípio e jamais se firmou na verdade porque nele não há verdade."* (João 8:44). No passado longínquo ele era um *deus* da guerra do sul de Canaã que se confundia com El. Mas na verdade Javé sempre foi o chefe dos anjos caídos, talvez aquele que Enoque chamava de Samyaza. Ele é o próprio Príncipe dos Malignos, que mandou o anjo Satanás matar os filhos de Jó. Ele é o *deus* das flechas embriagadas com sangue de Deuteronômio 32:42. Ele é o *Rex Mundi* da denúncia contundente dos Cátaros. Ele é o exterminador citado por Paulo. Ele não é outro, senão o próprio *Anjo da Morte*.

Lembremo-nos mais uma vez das sábias palavras do Mestre Nazareno: *"Não se pode servir a dois senhores"* (Mt 6:24; Lc 16:13) e *"Todos quantos vieram antes de mim são ladrões e salteadores"* (Jo 10:8). Ou estamos com o amor e a solidariedade ou com o ódio e o egoísmo. Ou escolhemos a mansidão ou escolhemos a ira e terminaremos nos embriagando com sangue.

Enoque profetizou séculos antes de Cristo, que o Eleito voltaria para expulsar os maus da Terra e Jesus confirmou essa profecia em passagem mui pouco estudada: *"...Toda planta que meu Pai celestial não plantou será arrancada.*"" (Mt 15:13). Mas não podemos jamais ter uma atitude meramente contemplativa, de ficar apenas esperando a volta do Mestre. Temos que travar o nosso próprio *bom combate*, fazendo a nossa parte – mesmo que pequena ela é insubstituível – para melhorar o mundo!

Quanto às divergências religiosas, chamo a atenção para os seguintes enunciados: só há uma causa para todos os efeitos; só há um criador para todas as criaturas (de todas as dimensões), logo, somos todos filhos do Altíssimo e, portanto, **somos todos irmãos**! E nunca esqueçamos a máxima *"Bem-aventurados os mansos, pois eles herdarão a Terra".* (Jesus, em Mt 5:5).

> * *Sobre planta arrancada peço ao leitor que volte e leia a afirmação de João Batista que está reproduzida na base da página 10, bem como a passagem do Evangelho apócrifo de Felipe na mesma página, acima. Confronte com Mt 7:6 e Jo 15:6.*

APÊNDICE 1

Enoque não é canônico, mas Judas, 2Pedro e 1, 2João são!

A Carta de Judas, um dos menores textos do Novo Testamento, é motivo de muita controvérsia entre teólogos e exegetas. Discutem sobre ela tudo: desde a autoria, até se é realmente um texto cristão, já que não faz referência aos Evangelhos e se vale do testemunho de livros apócrifos do período do Antigo Testamento, como o Livro de Enoque, o Testamento dos Doze patriarcas e o Testamento de Moisés.

Para mim, a autoria é bastante clara. O autor se apresenta como Judas, servo de Jesus Cristo e irmão de Tiago. Ora, Marcos 6:3 dá a lista dos irmãos de Jesus e entre eles estão Tiago e Judas. O autor da Carta de Judas, não é o Iscariotes, mas o Judas irmão de Jesus que também era apóstolo e aparece na listagem de Marcos como Tadeu (Mc 3:16-19). Lucas fala de um "Judas de Tiago", que alguns traduzem como "Judas, irmão de Tiago". No livro de Atos, quando os onze estão reunidos (sem a presença do Iscariotes), Lucas fala novamente de um "Judas de Tiago". O Dr. James Tabor, em seu livro *A Dinastia de Jesus* (2006), apresenta uma bem construída teoria sobre a identidade dos apóstolos e atesta a existência de um Judas, irmão de Tiago e de Jesus, entre os doze apóstolos (ele seria aquele que Marcos chama de Tadeu e que a tradição cunhou como Judas Tadeu).

Muitos teólogos e exegetas concordam que o autor seria esse "Judas de Tiago", um importante "servo de Jesus Cristo", mas não concordam que ele tenha sido apóstolo, pois muitos – pelo dogma da virgindade perpétua – não concordam nem que Jesus tenha tido irmãos de sangue. Em meu primeiro livro, *A Identidade Secreta de Maria Madalena*, dediquei um capítulo inteiro aos irmãos e irmãs de Jesus. Recomendo a leitura. Mas o cerne da questão em torno desta discutida epístola não é sua autoria, mas seu conteúdo.

A Carta de Judas possui um único capítulo (não numerado) com 25 versos que os exegetas consideram uma simples, mas vigorosa peça acusatória a um determinado grupo que atuava nas primeiras comunidades cristãs, mas que não é identificado. Argumentam que o autor parece desconhecer os Evangelhos, três dos quais – Marcos, Mateus e Lucas – já circulavam à época da provável produção da Carta (ano 90 d.C.) e observam que o autor recorre tanto ao Antigo Testamento canônico, quanto a livros apócrifos. Esquecem-se que no século I d.C. os livros usados por Judas como fonte para sua Carta, ainda não haviam sido considerados "não inspirados".

A Carta de 2Pedro, no capítulo 2, versos 1-18 é uma reprodução direta, com pequenas omissões, da Carta de Judas 4-16. Ora, Pedro é considerado o pai da Igreja Católica. Hoje é consenso que 2Pedro é um escrito posterior a Judas, logo Pedro copiou e atestou Judas. Se analisarmos bem amiúde, veremos ainda que os "falsos profetas" denunciados por 1 e 2 João, possuem as mesmas características do grupo denunciado pela Carta de Judas, com o atesto de 2Pedro. Assim, é melhor estudarmos com mais cuidado a denúncia feita na Carta de Judas, pois, além dela estar em consonância com outros escritos apostólicos, está na Bíblia e, portanto, é considerada como inspirada por Deus!

Estrutura organizacional da Carta de Judas:

Prólogo: apresentação do autor; destinatários (1-2);
Temática: presença de falsos mestres nas comunidades, dividindo-as (3);
Denúncia do caráter e *modus operandi* dos falsos mestres (4-19);

Exortações aos fiéis (20-23);

Doxologia (24-25).

Abaixo, trechos da denúncia feita pela Epístola em análise acerca do caráter e *modus operandi* dos "falsos mestres". Cabe lembrar que Judas cita textualmente uma passagem do livro de Enoque. Como os exegetas ligados às denominações religiosas ensinam que os apócrifos da Bíblia representam apenas lendas e folclore, eles não conseguem identificar a quem Judas se refere em seus ataques incisivos. Mas não há como esconder: a Carta de Judas é a presença viva do Livro de Enoque na Bíblia Cristã. Judas considerava Enoque um profeta, e trouxe para o século I, uma denúncia feita séculos antes de Cristo, com o agravante de identificar a presença dos malignos dentro da Igreja nascente (que estavam tentando dividi-la para dominá-la). E quem eram esses malignos? Enoque os chamava de *Vigilantes*; Judas de *indivíduos* e *homens ímpios*; João de *falsos profetas* e 2Pedro de *falsos mestres*. Além de reproduzir, comentarei trechos desse escrito que a Providência colocou como a última Epístola do Novo Testamento.

Citarei, textualmente, alguns versos, para a devida análise e comparações. No verso 3 o autor exorta os "amados" a batalhar diligentemente pela fé e no verso 4 diz contra quem essa batalha deve ser travada:

> *Pois certos indivíduos se introduziram com dissimulação, os quais, desde muito, foram antecipadamente pronunciados para esta condenação, homens ímpios, que transformaram em libertinagem a graça de nosso Deus e negam o nosso único Soberano e Senhor, Jesus Cristo. (Jd 4).*

Não há aqui uma identificação nominal do grupo, mas de suas características. O autor trata de pessoas dissimuladas que "transformaram em libertinagem a graça de nosso Deus". São ímpios que já estão "pronunciados para a condenação" e não reconhecem Jesus como Senhor.

> *e a anjos, que não guardaram seu estado original, mas abandonaram o seu próprio domicílio, ele [Deus]*

tem guardado sob trevas, em algemas eternas, para o juízo do grande dia. (Jd 6).

Judas diz que anjos deixaram a morada celeste ("abandonaram o seu próprio domicílio") e se acham presos – provavelmente na Terra – até o dia do juízo, corroborando com a tradição da queda dos anjos. Mas o importante nessa passagem é a afirmação de que anjos "não guardaram seu estado original", angélico, ou seja, mudaram de estágio – provavelmente para o estágio humano, através da encarnação – para poderem disputar o governo deste mundo e desfrutar dos seus prazeres.

Estes, porém, quanto a tudo o que não entendem, difamam; e, quanto a tudo que compreendem por instinto natural, como brutos sem razão, até nessas coisas se corrompem. (Jd 10).

Ai deles! Porque prosseguiram pelo caminho de Caim, e, movidos de ganância, se precipitaram no erro de Balaão e pereceram na revolta de Corá. (Jd 11).

No verso 10 a denúncia continua: são difamadores, corruptos. No verso 11 o autor demonstra conhecimento da Bíblia Hebraica, citando Caim, Balaão e Corá. Antes, nos versos 8 e 9 ele já havia feito referências (implícitas) a passagens do *Testamento dos Doze patriarcas* e do *Testamento de Moisés*. O autor conhecia bem a literatura sagrada de sua época e a usava como reforço de sua denúncia contra os *"indivíduos dissimulados"* que se infiltraram nas comunidades. Mas é no verso 12 que ele aponta as características elucidativas desses *"homens ímpios"*. Temos aí uma clara definição dos Vigilantes denunciados por Enoque e uma antevisão da definição moderna dos psicopatas. O verso 13 completa a definição.

Estes homens são como rochas submersas, em vossas festas de fraternidade, banqueteando-se juntos sem qualquer recato, pastores que a si mesmos se apascentam; nuvens sem água impelidas pelos ventos; árvores

*em plena estação dos frutos, destes desprovidas, du-
plamente mortas, desarraigadas. (Jd 12).*

*Ondas bravias do mar, que espumam as suas pró-
prias sujidades; estrelas errantes, <u>para as quais tem
sido guardada a negridão das trevas, para sempre</u>. (Jd
13. Grifei).*

Judas, além de denunciar, demonstra a certeza de que esses seres já estão condenados (ver também Jd 4). Observe-se que não é uma admoestação comum a um grupo de desviados da fé. São acusações gravíssimas. Ele claramente se refere a seres demoníacos e, quanto à antecipação do julgamento, está baseado em várias passagens de 1Enoque. Destaco uma, 10:16-17, onde o Senhor dá ordens a Miguel contra Samyaza (chefe dos caídos) e seus seguidores:

*[16]Serão precipitados nas profundezas do fogo e
atormentados e confinados para todo o sempre. [17]
Imediatamente após isto, o chefe juntamente com os
demais anjos queimarão e perecerão, ficando atados
até a consumação de muitas gerações.*

JESUS CONCORDA COM ENOQUE

Vê-se que Enoque fala de uma condenação prévia dos Vigilantes. Jesus, séculos depois, concorda com a visão enoqueana do julgamento antecipado do chefe dos malignos, que Ele chama de *"príncipe deste mundo"*. Em João 16:11 o Mestre, em meio a uma fala sobre a vinda do Consolador, que virá para convencer o mundo acerca da justiça e do juízo, nos diz:

*E do juízo (julgamento), porque o príncipe deste mun-
do já está julgado. (Jo 16:11).*

Aqui estamos diante de outra questão pouco estudada pela teologia. O julgamento (tanto na visão de Enoque quanto na cristã) é para todos, mas há *um* que *"já está julgado"*. Segundo Jd 4 esse *um* e seus seguidores *"... foram antecipadamente pronunciados para esta condenação..."* A conclusão é que esse *príncipe deste mundo* não é um ser humano como nós (é maligno) e merece do Senhor um tratamento diferente do que nos será dispensado.

Continuando a análise da Carta de Judas, nos versos **14** e **15** ele cita textualmente o livro de Enoque (1En 2:1), referindo-se à vinda do Senhor com suas miríades santas para exercer juízo contra esses ímpios (versos já expostos no capítulo 6 deste livro). O verso 16 a seguir encerra essa parte da Carta:

> *Os tais são murmuradores, são descontentes andando segundo suas paixões. A sua boca vive propalando grandes arrogâncias; são aduladores dos outros por motivos interesseiros. (Jd 16).*

Esse trecho da Carta de Judas (4-16) foi repetido, com alguns cortes – especialmente em relação aos apócrifos – na Carta 2Pedro, 2:1-18, mas com a mesma ênfase. O paralelismo é reconhecido consensualmente por todos os estudiosos da Bíblia. É algo tão claro, que não precisamos sequer dos instrumentos da Crítica Textual. Em 1 e 2 João, como já dito, encontra-se denúncia semelhante, também sem nominação de pessoas. As denúncias são genéricas, mas destinam-se a uma classe de pessoas muito bem caracterizada.

Assim, para quem não tem nenhuma consideração pelo livro de Enoque – por ser um apócrifo – existem **quatro textos canônicos denunciando o que Enoque chamava de Vigilantes** (ou Guardiões). Não há como negar que a Carta de Judas é um texto enoqueano. E 2Pedro também o é, por que nela está baseada. As Cartas de 1 e 2 João, mesmo com uma linguagem diferente, trazem a mesma denúncia. Agora comparemos tudo isso com a batalha de Jesus contra os fariseus no capítulo 8 do Evangelho segundo João e lembremo-nos da luta de Paulo contra os "cristãos judaizantes" que estavam dividindo a comunidade da Galácia, dentre outras. Creio que tudo ficou muito claro!

APÊNDICE 2

O hino para Aton
e a universalidade de Deus

Quem acredita em Deus, acredita que ele existe desde sempre e, portanto, já existia antes de Adão, Abraão e Moisés. Ele nunca foi exclusivo de um único planeta, que dirá de um único povo. Assim, é plenamente aceitável que pessoas de outras nações, também tivessem tido a percepção da presença do Altíssimo em suas vidas, através dos ensinamentos de mestres enviados para as mais diversas culturas do nosso mundo, como Krishna, Lao-Tsé, Buda, dentre outros. Afinal o *diamante* é um só, embora com várias faces!

Amenófis IV, conhecido como Akenaton, no século XIV a.C., em pleno Egito – paraíso do politeísmo – entendeu que só existia um Deus. Pela primeira vez o Egito teve um Deus sem rosto, representado pelo disco solar, pois o Sol, como fonte de vida, era o melhor símbolo para a divina majestade. Akenaton compôs um hino para Aton, no qual os estudiosos encontraram fortes paralelos com o Salmo 104, escrito séculos depois.

> *Como são numerosas as tuas obras! Elas estão escondidas da nossa vista; Tu, ó Deus único, fora do qual nada existe, criaste a Terra segundo a tua vontade, quando estavas sozinho.*

Esse hino é um magisplêndido louvor ao Deus único, escrito antes do surgimento da Bíblia Hebraica. Nele não há matanças, sacrifícios, crueldades, mas jorros de luz e de adoração ao Pai. Akenaton deixou o governo em condições até hoje não esclarecidas. Tentaram riscá-lo da história. Os Vigilantes venceram (temporariamente) e o politeísmo voltou a dominar a terra do Nilo. Enquanto isso, o *deus* da guerra, Javé dos exércitos, se apresentou como *deus* aos povos de Canaã, impondo-lhes um conjunto de regras baseado na lei humana de Talião, que representava nada mais que a institucionalização da vingança.

A moderna pesquisa bíblica provou que a história dos antigos israelitas é totalmente marcada pela influência da civilização egípcia. Trabalhos de escopo como os do Dr Ahmed Osman, Dr. Laurence Gardner, Dr Ralph Ellis e Graham Philips atestam isso. A semelhança entre os Provérbios de Salomão e a Sabedoria de Amenemope é patente. Os próprios Dez Mandamentos são afirmações que correspondem às ordenanças negativas do Livro dos Mortos (do Egito). Por mais que os escribas que editaram a Tanakh tentassem esconder, a chamada cultura religiosa judaica se erigiu sobre as colunatas dos templos egípcios, assim como sua cultura jurídica teve forte influência mesopotâmica.

Mil e trezentos anos depois de Akenaton veio Jesus. Ele chamou o Deus único de Pai e nos disse:

> *Novo mandamento vos dou: Amai-vos uns aos outros como eu vos amei.*

Mas antes de Jesus, o judaísmo, baseado nas confissões faraônicas, já dizia:

> *Amarás o Senhor teu Deus, de todo teu coração, de toda tua alma e de toda tua força. [...] amarás o teu próximo como a ti mesmo.*

Por volta da mesma época em que a Torah foi escrita, o budismo anunciava:

Só é feliz o homem cheio de amor por todas as coisas do mundo e que pratica a virtude em benefício dos outros.

E antes do judaísmo e do budismo, o Hinduísmo já proclamava:

Um homem adquire uma conduta louvável quando vê o próximo como a si mesmo.

Depois de Jesus, veio o islamismo e afirmou:

Ninguém pode ser considerado crente se não tiver amor ao próximo e se não amar seu irmão tal como ele é.

Lendo a essência espiritual das grandes religiões, encontramos a mesma verdade que é Deus. Pena que mesmo com ensinamentos tão maravilhosos, os homens continuem se matando por suas interpretações equivocadas, alimentadas por seus interesses mais mesquinhos.

Dos excertos acima, vê-se que a verdade é uma só e ela já existia antes de Jesus, porque o *Pai é anterior ao Filho e o Todo é maior que a soma das partes.* Por isso, não devemos discriminar as pessoas pela religião que professam. Aparências, aspectos litúrgicos, deficiências humanas, tudo isso deve ser relevado. O que resume o sagrado é **amar a Deus e ao próximo**, seja qual for a religião que você professe ou até se não professar nenhuma.

Quando estudamos o "Santo dos Santos" de todas as religiões, encontramos em todas elas, fragmentos da luz divina que é, ao mesmo tempo, única e universal. Mas, infelizmente, encontramos também a mesquinhez humana pisando com sandálias sujas o solo sagrado!

APÊNDICE 3

O Grande Inquisidor

Vejamos como um gênio da literatura mundial aborda a situação, no mínimo esdrúxula, de se fazer sacrifícios humanos para salvar almas, tudo em nome de "Deus".

O romancista russo Fiódor Dostoiévski (1821-1881) brindou a humanidade com um conto profundamente significativo no bojo de sua obra mais conhecida, *Os Irmãos Karamazov*, de 1879. Estou falando de *O Grande Inquisidor*, um texto elaborado pelo personagem Ivan Karamazov especialmente para seu Irmão Aliócha Karamazov, sobre uma suposta segunda vinda de Jesus. A cena se passa na cidade de Sevilha, no século XVI, no auge da Inquisição.

O Cardeal, chefe da Igreja em Sevilha, um idoso de 90 anos de idade, um dia depois de queimar cem hereges na fogueira, em praça pública, reconhece Jesus que havia voltado à Terra e caminhava entre as pessoas do povo, curando e até ressuscitando mortos. Com sua autoridade de chefe da Inquisição, ordena a imediata prisão de Jesus e, à noite, vai visitá-lo na cela. O que se tem então é um monólogo, pois Jesus responde a tudo com um silêncio revelador.

Em síntese, o cardeal inquisidor começou perguntando por que Ele havia voltado; disse que seus ideais, apesar de belos, só estavam sendo colocados em prática pela ação da Igreja e que não adiantava nada ficar pregando a paz, quando o coração do homem era duro e a humanidade continuava se sentido culpada e insegura e precisava de gente forte para guiá-la. Disse que o mundo não tinha mais lugar para Ele e mandou que fosse embora e não voltasse mais.

Reproduzo abaixo o final original de Dostoiévski. Disponível em <http://virtualbooks.terra.com.br/freebook/traduzidos/o_grande_inquisidor.htm>.

> *Depois de tanto falar, o inquisidor cala-se, espera um momento a resposta do Preso. O Seu silêncio oprime-o. O Cativo escutou-o sempre fixando nele o olhar penetrante e calmo, visivelmente decidido a não lhe responder. O velho gostaria que Ele lhe dissesse alguma coisa, mesmo que fossem palavras amargas e terríveis. De repente, o Preso aproxima-se em silêncio do nonagenário e beija-lhe os lábios exangues. Mais nenhuma resposta. O velho tem um sobressalto, mexe os lábios; vai até à porta, abre-a e diz: "Vai e nunca mais voltes... nunca mais." E deixa-o ir, nas trevas da cidade. O Preso vai.*
>
> *E o velho? – pergunta o irmão Aliócha. Ivan responde: "O beijo queimou-lhe o coração, mas persiste na sua ideia. (Acesso em 02/05/2010).*

O romance, onde o conto do *Grande Inquisidor* está inserido – *Os Irmãos Karamazov* – trata de um tema eterno. Discute a situação do homem esmagado sob a difícil escolha: ter a liberdade de escolher ou deixar que outros mais poderosos escolham por si. Para Dostoiévski, a massa abdicou do livre arbítrio e se deixou escravizar, em troca de proteção e alimentos. No fundo, é uma poderosa crítica ao poder político-religioso que, na época do Grande Inquisidor – e até hoje – agride a principal característica da natureza humana, que é a liberdade. O tema é bem explorado no monólogo do cardeal diante do seu sagrado prisioneiro. O texto completo do *Grande Inquisidor* diz muito acerca do que estamos discutindo aqui: seres humanos cometendo crimes em nome de Deus.

O que mostra o maior romancista russo e um dos maiores escritores de todos os tempos é nada mais que a realidade. Os homens entortaram a obra de Jesus e se Ele voltasse, por exemplo, na época da Inquisição, não seria crucificado de modo algum. Seria queimado vivo! E se algum inquisidor nonagenário o deixasse partir, Ele não teria para onde ir, pois não havia mais espaço para sua mensagem diante de uma hierarquia temporal gigantesca, dividida em "n" denominações, cada uma carregando sua "verdade" particular. Essa mesma diversidade de concepções do divino atinge o próprio Deus do universo, o Pai de Jesus. Ele é um só, mas a cada época, os homens o fazem à sua imagem e semelhança (como faziam os gregos) ou confundem entidades malignas com o Criador, como aconteceu com os antigos israelitas em relação a Javé, o que dá no mesmo.

BIBLIOGRAFIA

ABADIE, P. *O Livro de Esdras e de Neemias*. Tradução: José Maria da Costa Villar. São Paulo: Paulus, 1998.

AGOSTINHO, Santo. *A Cidade de Deus*. 3. ed. Petrópolis: Vozes, 1991.

– *Confissões*. 4ª ed. Tradução: J. Oliveira Santos e A. Ambrósio de Pina. São Paulo: Nova Cultural, 1987. (Os pensadores).

ALMADA, Samuel. *Fazer Justiça nos Limites da Anarquia: a profecia do livro dos Juízes*. Ribla, 60, Petrópolis: Vozes, p.41-56, 2008.

ALONSO SCHÖKEL, Luis. *Dicionário Bíblico Hebraico-Português*. 3ª Ed. Tradução: Ivo Storniolo e José Bortolini. São Paulo: Paulus, 2004.

ANDIÑACH, Pablo R. *A Erótica Como Chave de Leitura*. Ribla, 38, Petrópolis: Vozes, p.70- 77, 2001.

ANTONIAZZI, Alberto. *Dez Mandamentos Antigos e um Mandamento Novo*. Estudos Bíblicos, 9, Petrópolis: Vozes, p.68-76, 1987.

ARANDA PÉREZ, G. et al. *Literatura Judaica Intertestamentária*. Tradução: Mário Gonçalves. São Paulo: Ave-Maria, 2000.

ARENS, Eduardo. *Ásia Menor nos Tempos de Paulo, Lucas e João: aspectos sociais e econômicos para a compreensão do Novo Testamento*. Tradução: João Rezende Costa. São Paulo: Paulus, 1998.

ARMSTRONG, Karen. *Em Nome de Deus: o fundamentalismo no judaísmo, no cristianismo e no islamismo*. Tradução: Hildegard Feist. São Paulo: Companhia das Letras, 2001.

BIBLIOGRAFIA | 409

ARTUSO, Vicente. *Caçando Culpados: a ideologia do poder na releitura deuteronomista dos livros dos Rei*s. Estudos Bíblicos, 60, Petrópolis: Vozes, p.3-38, 1998.

BALANCIN, Euclides. *Sobre Juízes, Sacerdotes, Reis e Profetas*. Estudos Bíblicos, 88, Petrópolis: Vozes, p.46-55, 2005.

BALDOCK, John. *Mulheres na Bíblia: atos heroicos, nascimentos miraculosos, confrontos, rivalidades e amor verdadeiro*. Tradução: Paulo Sérgio Gomes e Thaís Pereira Gomes. São Paulo: Makron. Books, 2009.

BARROS, Marcelo. *As Revelações do Mistério Uno e Múltiplo: releitura macroecumênica do nome divino em Êxodo*. Estudos Bíblicos, 100, Petrópolis: Vozes, p.42-50, 2008.

BLOOM, Harold. *Jesus e Javé: os nomes divinos*. Tradução: José Roberto O'Shea. Rio de Janeiro: Objetiva, 2006.

BOCCACCINI, G. *Além da Hipótese Essênia: a separação entre Qumran e o judaísmo enóquico*. Tradução: Elizângela A. Soares. São Paulo: Paulus, 2010.

BRANCHER, Mercedes. *A Violência Contra as Mulheres Feiticeiras*. Ribla, 50, Petrópolis: Vozes, p.86-90, 2005.

BRIGHT, John. *História de Israel*. 7ª ed. Tradução: Luis Alexandre e Eliane Carvalhere Solano Rossi. São Paulo: Paulus, 2003.

BULFINCH, Thomas. *O Livro da Mitologia: história de deuses e heróis*. Tradução: Luciano Alves Meira. São Paulo: Martin Claret, 2006. (A Obra-Prima de Cada Autor, 45).

BURL, Aubrey. *Hereges de Deus: a cruzada dos cátaros e albigenses*. Tradução: Ana Carolina Trevisan Camilo. São Paulo: Madras, 2003.

CÁCIA LÓ, Rita de. *Aliança no Êxodo*. Estudos Bíblicos, 90, Petrópolis: Vozes, p.27-34, 2006.

CARDOSO, Ciro Flamarion. *Antiguidade Oriental: política e religião*. São Paulo: Editora Contexto, 1990.

CARDOSO PEREIRA, Nancy. *Construção do "Corpo" Geopolítico e Simbolismo: Josué 1 – 2*. Ribla, 60, Petrópolis: Vozes, p.15-30, 2008.

_____. *De Olhos Bem Abertos: erotismo nas novelas bíblicas*. Ribla, 38, Petrópolis: Vozes, p.135-146, 2001.

_____. *O Corpo sob Suspeita: violência sexista no livro de Números*. Ribla, 41, Petrópolis: Vozes, p.7-16, 2002.

CARREIRA, José Nunes. *Estudos de Cultura Pré-Clássica*. Lisboa: Editora Presença, 1985.

CERESKO, Anthony. R. *Introdução ao Antigo Testamento Numa Perspectiva Libertadora*. Tradução: José Raimundo Vidigal. São Paulo: Paulus, 1997.

CESARÉIA, Eusébio de. *História Eclesiástica*. Tradução: Monjas Beneditinas do Mosteiro de Maria Mãe de Cristo. São Paulo: Paulus, 2000. (Patrística).

CHOOPRA, Deepak. *Como Conhecer Deus: a jornada ao mistério dos mistérios*. Tradução: Geni Hirata. Rio de Janeiro: Rocco, 2001.

CLEMENTS, Ronald. *O Mundo do Antigo Israel: perspectivas sociológicas, antropológicas e políticas*. São Paulo: Paulus, 1995.

CORDEIRO, Ana Luisa A. *Recuperando o Imaginário da Deusa: estudo sobre a divindade Aserá no antigo Israel*. 109 f. Dissertação (Mestrado em Ciências da Religião). Goiânia: Universidade Católica de Goiás, 2009.

CROATTO, José Severino. *A Deusa Aserá no Antigo Israel: a contribuição epigráfica da arqueologia*. Ribla, nº 38. Petrópolis: Vozes, pp. 32-44, 2001.

_____. *A Estrutura dos Livros Proféticos. As releituras dentro do corpus profético*. Ribla, 35/3, Petrópolis: Vozes, p.7-27, 2000.

_____. *O Dêutero-Isaías, Profeta da Utopia*. Ribla, 24, Petrópolis: Vozes, p.38-43, 1996.

CROSSAN, J. D.; REED, J. L. *Em Busca de Paulo: como o apóstolo de Jesus opôs o reino de Deus ao Império Romano*. 2. ed. São Paulo: Paulinas, 2008.

CRÜSEMANN, F. *A Torá: teologia e história social da lei do Antigo Testamento*. 3. ed. Tradução: Haroldo Reimer. Petrópolis: Vozes, 2008.

_____. *Elias e o Surgimento do Monoteísmo no Antigo Israel*. Goiânia: fragmentos de cultura, v. 11, nº 5, pp.779-790, 2001.

DAIBER, João. *O Amor Humano de Deus em Oséias*. Estudos Bíblicos, 63, Petrópolis: Vozes, p.26-37, 1999.

DÄNIKEN, Erich Von. *O Retorno dos Deuses: evidências de visitas extraterrestres*. Tradução: June Camargo. São Paulo: Makron Books, 2000.

_____. *A Chegada dos Deuses: a revelação dos pontos da aterrissagem dos alienígenas em Nazca*. Tradução: Claudia Gerpe Duarte. Rio de Janeiro: Nova Era, 2003.

_____. *Sim, Os Deuses Eram Astronautas: novas interpretações sobre antigos legados*. Tradução: Helena Gaidano. Rio de Janeiro: Nova Era, 2004.

DAVIES, Philip R. *In Search of 'Ancient Israel'*. Sheffield: Sheffield Academic Press. 1992. [London: T & T Clark, 2005].

DA SILVA, A. J. *A Voz Necessária: encontro com os profetas do século VIII a.C*. São Paulo: Paulus, 1998.

DE PURY, A. (org.). *O Pentateuco em Questão: as origens e a composição dos cinco primeiros livros da Bíblia à luz das pesquisas recentes*. 2ª. ed. Tradução. Lúcia Mathilde Endlich Orth. Petrópolis: Vozes.

DIAS DA SILVA, Cássio Murilo. *Mosaico Literário de uma História de Reis e de Profetas: 1Reis 12 – 2Reis 17*. Ribla, 60, Petrópolis: Vozes, p.111-124, 2008.

____. *Quando o Mensageiro Divino é Vingativo*. Estudos Bíblicos, 100, Petrópolis: Vozes, p.93-111, 2008.

DIETRICH, Luiz José. *Jó: uma espiritualidade para sujeitos históricos*. Estudos Bíblicos, 30, Petrópolis: Vozes, p.32-43, 1991.

DOBBERAHN, Friedrich Erich. *Uma Antiga Leitura Alternativa à Revolta das Tribos do Norte Contra a Dinastia Davídica Após a Morte de Salomão*. Ribla, 19, Petrópolis: Vozes, p.81- 91, 1994.

DONINI, Ambrogio. *Breve História das Religiões*. Rio de Janeiro: Editora Civilização Brasileira, 1965.

DONNER, H. *História de Israel e dos Povos Vizinhos, I-II*. 4. ed. Tradução. Claudio Molz e Hans A. Trein. São Leopoldo/Petrópolis: Sinodal/Vozes, [1997], 2006.

DOSTOIÉVSKI, Fiódor Mikhailovich. *O Grande Inquisidor. 1879*. Disponível em <http://virtualbooks.terra.com.br/freebook/traduzidos/o_grande_inquisidor. htm>. Acesso em 17/06/2010.

DRANE, JOHN. (Org.). *Enciclopédia da Bíblia*. Tradução: Barbara T. Lambert. São Paulo: Paulinas/Edições Loyola, 2009.

DREHER, Carlos A. *Josué: modelo de conquistador?* Ribla, 12, Petrópolis: Vozes, p.36-50, 1992.

DRONSNIN, Michael. *O Código da Bíblia I: as profecias ocultas no Antigo Testamento*. Tradução: Merle Scoss. São Paulo: Cultrix, 1997.

____. *O Código da Bíblia II: contagem regressiva*. Tradução: Merle Scoss. São Paulo: Cultrix, 2002.

DUNN, J. D. G. A *Teologia do Apóstolo Paulo*. Tradução: Edwino Royer. São Paulo: Paulus, 2000.

ECHEGARAY, J. G. *O Crescente Fértil e a Bíblia*. Tradução: Jaime A. Clasen. Petrópolis: Vozes, 1995.

EGGER, W. *Metodologia do Novo Testamento: introdução aos métodos linguísticos e histórico-críticos*. Tradução: Johan Konings e Inês Borges. São Paulo: Loyola, 1994.

ELLIOT, N. *Libertando Paulo: a justiça de Deus e a política do apóstolo*. Tradução: João Rezende Costa. São Paulo: Paulus, 1997.

ELLIS, Ralph. *As Chaves de Salomão, o Falcão de Sabá: a redescoberta das tumbas do rei Davi, rei Salomão, de Hiram Habif e da rainha de Sabá*. Tradução: Ana Carolina Trevisan. São Paulo: Madras, 2004.

ESPINOSA, Baruch de. *Pensamentos Metafísicos; Tratado da Correção do Intelecto; Ética; Tratado Político; Correspondência*. Tradução: Marilena Chauí [et. al.]. 3. ed. São Paulo: Abril Cultural, 1983 (Os Pensadores).

FARIA, Jacir. de F. (Org.). *História de Israel e as Pesquisas Mais Recentes*. 2. ed. Petrópolis: Vozes, 2003.

FINKELSTEIN, I.; SILBERMAN, N. A. *A Bíblia Não Tinha Razão*. Tradução: Tuca Magalhães. São Paulo: A Girafa, 2003.

FIORENZA, Elizabeth S. *As Origens Cristãs a Partir da Mulher: uma nova hermenêutica*. São Paulo: Paulinas, 1992.

FOHRER, Georg: *História da Religião de Israel*. Tradução: Josué Xavier. 2ª Ed. São Paulo: Edições Paulinas, [1982], 1992.

F. P. FILHO, Jomar. *A Identidade Secreta de Maria Madalena: a exclusão do feminino na origem do cristianismo*. São Paulo: Editora Isis, 2009.

FUNARI, Pedro Paulo. *Arqueologia*. São Paulo: Editora Contexto, 2003

GALBIATI, E. R.; ALETTI, A. *Atlas Histórico da Bíblia e do Antigo Oriente: da pré-história à queda de Jerusalém no ano 70 d.C*. Tradução: Antônio Angonese. Petrópolis: Vozes, 1991.

GALLAZZI, Ana Maria & GALLAZZI, Sandro. *Templo x Mulher*. Estudos Bíblicos, 29, Petrópolis: Vozes, p.79-90, 1991.

GALLAZZI, Sandro. *De Nada Vale a Gordura dos Holocaustos: uma crítica popular ao sacrifício do Segundo Templo*. Ribla, 10, 2.ed. Petrópolis: Vozes, p.46-60, 1993.

_____. E Adoraram os Baales e as Astartes. Ribla, 50, Petrópolis: Vozes, p.214- 221, 2005.

GAMELEIRA SOARES, Sebastião Armando. *Reler os Profetas: notas sobre a releitura da profecia bíblica*. Estudos Bíblicos, 4, 3.ed. Petrópolis: Vozes, p.8-32, 1987.

GARBINI, G. *The Aramaic Inscription From Tel Dan*. (1998). Disponível em <http://www.geocities.com/Paris/LeftBank/ 5210/ tel_dan.htm>. Acesso em 03/02/2010. [Mais informações sobre o tema em <http://www.hypotyposeis.

org/weblog/2005/02/tel-dan-inscription-follow-up.html> e em <http://ral-phriver.blogspot.com/2005/03/tel-dan-and-garbini-iv.html>].

GARCÍA MARTÍNEZ, F.; TREBOLLE BARRERA, J. *Os Homens de Qumran: literatura, estrutura e concepções religiosas.* Tradução: Luís Fernando Gonçalves Pereira. Petrópolis: Vozes, 1996.

GARDNER, Laurence. *A Linhagem do Santo Graal: a verdadeira história do casamento de Maria Madalena e Jesus Cristo.* Tradução: Marcos Malvezzi Leal. São Paulo: Madras, 2004.

_____. *O Legado de Madalena: a conspiração da linhagem de Jesus e Maria: revelações sobre o Código Da Vinci.* Tradução: Elaine Alves Trindade. São Paulo: Madras, 2005.

_____. *Os Segredos Perdidos da Arca Sagrada: revelações surpreendentes sobre o incrível poder do ouro.* Tradução: Júlia Vidili. São Paulo: Madras, 2004.

GARELLI, Paul; NIKIPROWETZKY, V. *O Oriente Próximo Asiático: impérios mesopotâmicos e Israel.* São Paulo: Editora Universidade de São Paulo, 1982.

GARMUS, Ludovico. A Comunidade de Israel em Crise: o exílio da Babilônia. Estudos Bíblicos, 15, Petrópolis: Vozes, p.23-37, 1987.

GASS, Ildo Bohn (Org.). *Formação do Império de Davi e Salomão.* São Leopoldo, São Paulo: Cebi/Paulus, v. 3, 2003. (Coleção Uma Introdução a Bíblia).

_____. *Exílio Babilônico e Dominação Persa.* São Leopoldo: São Paulo: Cebi/Paulus, v. 5, 2004. (Coleção Uma Introdução a Bíblia).

GILBERT, Pierre. *Como a Bíblia foi escrita: introdução ao Antigo e ao Novo Testamento.* Tradução: Maria Beatriz Rabello Rangel. 2. ed. São Paulo: Paulinas, 2000. (Estudos Bíblicos).

GOHN, C.; NASCIMENTO, L. (Orgs.). *A Bíblia e Suas Traduções.* São Paulo: Humanitas, 2009.

GOLB, N. *Quem Escreveu os Manuscritos do Mar Morto? a busca do segredo de Qumran.* Tradução: Sonia de Sousa Moreira. Rio de Janeiro: Imago, 2004.

GONZAGA DO PRADO, José Luiz. A Invasão/Ocupação da Terra em Josué: duas leituras diferentes. Estudos Bíblicos, 88, Petrópolis: Vozes, p.28-36, 2005.

GONZÁLEZ ECHECARAY, Joaquín. *O Crescente Fértil e a Bíblia.* Petrópolis, Editora Vozes, 1995.

GOTTWALD, N. K. *Introdução Sócioliterária à Bíblia Hebraica.* 2. ed. Tradução: Anacleto Alvarez. São Paulo: Paulus, 1997.

GOTTWALD, N. K. *As Tribos de Iahweh: Uma sociologia da religião de Israel liberto, 1250-1050 a.C.* 2. ed. Tradução: Anacleto Alvarez. São Paulo: Paulus, [1986], 2004.

GRABBE, L. L. (ed.). Can a 'History of Israel' Be Written? Sheffield: Sheffield Academic Press, 1997. [London: T & T Clark, 2005].

GRUEN, W. *O Tempo que se Chama Hoje: uma introdução ao Antigo Testamento.* 13. ed. São Paulo: Paulus, 1997.

HALLAM, Elizabeth. *O Livro de Ouro dos Deuses e Deusas.* Tradução: Vânia de Castro. São Paulo: Ediouro, 2002.

HELLERN, Victor; NOTAKER, Henry; GAARDER, Jostein. *O Livro das Religiões.* Tradução: Isa Maria Lando. São Paulo: Companhia das Letras, 2000.

HESTRIN, Ruth. *Understanding Asherah: exploring semitic iconography.* Iowa/EUA: Biblical Archaeology Review, pp. 50-58, set/out, 1991. (Disponível no site da Biblical).

HITCOCOK, Susan Tyler; ESPÓSITO, John L. *História das Religiões: onde vive Deus e caminham os peregrinos.* São Paulo: Editora Abril, 2005.

HOEFELMANN, Verner. *A Crítica de Jesus à Lei como Opção pelos Marginalizados.* Estudos Bíblicos, 27, Petrópolis: Vozes, p.5; 4-63, 1990.

HORSLEY, R. A. et al. *Paulo e o Império: religião e poder na sociedade imperial romana.* Tradução: Adail Ubirajara Sobral. São Paulo: Paulus, 2004.

HORSLEY, Richard A. *Arqueologia, História e Sociedade na Galileia: o contexto social de Jesus e dos rabis.* Tradução: Euclides Luiz Calloni, São Paulo: Paulus, 2000.

HORTA, Maurício. *Psicopatas S.A. Super Interessante.* São Paulo: Abril, ano 24, nº 291, pp. 48-56, maio/2011.

HOUTART, François. *Religião e Modos de Produção Pré-Capitalistas.* São Paulo: Paulinas, 1982.

IRVIN, Dali. *História do Movimento Cristão Mundial.* São Paulo: Paulus, 2004.

JOSEFO, Flávio. *História dos Hebreus: I. Antiguidades Judaicas; II. Guerra dos Judeus contra os Romanos.* 8.ed. Rio de Janeiro: Casa Publicadora das Assembleias de Deus, 2004.

KARDEC, Allan. *O Livro dos Espíritos.* 170ª ed. Tradução: Salvador Gentile. São Paulo: IDE, 2007.

KESSLER, R. *História Social do Antigo Israel.* São Paulo: Paulinas, 2010.

BIBLIOGRAFIA | 415

KIPPENBERG, H. G. *Religião e Formação de Classes na Antiga Judeia: estudo sociorreligioso sobre a relação entre tradição e evolução social.* Tradução: João Aníbal G. S. Ferreira. São Paulo: Paulus, 1997.

KIRSCHBAUM, S. et al. *Transliteração do Hebraico para Leitores Brasileiros.* São Paulo: Ateliê Editorial, 2009.

KIRST, N. et al. *Dicionário Hebraico-Portugûes e Aramaico-Português.* 21. ed. São Leopoldo/Petrópolis: Sinodal/Vozes, 2008.

KNOPPERS, G. N.; McCONVILLE J. G. (eds.). *Reconsidering Israel and Judah: recent studies on the deuteronomistic history.* Winona Lake, Indiana: Eisenbrauns, 2000.

KONINGS, Johan. *A Historiografia de Israel nos "Livros Históricos".* Estudos Bíblicos, 71, Petrópolis: Vozes, p.8-31, 2001.

_____. *A Obra Histórica Deuteronomista: uma narrativa da (in)fidelidade.* Estudos Bíblicos, 88, Petrópolis: Vozes, p.7-10, 2005.

KUHN, Alvin Boyd. *Um Renascimento para o Cristianismo.*Tradução: Rodrigo Alva. Rio de Janeiro: Nova Era, 2006.

LADEIRA VERAS, Lilia. *Reformas e Contra-Reformas: um estudo de 2Reis 18 - 25.* Ribla, 60, Petrópolis: Vozes, p.125-137, 2008.

LEITE, Leyde Maria M.; SILVANO, Aparecida. *O Poder das Mulheres na Monarquia em Israel.* Estudos Bíblicos, 78, Petrópolis: Vozes, p.56-63, 2003.

LEMCHE, N. P. *The Israelites in History and Tradition.* Louisville, Kentucky: Westminster John Knox, 1998.

LENGRUBER LOBOSCO, Ricardo. *A História (da Sucessão ao Trono) de Davi: 2Samuel 6 - 24.* Ribla, 60, Petrópolis: Vozes, p.81-97, 2008.

LIVERANI, Mário. *Nuovi Sviluppi Nello Studio dell'Israele Biblico.* Biblica, vol. 80, fasc. 4, 1999. Disponível em <http://www.bsw.org/project/biblica/bibl80/Comm12.htm>. Acesso em 9/12/2009>.

_____. *Para Além da Bíblia: história antiga de Israel.* São Paulo: Loyola/Paulus, 2008.

LOPES, Mercedes. *Judá Sob o Domínio Persa: pactos para dominar e pequenas alianças para abrir caminhos.* Ribla, 61, Petrópolis: Vozes, p.106-114, 2008

MACHADO SIQUEIRA, Tércio. *O Messianismo e Sua Contraposição com o Deuteronômio (17,14-20).* Ribla, 60, Petrópolis: Vozes, p.167-176, 2008.

_____. *Segundo Isaías: o anúncio da permanente esperança.* Estudos Bíblicos, 89, Petrópolis: Vozes, p.19-24, 2006.

MACKENSIE, John L. *Dicionário Bíblico*. 4ª Ed. São Paulo: Paulus, 1984.

MAINVILLE, Odete. *A Bíblia à Luz da História: guia de exegese histórico-crítica.* Tradução: Magno Vilela. São Paulo: Paulinas, 1999. (Bíblia e História).

MAGALHAES, Antonio Carlos de M. *Violência, Símbolo e Religião: relação entre monoteísmo e violência.* São Bernardo do Campo: Estudos da Religião, ano XXI, n. 32, p. 12-21, jan/jun. 2007.

MARIANO, Lília Dias. *Profetisas no Antigo Israel: entre um conselho e outro, interferindo no curso da história.* Ribla, 60, Petrópolis: Vozes, p.158-166, 2008.

MARTELLO, Oscar. *Os Pergaminhos do Mar Morto: o grande achado arqueológico do século XX.* Tradução: Ciro Aquino. São Paulo: Editora Planeta do Brasil, 2005. (As grandes perguntas da história).

MAZAR, Amihai. *Arqueologia na Terra da Bíblia: 10.000 – 586 a.C.* Tradução: Ricardo Gouveia. São Paulo: Paulinas, 2003. (Coleção Bíblia e Arqueologia).

_____. T*he Search for David and Salomon: An Archaeological Perspective. In:* FINKELSTEIN, Israel; MAZAR, Amihai. The Quest for the Historical Israel: Debating archaeology and the history of early Israel. Atlanta: Society of Biblical Literature, 2007. Disponível em <http://www.sbl-site.org/>, acesso em 11/03/2011.

MAZZAROLLO, Isidoro. *O Deus Nacional.* Estudos Bíblicos, 41, Petrópolis: Vozes, p.9-12, 1994.

MELO, Paolo. *L'Aserah di Yhwh a kuntillet Ajrud: rassegna critica degli studi e delle interpretazioni. 1994.* Disponível em <www.ieiop.com/pub/05merlo2.pdf>. Acesso em 22/01/2010.

MENA LÓPEZ, Maricel. *O Legado das Deusas: Egito e Sabá no tempo da monarquia salomônica.* Ribla, 54, Petrópolis: Vozes, p.47-66, 2006.

_____. *Os Cães Comerão a Carne de Jezabel: sexo e idolatria, metáforas que legitimam a morte de estrangeiras.* Ribla, 41, Petrópolis: Vozes, p.63-69, 2002.

MENDES, P. *Noções de Hebraico Bíblico: texto programado.* São Paulo: Vida Nova, 1981 [13a reimpressão, 2004].

MESTERS, Carlos. *Por Trás das Palavras: um estudo sobre a porta de entrada no mundo da Bíblia.* 10. ed. Petrópolis: Vozes, 2007.

MEYERS, Carol L. *As Raízes da Restrição: as mulheres no antigo Israel.* Estudos Bíblicos, 20, Petrópolis: Vozes, p.9-25, 1988.

MINETTE DE TILESSE, C. *Apócrifos do Antigo Testamento, I-II.* Fortaleza: Nova Jerusalém, 1999, 491 p. (vol. I) + 591 p. (vol. II).

MONTEIRO DE OLIVEIRA, Antônio Roberto. *O Anúncio Messiânico de Isaías 32,1-9*. Estudos Bíblicos, 52, Petrópolis: Vozes, p.28-37, 1997.

MOSCATI, Sabatino. *Las Antigas Civilizaciones Semíticas*. Barcelona, Espanha: Editiones Garriga, 1960.

NAKANOSE, Shigeyuki. *Para Entender o Livro o Deuteronômio: uma lei a favor da vida?* Ribla, 23, Petrópolis: Vozes, p.1176-193, 1996.

_____. *Reescrevendo História: uma leitura dos livros das Crônicas*. Ribla, 52, Petrópolis: Vozes, p.184-197, 2005.

NARLOCH, Leandro. *Seu Amigo Psicopata. Super Interessante*. São Paulo: Abril, ano 19, nº 228, pp. 42-51, jul/2006.

NATAL BAPTISTA, Roberto. *A Miséria dos Camponeses Judaítas na Época de Neemias*. Estudos Bíblicos, 44, Petrópolis: Vozes, p.64-71, 1994.

NAVIA VELASCO, *Carmiña. A Mulher na Bíblia: opressão e libertação*. Ribla, 9, Petrópolis: Vozes, p.51-70, 1991.

NEUENFEDT, Eliane Gleci. *Menstruação, Parto e Impureza no Levítico: controle de corpos e líquidos das mulheres*. Estudos Bíblicos, 66, Petrópolis: Vozes, p.29-35, 2000.

_____. *Violência Sexual e Poder: o caso de Tamar em 2Sm 13,1-22*. Ribla, 41, Petrópolis: Vozes, p.42-53, 2002.

NEUENFELDT, Eliane Gleci; SCHINELO, Edmilson. *As Relações de Gênero na Casa de Davi*. Estudos Bíblicos, 86, Petrópolis: Vozes, p.16-25, 2005.

NIETZSCHE, Friedrich. *O Anticristo: maldição do cristianismo*. Tradução: Mario Fondelli. Rio de Janeiro: Edição Integral, 1996. (Clássicos Econômicos Newton).

_____. *Vontade de Potência (Parte I)*. São Paulo: Escala, 2010. (Grandes Obras do Pensamento Universal, 97).

_____. *Vontade de Potência (Parte II)*. São Paulo: Escala, 2010. (Grandes Obras do Pensamento Universal, 98).

OSMAN, Ahmed. *Moisés e Akhenaton: a história secreta do Egito no tempo do êxodo*. Tradução: Caroline Kazuze Ramos Furukawa. São Paulo: Madras, 2002.

OTTERMANN, Mônika. *Vida e Prazer em Abundância: a deusa árvore*. São Paulo: Mandrágora, ano XI, nº 11, pp.40-56, 2005.

_____. *A Iconografia da Deusa em Canaã e Israel/Judá nas Idades do Bronze ao Ferro: 1a parte: da Idade do Bronze ate o inicio da Idade do Ferro*. Ensaio para a disciplina de Colóquio de Literatura e Religião no Mundo da Bíblia. São Paulo: UMESP, 2004.

_____. *A Iconografia da Deusa em Canaã e Israel/Judá nas Idades do Bronze ao Ferro: 2a parte: Na Idade do Ferro II (1000-587 a.E.C)*. Ensaio para a disciplina de Colóquio de Literatura e Religião no Mundo da Bíblia. São Paulo: UMESP, 2004. (2004a)

PARANHOS, Roger Bottini. *Akhenaton: A revolução espiritual do antigo Egito*. Limeira-SP: Editora do Conhecimento, 2002.

PAUL, André. *O que é Intertestamento*. 2. ed. Tradução: Benôni Lemos. São Paulo: Paulus, 1981.

_____. *Os Manuscritos do Mar Morto*. Tradução: Jorge Pinheiro. Lisboa: Instituto Piaget, 2006. (Crença e Razão).

PEREIRA, Fernando C. N. *A Bíblia e os Discos Voadores: a missão dos astronautas extraterrenos. [sine loco]*: Ed. Tecnoprint Ltda, 1984.

PEREIRA, Oton Cardoso. *A Sina do Espantalho*. São Luis: Kiko Consulin, 2011.

PINSKY. Carla Bassanezi (org.). *Fontes Históricas*. 2. Ed. São Paulo: Contexto, 2006.

PIXLEY, G. V. *Êxodo*. Tradução: J. Rezende Costa. São Paulo: Paulus, 1987.

PIXLEY, J. *A História de Israel a Partir dos Pobres*. 10. ed. Tradução: Ramiro Mincato. Petrópolis: Vozes, 2008.

PROENÇA, Eduardo de (Org.). *Apócrifos e Pseudo-epígrafos da Bíblia*. Tradução: Cláudio J. A. Rodrigues. São Paulo: Fonte Editorial Ltda, 2005. (Incluindo o Evangelho de Felipe e o Livro de Enoque).

PROPHET, Elizabeth Clare. *Anjos Caídos e as Origens do Mal: por que a Igreja ocultou o livro de Enoque e suas impressionantes revelações*. Tradução: Habib Neto. Rio de Janeiro: Record: Nova Era, 2002.

REIMER, Haroldo. *A Tradição de Isaías*. Estudos Bíblicos, 89, Petrópolis: Vozes, p.9-18, 2006.

_____. *Inclusão e Resistência: anotações a partir do Deuteronômio*. Estudos Bíblicos, 72, Petrópolis: Vozes, p.11-20, 2001.

REIMER, Haroldo; RIBEIRO, Osvaldo Luiz. *De Siquém a Jerusalém: Josué 24,1-28 como narrativa mítico-literária*. Ribla, 61, Petrópolis: Vozes, p.52-67, 2008.

RHYMER, J. *Atlas Ilustrado do Mundo Bíblico*. Tradução: Bárbara Theoto Lambert. São Paulo: Melhoramentos/Círculo do Livro, 1988.

RIZZANTE, Ana Maria; GALLAZZI, Sandro. *O Meu Furor e o Meu Ciúme*. Ribla, 38, Petrópolis: Vozes, p.121-134, 2001.

BIBLIOGRAFIA | *419*

RÖMER, Thomas. *A Chamada História Deuteronomista: introdução sociológica, histórica e literária*. Tradução: Gentil Avelino Titton. Petrópolis: Vozes, 2008.

ROST, L. *Introdução aos Livros Apócrifos e Pseudoepígrafos do Antigo Testamento e aos Manuscritos de Qumran*. 2. ed. Tradução: Dom Mateus Ramalho Rocha. São Paulo: Paulus, 2004.

ROTTERDAM, Erasmo. *Elogio da Loucura*. 2ª ed. São Paulo: Escala, 2008. (Grandes Obras do Pensamento Universal, 3).

ROTMAN, Flávio. *Amém: o povo judeu fez um pacto com Deus*. Belo Horizonte: Editora Leitura, 2006.

RUETHER, Rosimary Radford. *Sexismo e Religião: rumo a uma teologia feminista*. Tradução: Walter Altmann e Luis M. Sander. São Leopoldo: Sinodal, 1993.

SAMPLEY, J. P. (org.). *Paulo no Mundo Greco-Romano: um compêndio*. São Paulo: Paulus, 2009.

SAYÃO, L. (ed.). *Antigo Testamento Poliglota*. São Paulo: Vida Nova, 2003.

SCHIMIDT, Werner Hans. *Introdução ao Antigo Testamento*. São Leopoldo: Editora Sinodal, 1994.

SCHNELLE, U. *Introdução à Exegese do Novo Testamento*. São Paulo: Loyola, 2004.

_____. *Paulo: vida e pensamento*. São Paulo: Paulus/Academia Cristã, 2010.

SCHWANTES, Milton. *História de Israel: local e origens*. São Leopoldo: Faculdade Teológica, 1984.

SEGAL, A. F. *Paulo, o Convertido: apostolado e apostasia de Saulo fariseu*. São Paulo: Paulus, 2010.

SHANKS, Hershel (Org.). *Para Compreender os Manuscritos do Mar Morto:* uma coletânea de ensaios da Biblical Archaeology Review. Tradução: Laura Rumchinsky. Rio de Janeiro: Imago, 1993.

SICRE, José Luis. *Os Profetas*. Tradução: José Afonso Beraldin da Silva. São Paulo: Paulinas, 1998. (Coleção Resenha Bíblica).

_____. *Profetismo em Israel: o profeta, os profetas, a mensagem*. 3. ed. Tradução: João Luís Baraúna. Petrópolis: Vozes, 2008.

SILVA, Airton Jose da. *O Contexto da Obra Histórica Deuteronomista*. Estudos Bíblicos, Petrópolis, n. 88, p. 11-27, 2005. Disponível em: <http://www.airtojo.com> e <http://blog.aitonjo.com>. Acesso em 31/10/2010.

SILVA, Severino Celestino. *Analisando as Traduções Bíblicas: refletindo a essência da mensagem bíblic*a. 2. ed. João Pessoa: Núcleo Espírita Bom Samaritano, 2000.

SIMIAN-YOFRE, H. (ed.). *Metodologia do Antigo Testamento.* São Paulo: Loyola, 2000.

SKA, J. L. *Introdução à Leitura do Pentateuco: chaves para a interpretação dos cinco primeiros livros da Bíblia.* Tradução: Aldo Vannucchi. São Paulo: Loyola, 2003.

STEGEMANN, Ekkehard W.; STEGEMANN Wolfgang. *História Social do Proto-cristianismo: os primórdios no judaísmo e as comunidades de Cristo no mundo mediterrâneo.* Tradução: Nélio Schneider. São Leopoldo/São Paulo, Sinodal/ Paulus, 2004.

STORNIOLO, Ivo. *Como Ler o Livro de Josué: vida, dom de Deus e conquista do povo.* 3. ed. São Paulo: Paulus, 1997.

TABOR, James D. *A Dinastia de Jesus: a história secreta das origens do cristianismo.* Tradução: Ganesha Consultoria. Rio de Janeiro: Ediouro, 2006.

TAVARES ZABATIERO, Júlio Paulo. *A Boa-Nova de Isaías 40 – 66: um evangelho antes do Evangelho.* Estudos Bíblicos, 89, Petrópolis: Vozes, p.25-32, 2006.

THOMPSON, T. L. *The Mythic Past: biblical archaeology and the myth of Israel.* New York: Basic Books, 1999.

TOROPOV, Brandon. *O Guia Completo das Religiões do Mundo.* Tradução: Martha Malvezzi Leal. São Paulo: Madras, 2006.

TORRES BEDOYA, Luiz Eduardo. *O Anúncio do Rebento: uma saída para a crise – messianismo em Zacarias 3,8-10.* Estudos Bíblicos, 52, Petrópolis: Vozes, p.38-57, 1997.

TREBOLLE BARRERA, J. A. *A Bíblia Judaica e a Bíblia Cristã: introdução à história da Bíblia.* 2. ed. Tradução: Ramiro Mincato. Petrópolis: Vozes, 2000.

TYLOCH, W. J. *O Socialismo Religioso dos Essênios.* Tradução: Tereza Lenartowicz et al. São Paulo: Perspectiva, 1990.

_____. *Em Busca da História: historiografia no mundo antigo e as origens da história bíblica.* São Paulo: EDUSP, 2008.

VELOSO DA SILVA, Marcelo Augusto. *Elias: o juízo sobre a monarquia ou a defesa de Baal.* Estudos Bíblicos, 4, 3.ed, Petrópolis: Vozes, p.33-40, 1987.

VERMES, Geza. *Os Manuscritos do Mar Morto.* Tradução: Júlia Bárány e Maria Helena de Oliveira Tricca. 4. ed. São Paulo: Mercuryo, 2005.

VÍLCHEZ LÍNDEZ, José. *Sabedoria e Sábios em Israel.* Tradução: José Benedito Alves. São Paulo: Loyola, 1999, 268 pp.

VITÓRIO, Jaldemir. *Monarquia e Profetismo: duas instituições em conflito.* 1Rs 21,1-19 – A vinha de Nabot. Estudos Bíblicos, 88, Petrópolis: Vozes, p.84-95, 2005.

VOLKMANN, Martín et al. *Método Histórico-Crítico*. São Paulo: CEDI, 1992.

WANDERMUREM, Marli. *Nas Mãos de Salomão se Consolidou a Realeza: um estudo de 1Reis* 1 – 11. Ribla, 60, Petrópolis: Vozes, p.98-110, 2008.

WELLS, Steve. Drunk With Blood: *God's Killings in the Bible. 2008.* (Lista das mortes executadas ou comandadas por Javé). Disponível em <http://SkepticsAnnotatedBible.com> e <http://dwindlinginunbelief.blogspot.com>. Acesso em 03/03/2011.

WELLHAUSEN, Julius. *Prolegomena Zur Geschichte Israels.* Disponível em inglês (Prolegomena to the History of Ancient Israel) e em português (Prolegômeno à História do Antigo Israel) no seguinte site [dentro do Programa Gutenberg, Projeto Forgotten-Books,2008]: <http://translate.google.com.br/translate?hl=ptBR&sl=en&u=http://books.google.com/books/about/Prolegomena_to_the_history_of_ancient_Is.html%3Fid%3DbWEdfRF_ItcC&ei=QULqTafBA4Kbt wej05XBAQ&sa=X&oi=translate&ct=result&resnum=3&ved=0CDAQ7gEw Ag&prev=/search%3Fq%3Dforgotten%2Bbooks%2Bprolegomenos%2Bjulius %2Bwellhausen%26hl%3Dpt-BR%26biw%3D1003%26bih%3D583%26prmd %3Divnso>. Acesso em 22/09/2010.

WHITEHOUSE, Rute; WILKINS, John. *As Origens da Civililações: arqueologia e história.*Tradução: Miguel Gonzales Gil, et. al. Barcelona: Folio, 2007.

WRIGHT, N.T. Paulo: *novas perspectivas*. São Paulo: Loyola, 2009.

ZENGER, E. et al. *Introdução ao Antigo Testamento*. Tradução: Werner Fuchs. São Paulo: Loyola, 2003.

Obs.: As Referências Bíblicas foram extraídas das seguintes traduções: **Bíblia de Estudo de Genebra; Bíblia de Estudo Almeida; Bíblia de Jerusalém; Bíblia Sagrada: edição pastoral catequética (Ave-Maria); Bíblia Sagrada: edição pastoral (Paulus); Bíblia TEB: Tradução Ecumênica da Bíblia e Bíblia Sagrada Edelbra** – comparadas com a transliteração do original hebraico do AT para o português e com a transliteração do original grego do NT para o português. O texto hebraico da Torah usado como referência foi o da ***Lei de Moisés e as Haftarot***, com tradução para o inglês do rabino Meir Matzliah Melamed de Miami, Flórida, EUA, 1961 e tradução para o português da professora Dina Fichman

Amar, publicada pela Congregação Religiosa Israelita **Beth-El**, Rio de Janeiro, 1980. Os demais livros da Bíblia Hebraica foram referenciados nas bíblias eletrônicas: *"Interlinear Scripture Analyzer – ISA 2 Basic"*, texto hebraico massorético com transliteração e tradução para o inglês, <www.scripture4all.org/> e *"Bíblia DAVAR"*, com textos em hebraico, inglês, espanhol e português mais dicionário hebraico-português.

***

Palavra final: Faça alguma coisa para melhorar o mundo, pequena que seja, pois, como dizia Blaise Pascal (1623-1662), *"o menor movimento é importante para toda a natureza. O oceano inteiro é afetado por uma pedra."*

Contato com o autor: Jesus-não-e-jave@gmail.com

Impressão e Acabamento